utb 3678

AF825777

Eine Arbeitsgemeinschaft der Verlage

Böhlau Verlag · Wien · Köln · Weimar
Verlag Barbara Budrich · Opladen · Toronto
facultas · Wien
Wilhelm Fink · Paderborn
Narr Francke Attempto Verlag · Tübingen
Haupt Verlag · Bern
Verlag Julius Klinkhardt · Bad Heilbrunn
Mohr Siebeck · Tübingen
Ernst Reinhardt Verlag · München
Ferdinand Schöningh · Paderborn
Eugen Ulmer Verlag · Stuttgart
UVK Verlag · München
Vandenhoeck & Ruprecht · Göttingen
Waxmann · Münster · New York
wbv Publikation · Bielefeld

Ronald Moeder

Tourismusrecht

in der Unternehmenspraxis

UVK Verlag · München

Der Autor

Prof. Dr. Ronald Moeder, LL.M. lehrt Wirtschaftsprivatrecht, Tourismusrecht und International Law an der Hochschule Heilbronn.

Online-Angebote oder elektronische Ausgaben sind erhältlich unter www.utb-shop.de

Bibliografische Information der Deutschen Bibliothek

Die Deutsche Bibliothek verzeichnet diese Publikation in der Deutschen Nationalbibliografie; detaillierte bibliografische Daten sind im Internet über <http://dnb.ddb.de> abrufbar.

Lektorat: Rainer Berger, München
Einbandgestaltung: Atelier Reichert, Stuttgart
Einbandmotiv: © Pada Smith – iStock
Druck und Bindung: CPI – Clausen & Bosse, Leck

UVK Verlag
Nymphenburger Str. 48
80335 München
Telefon: 089/452174-66

Narr Francke Attempto Verlag GmbH & Co. KG
Dischingerweg 5
72070 Tübingen
Telefon: 07071/9797-0

www.narr.de

UTB-Nr. 3678
ISBN 978-3-8252-3678-6

Danksagung

An erster Stelle möchte ich meinem Betreuer und Lektor beim Verlag UVK, Herrn Rainer Berger, für seine Geduld und Unterstützung bei der Erstellung dieses Buches danken, dessen Herausgabe sich – insbesondere wegen der gravierenden Änderungen im Reiserecht seit dem 1.7.2018 – erheblich verzögert hat.

Außerdem gebührt mein Dank Herrn Prof. Dr. Serge Ragotzky für seine konstruktiven Anregungen, das vorliegende Buch – soweit möglich – aus dem „Juristischen" in die Sprache der „Betriebswirtschaften" zu übersetzen und thematisch – soweit sinnvoll und geboten – den Ebenen B2C, B2B, B2A und B2E zuzuordnen. Darüber hinaus ermunterte mich Prof. Ragotzky, ein eigenes Kapitel (= Lerneinheit 15) zu den „aktuellen Rechtsfragen für die Tourismus- und Verkehrsträgerindustrie auf B2B-Ebene" zu schreiben.

Mein Dank gebührt außerdem Frau Katharina Engelhardt, Absolventin des Bachelorstudiengangs Hotel- und Restaurantmanagement der Hochschule Heilbronn, für die Mitarbeit an der Synopse (Tab. 1), die das „neue" und „alte" Reiserecht gegenüberstellt.

Bedanken möchte ich mich schließlich bei meiner Frau und unseren Kindern, die sich nie beschwert haben, sondern mir immer die notwendigen Rückzugsmöglichkeiten gewährt haben, um dieses Buch ungestört fertigstellen zu können. Ihnen ist dieses Buch von Herzen gewidmet!

Arbeitsempfehlung

Non scholae sed vitae discimus.

In Anlehnung an das „umgekehrte" Zitat des römischen Philosophen und Dichters Lucius Annaeus Seneca (ca. 1–65 n. Chr.) „Non vitae sed scholae discimus."[1]

Das vorliegende Buch soll einen Überblick über das Tourismusrecht verschaffen und ist primär auf die Bedürfnisse von Fachhochschul- und Universitätsstudierenden wirtschaftswissenschaftlicher sowie juristischer Bachelor- und Masterstudiengänge zugeschnitten. Zahlreiche Praxistipps unterstreichen dabei den anwendungsorientierten Lehr- und Lernansatz.

Typischerweise wird Tourismusrecht zwei Semesterwochenstunden (SWS) über einen Zeitraum von 16 Semesterwochen gelesen. Zieht man hiervon den zeitlichen Aufwand für die Einführung in die Kursorganisation sowie Prüfungsvorbereitung im Rahmen der Vorlesung ab, die nach den meisten Prüfungsordnungen in einer 90- bis 120-minütigen Schein- oder benoteten Klausur besteht, so verbleiben lediglich 15 Semesterwochen für die Vermittlung des Lernstoffes in der Vorlesungszeit (außerhalb des Prüfungszeitraums).

Entsprechend ist dieses Buch in 15 Kapitel eingeteilt, die als „Lerneinheiten" bezeichnet werden; sie mögen den Lehrenden die Vorlesungsvorbereitung und den Studierenden die sinnvolle Vor- und Nachbereitung des Vorlesungsstoffes sowie die Prüfungsvorbereitung ermöglichen.

Die Vorlesung ist dabei auf den für tourismusrechtliche Veranstaltungen üblichen **Arbeitsaufwand** (→ Workload) von 2,5 **Leistungspunkten** (→ Credit Points) im Sinne des – durch den Bologna-Prozess EU-weit eingeführten – European Credit Transfer and Accumulation System (ECTS) ausgerichtet. Danach wird für einen Credit Point (CP) ein Arbeitsaufwand von 30 Arbeitsstunden angenommen, was durch Beschluss der Kultusministerkonferenz vom 10.10.2003 i. d. F. vom 4.2.2010[2], die inhaltlich an den Beschluss der Kultusministerkonferenz vom 15.9.2000 über Rahmenvorgaben für die Einführung von Leistungspunktsystemen und die Modularisierung von Studiengängen anknüpft[3], innerhalb Deutschlands umgesetzt wurde.

Praxistipp | **Zeiteinteilung**

Als bewährte Faustregel können Lehrende und Studierende davon ausgehen, dass von diesen 75 Zeitstunden (= 2,5 CP/ECTS) ein Drittel (= 25 Zeitstunden, die wiederum 16 Vorlesungen à 90 Minuten (24 Zeitstunden) zzgl. ca. einer Stunde als sonstige Kontaktstunde entsprechen) auf Vorlesungen, ein weiteres Drittel (= 25 Zeitstunden) auf die Vor- und Nachbereitung der Vorlesung während des Semesters sowie das verbleibende Drittel (= 25 Zeitstunden) auf Prüfungsvorbereitung inklusive Prüfung entfallen. Wird ein realistischer Gesamtveranstaltungszeitraum von 20 Semesterwochen für Vorlesung, Vor- und Nachbereitung sowie Prüfung angesetzt, so entspricht dies einem wöchentlichen Arbeitsaufwand für das Fach Tourismusrecht während des Semesters von 3,75 Zeitstunden. Um den Prüfungserfolg mit hoher Wahrscheinlichkeit zu ermöglichen, sollten Lehrende hierauf frühzeitig hinweisen und Studierende dies bei ihrer Semesterplanung berücksichtigen. Der jeweils empfohlene Gesamtarbeitsaufwand pro Lerneinheit ist bei den Lernzielen (zu Beginn jeder Lerneinheit) angegeben.

Lehrveranstaltung Tourismusrecht (2,5 ECTS = 75 Zeitstunden)		
Vorlesung/ Kontaktstunden	Vor- und Nachbereitung der Vorlesung	Prüfungsvorbereitung inklusive Prüfung
25 Zeitstunden	25 Zeitstunden	25 Zeitstunden

Abbildung 1: Verteilung des Workload bei tourismusrechtlichen Lehrveranstaltungen mit 2,5 ECTS

In Lerneinheit 1 werden einige grundlegende historische Ausführungen gemacht, die für das Verständnis von Tourismus und Recht unverzichtbar erscheinen, in der Ausbildung und Praxis jedoch meist zu kurz kommen. In den weiteren Lerneinheiten wird eine Auswahl der wesentlichen praxisrelevanten Inhalte des Tourismusrechts für die **Geschäftsbeziehungen zwischen Unternehmen zu Verbrauchern** (→ business to consumer, **B2C**), **Unternehmen zu Unternehmen** (→ business to business, **B2B**) sowie – in der gebotenen Kürze – auch **Unternehmen zu Mitarbeitern** (→ business to employee, **B2E**) und **Unternehmen zur öffentlichen Verwaltung** (→ business to administration, **B2A**) behandelt. Die Erklärung der wesentlichen Rechtsquellen des Tourismusrechts samt juristischer Methodenlehre wird in Lerneinheit 2 gleichsam „vor die Klammer gezogen" und sollte dadurch das Verständnis und Durcharbeiten der folgenden, kürzer gehaltenen Lerneinheiten erheblich erleichtern. Beim Erarbeiten der weiteren Lerneinheiten ist ein Zurückblättern auf Lerneinheit 2 – gerade, wenn es um die Identifizierung einschlägiger Rechtsquellen sowie Fragen der methodischen Fallbearbeitung geht – sinnvoll und geboten. Wegen ihres Umfangs sind für die Lerneinheiten 2 und 4 – nach Erfahrung des Verfassers – zwei Vorlesungen à 90 Minuten sowie der doppelte Vor-, Nachbereitungs- und Prüfungsaufwand erforderlich. Hingegen lässt sich die eine oder andere nachfolgende Lerneinheit durchaus zusammenfassen oder weglassen (z. B. die erste Hälfte der Lerneinheit 8 zu den Gastschulaufenthalten), wenn ein „Durchkommen" mit dem übrigen Vorlesungsstoff andernfalls nicht möglich erscheint. Auch Lerneinheit 14 zum Reiseversicherungsrecht ist aus curricularen Gesichtspunkten nicht unbedingt zwingend, jedoch – abhängig von der Ausrichtung des jeweiligen Bachelor- und/oder Masterstudiengangs – ein Angebot an den/die Dozenten/-in sowie die Studierenden. Lerneinheit 15 adressiert aktuelle Rechtsfragen für Tourismus und Verkehrsträgerindustrie auf B2B-Ebene und erweitert damit den Adressatenkreis dieses Buches.

Didaktischer Hinweis | **Übungsfälle**

Ein oder mehrere Übungsfälle (Abwandlungen) zzgl. Fallfragen werden an den Anfang der jeweiligen Lerneinheit – unter den Lernzielen – platziert und durch einen grauen Balken gekennzeichnet. Dies geschieht aus didaktischen Gründen, um den Leser frühzeitig für rechtliche Problembereiche in der Praxis zu sensibilisieren. Die Antworten auf die Fallfragen erfolgen dann im Laufe der jeweiligen Lerneinheit im Fließtext an geeigneter Stelle und sind ebenfalls durch graue Balken gekennzeichnet.

Da Englisch im Tourismus die wichtigste Geschäftssprache ist, werden wesentliche Rechtsbegriffe, die Relevanz für Verbraucher und Tourismusindustrie haben, in deutscher und englischer Sprache hervorgehoben und im Anhang des Buches in einem Glossar in alphabetischer Reihenfolge (deutsch/englisch sowie englisch/deutsch) aufgelistet. Das Literaturverzeichnis sowie der ausführliche Endnotenkatalog ermöglichen darüber hinaus einen ersten wissenschaftlichen Einstieg in die komplexe Materie des Tourismusrechts.

Ergänzend zu diesem Buch lassen sich **Gesetzesmaterialien** (→ statutory materials) zusammenstellen. Vorlesungsfolien sowie sonstige Lehrmaterialien (z. B. Übungsklausuren mit Lösungsskizzen) können – bei entsprechender Nachfrage – ggf. über einen Online-Plattform bereitgestellt werden.

Die Richtlinie (EU) 2015/2302 des Europäischen Parlaments und des Rates vom 25. November 2015 über Pauschalreisen und verbundene Reiseleistungen[4] (**RL 2015/2302/EU**), welche die EU-Mitgliedstaaten bis zum 1.7.2018 innerstaatlich umsetzen mussten, wird in diesem Buch zugrunde gelegt. Die RL 2015/2302/EU ist in deutsches Recht durch das Dritte Gesetz zur Änderung reiserechtlicher Vorschriften vom 17. Juli 2017[5] umgesetzt worden. Die in diesem Buch behandelten Fälle werden nach der seit dem 1.7.2018 geltenden Rechtslage gelöst.

Zum Verständnis der Entwicklung des Pauschalreiserechts werden allerdings die wichtigsten Änderungen zwischen der Richtlinie 90/314/EWG des Rates vom 13. Juni 1990 über Pauschalreisen (**RL 90/314/EWG**) sowie der RL 2015/2302/EU synoptisch dargestellt.

Bitte beachten Sie im Übrigen die nachfolgenden didaktischen Hinweise zur Prüfungsvorbereitung. Viel Erfolg!

Im Übrigen ist der Autor dankbar für Hinweise auf (Rechtschreib-)Fehler sowie sonstige Verbesserungsvorschläge (ronald.moeder@hs-heilbronn.de).

Heilbronn, Juni 2019
Ronald Moeder

Legende mit didaktischen Hinweisen zur Prüfungsvorbereitung

Lernziele (zu Beginn einer jeden Lerneinheit), gesetzliche Regelungen, Definitionen, Beispiele, Checklisten sowie Kurzrepetitorien (letztere am Ende einer jeden Lerneinheit) oder wichtige Hinweise sind durch Grauboxen hervorgehoben. Jede Lerneinheit sowie die weiterführenden Quellenhinweise sollten unter dem Blickwinkel der Lernziele gelesen und durchgearbeitet werden. Der relativ limitierte Umfang der Quellenangaben am Ende einer jeden Lerneinheit (jeweils bis zu drei Literaturangaben und/oder Hinweise zu Internetquellen zzgl. Hinweise auf maximal fünf Fälle aus der aktuellen Rechtsprechung) ist didaktisch so ausgewählt, dass er im Hinblick auf 2,5 CP/ECTS in ca. 90 Minuten bewältigt werden kann.

Abbildungen (Abb.) fassen wesentliche (Rechts-)Konzepte und Ideen graphisch zusammen.

Fälle, Praxistipps, Fragen und Antworten zu Fällen, sowie weiterführende Quellenhinweise sind durch graue Balken hervorgehoben. Das Wiederholen und Nacharbeiten hiervon wird für die Prüfungsvorbereitung empfohlen.

Fettdruck hebt Überschriften und deutschsprachige (Rechts-) Begriffe hervor; letztere sollten als Vokabeln vor der Prüfung wiederholt werden.

Kursivdruck hebt Autoren und Fremdwörter im Text hervor.

„…“ kennzeichnen wörtliche Zitate.

→ kennzeichnet englische Übersetzungen deutschsprachiger (Rechts-)Begriffe.

Wissenschecks zur Prüfungsvorbereitung (am Ende eines Kapitels) sind durch graue Kästen hervorgehoben.

Abkürzungsverzeichnis

a. E.	am Ende
a. F.	alte(r) Fassung
A.a.O./a.a.O.	am angegebenen Ort
Abb.	Abbildung
ABl. EG/EU	Amtsblatt der Europäischen Gemeinschaften bzw. Europäischen Union (Buchstabe/Seite/Datum)
Abs.	Absatz
AEUV	Vertrag über die Arbeitsweise der Europäischen Union
Anm.	Anmerkung(en)
AO	Abgabenordnung
arg.	argumentum (lat. für Argument)
arg. e contrario	argumentum e contrario (lat. für Umkehrschluss)
Art.	Artikel
BGB	Bürgerliches Gesetzbuch
BGBl.	Bundesgesetzblatt (römische Ziffer, Seite)
BGH	Bundesgerichtshof
BGHZ	Entscheidungssammlung des Bundesgerichtshofes in Zivilsachen (Band, Seite)
BeckRS	Beck-Rechtsprechung (Jahrgang, fünfstellige Nr.), verfügbar über beck-online
ber.	berichtigt
Bez.	Bezeichnung
BFH	Bundesfinanzhof
BVerfG	Bundesverfassungsgericht
BVerwG	Bundesverwaltungsgericht
bzgl.	bezüglich
bzw.	beziehungsweise
DAR	Deutsches Autorecht (Jahr, Seite)
d.	des/der
DSGVO	Datenschutz-Grundverordnung
dt.	deutsch
ders.	derselbe
dies.	dieselben
DIHK	Deutscher Industrie- und Handelskammertag
d. h.	das heißt
d. J.	des Jahres
EG	Europäische Gemeinschaft(en)

engl.	englisch
ErwGr.	Erwägungsgrund
et al.	et alia (= u. a., = und andere)
EU	Europäische Union
EUV	Vertrag über die Europäische Union
EuGH	Europäischer Gerichtshof
EuZW	Europäische Zeitschrift für Wirtschaftsrecht (Jahr, Seite)
f.	folgende
FAZ	Frankfurter Allgemeine Zeitung
ff.	fortfolgende
Fn.	Fußnote(n)
franz.	Französisch
fwv	Magazin für Touristik und Business Travel (Jahrgang, Seite)
GG	Grundgesetz
GmbHR	GmbH-Rundschau (Jahrgang, Seite)
gr.	(alt-)griechisch
Halbs.	Halbsatz
HGB	Handelsgesetzbuch
h. M.	herrschende Meinung
i. d. F.	in der Fassung
i. d. R.	i. d. R.
i. e. S.	im engeren Sinne
i. S. d.	im Sinne des
i. V. m.	in Verbindung mit
Jh.	Jahrhundert
lat.	lateinisch
LG	Landgericht
l. Sp.	linke Spalte
M. M.	Mindermeinung
Mio.	Million(en)
m. w. Nachw.	mit weiteren Nachweisen
N.B.	Nota bene (lat. für „merke wohl“)
n. Chr.	nach Christus
n. F.	neue(r) Fassung
NJW	Neue Juristische Wochenschrift (Jahr, Seite)
NJW-RR	Neue Juristische Wochenschrift, Rechtsprechungs-Report Zivilrecht (Jahr, Seite)
NZG	Neue Zeitschrift für Gesellschaftsrecht (Jahr, Seite)
m. w. Nachw.	mit weiterem/-n Nachweis/-en
o.	oben/oder

o. g.	oben genannt(e(n))
o. D.	ohne Datum
o. J.	ohne Jahr
o. V.	ohne Verfasserangabe
OLG	Oberlandesgericht
pdf	portable document format
RRa	Reiserecht aktuell (Heft/Jahr, Seite)
RL	Richtlinie (EG oder EU)
RGBl.	Reichsgesetzblatt (römische Ziffer, Seite)
Rn.	Randnummer(n)
Rz.	Randziffer(n)
span.	spanisch
r. Sp.	rechte Spalte
S.	Seite oder Satz
Slg.	Sammlung (Entscheidungen des EuGH)
s. o.	siehe oben
Tab.	Tabelle
tourist.	touristisch
TranspR	Transportrecht (Jahr/Seite)
u.	unten
u. a.	unter anderem
Übers.	Übersetzung
u. g.	unten genannt
UK	United Kingdom of Great Britain and Northern Ireland
UN	United Nations
Urt.	Urteil
USA	United States of America
VersR	Versicherungsrecht (Jahr/Seite)
VuR	Verbraucher und Recht (Jahr/Seite)
v.	von/vom
v. Chr.	vor Christus
Verf.	Verfasser(s)/Verfasserin
VO	Verordnung (EG oder EU)
VR	Völkerrecht
ZfTW	Zeitschrift für Tourismuswissenschaft (Jahr/Seite)
ZIP	Zeitschrift für Wirtschaftsrecht (Jahr/Seite)
Ziff.	Ziffer
zit.	zitiert
ZMR	Zeitschrift für Miet- und Raumrecht (Jahr/Seite)
zzgl.	zuzüglich

Inhaltsverzeichnis

1 Lerneinheit: Der Kontext des Tourismusrechts

„Die gefährlichste Weltanschauung ist die Weltanschauung derer, die die Welt nie angeschaut haben.“[6]

Alexander von Humboldt, Geograph und Forschungsreisender (1769–1859)

Lernziele

In dieser Lerneinheit lernen Sie

- den Begriff Tourismusrecht kennen und vom Reiserecht abzugrenzen;
- den historischen Kontext verstehen, in dem sich das Tourismusrecht entwickelt hat; sowie
- die Beteiligten im Reise- und sonstigen Tourismusrecht sowie deren Rechtsbeziehungen untereinander kennen.

Empfohlener Gesamtarbeitsaufwand | **270 Minuten (4,5 Zeitstunden)**

a) Vorlesungszeit/Kontaktstunden: 90 Minuten.

b) Lesen des Textes der Lerneinheit 1; hierbei sollte der Schwerpunkt auf die Abschnitte 1.3 (die wesentlichen Änderungen im Pauschalreiserecht) sowie 1.4 (die Beteiligten im Reiserecht) gelegt werden; Nacharbeiten von Fall 1: 90 Minuten.

c) Lesen der empfohlenen Quellen zur Vertiefung des Lernstoffes sowie Durcharbeiten der Fragen im Wissenscheck zur Prüfungsvorbereitung: 90 Minuten.

Fall 1 | **Die Unternehmensgründung**
(Quelle: Eigene Darstellung)

Die Studierenden der Tourismusbetriebswirtschaft Phileas Fogg (**F**) und Aouda Dandekar (**D**) möchten sich weltweit als Online-Reisevermittler betätigen, um sich ihr Studium zu finanzieren. F, irischer Staatsbürger, und D, indische Staatsbürgerin, wollen dazu eine Gesellschaft mit beschränkter Haftung (GmbH) mit Verwaltungssitz in Deutschland gründen. F und D beabsichtigen dabei, mit den Reiseveranstaltern DERTOUR und Meiers Weltreisen zusammenzuarbeiten. Um vernünftig „aufgestellt“ zu sein und sich auf die Kundenakquise konzentrieren zu können, beabsichtigen F und D, ein Büro in Frankfurt am Main anzumieten und Mitarbeiter einzustellen, die ihnen die Verwaltungsarbeit abnehmen sollen.

a) Welche Rechtsbeziehungen gegenüber Reisenden (B2C) sowie Reiseveranstaltern (B2B) und Erbringern von Reiseleistungen (B2B) müssen F und D besonders berücksichtigen? Unterscheiden Sie dabei zwischen Pauschal- (1. Teil der Frage) und Individualreise (2. Teil der Frage).

b) Welche Rechtsbeziehungen gegenüber Nichtreisenden (B2A, B2B, B2E) müssen F und D bei ihrer Unternehmensgründung besonders berücksichtigen? Was ist hierbei insbesondere privat- und öffentlich-rechtlich zu bedenken?

1.1 Der Begriff des Tourismusrechts

Der Begriff **Tourismusrecht** (→ tourism law) setzt sich aus zwei Begriffen, **Tourismus** (→ tourism) und **Recht** (→ law, → right), zusammen. Tourismus ist als Oberbegriff seinerseits vom Begriff der **Touristik** (→ touristic) abzugrenzen.

1.1.1 Der Begriff des Tourismus

Begriff | **Tourismus**

Der Begriff Tourismus (→ tourism) lässt sich etymologisch auf die Wörter *τόρνος* (griech.), also *tornos* (in lat. Schreibweise), sowie *tornus* (lat.) für „Drechseleisen"[7] oder „zirkelähnliches Werkzeug"[8] und das Verb *tornare* (lat.) für „drechseln" oder „runden"[9] zurückführen. „Mit dem Begriff des Tourismus bzw. synonym hierfür des Fremdenverkehrs werden alle Beziehungen gekennzeichnet, die sich aus der Reise und dem Aufenthalt von Personen ergeben, bei denen der Aufenthaltsort weder hauptsächlicher Wohn- noch Arbeitsort ist."[10]

Das lat. *tornos* wurde u. a. in der französischen und englischen Sprache rezipiert und zum Wort **Tour** (→ tour) weiterentwickelt. Tour „ist der Oberbegriff für das zeitweilige Verlassen seiner gewohnten Umwelt, bei dem die Rückkehr an den Ausgangspunkt von vornherein feststeht und ohne deren Gewissheit man die Reise gar nicht erst angetreten hätte"[11]. Entscheidend ist, dass die Aufenthaltsorte während der Tour weder hauptsächlicher noch dauerhafter Wohn- und Arbeitsort sein dürfen. Der Zweck der Tour – sei diese nun beruflich bedingt oder diene sie der Fortbildung oder sonstigen Freizeitgestaltung – ist unerheblich. Entscheidendes Kriterium i. S. d. **Welttourismusorganisation** (→ United Nations World Tourism Organization – **UNWTO**)[12], einer **Sonderorganisation der Vereinten Nationen** (→ United Nations Specialized Agency)[13], ist, dass „zwischen dem Verlassen des Wohnortes und der Rückkehr mindestens eine und maximal 364 Übernachtungen stehen“[14]. An dem Konzept von mindestens einer Übernachtung hält auch der seit dem 1.7.2018 geltende § 651a Abs. 5 Nr. 2 BGB fest: Danach qualfizieren sich „Verträge über Reisen, die [...] weniger als 24 Stunden dauern und keine Übernachtung umfassen (Tagesreisen) [...]“ nicht als Pauschalreiseverträge.

1.1.2 Der Begriff der Touristik

Begriff | **Touristik**

Der Begriff **Touristik** (→ touristic) ist enger zu verstehen; er „kennzeichnet lediglich die gewachsenen Strukturen des modernen organisierten Reiseverkehrs. Gastronomie und Beherbergungsbetriebe bleiben insoweit außerhalb der Betrachtung, weil ihre ursprüngliche Existenz, historisch betrachtet, nicht durch den seit Mitte des 19. Jahrhunderts entstehenden organisierten Reiseverkehr erklärt werden kann. Die Touristik beinhaltet alle Aktivitäten und Phänomene des Reisens und des vorübergehenden Aufenthaltes von Reisenden (Touristen) an Zielorten, soweit es sich nicht um alltägliche Berufs- und Besorgungsfahrten handelt.“[15]

Insoweit wird der Begriff Touristik üblicherweise als „zusammenfassende Bezeichnung für Reiseveranstalter und Reisebüros“[16] verstanden. Außerdem wird damit „im Reisebüro [...] die Abteilung bezeichnet, in der Pauschalreisen vermittelt werden.“[17]

1.1.3 Der Begriff des Rechts

Seit vielen Generationen versuchen Juristen und Philosophen, den Begriff des Rechts zu definieren. Der Rechtsgelehrte *William Seagle*, Autor des Werks „The History of Law“[18], bezeichnet daher den Begriff des Rechts provokativ „als die schwarze Katze im Sack der Jurisprudenz“[19]. Etymologisch geht der Begriff des Rechts auf die indogermanische Sprachwurzel **reĝ--*[20] zurück; dies lässt sich mit „aufrichten, gerade richten“[21] übersetzen und fand Eingang in zahlreiche europäische und außereuropäische Sprachen (*right* (engl.), *droit* (franz.), *derecho* (span.) etc.). Die lat. Entsprechung ist *ius* und wird üblicherweise mit „[...] Satzung, [...] Recht, [...], Gericht" oder „Gewalt"[22] oder „die Ordnung, die die Beziehungen der Menschen zueinander in der Gemeinschaft regelt"[23] übersetzt. *Ius* wurde durch *leges*, lat. für **Gesetze** (→ laws, → statutes), die zunächst ungeschriebene (religiöse) Gebräuche/Riten und Sitten (lat. *mores*) darstellten und später als Gesetzesrecht festgeschrieben wurden, inhaltlich konkretisiert. Dabei erfasst *ius* begrifflich sowohl das **objektive Recht** (→ objective law), d. h. die „rechtlichen Normen und Einrichtungen, also die Rechtordnung und ihre Bausteine"[24], als auch das **subjektive Recht** (→ subjective law, → entitlement, claim), d. h. „die dem einzelnen von der Rechtsordnung verliehen M a c h t b e f u g n i s s e, die ‚Berechtigungen'"[25].

Exkurs | **Rechtsbegriff**

Aristoteles (384 v. Chr. – 322 v. Chr.) prägt mit seiner Definition des (objektiven) Rechtsbegriffs in der „Nikomachischen Ethik" das Nachdenken über den Rechtsbegriff bis zum heutigen Tage. Er unterscheidet zwischen übergeordnetem (göttlichen) **Naturrecht** (→ divine law, → law of nature) (daraus entwickelte sich der Naturrechtsbegriff) und **positivem (Gesetzes-)Recht** (→ positive law) (daraus entwickelte sich der positivistische Rechtsbegriff): „Das für politische Gemeinschaften geltende Recht zerfällt in das natürliche und gesetzliche. Natürlich ist jenes, das überall die gleiche Kraft besitzt, unabhängig davon, ob es anerkannt ist oder nicht. Gesetzlich ist jenes, dessen Inhalt so oder anders sein kann und erst durch positive Festsetzung so bestimmt wird."[26]

1.1.4 Definition des Tourismusrechts

Für die Definition des Begriffs **Tourismusrecht** (→ tourism law) kann an den positivistischen Rechtsbegriff, also an die einschlägigen (positiven) Rechtsquellen angeknüpft werden.

Begriff | **Tourismusrecht**

Dabei umfasst das **Tourismusrecht** sämtliche rechtliche Vorschriften, mit denen Rechtsfragen im Tourismus zu lösen sind.

Aus dieser allgemeinen Definition wird deutlich, wie schwer der Begriff des Tourismusrechts inhaltlich zu „fassen“ ist. Dies hängt

1) mit der Vielzahl der einschlägigen Rechtsquellen in den zu betrachtenden Rechtsräumen, z. B. **Herkunfts-** und/oder **Destinationsland** (→ country of origin and/or → destination country), zusammen, seien diese Bestimmungen nun völkerrechtlich, supranational/EU-rechtlich, national, subnational/landesrechtlich und/oder nach Teilen der Rechtsordnung(en) (öffentlich-rechtlich oder privatrechtlich) und/oder einzelnen Rechtsgebieten (z. B. Vertragsrecht) zu kategorisieren; sowie
2) damit zusammen, dass es kein einheitliches Tourismusgesetzbuch gibt, welches die einschlägigen rechtlichen Vorschriften zusammenfasst.

Das Tourismusrecht ist daher als sog. **Querschnittsrecht** (→ cross-sectional law) über die möglichen **Beteiligten** (→ parties) und deren **Rechtsbeziehungen** (→ legal relationships), die ihrerseits maßgeblich durch die zugrundeliegende(n) **ökonomische(n) Betätigungen** (→ economic action(s)) und/oder Leistungen (→ performance(s)) bestimmt werden, zu definieren.

Begriff | **Wichtige Begriffe im Überblick**

- Dabei geht der Begriff des Tourismusrechts weiter als der des **Reiserechts** (→ travel law). Letzteres beschränkt sich auf die Beantwortung der Frage, „welche Vorschriften den Reisenden gegenüber Reiseunternehmen berechtigen und verpflichten“[27]. Insoweit konzentriert sich der Gegenstand des Reiserechts auf das **Pauschalreisevertragsrecht** nach §§ 651a-y BGB (→ law applying to package tours), die **„Vermittlung verbundener Reiseleistungen“** (→ trading of linked travel arrangements) gemäß § 651w BGB, das **Reisevermittlungsrecht** (→ law on travel service retailers) nach §§ 651v, 651b, 675, 631 BGB, 84ff., 93ff. HGB sowie **Individualreiserecht** (→ travel law applying to individual travelling) bestehend aus dem **Beförderungsrecht** (→ transportation law) **bezogen auf Flugzeug** (→ aviation law), **Bus** (→ motor bus transportation law), **Eisenbahn** (→ railway law), **Schiff** (→ marine and shipping law) und **Beherbergungsrecht** (→ accommodation law). Ergänzend hinzutreten kann noch das **Reiseversicherungsrecht** (→ travel insurance law).

- Das **Tourismusrecht** umfasst sowohl die Untersuchung der Rechtsbeziehungen zwischen dem/den Reisenden und der Tourismusbranche (Touristik zzgl. Gastronomie und Hotellerie), das sog. **Tourismusrecht i. e. S.** (→ tourism law in the narrower sense) oder **Reiserecht** (→ travel law), als auch öffentlich-rechtliche Vorschriften (z. B. die Gewerbeanmeldung gemäß § 14 GewO) sowie privat-rechtliche Vorschriften betreffend die Rechtsverhältnisse der Tourismusbranche gegenüber Dritten (Nichtreisenden), das sog. **sonstige Tourismusrecht** (→ other tourism law).

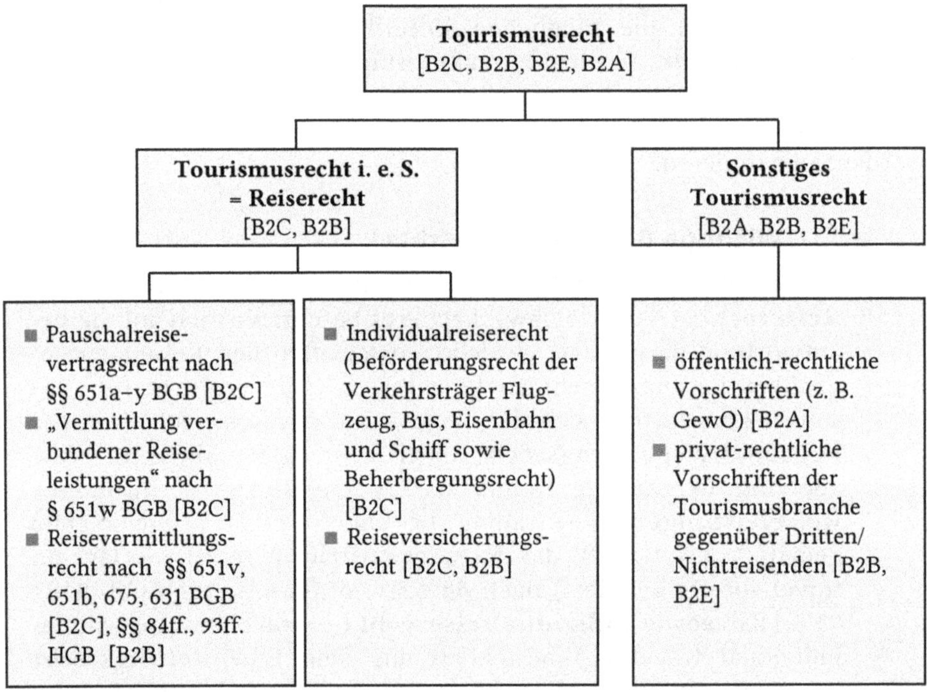

Abb. 1: Vereinfachte Darstellung des Tourismusrechts
(Quelle: Eigene Darstellung)

1.2 Historischer Kontext

Um das Tourismusrecht der heutigen Zeit zu verstehen, dessen Errungenschaften sowie die Entwicklung der Rechtsquellen(lehre) einordnen und würdigen zu lernen, ist ein kurzer Rückblick auf die Geschichte des Reisens sinnvoll.

1.2.1 Reisen in der Antike

Exkurs | **Freizügigkeit**

Das Recht auf **Freizügigkeit** (→ freedom of movement), d. h. das Recht, seinen Aufenthalt und Wohnsitz frei bestimmen und jederzeit ändern zu können, sich also ohne Hindernisse von einer Ortschaft in eine andere oder gar von einem Land in ein anderes bewegen und sich dort (für eine bestimmte oder sogar unbestimmte) Zeit ohne (Handels-) Hindernisse aufhalten und ggf. sogar arbeiten zu dürfen, ist eine rechtsstaatliche Errungenschaft, die für die meisten Menschen erst mit der Bildung von Wirtschafts- und Zollunionen (z. B. dem Norddeutschen Bund von 1866 bis 1870 oder später den Europäischen Gemeinschaften) und für andere erst mit dem Fall des Eisernen Vorhangs im November 1989 Realität wurde.

Historisch stellte sich das Reisen meist als notwendiges Übel dar, das durch Handel, Krieg (Ägypter, Sumerer, Phönizier, Perser, Griechen, Mazedonier, Römer, Goten, Hunnen etc.) oder Not (Auszug der Juden aus Ägypten ins Heilige Land, Völkerwanderungen) geboten war. Reisen war mangels moderner Verkehrsmittel, Infrastruktur und sonstiger Gefahren (Überfälle, Krankheiten etc.) extrem beschwerlich. Diese Situation verbesserte sich allmählich ab der Bronzezeit (ca. 2.200 v. Chr.–800 v. Chr.) durch die Entwicklung der Karawanenstraßen zwischen Mittelmeerraum und Ostasien (China), der sog. **Seidenstraße** (→ silk route), durch den Ausbau von Königsstraßen und Pferdewechselstationen im antiken Großreich der *Achaimeniden*/Perserkönige (ca. 550 v. Chr.–330 v. Chr.) sowie im Römischen Reich durch Konstruktion und Bau hervorragender Straßen, die teilweise noch heute (fort-)bestehen (z. B. die Via Appia bei Rom, heute Staatsstraße 7). Ergänzt wurde der römische Straßenbau durch die Entwicklung und Unterhaltung eines geordneten Post- und Nachrichtenwesens, beginnend während der Zeit der Römischen Republik (509 v. Chr.–27 v. Chr.) und perfektioniert während des Römischen Kaiserreichs (27 v. Chr.–395 n. Chr.).

Gleichwohl durfte sich nur eine Minderheit, meist Hochgeborene, frei bewegen und umherreisen. Diese „Freien“ waren überwiegend Inhaber des römischen Bürgerrechts, für die das *ius civile* (Bürgerliches Recht) galt: Adelige oder Patrizier, freie Bürger und freie Bauern (im Stadtgebiet von Rom und den angrenzenden Territorien), nicht jedoch der Großteil der Bevölkerung, die z. B. als Sklaven (im Mittelalter Leibeigene) ihrem Grundherren dienen mussten; diese hatten ihren Herren (lat. *dominus*) ggf. auf Reisen – vielfach bei kriegerischen Auseinandersetzungen – als dessen (rechtloses) „Eigentum“ zu begleiten und für ihn ggf. bis zum Tod zu kämpfen. Die Freien benötigten ihrerseits grundsätzlich Reisepapiere, sog. **Diploma** (⟶ travel diploma).

Das sog. **ius gentium** (⟶ law of peoples)[28] galt für römische Bürger und Nichtbürger[29]. Die Rechtsbeziehungen der Ausländer untereinander wurden gemäß dem sog. **Personalitätsprinzip** (⟶ personality principle) nach deren angestammtem Recht (Anknüpfungspunkt Nationalität) beurteilt; bei mehreren Ausländern verschiedener Nationalitäten kamen allgemeine Rechtsinstitute zur Anwendung oder später das *ius gentium.*[30] Selbst wenn römischen Nicht-Bürgern eine Reise nach ihrem angestammten Recht erlaubt sein sollte, benötigte auch dieser Personenkreis im Regelfall – abhängig vom Reiseziel – entsprechende Diploma. Zölle und Abgaben machten Waren, die über lange Strecken transportiert und gehandelt wurden, meist sehr teuer und zu Luxusgütern, die sich nur wohlhabendere Personenkreise leisten konnten.

1.2.2 Reisen im Mittelalter

Im Mittelalter (ca. 6.–15. Jh. n. Chr.) wurde das Reisen durch den Untergang des Römischen Weltreichs und den einhergehenden Verfall des römischen Straßen-, Post- und Nachrichtenwesens beschwerlicher als je zuvor. Indes nahm der Handel- und Warentransport über die Seidenstraße zwischen Mittelmeerraum und Ostasien im Mittelalter weiter zu und trug maßgeblich zum wachsenden Wohlstand des Orients und Asiens sowie international operierender Kaufleute und (Stadt-)Staaten bei. Motive des Reisens waren in erster Linie (religiöse) Kriege (Überfälle der Wikinger, Ausdehnung des Osmanischen/Türkischen Reichs nach Westen in die abendländisch geprägte, römisch-katholisch Welt, Kreuzzüge etc.), Handel und zunehmend auch Wallfahrten (*Hadsch*, d. h. Pilgerfahrt nach Mekka als eine der fünf Säulen des Islams[31], Reise ins Heilige Land, nach Rom, Santiago de Compostela, Köln, Marburg etc.). Insoweit lässt sich hier bereits von Tourismus in der Ausprägung des **Wallfahrtstourismus** (⟶ pilgrimage tourism) sprechen. Höchst spannend sind insoweit die Reiseberichte des aus Marokko (Tangier) stammenden muslimischen Rechtsgelehrten *Abū ʿAbdallāh Muhammad Ibn Battūta* (1305–1368 oder 1377) über seine Pilgerfahrt nach Mekka sowie die von ihm angeblich[32] im Anschluss unternommenen weiteren Reisen durch Afrika und Asien.

Im Übrigen hatten die römisch-deutschen Kaiser (sofern sie vom Papst gekrönt worden waren) oder Könige (sofern oder solange sie nicht vom Papst gekrönt worden waren) im Früh- und Hochmittelalter keine Hauptstadt, sondern reisten mit ihrem Hofstaat von Pfalz (Grenzbefestigung) zu Pfalz, um dort Hof-, Gerichts- und Turniertage zu halten; dies wird als sog. **Reisekönigtum** (⟶ travel kings) bezeichnet.[33] Auch in diesem Fall war das Reisen primär durch Staatsgeschäfte motiviert; es galt das Reich zusammenzuhalten und Herrschaftsansprüche anderer, z. B. von Adel und Kirche (Klerus), einzudämmen.

Überfälle durch Wegelagerer oder Raubritter und Seuchengefahr (Pest, Malaria etc.) machten das Reisen sehr gefahrvoll.

1.2.3 Reisen in der Neuzeit

Die Neuzeit (in Italien ab dem 14. Jh., nördlich der Alpen ab ca. 1500) brachte einige Veränderungen mit sich.

1.2.3.1 Entdeckungs- und Eroberungsreisen

Das Reisen zu Beginn der Neuzeit war durch Entdeckungs- und Eroberungsreisen (span. *conquista*) geprägt. Die Eroberer (span. *conquistadores*) nahmen fremde Länder namens ihres Monarchen/ihrer Monarchin in Besitz, verleibten sie dem Mutterland als Kolonien ein und beuteten sie im Hinblick auf (Boden-)Schätze, z. B. Gold, Silber, Kupfer, Salz, und sonstige Kostbarkeiten – inklusive Menschenware (Sklaven) – aus.

Zölle und Abgaben an den Grenzen der zahlreichen (Zwerg-)Staaten und Städte, die – anders als die norddeutsche Kaufmannsvereinigung der *Hanse* (12.–17. Jh.) – über keinen direkten (zollfreien) Meereszugang verfügten, verteuerten die Warenpreise. Dies erklärt den Aufstieg der *Hansestädte* und anderer Seefahrerstaaten, z. B. Venedig (Handelsreisen des *Marco Polo* (ca. 1254–1324) bis nach China), Genua (goldene Zeit 13.–14. Jh.), Portugal (goldene Zeit unter *Heinrich dem Seefahrer* (1394–1460), *Vasco da Gama* (1469–1525) und dem ersten Weltumsegler *Ferdinand Magellan* (1480–1521)), Spanien (goldene Zeit im 16. Jh. nach den Entdeckungsreisen des *Christoph Columbus* (1451–1506)), Frankreich (Expeditionsreisen nach Neufundland und Québec durch *Jacques Cartier* (1491–1557) und *Samuel de Champlain* (1567–1635)), England (ab 1588 nach dem Sieg über die Spanische Flotte

Armada; Expeditionsreisen des *James Cook* (1728–1779)) sowie Holland (z. B. Inbesitznahme von Teilen Nordamerikas als Kolonie „Neu-Niederlande“ (ca. 1624–1667) mit der Hauptstadt Neu-Amsterdam, dem späteren New York), zu Groß-/Weltmachtstatus.

Die ursprüngliche Aufteilung der (Kolonial-)Welt zwischen Spanien und Portugal durch den *Vertrag von Tordesillas* (1494), der durch den katalanisch/spanisch-gebürtigen Papst *Alexander VI.* (1431–1503)[34] vermittelt wurde, konnte den Aufstieg der anderen See- und Handelsmächte England, Frankreich und Holland nicht verhindern. England, Frankreich und Holland wurden nicht in die Vertragsverhandlungen einbezogen und erkannten den Vertrag folglich nicht an. Der *Vertrag von Tordesillas* ist als **Vertrag zulasten Dritter** (→ contract to the detriment of third parties) zu beurteilen. Er relativierte sich durch die normative Kraft des Faktischen, d. h. die Eroberungserfolge der anderen Seemächte, und wurde endgültig durch den (völkerrechtlichen) Vertrag von Madrid (1750) aufgehoben.[35]

Das 17. Jahrhundert war das *grand siècle*, also das große Jahrhundert, der Franzosen unter ihrem „Sonnenkönig“ *Louis XIV.* (1638–1715). Die Vormachtstellung der Engländer als nun führende Seemacht konnte jedoch selbst durch den eroberungs- und kriegserprobten Kaiser der Franzosen *Napoléon I.* (1769–1821), der die Schlacht von *Trafalgar* (1805) gegen *Lord Nelson* (1758–1805) verlor, nicht gebrochen werden und bestand bis zum Ende des 2. Weltkrieges (1939–1945) fort.

Mit dem Aufstieg der See-, Handels- und Kaufmannsstaaten einher ging auch die Entwicklung eines **transnationalen Handelsrechts** (→ transnational commercial law), lat. *lex mercatoria*, eines Weltrechts ohne Staat.[36] Dabei knüpft der Begriff **transnational** (→ transnational) „an Kontakte zwischen Privaten verschiedener Staaten sowie zwischen Privaten und Staaten an“[37]. Hingegen knüpft der Begriff **international** (→ international) an die **zwischenstaatlichen**, also **völkerrechtlichen Beziehungen** (→ international relations between states) an. Insoweit ist der engl. Begriff *international law* für den deutschen Juristen leicht missverständlich; er ist nicht mit internationalem Recht, sondern mit **Völkerrecht** (→ international law, → law of nations, → public international law) zu übersetzen[38] und damit enger zu verstehen als der Begriff des **transnationalen Rechts** (→ transnational law).

Exkurs | **Lex mercatoria**

Die **lex mercatoria** (→ lex mercatoria) entwickelte sich seit dem Mittelalter als „ungeschriebenes Kaufmannsgewohnheitsrecht über die territorialen Grenzen hinaus“[39] und wurde von den Kaufleuten als verbindlich erachtet. Sie ist ein eindrucksvolles Beispiel für „den Trend zur weltweiten Entstaatlichung und Privatisierung des praktizierten Rechts“[40] und wirkt bis auf den heutigen Tag fort, u. a. durch Kodifizierungen solcher Regelungen, z. B. in den **Internationalen Handelsklauseln** (→ International Commercial Terms) der **Internationalen Handelskammer** (→ International Chamber of Commerce – **ICC**)[41] oder den Musterverträgen der ICC. Dieser Trend ist für das Verständnis der Rechtsquellen des Tourismusrechts von großer Bedeutung. Denn insbesondere das Reiserecht spielt sich häufig im globalen/transnationalen Kontext auf privat-/zivilrechtlicher Ebene ab.

1.2.3.2 Bildungs- und Wissenschaftstourismus und die Rezeption des römischen Rechts

Da es vom Mittelalter bis in den Beginn der Neuzeit erst relativ wenige Universitätsgründungen gab (z. B. Bologna (1088), Oxford (1167), Sorbonne (1200), Cambridge (1209), Prag (1348), Wien (1365), Heidelberg (1386), Köln (1388), Leipzig (1409), Greifswald (1456), Tübingen (1477)), mussten die Studierenden zu eben diesen Universitäten reisen, um dort studieren und leben zu können.

In Schottland gab es beispielsweise – bis zur Gründung der Universität St. Andrews (1413) – keine eigene Universität. Da für schottische Studenten Universitäten des Erbfeindes England ausschieden, begaben sie sich zum Studium insbesondere nach Frankreich, das mit Schottland durch die *Auld Alliance* (1165–1560) verbündet war, oder nach Italien. An den dortigen Universitäten wurde nicht angelsächsisches **gemeines Recht** (→ common law) und/oder **Fallrecht** (→ case law) gelehrt, sondern **römisches Recht** (→ Roman law). Dabei beruht das angelsächsiche Recht auf **Präzedenzfällen** (→ precedent cases) zzgl. des die Härten des common law ausgleichenden **Billigkeitsrechts** (→ equity law).

Exkurs | **Römisches Recht**

Grundlage des Lehrpensums im **römischen Recht** war das durch den oströmischen Kaiser *Justinian I.* (ca. 482 n. Chr.–564 n. Chr.) in Auftrag gegebene Gesetzeswerk, der berühmte *Corpus Iuris Civilis* (528–534 n. Chr.), ergänzt um Lehrbücher, die sog. *Institutiones Iustiniani*[42] (533 n. Chr.) sowie Schriften römischer Rechtsgelehrter, die sog. **Pandekten** (⟶ Pandects)[43] oder **Digesten** (⟶ Digest)[44] samt Anmerkungen und Kommentierungen, den sog. *Glossen*, von Rechtsgelehrten des 12. und 13. Jh.[45] Dies erklärt die Übernahme, d. h. **Rezeption** (⟶ reception) des römischen (Zivil-)Rechts in vielen Ländern Europas, z. B. auch in Schottland, Frankreich und deutschen (reichsunmittelbaren) Fürstentümern, wo das römische Recht unmittelbar oder zum jeweiligen Landesrecht *subsidiär*, also ergänzend, galt.[46] Nach § 3 der Reichskammergerichtsordnung von 1495 sollten die Richter des höchsten Gerichts des Heiligen (Bez. ab 1157) Römischen (Bez. ab 1254) Reichs Deutscher Nation (Bez. ab Ende des 15. Jh.), des sog. **Reichskammergerichts** (1495–1806) (⟶ Supreme Court of the Holy Roman Empire of the German Nation), ihre Urteile und sonstigen Entscheidungen fällen „nach des Reichs gemainen Rechten [also dem rezipierten römischen Recht], auch nach redlichen erbern [ehrbaren] und leidlichen Ordnungen, Statuten und Gewohnheiten der Fürstentumb, Herrschaften und Gerichte, die für pracht [beigebracht, bewiesen] werden“[47].

Die akademischen Abschlüsse in der (aufsteigenden) Reihenfolge *Baccalaureus* (lat. Geselle), *Magister* (lat. Lehrer oder Meister) und schließlich *Doctor* (von lat. *doctus*, d. h. der Gelehrte) gehen ebenfalls auf diese Zeit zurück.[48]

Nach Beendigung ihrer Studien traten Rechtsgelehrte oftmals in den Dienst ihrer Landesherren oder in den Dienst eines ausländischen Herrschers oder hochgestellten weltlichen oder geistlichen Fürsten. Das römische Recht stellte sich dabei als juristischer „Exportschlager“ heraus, da das jeweilige Landesrecht oftmals noch unterentwickelt war und die Rückbesinnung auf römisches Recht bewährte Ordnung und Struktur versprach. Der maßgebliche Vorteil des römischen Rechts lag zudem in den umfassenden Kodifikationen, die größere Übersichtlichkeit und Rechtssicherheit als das reine Fallrecht versprachen.

Insoweit kann in der damaligen Zeit bereits von einer Art **Bildungs- und Wissenschaftstourismus** (⟶ educational and research tourism), teilweise in Form der **Abwanderung hochqualifizierter Gehlerter** (→ brain drain) an die der Wissenschaft und Kunst aufgeschlossenen Höfe, vor allem nach Italien (z. B. an den florentinischen Hof *Lorenzos des Prächtigen* (1449–1492) aus dem Hause *Medici*), gesprochen werden. Kein Wunder also, dass das Zeitalter der Wiederanknüpfung an antike Quellen (lat. *ad fontes)* und deren **Wiedergeburt** (→ Renaissance) sowie die Orientierung an den Werten und der Würde des Menschen, dem sog. **Humanismus** (→ Humanism), in Italien seinen Anfang nahm.[49]

Im Übrigen hat sich die Situation des Reisens seit dem Mittelalter wenig verändert. Hauptmotive des Reisens waren wie bisher Krieg[50], Handel[51] oder eben Bildung.

Diese Einschätzung der Reisemotive gilt in ähnlicher Weise für den muslimisch geprägten Herrschafts- und Kulturkreis, wie es *Evliy Çelebi* (1611–ca. 1685) eindrucksvoll in seiner sog. **Seyahatname** (→ Book of Travels) dokumentiert hat.[52]

1.2.3.3 Grand Tour und Travellers Club

Die sog. **Grand Tour** (→ Grand Tour) – als klassische Bildungsreise der britischen Oberschicht grundsätzlich Privileg der **Kavaliere** (→ Gentlemen) – ist die Geburtsstunde des nicht beruflich-, sondern maßgeblich bildungsmotivierten Individualtourismus. Die Kernperiode der Grand Tour wird auf die Zeit zwischen 1660 – die Thronbesteigung von *Charles II.* aus dem Hause *Stuart* (1630–1685) nach dem Kurzausflug Englands in das Experiment der Republik unter *Oliver Cromwell* (1599–1658) – und der Verbreitung der Eisenbahn als Massenverkehrsmittel um 1840 datiert.

Die begehrte Aufnahme in den *Travellers Club*, einem der renommiertesten Gentlemen Clubs in London, erforderte die Erfüllung der 500 Meilen-Regel. „Der Bewerber musste an ein Ziel gereist sein, dessen Entfernung von London per Luftlinie mindestens 500 englische (Land-)Meilen [ca. 804,67 km] betrug."[53] Dies legte dem Clubaspiranten nahe, die Grand Tour vor der Bewerbung um Mitgliedschaft zu machen.

Die Route der Grand Tour war mehr oder weniger vorgegeben und führte mindestens zu den antiken Stätten in Italien (Florenz, Rom, Neapel) und ggf. auch noch nach Griechenland. Zweck der Reise war, die Bildung des Gentleman zu vollenden, ihn hof- und salonfähig zu machen und auf ein Leben in führender gesellschaftlicher Stellung vorzubereiten. Dabei galten heimgebrachte antike Kuriositäten wie Vasen und Plastiken sowie Gemälde/Portraits des Gentleman-Touristen vor antiken Stätten in antiker Tracht, bevorzugt gemalt z. B. durch *Pompeo Girolamo Batoni* (1708–1787), als Statussymbole.

Auch Deutschlands wohl berühmtester Dichter *Johann Wolfgang von Goethe* (1749–1832) unternahm seine Italienreise von 1786–1788 im Stile einer Grand Tour. Er ließ sich auf der Reise von *Johann Heinrich Wilhelm Tischbein* (1751–1829) durch das Gemälde *Goethe in der römischen Campagna*, das im Frankfurter *Städel-Museum* bewundert werden kann, entsprechend in Szene setzen.

1.2.3.4 Thomas Cook und die erste Pauschalreise

Die Entwicklung des Massentourismus und dem Bedürfnis nach Pauschalreisen, die mindestens zwei Reiseleistungen – typischerweise Transport und Unterkunft mit/ohne Verpflegung – umfassen, geht einher mit dem technischen Fortschritt der Verkehrsmittel Eisenbahn, (Luft-)Schiff, Kraftfahrzeug/Bus sowie Flugzeug.

Die Erfindung der Dampfmaschine durch den Schotten *James Watt* (1736–1819) im Jahre 1782 ebnete den technischen Weg für den Bau der ersten Lokomotive samt öffentlicher Eisenbahnlinie, der *Stockton & Darlington Railway*, durch die Ingenieure *George Stevenson* (1781–1845) und dessen Sohn *Robert Stevenson* (1803–1859); die Jungfernfahrt zwischen den nordenglischen Städten Stockton und Darlington fand am 27. September 1825 statt. In der Folgezeit wurde das englische Eisenbahnnetz zügig ausgebaut. So konnte der baptistische Geistliche und Tourismuspionier *Thomas Cook* (1808–1892) „am 5. Juli 1841 seine erste Gruppenreise für 570 Personen mit der Eisenbahn von der Industriestadt Leicester für die Teilnahme an einer Kundgebung ins 11 Meilen entfernte Loughborough“[54] organisieren. Obwohl es sich lediglich um einen organisierten Ausflug mit Verpflegung und Rückfahrt am gleichen Tage (ohne Übernachtung) handelte, lässt sich dieses Ereignis als „Mutter aller Veranstaltungsreisen“[55] bezeichnen. Denn die Organisation der Fahrt war durch zwei wesentliche Merkmale der Veranstaltungsreise gekennzeichnet: „Zum einen handelte Thomas Cook mit der Bahngesellschaft eine erhebliche Preisreduktion aus, zum anderen kombinierte er den Transport mit einer weiteren, im Preis inbegriffenen Leistung“[56], nämlich der Verpflegung der Reisegäste.

Wissen | **Gründe für die Entwicklung des Massentourismus**

Der weitere technische Fortschritt der Verkehrsmittel tat sein Übriges. Während bis in die 1950er-Jahre das Reisen immer noch eher wohlhabenderen Personenkreisen vorbehalten war, die sich z. B. eine Überfahrt über den Atlantik mit dem Luxusdampfer oder Luftschiff (Zeppelin)[57] leisten konnten, änderte sich diese Situation in den nachfolgenden Jahren im Wesentlichen aufgrund

- der Möglichkeit von transkontinentalen Langstreckenflügen mit Flugzeugen, die viele Passagiere transportieren können;
- der vermehrten Gründung von in Wettbewerb stehenden Fluggesellschaften inklusive Charterfluggesellschaften auch in Deutschland (ab Zurückgewinnung der Lufthoheit im Jahre 1955), z. B. dem Lufttransportunternehmen (LTU) und dem Deutschen Flugdienst (DFD); dadurch verringerten sich die Flugpreise; sowie
- der zunehmenden Einkommensverbesserung der Bevölkerung durch das deutsche Wirtschaftswunder.[58]

1.2.3.5 Historische Entwicklung des Pauschalreiserechts

Die mit der zunehmenden Buchung von Pauschalreisen Hand in Hand gehende Explosion des Massentourismus ab den 1960er-Jahren rüttelte den europäischen Gesetzgeber auf, einen Mindeststandard an Verbraucherschutz für Pauschalreisen einzuführen. Denn Pauschalreisen bergen eine Reihe von wirtschaftlichen Risiken, gegen die der Verbraucher/Reisende ursprünglich nicht abgesichert war. So müssen Verbraucher ihre Reise üblicherweise vor Reiseantritt bezahlen. Ging z. B. der Reiseveranstalter in Konkurs (heute Insolvenz), dann fand die Reise in vielen Fällen nicht mehr statt und der Verbraucher hatte – so er nicht entsprechend versichert war – geringe Chancen, den geleisteten Reisepreis vom Reiseveranstalter zurückerstattet zu bekommen.

Als wirtschaftlich relevanter Spezialvertragstypus wurde der Reisevertrag der Pauschalreise in das BGB erst im Jahre 1979 in § 651a ff. BGB aufgenommen und insbesondere durch die RL 90/314/EWG aus dem Jahre 1990 novelliert.[59]

Begriffe | **Verbraucherrisiken und Insolvenz**

- **Verbraucherrisiken** (→ consumer risks) bei Pauschalreisen sind insbesondere die folgenden:
- **Insolvenz** (→ insolvency) des Reisevermittlers, Reiseveranstalters und/oder Erbringers von Reiseleistungen[60]; sowie
- die Beanstandung und Durchsetzung von **Reisemängeln** (→ travel deficiencies) in oft für den Verbraucher fremden Ländern.

1.3 Die wesentlichen Änderungen im Pauschalreiserecht

Maßgebliche Rechtsquelle des Pauschalreiserechts war bis zum 30. Juni 2018 die **Richtlinie 90/314/EWG des Rates vom 13. Juni 1990 über Pauschalreisen**[61] **(„RL 90/314/EWG")** (→ Council Directive 90/314/EEC of 13 June 1990 on package travel, package holidays and package tours), die auf das klassische Vertriebskonzept von Pauschalreisen über **stationäre Reisebüros** (→ high street traders/travel agencies) rekurrierte.

Der Reisemarkt hat sich jedoch in den vergangenen Jahrzehnten durch die digitale Revolution stark verändert: Pauschalreisen werden zunehmend nicht mehr durch stationäre Reisebüros in vorab zusammengestellter Form angeboten, sondern häufig als **Bausteinreise** (→ module-based package travel, → component-based package travel) im Wege des sog. **dynamic packaging** auf „Wunsch des Reisenden oder entsprechend seiner Auswahl" (in Echzeit) vor (§ 651a Abs. 2 Nr. 1 BGB) oder nach Vertragsschluss als „Geschenkbox" § 651a Abs. 2 Nr. 2 BGB), teilweise auch über verbundene Online-Buchungsverfahren (§ 651c BGB) – mit Abschluss des weiteren Vertrags über Reiseleistungen innerhalb von 24 Stunden (§ 651c Abs. 1 Nr. 3 BGB) – im Wege des „click through", zusammengestellt. „Viele dieser Kombinationen von Reiseleistungen befinden sich rechtlich gesehen in einer „Grauzone" oder sind nicht eindeutig vom Anwendungsbereich der Richtlinie 90/314/EWG erfasst."[62] **Die Richtlinie (EU) 2015/2302 des Europäischen Parlaments und des Rates vom 25. November 2015 über Pauschalreisen und verbundene Reiseleistungen, [...]**[63] **(RL 2015/2302/EU)** (→ Directive (EU) 2015/2302 of the European Parliament and of the Council of 25 November 2015 on package travel and linked travel arrangements, [...]) qualifiziert solche Reiseleistungen ebenfalls als Pauschalreisen.[64] Darüber hinaus enthält die

Richtlinie die neue Kategorie der **„Vermittlung verbundener Reiseleistungen“** (§ 651w BGB) (→ trading of linked travel arrangements), die keine Pauschalreise gemäß § 651a Abs. 4 S. 1 Nr. 1 und 2 BGB sind, weil „nur eine Art von Reiseleistung [...]“ (Beförderung, Beherbergung, Vermietung von Kfz und Krafträdern) „mit einer oder mehreren touristischen Leistungen zusammengestellt wird und die touristischen Leistungen 1. keinen erheblichen Anteil am Gesamtwert [...]“ (mehr als 25 %) „ausmachen [...] noch als solches beworben werden oder 2. erst nach Beginn der Erbringung einer Reiseleistung [...] ausgewählt und vereinbart werden.“

Die Vermittlung solcher verbundenen Reiseleistungen gewährt nicht den umfänglichen Schutz des gesamten Pauschalreiserechts nach §§ 651a ff. BGB. Verbundene Reiseleistungen genießen lediglich einen „Basisschutz“[65] im Hinblick auf **Informationspflichten** (→ duties of information) nach Art. 251 EGBGB (zzgl. Zurverfügungstellung des einschlägigen Formblatts gemäß den Mustern 14, 15, 16 oder 17) sowie **Insolvenzschutz** (→ insolvency protection) mit Übermittlung des Sicherungsscheins gemäß Art. 252 Abs. 3 EGBGB, „sobald der Vermittler verbundener Reiseleistungen nach § 651w Absatz 5 des Bürgerlichen Gesetzbuches über den Umstand eines weiteren Vertragsschlusses unterrichtet worden ist.“

Die RL 2015/2302/EU sieht gemäß Art. 4 eine sog. **Vollharmonisierung** (→ full harmonisation) vor, d. h. die EU-Mitgliedstaaten haben keinen Ermessenspielraum bei deren Umsetzung in nationales Recht. Der deutsche Gesetzgeber setzte die RL 2015/2303/EU durch das Dritte Gesetz zur Änderung reiserechtlicher Vorschriften vom 17. Juli 2017[66] innerstaatlich um. Gemäß Art. 7 Satz 1 des vorgenannten Gesetzes trat die neue Rechtslage am 1.7.2018 in Kraft.

Durch das neue Pauschalreiserecht soll insbesondere der **Verbraucherschutz** (→ consumer protection) auf individuell zusammengestellte Pauschalreisen ausgedehnt werden: Der Begriff der Pauschalreise erstreckt sich auch auf Verträge, bei denen Verbraucher einzelne Vor- oder Nachauswahlen (innerhalb von 24 Stunden) treffen, sofern nach § 651c Abs. 1 Nr. 3 BGB der weitere Vertrag über Reiseleistungen „spätestens 24 Stunden nach Bestätigung des Vertragsschlusses des ersten Reiseleistung geschlossen wird.“

Nachfolgend werden die wesentlichen Änderungen des Pauschalreiserechts[67] anhand der RL 90/314/EWG sowie RL 2015/2302/EU in einer Tabelle synoptisch gegenübergestellt.[68]

RL 90/314/EWG	RL 2015/2302/EU	Kommentar
1. *„[...] Angleichung der Rechts- und Verwaltungsvorschriften [...] über Pauschalreisen (einschließlich Pauschalurlaubsreisen und Pauschalrundreisen), die in der Gemeinschaft verkauft oder zum Kauf angeboten werden“ (Art. 1).*	*„[...] Angleichung bestimmter Aspekte der Rechts- und Verwaltungsvorschriften [...] für Verträge über Pauschalreisen und verbundene Reiseleistungen zwischen Reisenden und Unternehmern, um so zum ordnungsgemäßen Funktionieren des Binnenmarktes und zu einem hohen und möglichst einheitlichen Verbraucherschutzniveau beizutragen“* (Art. 1).	Die RL 2015/2303 führt mit den „verbundenen Reiseleistungen“ eine neue Produktkategorie ein. Um Reisenden und Unternehmern den Nutzen des Binnenmarktes zu ermöglichen und einen hohen Verbraucherschutz zu gewährleisten, sind die Mitgliedstaaten verpflichtet, die Rechtsvorschriften für Pauschalreisen und verbundene Reiseleistungen anzupassen (RL 2015/2302, Erwägungsgrund 6, Satz 3).
2. *„[...] die im voraus festgelegte Verbindung von mindestens zwei der folgenden Dienstleistungen [...] die zu einem Gesamtpreis verkauft oder zum Verkauf angeboten wird, [...]“* (Art. 2 Nr. 1).	*„[...] von einem Unternehmer auf Wunsch oder entsprechend einer Vorauswahl des Reisenden [...]“* (Art. 3 Nr. 2a). *[...] „nach Abschluss eines Vertrages, in dem der Unternehmer den Reisenden dazu berechtigt, eine Auswahl unter verschiedenen Arten von Reiseleistungen zu treffen, [...]“* (Art. 3 Nr. 2 lit. b Ziff. iv).	(Baustein-)Reisen, die nach den Wünschen des Reisenden zusammengestellt werden, qualifizieren sich – nach neuer Rechtslage – als Pauschalreisen. Leistungen, die nach Vertragsschluss kombiniert werden, indem der Reisende verschiedene Reiseleistungen auswählt, führen auch zu einem Pauschalreisevertrag. Dies gilt ebenfalls, wenn Daten des Reisenden an ein weiteres Unternehmen übermittelt werden und innerhalb von 24 Stunden nach Buchungsbestätigung der ersten Reiseleistung ein Vertrag über eine weitere Reiseleistung geschlossen wird (RL 2015/2303, Erwägungsgrund 11).
3. *„Veranstalter: die Person, die nicht nur gelegentlich Pauschalreisen organisiert und sie [...] verkauft oder zum Verkauf anbietet“* (Art. 2 Nr. 2).	*„„Reiseveranstalter“ einen Unternehmer, der [...] Pauschalreisen zusammenstellt und verkauft oder zum Verkauf anbietet, oder den Unternehmer, der die Daten des Reisenden [...] an einen anderen Unternehmer übermittelt“* (Art. 3 Nr. 8).	Nach neuer Rechtslage wird auf den Unternehmerbegriff (Art. 3 Nr. 8) sowie Merkmale des Gewerbebegriffs im Umkehrschluss (ohne Gewinnabsicht, gelegentliche Angebote oder Vermittlung von Reiseleistungen) (RL 2015/2303, Erwägungsgrund 19, Satz 1, 2. Halbs) abgestellt. In den Anwendungsbereich der RL 2015/2302 fallen ausschließlich gewerbliche Unternehmer, jedoch keine nichtgewerblichen Vereine und Organisationen.

4. *„Vermittler: die Person, welche die vom Veranstalter zusammengestellte Pauschalreise verkauft oder zum Verkauf anbietet"* (Art. 2 Nr. 3).	*„„Reisevermittler" einen anderen Unternehmer als den Reiseveranstalter, der von einem Reiseveranstalter zusammengestellte Pauschalreisen verkauft oder zum Verkauf anbietet"* (Art. 3 Nr. 9).	Mit der Erläuterung „anderen Unternehmer als den Reiseveranstalter" soll die Aufgabenverteilung zwischen Reiseveranstalter und Reisevermittler präzisiert werden.
5. *„Verbraucher: die Person, welche die Pauschalreise bucht oder zu buchen sich verpflichtet [...]"* (Art. 2 Nr. 4).	*„„Reisender" jede Person, die auf der Grundlage dieser Richtlinie einen Vertrag schließen möchte oder die zu einer Reise auf der Grundlage [...] im Rahmen dieser Richtlinie geschlossenen Vertrags berechtigt ist"* (Art. 3 Nr. 6).	Wegen der Schwierigkeiten, den Verbraucher z. B. vom Kleinunternehmer oder Geschäftsmann abzugrenzen, verwendet die RL 2015/2302 nicht mehr den Begriff „Verbraucher", sondern den weiteren Begriff „Reisender". Der persönliche Anwendungbereich der RL 2015/2302 erfasst damit auch Angehörige freier Berufe, Selbstständige oder andere natürliche Personen, sofern für diese kein Reisearrangement (z. B. über eine Reiseagentur) auf der Grundlage einer allgemeinen Vereinbarung Anwendung findet (RL 2015/2302, Erwägungsgrund 7).
6. *„Vertrag: „die Vereinbarung, die den Verbraucher an den Veranstalter und/oder Vermittler bindet"* (Art. 2 Nr. 5).	*„„Pauschalreisevertrag" einen Vertrag über eine Pauschalreise als Ganzes oder [...] alle Verträge über die in der Pauschalreise zusammengefassten Reiseleistungen"* (Art. 3 Nr. 3).	Der „Reisevertrag" wird nach neuer Rechtslage als „Pauschalreisevertrag" bezeichnet und in § 651a BGB n. F. novelliert.
7. *„[...] den Veranstalter oder Vermittler binnen einer vertretbaren Frist vor dem Abreisetermin hiervon unterrichtet hat [...] auf eine Person übertragen, die alle an die Teilnahme geknüpften Bedingungen erfüllt [...]"* (Art. 4 Abs. 3).	*„[...] auf eine Person, die alle Vertragsbedingungen erfüllt, übertragen kann, nach dem er den Reiseveranstalter auf einem dauerhaften Datenträger innerhalb einer angemessen Frist vor Beginn der Pauschalreise davon in Kenntnis gesetzt hat [...]"* (Art. 9 Abs. 1).	Der Reisende kann mit Hilfe eines dauerhaften Datenträgers dem Reiseveranstalter mitteilen, dass ein anderer für ihn die Reise antritt. (§ 651e BGB n. F.)
8. *„[...] daß der Vertrag die Möglichkeit einer Preiserhöhung oder –senkung ausdrücklich vorsieht [...]"* (Art. 4 Abs. 4 lit. a).	*„[...] dass nach Abschluss des Pauschalreisevertrags Preise nur dann erhöht werden dürfen, wenn diese Möglichkeit im Vertrag ausdrücklich vorbehalten ist und wenn im Vertrag angegeben ist, dass der Reisende Anspruch auf Preissenkung gemäß Absatz 4 hat [...]"* (Art. 10 Abs. 1).	Dieser Vertragsinhalt könnte sich kompliziert gestalten. Einerseits ist der Reiseveranstalter berechtigt, z. B. den Reisepreis wegen Preissteigerungen beim Kerosin zu erhöhen. Andererseits trifft ihn die Pflicht bei Preissenkungen, diese weiterzureichen (Art. 10 Abs. 1 Satz 1 RL 2015/2302).

9. *„[...] und genaue Angaben zur Berechnung des neuen Preises [...]“* (Art. 4 Abs. 4 lit. a).	*„Wenn die Preiserhöhung gemäß Absatz 1 des vorliegenden Artikels 8 % des Preises der Pauschalreise übersteigt, findet Artikel 11 Absätze 2 bis 5 Anwendung“* (Art. 10 Abs. 2).	Im Gegensatz zur RL 90/314/EWG wird in der RL 2015/2302 eine spezifizierte Preiserhöhungsobergrenze von 8 % festgelegt. Bei einer Preiserhöhung von mehr als 8 % kann der Reisende kostenlos vom Vertrag zurücktreten (Art. 10 Abs. 2 RL 2015/2302). Gemäß § 651a Abs. 5 Satz 2 BGB (in der bis zum 30. Juni 2018 gültigen Fassung) hatte der deutsche Gesetzgeber einen kostenlosen Rücktritt vom Vertrag bei Preiserhöhungen von mehr als 5 % zugelassen. Insoweit hat sich die Rechtslage für den Reisenden seit dem 1.7.2018 verschlechtert.
10. *„[...] die Stornierung erfolgt aufgrund höherer Gewalt, d. h. aufgrund ungewöhnlicher und unvorhersehbarer Ereignisse [...]“* (Art. 4 Abs. 6 lit. b Ziff. ii).	*„[...] der Reiseveranstalter aufgrund unvermeidbarerer, außergewöhnlicher Umstände an der Erfüllung des Vertrags gehindert ist [...]“* (Art. 12 Abs. 3 lit. b).	Die neue Definition der höheren Gewalt rekurriert auf den Wortlaut von Art. 5 Abs. 3 VO 261/2004/EU (Fluggastrechte), wonach ein Luftfahrtunternehmen bei Fluganullierung keine Ausgleichszahlungen an Fluggäste zu leisten hat,*„wenn die Annullierung auf außergewöhnliche Umstände zurückgeht, die sich auch dann nicht hätten vermeiden lassen, wenn alle zumutbaren Maßnahmen ergriffen worden wären.“*
11. *„[...] zahlt dem Verbraucher gegebenenfalls eine Entschädigung, deren Höhe dem Unterschied zwischen zwischen dem Preis der vorgesehenen und der erbrachten Dienstleistungen entspricht. Falls solche Vorkehrungen nicht getroffen werden können oder vom Verbraucher aus triftigen Gründen nicht akzeptiert werden, [...]“* (Art. 4 Abs. 7 Sätze 1 u. 2).	*„[...] so gewährt der Reiseveranstalter dem Reisenden eine angemessene Preisminderung. Der Reisende kann [...] nur dann ablehnen, wenn diese nicht [...] vergleichbar oder die gewährte Preisminderung nicht angemessen ist“* (Art. 13 Abs. 5 Sätze 2 und 3).	In RL 90/340/EWG wird die Entschädigung [gemeint ist Minderung] als *„Unterschied zwischen dem Preis der vorgesehenen und der erbrachten Dienstleistungen“* definiert. Die neue RL 2015/2302 verwendet den unbestimmten Rechtsbegriff „angemessene Preisminderung“. Was darunter genauer zu verstehen ist, bleibt unklar und wird wohl die künftige Rechtsprechung zum Reiserecht klären müssen.
12. *„Im Fall einer Beanstandung bemüht sich der Veranstalter und/oder der Vermittler [...] nach Kräften um geeignete Lösungen“* (Art. 6).	*„Bei Vertragswidrigkeit einer Reiseleistung hilft der Reiseveranstalter dem Mangel ab, es sei denn, dies ist a) unmöglich oder b) [...] mit unverhältnismäßigen Kosten verbunden“* (Art. 13 Abs. 3).	Versucht der Reiseveranstalter den Mangel nicht zu beheben (z. B. weil es ihm tatsächlich oder wirtschaftlich unmöglich ist), dann greift Art. 14 und er muss eine Preisminderung und ggf. Schadensersatz leisten (Art. 13 Abs. 3).

13. *„Die Mitgliedstaaten können in dem unter dieser Richtlinie fallenden Bereich strengere Vorschriften zum Schutze des Verbrauchers erlassen oder aufrechterhalten“* (Art. 8).	*„[...] erhalten die Mitgliedstaaten weder von den Bestimmungen dieser Richtlinie abweichenden nationale Rechtsvorschriften aufrecht noch führen sie solche ein; dies gilt auch für strengere oder weniger strenge Rechtsvorschriften zur Gewährleistung eines anderen Schutzniveaus für den Reisenden“* (Art. 4).	Anders als noch bei der RL 90/314/EWG, besteht nach der RL 2015/2302/EU das Gebot der Vollharmonisierung. Dies gilt sowohl für strengere (verbraucherfreundlichere) als auch für weniger strenge (verbraucherunfreundlichere) Vorschriften. Der deutsche Gesetzgeber hatte die RL 2015/2303/EU also eins zu eins umzusetzen, was durch das Dritte Gesetz zur Änderung reiserechtlicher Vorschriften geschehen ist.

Tab.1: Synopse zu den wesentlichen Änderungen des Pauschalreiserechts
(Quelle: Eigene Darstellung in Anlehnung an RL 90/314/EWG sowie RL 2015/2302/EU)

Zum weiteren Verständnis werden einige neue Begrifflichkeiten der RL 2015/2302/EU aus der Tabellennummerierung näher erläutert:

- zu 1. | Neu hinzugekommen sind die verbundenen Reiseleistungen. Dabei handelt es sich gemäß Art. 3 Nr. 5 RL 2015/2302/EU um „mindestens zwei verschiedene Arten von Reiseleistungen, die für den Zweck derselben Reise erworben werden, bei der es sich nicht um eine Pauschalreise handelt, die zu dem Abschluss von separaten Verträgen mit den jeweiligen Erbringern der Reiseleistungen führen [...]“. Voraussetzung dafür ist, dass der Reisende „anlässlich eines einzigen Besuchs oder eines einzigen Kontakts mit seiner Vetriebsstelle die getrennte Auswahl und die getrennte Zahlung jeder Reiseleistung“ vornimmt (Art. 3 Nr. 5 lit. a); oder „in gezielter Weise“ der „Erwerb mindestens einer weiteren Reiseleistung eines anderen Unternehmers, sofern ein Vertrag mit diesem anderen Unternehmen spätestens 24 Stunden nach Bestätigung der Buchung der ersten Reiseleistung geschlossen wird“ (Art. 3 Nr. 5 lit. b). Damit können auch sog. „click through“-Buchungen in den Anwendungsbereich der RL 2015/2302/EU fallen, wenn die 24-Stundenfrist eingehalten wird.
- zu 2. | Der Begriff der Pauschalreise erstreckt sich nunmehr auf „eine Kombination aus mindestens zwei verschiedenen Arten von Reiseleistungen für den Zweck derselben Reise, vorausgesetzt, „diese Leistungen“ werden „von einem Unternehmer auf Wunsch oder entsprechend einer Auswahl des Reisenden vor Abschluss eines einzigen Vertrags über sämtliche Leistungen zusammengestellt“ (Art. 3 Nr. 2 lit. b RL 2015/2302/EU).

- zu 7. | Die Speicherung auf einem „dauerhaften Datenträger“ ist dem digitalen Zeitalter geschuldet. Ein „dauerhafter Datenträger“ bezeichnet „jedes Medium, das es dem Reisenden oder dem Unternehmer gestattet, an ihn persönlich gerichtete Informationen derart zu speichern, dass er sie in der Folge für eine für die Zwecke der Information angemessenen Dauer einsehen kann, und das die unveränderte Wiedergabe der gespeicherten Informationen ermöglicht“ (Art. 3 Nr. 11 RL 2015/2302/EU). Damit fallen z. B. E-Mails, PDF-Dateien, Bilddateien oder auch Speichermedien wie USB-Sticks unter den Begriff des „dauerhaften Datenträgers“.
- zu 10. | Der Begriff „höhere Gewalt“ wird künftig durch den – ebenfalls – unbestimmten Rechtsbegriff „unvermeidbare und außergewöhnliche Umstände“ ersetzt. Dieser Begriff wird gemäß Art. 3 Nr. 12 RL 2015/2302/EU weiter (rechtlich unbestimmt) beschrieben als „eine Situation außerhalb der Kontrolle der Partei, die eine solche Situation geltend macht, deren Folgen sich auch dann nicht hätten vermeiden lassen, wenn alle zumutbaren Vorkehrungen getroffen worden wären“.

1.4 Die Beteiligten im Tourismusrecht

Bei den wesentlichen Beteiligten im Tourismusrecht ist zwischen der Pauschalreise, der Individualreise sowie dem sonstigen Tourismusrecht zu unterscheiden.

1.4.1 Die Pauschalreise

Wissen | **RL 2015/2302/EU**

Art. 3 Nr. 2 RL 2015/2302/EU definiert den Begriff der **Pauschalreise** (→ package [travel, holidays or tours]) als „eine Kombination von mindestens zwei verschiedenen Arten von Reiseleistungen für den Zweck derselben Reise, [...]“. Als **Reiseleistung** (→ travel service) bezeichnet Art. 3 Nr. 1 RL 2015/2302/EU die

„a) Beförderung von Personen;

b) die Unterbringung, bei der es sich nicht um einen wesensmäßigen Bestandteil der Beförderung von Personen handelt und zu anderen Zwecken als Wohnzwecken;

c) die Autovermietung [...];

d) jede andere touristische Leistung, die nicht wesensmäßig Bestandteil einer Reiseleistung im Sinn der Buchstaben a, b oder c ist".

Darüber hinaus gilt als Pauschalreise auch die Kombination aus mindestens einer der o. g. Reiseleistungen mit einer **anderen touristischen Leistung** (⟶ other tourist service), sofern diese einen „erheblichen Anteil am Gesamtwert der Kombination" ausmacht, als „wesentliches Merkmal" beworben wird sowie „ein wesentliches Merkmal der Kombination" darstellt (arg. e contrario aus Art. 3 Nr. 2 Abs. 2 lit. a) oder bereits vor „Beginn der Erbringung der Reiseleistung [...] ausgewählt und erworben" wird (arg. e contrario aus Art. 3 Nr. 2 Abs. 2 lit. b). Von einem „erheblichen Anteil" wird ausgegangen, wenn „andere touristische Leistungen 25 % oder mehr des Werts der Kombination" ausmachen (RL 2015/2302/EU, Erwägungsgrund 18, Satz 3). Die Bestimmungen der RL 2015/2302/EU sind wortgleich in § 651a Abs. 2 bis 4 BGB aufgenommen worden.

Ausganspunkt für die in der Praxis so häufig vorkommende Pauschalreise ist die Frage nach den Akteuren. Denn ohne Beteiligte lasse sich deren Rechtsbeziehungen untereinander nicht verstehen.

Begriff | **Touristisches Dreieck und Viereck**

Insoweit ist das sog. **touristische Dreieck** (⟶ touristic triangle) vom sog. **touristischen Viereck** (⟶ touristic quadrangle) zu unterscheiden. Beim touristischen Dreieck fehlt der Erbringer von Reiseleistungen und werden lediglich Reiseveranstalter, Reisevermittler sowie Reisender als Beteiligte erfasst.

Zur vereinfachten Beschreibung der Rechtsbeziehungen bei Buchung einer Pauschalreise hat sich daher das touristische Viereck durchgesetzt.[69] Aber auch hier ist Vorsicht geboten, da es in der Praxis häufig mehrere Erbringer von Reiseleistungen und/oder Reisende gibt sowie Rechtsbeziehungen zu ggf. zusätzlich gebuchten (Reise-)Versicherungen bestehen können.[70]

Beteiligte | **Touristisches Dreieck und Viereck**

Doch zunächst seien die Beteiligten des touristischen Dreiecks gemäß Art. 3 2015/2302/EU definiert:

Der **Reiseveranstalter** (→ organiser): „einen Unternehmer, der entweder direkt oder über einen anderen Unternehmer oder gemeinsam mit einem anderen Unternehmer Pauschalreisen zusammenstellt und verkauft oder zum Vertrieb anbietet, oder den Unternehmer, der die Daten des Reisenden [...] an einen anderen Unternehmer übermittelt" (Art. 3 Nr. 8).

Der **Reisevermittler** (→ retailer): „einen anderen Unternehmer als den Reiseveranstalter, der von einem Reiseveranstalter zusammengestellte Pauschalreisen verkauft oder zum Verkauf anbietet" (Art. 3 Nr. 9).

Der **Reisende** (→ traveller): „jede Person, die auf der Grundlage dieser Richtlinie einen Vertrag schließen möchte oder die zu einer Reise auf der Grundlage eines im Rahmen dieser Richtlinie geschlossenen Vertrags berechtigt ist" (Art. 3 Nr. 6).

Hinzu kommt für das touristische Viereck der Erbringer von Reiseleistungen:

Unter **Erbringer von Reiseleistungen** (→ provider of travel/ tourist services) werden typischerweise Dienstleister (z. B. Fluggesellschaften, Hotels) verstanden, derer sich der Reiseveranstalter zur Zusammenstellung/Kombination von Reiseleistungen bedient.

Fall 1 | **Die Gründung - Antwort a), 1. Teil**

F und D müssen die Vertragsverhältnisse der Beteiligten im Pauschalreiserecht verstehen; dies ist in der Abbildung unten graphisch dargestellt.

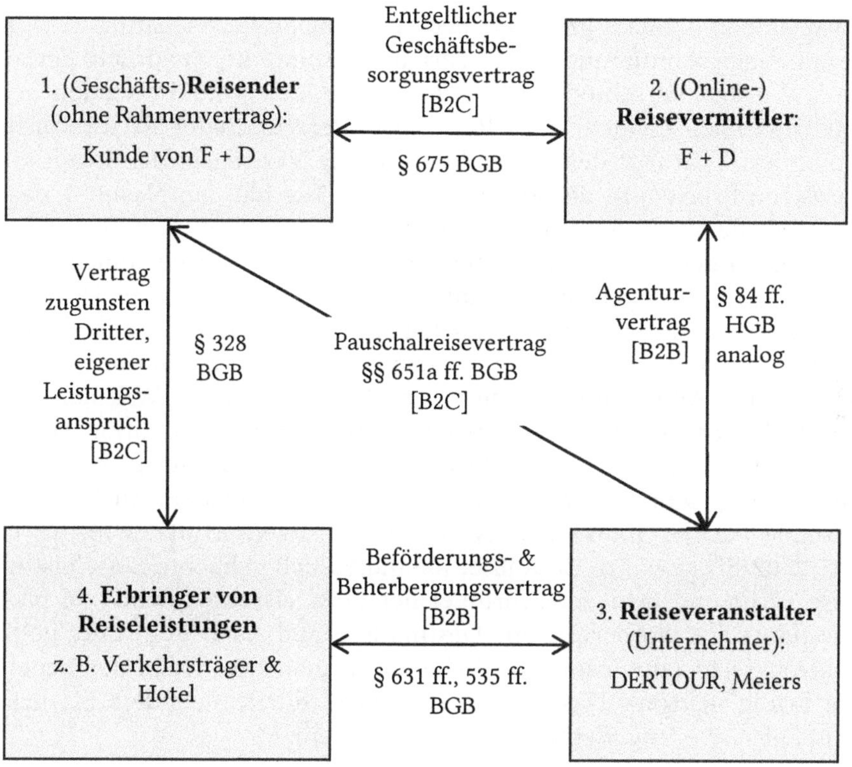

Abb. 2: Vereinfachte Darstellung der Rechtsbeziehungen bei der Pauschalreise durch das touristische Dreieck/Viereck
(Quelle: Eigene Darstellung in Anlehnung an RL 2015/2302/EU sowie Hoxhold/Steinke (2005), 1.2.2, oberes Schaubild (S. 15))

1.4.2 Die Individualreise

In Abgrenzung zur Pauschalreise bucht der Reisende bei der **Individualreise** (→ individual travel(ling)) eine einzelne Reiseleistung selbst beim Erbringer der Reiseleistung(en) (z. B. online) oder über einen Reisevermittler. Entscheidend ist, dass grundsätzlich eine einzige Reiseleistung (z. B. Beförderung oder Anmietung einer Ferienwohnung) in Anspruch genommen wird. Werden verschiedenartige Reiseleistungen vom Reisenden selbst – ohne Zwischenschalten eines Reisevermittlers und/oder Reiseveranstalters kombiniert – so tritt der Reisende in direkte Vertragsbeziehungen mit den jeweiligen Erbringern der Reiseleistungen. Dies hat den Nachteil, dass sich der Reisende bei Auftreten von Reisemängeln nicht an „seinen" Reiseveranstalter nach dem bekannten nationalen Recht (das auf der umgesetzten RL 2015/2302/EU beruht) halten kann, sondern unmittelbar im Destinationsland gegen den Erbringer der Reiseleistung vorgehen muss. Selbst wenn das Destinationsland ein EU-Mitgliedstaat sein sollte, fallen Individualreisen nicht in den Anwendungsbereich der RL 2015/2302/EU. Will der Reisende sein Recht gerichtlich durchsetzen, so müsste er im Destinationsland in der Landessprache und nach dem dort geltenden – ihm in der Regel unbekannten – Recht gegen den Erbringer der Reiseleistung klagen. Auch genießt der Reisende bei der Individualreise keinen Insolvenzschutz, wie ihn die RL 2015/2302/EU gewährt. Bezahlt er die individuell gebuchte Reiseleistung vor Reiseantritt und geht der Erbringer der Reiseleistung „pleite", so muss der Reisende seine Forderung im Destinationsland nach dem dort geltenden Insolvenzrecht (zur Insolvenztabelle) anmelden. Dies ist in der Regel nicht von Erfolg gekrönt. Das überwiesene Geld dürfte – anders als bei einer Pauschalreise – unwiderbringlich verloren sein.

Fall 1 | Die Gründung - Antwort auf Frage a), 2. Teil

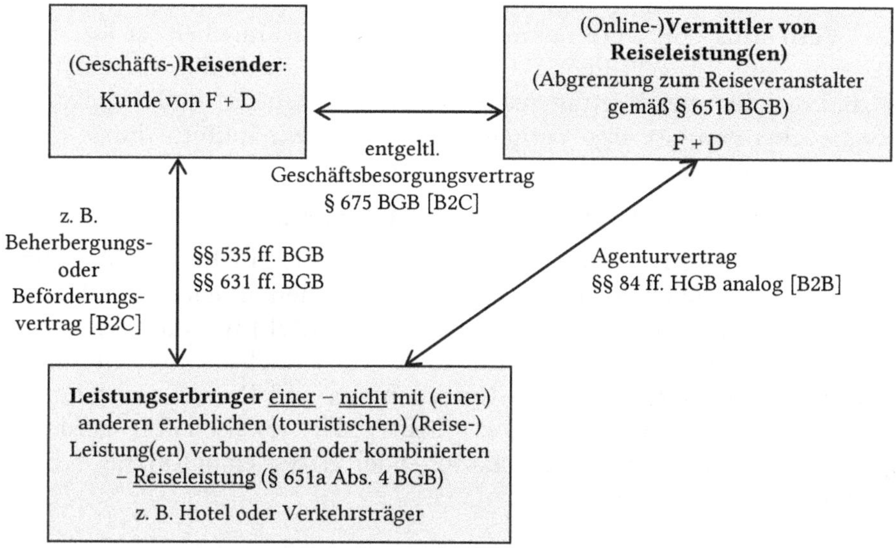

Abb. 3: Rechtsbeziehungen bei der Individualreise mit Reisevermittlung
(Quelle: Eigene Darstellung in Anlehnung an RL 2015/2302/EU sowie Hoxhold/Steinke (2005), 1.2.2, unteres Schaubild (S. 15))

1.4.3 Die Beteiligten im sonstigen Tourismusrecht

Das sonstige Tourismusrecht umfasst „sämtliche öffentlich-rechtlichen Vorschriften", welche die Tourismusbranche „berechtigen und verpflichten"[71] (z. B. eine Gewerbeanmeldung gemäß § 14 GewO auf der B2A-Ebene) sowie die privat-rechtlichen Vorschriften, „welche Rechtsverhältnisse [...] zu Dritten, also zu Nichtreisenden wie Mitarbeiter oder Mitgesellschafter, betreffen"[72] (auf der B2E- und B2B-Ebene).

1.4.3.1 Mitarbeiter und Gesellschafter von Unternehmen der Tourismusbranche

Das Verhältnis von Unternehmen der Tourismusbranchen zu ihren Mitarbeitern – auf der B2E-Ebene – ist maßgeblich durch die Vorschriften des BGB, vor allem des Vertragsrechts, sowie des Arbeits- und Sozialversicherungsrechts geprägt; das Verhältnis zu Mitgesellschaftern durch die Vorschriften des Handels- und Gesellschaftsrechts (B2B).

> Fall 1 | **Die Gründung - Antwort auf Frage b)**
>
> F und D müssen sich über öffentlich-rechtliche Pflichten (B2A) sowie die privat-rechtlichen Rechtsverhältnisse zwischen ihnen/ihrem Unternehmen gegenüber (potenziellen) Mitarbeitern (B2E) im Klaren sein. Ferner müssen sie ihre Rechtsverhältnisse als (Mit-)Gesellschafter untereinander (B2B) sowie gegenüber dem Unternehmen und Dritten verstehen (B2B, ggf. auch B2C); die Rechte und Pflichten der Gesellschafter werden typischerweise in einem Gesellschafter- oder Gesellschaftsvertrag schriftlich fixiert.

1.4.3.2 Dritte auf der B2A-, B2B und B2C-Ebene

Unter **Dritten** (⟶ third parties) sind in erster Linie **juristische** (⟶ legal entities) oder **natürliche Personen** (⟶ natural persons) gemeint, die mit dem Tourismusunternehmen nicht gesellschafts- oder konzernrechtlich verbunden sind, jedoch **privat-rechtliche(r) Vertragspartner** (⟶ contractual partner under private law) – auf der Ebene der Gleichordnung (B2B, ggf. auch B2C) – sind. Dritte können jedoch auch **staatliche Einrichtungen/Behörden** (⟶ state authorities) sein, die in einem Über-/Unterordnungsverhältnis zum Tourismusunternehmen stehen (B2A) und hoheitlich, also **öffentlich-rechtlich** (⟶ subject to public law), agieren.

> Fall 1 | **Die Gründung - Fortsetzung der Anwort auf Frage b)**
>
> Als Dritter müssen F und D an das zuständige Gewerberegister/Ordnungsamt – auf der B2A-Ebene – denken. Denn sie sind gewerberechtlich gemäß § 14 GewO verpflichtet, ihr Reisebüro beim Gewerberegister[73], die bei den Ordnungsämtern der zuständigen Städte/Gemeinden geführt werden, anzuzeigen. Gemäß § 38 Abs. 1 Nr. 4 GewO werden Reisebüros und Vermittler von Unterkünften als sog. **überwachungsbedürftige Gewerbe** (⟶ regulated trade) eingestuft. Gemäß § 14 GewO ist die zuständige Behörde unverzüglich nach Erstattung der Gewerbeanmeldung oder der Gewerbeummeldung verpflichtet, die Zuverlässigkeit des

Gewerbetreibenden zu überprüfen. Zu diesem Zweck muss der Gewerbetreibende unverzüglich sowohl ein Führungszeugnis gemäß § 30 Abs. 5 Bundeszentralregistergesetz als auch eine Auskunft aus dem Gewerbezentralregister gemäß § 150 Abs. 5 GewO zur Vorlage bei der Behörde beantragen. Kommt der Gewerbetreibende dieser Verpflichtung nicht nach, muss die Behörde diese Auskünfte von Amts wegen einholen.

1.4.4 Unternehmen der Tourismusbranche als potenzielle Arbeitgeber auf der B2E-Ebene

Die Tourismusbranche bildet in vielen Ländern einen der wichtigsten Wirtschaftszweige und ist Garant für Millionen Arbeitsplätze (teilweise saisonal) und Wohlstand.[74]

Wissen | **Internet**

Statistiken zur Tourismusbranche (⟶ tourism sector) innerhalb der EU sind z. B. über die Website von *Eurostat*[75] abrufbar. Auch in Deutschland spielt der Tourismus wirtschaftlich eine große Rolle: Etwa drei Viertel der über 14-jährigen Personen in Deutschland unternahmen im Jahre 2017 eine Urlaubsreise. Davon entfielen mehr als die Hälfte auf Pauschalreisen durch Reiseveranstalter und die andere Hälfte auf Reisen, die entweder online über ein Reiseportal oder direkt bei Transportunternehmen (meist Fluggesellschaften) oder Hotels mit oder ohne Reisevermittler gebucht wurden.[76]

Typische Arbeitgeber für Absolventen von Tourismusstudiengängen sind Unternehmen der Touristik, also Reiseveranstalter und Reisebüros, Hotellerie, Gastronomie und Beförderungsunternehmen sowie sonstige mit dem Tourismus assoziierte Dienstleister (Event-Veranstalter etc.). Ein guter Überblick hierzu kann sich insbesondere auf entsprechenden Touristikmessen[77], Jobbörsen[78] sowie über die Wirtschaftskontakte von Hochschulen mit Tourismusstudiengängen[79] verschafft werden.

✻ Kurzrepetitorium

- Um die Begriffe Tourismus und Recht durchdringen zu können, ist eine Kenntnis der historischen Zusammenhänge und Entwicklungen unerlässlich.
- Das **Tourismusrecht** umfasst sowohl die Untersuchung der Rechtsbeziehungen zwischen dem/den Reisenden und der Tourismusbranche (Touristik zzgl. Gastronomie und Hotellerie), das sog. **Tourismusrecht i. e. S.** (⟶ tourism law in the narrower sense) oder **Reiserecht** (⟶ travel law) – auf der B2C- und B2B-Ebene – als auch der Tourismusbranche gegenüber Dritten (Nicht-Reisenden), das sog. **sonstige Tourismusrecht** (⟶ other tourism law) inklusive der relevanten öffentlich- und privatrechtlichen Vorschriften auf der B2A-, B2E- und B2B-Ebene.
- Beteiligte i. S. d. (Pauschal-)Reiserechts sind insbesondere **Reisender** (⟶ traveller), **Reiseveranstalter** (⟶ organiser), **Reisevermittler** (⟶ retailer) sowie der **Erbringer von Reiseleistungen** (⟶ provider of travel/tourist services).
- Beteiligte im sonstigen Tourismusrecht sind insbesondere Nichtreisende, z. B. Mitarbeiter oder Mitgesellschafter, oder sonstige **Dritte** (⟶ third parties).

✻ Wissenscheck zur Prüfungsvorbereitung

1. Warum ist der Begriff Tourismusrecht weiter zu verstehen als der Begriff Reiserecht?
2. Inwieweit hat sich das rechtliche Schutzbedürfnis der Reisenden im Laufe der Zeit – insbesondere seit dem Auftreten des Pauschal- und Massentourismus ab der zweiten Hälfte des 20. Jahrhunderts – verändert?
3. Benennen Sie die wesentlichen Beteiligten

a) im Verhältnis des Reisenden gegenüber Unternehmen der Tourismusbranche (Reiserecht) auf der B2C- und B2B-Ebene; sowie

b) im Verhältnis von Unternehmen der Tourismusbranche gegenüber Nichtreisenden (sonstiges Tourismusrecht) auf der B2A-, B2E- und B2B-Ebene.

✳ Quellen zur Vertiefung des Lernstoffes

I. Literatur für Studium und Praxis

1. Ehlen, Tobias/Vogler, Ralf (2017): Änderungen der Pauschalreiserichtlinie im Verlauf des Rechtssetzungsverfahrens und deren Auswirkungen auf die deutsche Reiseindustrie. *ZfTW* 2017, 9(2), 357–367.
2. Führich, Ernst (2017): Das neue Pauschalreiserecht. Umsetzung der Pauschalreiserichtlinie (EU) 2015/2302 in deutsches Recht. *NJW* 2017 (Heft 41), 2945–2950.

II. Gesetzesmaterialien für Studium und Praxis

Richtlinie (EU) 2015/2302 des Europäischen Parlaments und des Rates vom 25. November 2015 über Pauschalreisen und verbundene Reiseleistungen, zur Änderung der Verordnung (EG) Nr. 2006/2004 und der Richtlinie 2011/83/EU des Europäischen Parlaments und des Rates sowie zur Aufhebung der Richtlinie 90/314/EWG des Rates (ABl. EU Nr. L 326/1–33 vom 11.12.2015), online abrufbar unter *http://eur-lex.europa.eu/legal-content/DE/TXT/PDF/?uri=CELEX:32015L2302&from=DE* (abgerufen am 17.3.2019). **Bitte lesen Sie die 33 Seiten der Richtlinie mindestens einmal durch und vergleichen den Richtlinientext mit den Ausführungen oben in Tab. 1 (Synopse zu den wesentlichen Änderungen des Pauschalreiserechts).**

III. Weblinks für Studium und Praxis

1. Eurostat (2019): Statistics Explained. Tourism. Online abrufbar unter *http://ec.europa.eu/eurostat/statistics-explained/index.php/Tourism* (abgerufen am 17.3.2019).
2. Jobbörsenverzeichnis (2019): Startseite > Branchen > Reisen und Tourismus. Online abrufbar unter *http://www.jobboersenverzeichnis.de/verzeichnis/jobboersen-reisen-tourismus-01.html* (abgerufen am 17.03.2019).
3. Messen.de (2019): Messen/Branche/Messen Tourismus. Online abrufbar unter *http://www.messen.de/de/1205/branchen/Tourismus.html* (abgerufen am 17.03.2019).

2 Lerneinheit: Rechtsquellen und Methodenlehre

„The first thing we do, let's kill all the lawyers."[80]

William Shakespeare, Dichter (1564–1616)

Lernziele

In dieser Lerneinheit lernen Sie

- die wesentlichen Rechtsquellen des Tourismusrechts im Kontext der jeweiligen Rechtsgebiete kennen und normenhierarchisch einzuordnen; sowie
- wesentliche Rechtsbegriffe und die Methodenlehre im Tourismusrecht kennen.

Empfohlener Gesamtarbeitsaufwand | **540 Minuten (9 Zeitstunden)**

a) Vorlesungszeit/Kontaktstunden: 180 Minuten.
b) Lesen des Textes der Lerneinheit 2 sowie Nacharbeiten von Fall 2: 180 Minuten.
c) Lesen der empfohlenen Quellen zur Vertiefung des Lernstoffes sowie Durcharbeiten der Fragen im Wissenscheck zur Prüfungsvorbereitung: 180 Minuten.

Fall 2 | **Die Rechtsquellensuche**

Sachverhalt wie in Fall 1: Die Unternehmensgründung[81]
(Quelle: Eigene Darstellung)

a) Benennen Sie die für F und D wichtigsten einschlägigen Rechtsquellen.
b) Ordnen Sie die für F und D wichtigsten einschlägigen Rechtsquellen normenhierarchisch ein.

2.1 Rechtsquellen des Tourismusrechts

Bei der Lösung tourismusrechtlicher Fälle stellt sich die Frage nach den einschlägigen **Rechtsquellen** (→ sources of law).[82] Wie oben in Abschnitt

1.1.4 (Definition des Tourismusrechts) gezeigt, gestaltet sich die Suche nach den Rechtsquellen des Tourismusrechts in vielen Fällen als schwierig, da es sich um sog. **Querschnittsrecht** (→ cross-sectional law) handelt, welches in keinem einheitlichen „Tourismusgesetzbuch“ kodifiziert ist.

Bei der Frage des anwendbaren Rechts muss zunächst der betroffene **geographische Rechtsraum** (→ geographic jurisdiction) identifiziert werden.

Sofern der landesinterne Tourismus, d. h. der **Binnentourismus** (→ domestic tourism), betroffen ist, gestaltet sich die Rechtsquellensuche meist einfacher; hier geht es um einen nationalen Rechtsraum und damit typischerweise um die Anwendung nationaler tourismusrechtlicher Vorschriften.

Aufgrund wachsender **Pauschalreiseaktivitäten** (→ package travel activities) und **Individualreisen** (→ individual travel(ling)), bei denen (einzelne) Reiseleistungen (→ travel service(s)) über Landesgrenzen hinweg erbracht werden, ist der **Globaltourismus** (→ global tourism) im Vormarsch. Insoweit gestaltet sich die Rechtsquellensuche für Individualreisen – anders als bei Pauschalreisen, die in den Anwendungsbereich der RL 2015/2302/EU fallen – als schwieriger.

Allerdings ist das jeweilige **nationale Recht** (→ national law), insbesondere im Reise- und Beförderungsrecht, i. S. d. **Verbraucherschutzes** (→ consumer protection) in vielen Fällen international-/völker- und/oder europarechtlich vereinheitlicht worden. Dadurch kommen oftmals international-/völkerrechtliche und/oder europarechtliche Vorschriften (direkt) zur Anwendung und eine weitere Suche nach nationalen Rechtsquellen kann sich ggf. erübrigen. Im folgenden Abschnitt wird eine Auswahl der für den Tourismus relevanten Rechtsquellen in ihrem normenhierarchischen Zusammenhang vorgestellt. Denn das Tourismusrecht – und hier insbesondere das Beförderungsrecht – ist ein „Mehr-Ebenen-Recht“[83]. So spielt sich z. B. das Beförderungsrecht auf den „drei Ebenen des internationalen, europäischen und nationalen Rechts“[84] ab, „wobei die jeweils höhere Ebene Vorrang vor den unteren Ebenen genießt“[85]. Grundsätzlich dürfen die EU und die Mitgliedstaaten bei Vorliegen einer gültigen internationalen Vereinbarung nur dann (zusätzliche) tourismusrechtliche Vorschriften erlassen, wenn die internationale Vereinbarung insoweit einen Regelungsspielraum gewährt. *Tonner* bezeichnet dies als „Kaskade“[86].

2.1.1 Völkerrecht

Völkerrecht (→ international law, → law of nations, → public international law) (**VR**) bezeichnet die in Art. 38 Abs. 1 lit. a–d des **Statuts des Internationalen Gerichtshofs**[87] (→ Statute of the International Court of Justice) (nicht abschließend) genannten folgenden Rechtsquellen:

Wissen | **Völkerrecht**

- **Völkerrechtliche Verträge** (→ international conventions) (vgl. Art. 38 Abs. 1 lit. a), die **zweiseitig** (→ bilateral)[88], **plurilateral** (→ plurilateral)[89] oder **multilateral** (→ multilateral)[90] sein können und oft nach dem Unterzeichnungsort benannt sind; ihre Gültigkeit setzt Vertragsschluss und **Ratifikation** (von lat. *ratus facere*, d. h. gültig machen durch Hinterlegung der Ratifikationsurkunde[91]) (→ ratification) voraus, die ihrerseits meist die Zustimmung zu einem Vertragsgesetz durch das jeweilige nationale Parlament in einem Gesetz oder einen **Volksentscheid** (→ referendum) erfordern.
- **Völkergewohnheitsrecht** (→ international custom)[92], das **einer über lange Zeit geübten Praxis entspricht** (→ „as evidence of a general practice accepted as law", → consuetudo) (Art. 38 Abs. 1 lit. b) und **vom jeweiligen Vertragsstaat anerkannt** (→ opinio iuris) und eben **nicht abgelehnt** wird (→ persistent objector);
- **„von den Kulturvölkern" anerkannte allgemeine „Rechtsgrundsätze"** (→ „the general principles of law recognized by civilized nations")[93] (Art. 38 Abs. 1 lit. c); sowie
- **subsidiär, d. h. als Hilfsquellen, Gerichtsentscheidungen und die Völkerrechtslehre** (→ „judicial decisions and the teachings of the most highly qualified publicists of the various nations, as subsidiary means for the determination of rules of law") (Art. 38 Abs. 1 lit. d).

Im Verhältnis zum nationalen Recht stellt sich immer wieder die Frage, ob das VR diesem normenhierarchisch vorgeht, also auf einer höheren Stufe steht (Primat des Völkerrechts). In den *dualistischen* Theorien wird vertreten, das VR und nationales Recht „beide verschiedenartige und getrennte Rechtssysteme sind, von denen jeweils nur eines anwendbar ist, so dass ein Konflikt zwischen beiden nicht entstehen kann."[94] Die *monistischen* Theorien gehen für VR und nationales Recht davon aus, dass beide Rechtssysteme „Teil einer Gesamtrechtsordnung" seien „mit der Folge, dass eines das übergeordnete sein (den Primat haben) muss; dabei wird überwiegend dem VR der Vorrang zugewiesen."[95] In angelsächsischen Rechtssystemen, z. B. im UK und den USA, wurde teilweise die *Inkorporationslehre* mit *en-bloc*-Übernahme des VR vertreten. Nach neuerer Lehre wird die innerstaatliche Wirksamkeit von einer ausdrücklichen **Annahme** (⟶ adoption) abhängig gemacht. Dies hat zur Folge, dass die dem innerstaatlichen nationalen Recht widersprechende Norm nicht angewendet wird. In Kontinentaleuropa, z. B. in Deutschland und Frankreich, wird hingegen die *Tranformationslehre* vertreten. Hiernach setzt die innerstaatliche Wirksamkeit des VR eine Transformation voraus, „was beim völkerrechtlichen Vertrag durch staatlichen Einzelakt, beim Völkergewohnheitsrecht häufig durch generelle Transformationsbestimmungen in den Staatsverfassungen geschieht"[96], in Deutschland z. B. in Art. 25 GG.

Völkerrechtliche Verträge mit Bezug zum Tourismus, wie z. B. die unten besprochenen Warschauer und Montrealer Übereinkommen, haben meist plurilateralen Charakter und sind unmittelbar anwendbar. Insoweit können – was im Völkerrecht eher ungewöhnlich ist, da Adressaten des Völkerrechts meist ausschließlich die Staaten in ihrer Funktion als **Völkerrechtssubjekte** (⟶ subjects to international law) sind – auch **juristische** (⟶ legal entities) oder **natürliche Personen** (⟶ natural persons) vor **Gericht** (⟶ court) unmittelbare Rechte aus diesen Abkommen herleiten.

2.1.1.1 WTO-Recht

Das Welthandelsrecht (⟶ world trade law) i. S. d. Welthandelsorganisation (⟶ World Trade Organisation; **WTO**), die nichts mit der Welt-Tourismusorganisation der **Vereinten Nationen** (⟶ United Nations World Tourism Organization; **UN-WTO**) zu tun hat, enthält eine Reihe von Rechtsquellen mit Bezug zum Tourismus. Neben dem **Internationalen Währungsfonds** (⟶ International Monetary Fund; **IMF**) und der Weltbank (⟶ World Bank) ist die WTO die wichtigste **Internationale Organisation** (⟶ International Organization) für die Verhandlung und Entwicklung handels- und wirtschaftspolitischer Themen auf globaler Ebene. Die UN-WTO hingegen ist eine UN-Sonderorganisation mit dem primären Ziel der Netzwerkbildung zwischen den Mitgliedern sowie dem Zusammenschluss zu einem rechtlich nicht verbindlichen **Verhaltenskodex**[97] (⟶ Global Code of Ethics).

Exkurs | **WTO**

Hauptanliegen der seit dem 1.1.1995 in dieser Form bestehenden WTO ist der **Abbau von Handelshemnissen** (→ reduction of restrictions on trade), z. B. von **Ein- und Ausfuhrzöllen** (→ customs and excise duties).

Außerdem bietet die WTO die Möglichkeit der **Streitschlichtung bei Handelskonflikten** (→ international commercial arbitration) an.

Die WTO ist Dachorganisation der nachfolgenden völkerrechtlichen Verträge, die durch die wichtigsten Handelsnationen ausgearbeitet und unterzeichnet wurden:[98]

- **Allgemeines Zoll- und Handelsabkommen** (→ General Agreement on Tariffs and Trade; **GATT**), das am 1.1.1948 in Kraft trat und Vorgänger der WTO ist;[99]
- **Allgemeines Abkommen über den Handel mit Dienstleistungen** (→ General Agreement on Trade in Services; **GATS**), das am 1.1.1995 in Kraft trat:[100] sowie
- **Übereinkommen über handelsbezogene Aspekte der Rechte am geistigen Eigentum** (→ Agreement on Trade-Related Aspects of Intellectual Property Rights; **TRIPS**), das am 1.1.1995 in Kraft trat.[101]

Da der Tourismussektor durch **Dienstleistungen** (→ services) geprägt ist, kommt dem GATS für den Welttourismus große Bedeutung zu. Hingegen spielen GATT und TRIPS für den Tourismus eine eher untergeordnete Rolle.

Ziel des GATS ist die **Liberalisierung des internationalen Dienstleistungsverkehrs** (→ liberalisation of international trade in services). Erreicht werden soll dieses Ziel im Wesentlichen durch zwei Grundprinzipien des WTO-Rechts.

- Der **Meistbegünstigungsgrundsatz** (→ Most-Favoured-Nation Treatment Principle): Gemäß Art. II Ziff. 1–3 GATS sind Handelsvorteile, die einem WTO-Mitglied von einem anderen WTO-Mitglied vertraglich gewährt werden, aus Gleichberechtigungsgründen ebenfalls den anderen WTO-Mitgliedern einzuräumen. Dadurch soll ausgeschlossen werden, dass Handelsvergünstigungen nur einzelnen oder wenigen Staaten gewährt werden. Hiervon gibt es jedoch zahlreiche Ausnahmen, z. B. gegenüber Entwicklungsländern oder für regionale Integrationsabkommen; so muss z. B. die EU, die WTO-Mitglied ist, Handelsvorteile ihres **Gemeinsamen Marktes** (→ common market) nicht auch Drittstaaten, die also nicht Mitglied der EU sind, gewähren.

- Der **Inländerbehandlungsgrundsatz** (→ recognition principle): Gemäß Art. XVII Ziff. 1–3 sind ausländische und inländische Anbieter grundsätzlich gleich zu behandeln. Damit wird am **Territorialitätsprinzip** (→ territoriality principle) festgehalten, die Verschiedenheit der Rechtssysteme der WTO-Mitglieder nicht überwunden, jedoch eine Kollision der Rechtssysteme vermieden.

Fall 2 | **Antwort auf Fragen a) und b), 1. Teil**

Gemäß GATS bestehen keine welthandelsrechtlichen Bedenken, dass sich F – als irischer Staatsbürger – und D – als indische Staatsbürgerin – von Deutschland aus weltweit als Online-Reisevermittler betätigen möchten. F und D können z. B. einem US-Staatsbürger in Deutschland den Verkauf einer Pauschalreise mit einer russischen Fluglinie und Ankunftsort Peking sowie einem mongolischen Reiseführer am Zielort vermitteln, sofern dies z. B. über die Reiseveranstalter DERTOUR oder Meiers Weltreisen, mit denen F und D vertraglich zusammenarbeiten möchten, möglich ist.

Für das grenzüberschreitende Luftbeförderungsrecht gibt es eine spezielle Anlage zum GATS[102]. Gemäß Ziff. 2 lit. a–c dieser Anlage werden Maßnahmen präzisiert, die gegen den Inländerbehandlungsgrundsatz verstoßen; dazu gehören Dienstleistungen im Zusammenhang mit Flugzeugreparaturarbeiten, Verkauf und Vermarktung von Flug- sowie Computerreservierungsdienstleistungen (CRS).

Fall 2 | **Antwort auf Fragen a) und b), 2. Teil**

Bei der Anwendung von WTO-Recht ist zu beachten, dass dessen Bestimmungen immer wieder Ausnahmen enthalten, die in Annexen/Listen niedergelegt sind. Diese sind im Rahmen der Rechtsquellensuche zu identifizieren und ihre Anwendbarkeit auf den relevanten Fall zu überprüfen.

Insgesamt bestehen – was die Liberalisierung der Dienstleistungsfreiheit auf der Ebene des Welthandelsrechts betrifft – nach wie vor erhebliche Unterschiede zwischen den WTO-Mitgliedern. WTO-Recht begründet primär zwischenstaatliche (völkerrechtliche) Verpflichtungen, die auf politischer Ebene mit vielen Ausnahmen verhandelt und entschieden werden. Außerdem ist WTO-Recht – anders als EU-Recht – wegen des Fehlens eines effektiven Vollstreckungsmechanismus nur schwer durchsetzbar. Es spielt daher (privat-)wirtschaftlich zwischen natürlichen und juristischen Personen eine eher untergeordnete Rolle, da grundsätzlich für sie keine unmittelbaren Rechte und Pflichten begründet werden, die in einem Rechtsstreit geltend gemacht werden könnten. Insoweit lässt sich das WTO-Recht pointiert als **zahnloser Tiger** (⟶ toothless tiger) bezeichnen. Die Instrumentarien des WTO-Rechts können lediglich als **kleinstes gemeinsames Vielfaches** (⟶ smallest common denomiator) verstanden werden und zeigen, dass der Zusammenschluss zu engeren Wirtschaftsunionen – wie z. B. der EU – unentbehrlich ist, so ein effektiverer Abbau von Handelshemmnissen dauerhaft politisch angestrebt wird.

Exkurs | **Handelskriege**

Die Bemerkungen von US-Präsident Donald Trump im März 2018 zum Thema **„trade wars"** (⟶ Handelskriege)[103] zeigen, dass das Thema Handelshemmnisse im derzeitigen Welthandelsgeschehen aktueller denn je ist. Mit Präsidentschaftserklärung (⟶ Presidential Proclamation) vom 8.3.2018 führte Trump (wieder) **Handelszölle auf bestimmte Importgüter** (⟶ tariff duties on certain imports) – konkret 10 % auf Aluminium[104] und 25 % auf Stahl[105] – ab dem 23.3.2018 ein. Von dieser Regelung sind Kanada und Mexiko ausgenommen. Hintergrund für diese Maßnahmen ist wohl u. a. das erhebliche Außenhandelsdefizit der USA. Durch diese wiedereingeführten Handelszölle wird der Import von ausländischem Aluminium und Stahl in die USA unattraktiver gemacht und soll die US-amerikanische Aluminium- und Stahlindustrie im Sinne eines „America First" gefördert werden.

2.1.1.2 Warschauer Abkommen

Das **Abkommen über die Vereinheitlichung von Regeln über die Beförderung im Internationalen Luftverkehr vom 12. Oktober 1929**[106] i. d. F. des Haager Protokolls (HP) vom 28. September 1955 und des Zusatzabkommens von Guadalajara (ZAG) vom 18. September 1961 **(Warschauer Abkommen – WA)**[107] (⟶ Convention for the unification of rules relating to international carriage by air of 12 October 1929; ⟶ Warsaw Convention) ist ein multilateraler völkerrechtlicher Vertrag. Das Abkommen ist thematisch dem internationalen Luftbeförderungsrecht zuzuordnen. Für viele Staaten wurde das Warschauer Abkommen durch das **Übereinkommen zur Vereinheitlichung bestimmter Vorschriften über die Beförderung im Internationalen Luftverkehr vom 28. Mai 1999 (Montrealer Übereinkommen – MÜ)**[108] (⟶ Convention for the unification of certain rules relating to international carriage by air of 28 May 1999; → Montreal Convention) abgelöst.

Das WA gilt gemäß Art. 1 Abs. 1 Sätze 1–2 „für jede internationale Beförderung von Personen, Reisegepäck oder Gütern, die durch Luftfahrzeuge gegen Entgelt erfolgt. Es gilt auch für unentgeltliche Beförderungen durch Luftfahrzeuge, wenn sie von einem Luftfahrtunternehmen ausgeführt werden." Es beschäftigt sich u. a. mit den inhaltlichen Anforderungen an die Ausstellung von Flug- sowie Fluggepäckscheinen sowie deren Beweiskraft. Im Übrigen ist im WA u. a. die Haftung des Luftfrachtführers bei Tötung und Körperverletzung (Art. 17), für Reisegepäck (Art. 18) sowie für Reiseverspätungen (Art. 19) geregelt. Die Haftung wird der Höhe nach durch Haftungshöchstsummen begrenzt: Die Haftung pro Personenschaden gemäß Art. 22 Abs. 1 Satz 1 WA auf 250.000 (Poincaré-)Franken (Goldfranken), ca. EUR 27.354[109]. Die Haftungsobergrenze für Gepäck und Fracht beträgt gemäß Art. 22 Abs. 2 lit. a Satz 1 WA 250 (Poincaré-)Franken je kg, d. h. ca. EUR 27,35.

2.1.1.3 Montrealer Übereinkommen

Das MÜ fällt thematisch ebenfalls in den Bereich des internationalen Luftbeförderungsrechts. Auf EU-Ebene wurde es durch die **Verordnung (EG) Nr. 889/2002 des Europäischen Parlaments und des Rates vom 13. Mai 2002 zur Änderung der Verordnung (EG) Nr. 2027/97 des Rates über die Haftung von Luftfahrtunternehmen bei Unfällen**[110] (→ Regulation (EC) No 889/2002 of the European Parliament and of the Council of 13 May 2002 amending Council Regulation (EC) No 2027/97 on air carrier liability in the event of accidents[111]) **implementiert** (→ implemented), also umgesetzt, und ist damit unmittelbar anwendbar. In Deutschland wurde das Montrealer Übereinkommen durch das Montrealer-Übereinkommen-Durchführungsgesetz vom 6. April 2004[112], das zuletzt durch Artikel 581 der Verordnung vom 31. August 2015[113] geändert worden ist, innerstaatlich umgesetzt.

> Praxistipp | **Haftung**
>
> Nach Identifizierung des geographischen Raums ist festzustellen, ob die betroffenen Staaten Mitgliedstaaten des Montrealer Übereinkommens[114] oder lediglich des Warschauer Übereinkommens[115] sind. Relevanz hat diese Frage u. a. für die Frage der Haftungsobergrenzen, die nach dem MÜ großzügiger angesetzt sind: Bei Personenschäden (Tod und Körperverletzung) gibt es – anders als beim WA – keine Haftungsobergrenzen

(Art. 21 Abs. 1, Art. 17 Abs. 2 MÜ) – außer es gelingt der Nachweis, dass der Schaden nicht auf ein Verschulden des Luftfrachtführers zurückzuführen ist (Art. 21 Abs. 2 MÜ). Der Luftfrachtführer haftet für Personenschäden in jedem Fall verschuldensunbhängig bis zu 113.100 **Sonderziehungsrechten (SZR)** (⟶ Special Drawing Rights; ⟶ SDR), ca. EUR 137.461,74[116]. Bei Schäden für Reisegepäck ist die Haftung gemäß Art. 22 Abs. 2 MÜ grundsätzlich auf 1.131 SZR, ca. EUR 1.374,62 pro Reisenden, beschränkt; eine unbeschränkte Haftung für Reisegepäck kommt lediglich bei Vorsatz oder großer Fahrlässigkeit gemäß Art. 22 Abs. 5 MÜ in Betracht. Nach dem WA betragen die Haftungsobergrenzen gemäß Art. 22 Abs. 2 lit. a Satz 1 WA 250 (Poincaré-)Franken je kg Gepäck (= ca. EUR 27,35) sowie gemäß Art. 22 Abs. 3 WA maximal 5.000 (Poincaré-) Franken (= ca. EUR 547) für Handgepäck pro Reisenden.[117]

2.1.1.4 COTIF/CIV

Das Übereinkommen über den Internationalen Bahnverkehr (COTIF)[118] (⟶ Convention concerning International Carriage by Rail) vom 9. Mai 1980 inklusive seiner Anhänge – insbesondere Anhang A, die einheitlichen Rechtsvorschriften für den Vertrag über die internationale Eisenbahnbeförderung von Personen (**CIV**)[119] – i. d. F. des Protokolls von Vilnius vom 3. Juni 1999[120] ist am 1. Juli 2006 in Deutschland in Kraft getreten.[121] COTIV/CIV gelten auch für die EU.[122] Die Liste der COTIF-Mitgliedstaaten ist online abrufbar.[123] COTIF/CIV enthalten wichtige Vorschriften, u. a. über Form und Höhe des Schadensersatzes bei Tötung und Verletzung im internationalen Bahnverkehr. Gemäß Art. 30 § 2 Satz 2 CIV wird für Personenschäden bei Bahnreisen ein Haftungsmindestbetrag[124] von 175.000 Rechnungseinheiten/SZR (= ca. EUR 212.695[125]) pro Reisenden festgelegt.

2.1.1.5 Sonstige Übereinkommen

Es gibt noch zahlreiche weitere internationale Übereinkommen, die Berührungspunkte zum Tourismus haben. Hier ist im internationalen Beförderungsrecht insbesondere an das **Athener Übereinkommen über die Beförderung von Reisenden und ihrem Gepäck auf See 2002 (AÜ)** (⟶ Athens Convention relating to the Carriage of Passengers and their Luggage by Sea, 2002 (**AC**)[126]) zu denken, das bei Personen- und Gepäckschaden im Rahmen der Seebeförderung Anwendung finden kann. Das AÜ wurde in EU-Recht inkorporiert gemäß Beschluss des Rates vom 12. Dezember 2011 über den Beitritt der Europäischen Union zum Protokoll von 2002 zum Athener Übereinkommen von 1974 über die Beförderung von

Reisenden und ihrem Gepäck auf See, mit Ausnahme der Artikel 10 und 11 (2012/22/EU).[127]

Im Übrigen stellen sich Reisende oftmals die Frage, ob sie bestimmte Gegenstände (z. B. Tierfelle, -zähne, Korallen oder ähnliche Souvenire, die sie im Reiseland erworben haben) in ihr Heimatland einführen dürfen. Hier ist Vorsorge besser als Nachsorge. Ein Blick in einschlägige internationale Übereinkommen, z. B. das **Übereinkommen über den internationalen Handel mit gefährdeten Arten freilebender Tiere und Pflanzen** (⟶ Convention on International Trade in Endangered Species of Wild Fauna and Flora (**CITES (WA)**) vom 3. März 1973 – auch bekannt nach seinem Unterzeichnungsort als Washingtoner Artenschutzabkommen – kann hier hilfreich sein. Dem CITES (WA) sind die meisten Länder der Erde beigetreten; in Deutschland gilt es seit dem 20.6.1976.[128]

Praxistipp | **Zoll**

Im Zweifel ist es ratsam, vor dem Abflug beim örtlichen Zoll sowie – im Falle einer Zwischenlandung – auch beim Zoll des Transitlandes nachzufragen. Keinesfalls sollte eine Nachfrage beim Zoll des Destinationslandes unterlassen werden.[129] Hier können ggf. auch der Reiseleiter, Reiseveranstalter oder das Reisebüro behilflich sein.

2.1.2 Supranationales EU-Recht

Von zentraler Bedeutung für das Tourismusrecht ist das **Recht der Europäischen Union (EU)** (⟶ European Union – EU) auf Grundlage zweier am 01.12.2009 durch den Vertrag zur Reform der Europäischen Union (Vertrag von Lissabon[130]) in Kraft getretenen plurilateralen Abkommen, der EU-Vertrag (**EUV**) sowie der Vertrag über die Arbeitsweise der Europäischen Union (**AEUV**).

Die EU wird vom **Bundesverfassungsgericht (BVerfG)** (⟶ Federal Constiutional Court) als **„Staatenverbund“**[131] (⟶ association of states) definiert: „Der Begriff des Verbundes erfasst eine enge, auf Dauer angelegte Verbindung souverän bleibender Staaten, die auf vertraglicher Grundlage öffentliche Gewalt ausübt, deren Grundordnung jedoch allein der Verfügung der Mitgliedstaaten unterliegt und in der die Völker – das heißt die staatsangehörigen Bürger – der Mitgliedstaaten die Subjekte demokratischer Legitimation bleiben.“[132] Dabei ist die EU als **supranationale Organisation** (⟶ supranational organisation) mit derzeit 28[133] (nach dem Austritt des UK 27) Mitgliedstaaten organisiert, die Rechtsnormen kraft eigener durch völkerrechtlichen Vertrag übertragener Rechtssetzungskompetenz erlassen darf, die dem nationalen Recht vorgehen.

Die EU verfügt also – wie ein Nationalstaat – über **Souveränitätsrechte** (⟶ sovereign rights), hat jedoch – anders als ein Nationalstaat – keine umfassenden Kompetenzen, sondern eben nur solche, die ihr ausdrücklich seitens der EU-Mitgliedstaaten übertragen werden. Dies grenzt die EU klar von üblichen **internationalen Organisationen** (⟶ international organizations) ab, die grundsätzlich keine Rechtssetzungskompetenz verliehen bekommen, Recht mit unmittelbarer Wirkung für Nationalstaaten zu setzen. Dementsprechend ist das EU-Recht als überstaatliches, also **supranationales Recht** (⟶ supranational law) zu qualifizieren.

EUV und AEUV samt ihren Anhängen und Protokollen, Vertragsänderungen und -ergänzungen werden als **geschriebenes primäres EU-Recht** (⟶ written primary EU-law), allgemeine Rechtsgrundsätze, die vom **Europäischen Gerichtshof (EuGH)** (⟶ European Court of Justice – ECJ) im Wege wertender Rechtsvergleichung entwickelt werden, sowie Gewohnheitsrecht als sog. **ungeschriebenes EU-Primärrecht** (⟶ unwritten primary EU-law) bezeichnet. Das EU-Primärrecht ist gleichsam das **Verfassungsrecht** (⟶ constitutional law) der EU.

Aus dem EU-Primärrecht leitet sich das sog. **EU-Sekundärrecht** (⟶ secondary law) ab, d. h. Rechtsakte der Unionsorgane – Europäisches Parlament samt Nebenorganen (Wirtschafts- und Sozialausschuss sowie Ausschuss der Regionen), Kommission, Europäischer Rat (= EU-Ministerrat), EuGH, Europäischer Rechnungshof sowie Europäische Zentralbank – auf Grundlage der in den Verträgen verliehenen Kompetenzen. Zum EU-Sekundärrecht i. S. d. Art. 288 AEUV gehören:

- **Verordnungen (VO)** (⟶ Regulations – Reg), die generell-abstrakt für einen unbestimmten Personenkreis formuliert sind und mit ihren Inhalten in allen EU-Mitgliedstaaten unmittelbar gelten; sie sind dem **Gesetzesrecht** (⟶ statutory law) nationaler Rechtsordnungen vergleichbar.
- **Richtlinien (RL)** (⟶ Directives – Dir), die für jeden EU-Mitgliedstaat, an den sie gerichtet werden, hinsichtlich des zu erreichenden Ziels verbindlich sind, jedoch den innerstaatlichen Stellen die Wahl der Form und der Mittel überlassen. Diese haben – außer im Fall der Nichtumsetzung[134] – grundsätzlich keine unmittelbare Geltung; es ist das umgesetzte nationale Gesetz anzuwenden. RL sind den Rahmengesetzen nationaler Rechtsordnungen vergleichbar. Sofern RL – wie die neue Pauschalreiserichtlinie 2015/2302/EU – allerdings eine Vollharmonisierung des EU-Rechts für einen bestimmten Regelungsbereich vorsehen, redu-

ziert sich der Ermessensspielraum innerstaatlicher Stellen auf null und ist die betreffende RL eins zu eins auf nationaler Ebene umzusetzen.

- **Beschlüsse** (→ decisions) sind konkret-individuelle Regelungen, die lediglich an bestimmte oder zumindest festgelegt Adressaten gerichtet sind und für diese unmittelbare Geltung entfalten; sie sind den **Verwaltungsakten (VA)** (→ administrative decisions) nationaler Rechtsordnungen vergleichbar.
- **Empfehlungen** (→ recommendations) und **Stellungnahmen** (→ opinions) sind nicht verbindlich; sie haben meist beratenden und/oder normenkonkretisierenden Charakter und können ggf. Voraussetzung für rechtmäßiges Organhandeln sein; bei der Auslegung von EU-Recht sind sie zu beachten.

2.1.2.1 Verhältnis des EU-Rechts zum nationalen Recht

Der Anwendungsvorrang des EU-Rechts gegenüber dem nationalen Recht der EU-Mitgliedstaaten wird u. a. aus der Eigenständigkeit und Einheitlichkeit der EU-Rechtsordnung als Voraussetzung für die Funktionsfähigkeit der EU sowie aus der Verpflichtung der Mitgliedstaaten zur Gemeinschaftstreue gemäß Art. 4 Abs. 3 EUV gefolgert. Nach Auffassung des EuGH kommt die nationale Vorschrift bei Sachverhalten mit EU-rechtlichem Bezug nicht zur Anwendung, wenn eine (auch durch EU-konforme Auslegung nicht zu beseitigende) Kollision (= Widerspruch) zwischen EU-Recht und nationalem Recht besteht. Das BVerfG erkennt den Anwendungsvorrang des primären und sekundären EU-Rechts im Verhältnis zum einfachen nationalen (deutschen) (Gesetzes-)Recht ebenfalls an. Hält ein nationales Gericht eines EU-Mitgliedstaates eine nationale einfachgesetzliche Vorschrift, auf deren Anwendung es für die Entscheidungsfindung ankommt, für nicht vereinbar mit EU-Recht, so kann es die Frage darüber dem EuGH zur Vorabentscheidung gemäß Art. 267 AEUV vorlegen. Die EuGH-Entscheidung über die vorgelegte Frage ist für die mitgliedstaatlichen Gerichte bindend.

Jedoch sieht das BVerfG das Verhältnis des primären EU-Rechts zum deutschen **Verfassungsrecht** (→ constitutional law) differenziert: In diesem Fall sind Verfassungsbeschwerden und Normenkontrollverfahren in Bezug auf die (deutschen) Zustimmungsgesetze zu den jeweiligen EU-Gründungs- und Änderungsverträgen z. B. am Maßstab von Art. 23 Abs. 1 Satz 3 i. V. m. Art. 79 Abs. 3, Art. 1 und Art. 20 Grundgesetz (**GG**) möglich.

Soweit das Verhältnis des sekundären EU-Rechts zum (deutschen) Verfassungsrecht betroffen ist, hat sich die Beurteilung des BVerfG über die Solange I[135]-II[136] Beschlüsse (1974, 1986), das Maastricht-Urteil[137] (1993) sowie den Bananenmarkt-Beschluss[138] (2000) von einer zunächst ablehnenden Haltung hin zur grundsätzlichen Anerkennung eines GG-vergleichbaren Grundrechtsschutzes durch den EuGH entwickelt.

Praxistipp | **Verfassungsbeschwerden**

Der/die Beschwerdeführer muss/müssen darlegen und beweisen, dass im konkreten Einzelfall der als unabdingbar gebotene Grundrechtsschutz nach EU-Recht nicht gewährleistet ist. Nur in diesem Fall haben Verfassungsbeschwerden oder Vorlagen von Gerichten, die sich auf Grundrechtsverletzungen durch sekundäres EU-Recht berufen, eine Chance, vom BVerfG als zulässig angenommen zu werden. Nach Einschätzung der seinerzeitigen Präsidentin des BVerfG *Limbach* sei diese sog. Reservekompetenz des BVerfG eher theoretischer Natur.[139]

Wie wichtig die oben beschriebenen Kompetenzabgrenzungsfragen zwischen der EU und ihren Mitgliedstaaten sind, wird vor dem Hintergrund der Überprüfung der Zustimmungsgesetze des deutschen Bundestages zu den Euro-Rettungspaketen[140] durch das BVerfG besonders deutlich.

2.1.2.2 EU-Binnenmarkt und Grundfreiheiten

Aufgabe der EU ist nach Art. 3 Abs. 2 EUV die Errichtung eines **Binnenmarktes** (→ internal market, → common market), also eines Raumes ohne Binnengrenzen, in dem die sog. **EU-Grundfreiheiten** (→ basic EU-freedoms) nach den Bestimmungen des EUV gewährleistet und in den Mitgliedstaaten unmittelbar angewendet werden.

Wissen | **Die vier EU-Grundfreiheiten**

- **Freier Warenverkehr** (→ free movement of goods) gemäß Art. 28–37 AEUV;
- **freier Personenverkehr** (→ free movement of persons) durch allgemeine **Aufenthaltsrechte** (→ residency rights) und **Reisefreiheit** (→ travel freedom) für Unionsbürger gemäß Art. 21 AEUV sowie speziell durch **Arbeitnehmerfreizügigkeit** (→ free movement of workers) nach Art. 45–48 AEUV und **Niederlassungsfreiheit** (→ freedom of establishment) gemäß Art. 49–55 AEUV;
- **freier Dienstleistungsverkehr** (→ free movement of services) gemäß Art. 56–62 AEUV; sowie

- **freier Kapital- und Zahlungsverkehr** (→ free movment of capital and payments) gemäß Art. 63–66 AEUV.

Wettbewerbsrechtlich abgesichert wird der EU-Binnenmarkt durch das **Kartellrecht** (→ cartel law, → antitrust law) bestehend aus den drei Säulen **Fusionskontrolle** (→ merger control), **Marktmissbrauchsaufsicht** (→ abuse of a dominant position control) und **Kartellverbot** (ban on cartels) gemäß Art. 101 f. AEUV, das **Vergaberecht** (→ public procurement law) sowie **Beihilferecht** (→ EU state aid law) nach Art. 107 ff. AEUV.

Für den Tourismussektor spielen dabei die Freiheit des Dienstleistungsverkehrs sowie die Freiheit des Personenverkehrs – ergänzt um den etwaigen Wegfall von Grenzkontrollen und Visumspflicht für Bürger von (EU-)Mitgliedstaaten, die dem **Schengener Abkommen** (→ Schengen Acquis)[141], beigetreten sind – sowie Zollfragen eine besondere Rolle. Die Vergabe von Visa innerhalb der EU ist durch den sog. **Visakodex** (→ Visa Codex) geregelt.[142]

2.1.2.3 Für die Reisebranche relevantes EU-Sekundärrecht

Nachfolgend wird für die Reisebranche relevantes EU-Sekundärrecht in der gebotenen Kürze angerissen. Die Auflistung unten erhebt keinen Anspruch auf Vollständigkeit.

RL 2015/2302/EU (Pauschalreisen und verbundene Reiseleistungen)

Zentrale Rechtsquelle für das **Pauschalreisevertragsrecht** (→ travel law applying to package tour agreements) ist die bereits mehrfach erwähnte RL 2015/2302/EU, die seit dem 1.7.2018 die RL 90/314/EWG aufhebt und ersetzt. Die RL 2015/2302/EU wird in deutsches Recht durch das Dritte Gesetz zur Änderung reiserechtlicher Vorschriften vom 17. Juli 2017[143] umgesetzt, das u. a. die Vorschriften über Pauschalreiseverträge im **Bürgerlichen Gesetzbuch („BGB“)** (→ Civil Code) in §§ 651a–651y BGB, die Informationspflichten bei Pauschalreiseverträgen im **Einführungsgesetzbuch zum Bürgerlichen Gesetzbuche („EGBGB“)** (→ Introductory Code to the German Civil Code) in 250–253 EGB sowie die Preisangabenverordnung (PAngV)[144] ändert. Die RL 2015/2302/EU sowie die bis zum 30.6.2018 geltende RL 90/314/EWG haben wir bereits oben in Lerneinheit 1.3 und 1.4 kennengelernt. Hierauf wird in den folgenden Lerneinheiten immer wieder Bezug genommen.

Datenschutz-Grundverordnung (DSGVO)

Ab dem 25.5.2018 gilt die **Datenschutz-Grundverordnung (DSGVO)**[145] (→ General Data Protection Regulation). Diese bedeutet einen Verwaltungsmehraufwand für Reiseunternehmen, die innerbetriebliche Organsiation und Datenschutzmanagement – z. B. im Hinblick auf Datentschutzerklärungen und Informationspflichten – an die DSGVO bis zum 25.5.2018 anzupassen hatten.[146] Denn bei Nichtbeachtung der DSGVO drohen empfindliche Sanktionen (Schadensersatz und Bußgeld).[147]

Verordnung (EG) Nr. 261/2004 (Fluggastrechte)

Die Verordnung (EG) Nr. 261/2004[148] legt EU-weite Mindeststandards für Ausgleichs- und Unterstützungsleistungen von Fluggästen bei Nichtbeförderung, Annulierung oder großer Verspätung fest. Fluggastrechte werden ausführlich in Lerneinheit 12 behandelt.

Verordnung (EG) Nr. 1008/2008 (Luftverkehrsebene)

Die Verordnung EG Nr. 1008/2008 des Europäischen Parlaments und des Rates vom 24. September 2008 über gemeinsame Vorschriften für die Durchführung von Luftverkehrsdiensten in der Gemeinschaft (Neufassung)[149] regelt gemäß Art. 1 Abs. 1 „die Genehmigung von Luftfahrtunternehmen der Gemeinschaft, das Recht von Luftfahrtunternehmen der Gemeinschaft, innergemeinschaftliche Flugdienste durchzuführen, und die Preisfestsetzung für innergemeinschaftliche Flugdienste."

Verordnung (EG) Nr. 1371/2007 (Fahrgastrechte im Eisenbahnverkehr)

Die Verordnung (EG) Nr. 1371/2007[150] regelt EU-weit die Rechte von Fahrgästen im Eisenbahnverkehr. Dies wird in Lerneinheit 13.3 behandelt.

Verordnung (EG) Nr. 392/2009 (Unfallhaftung auf See)

Die Unfallhaftung von Beförderern von Reisenden auf See ist in der Verordnung (EG) Nr. 392/2009[151] geregelt. Darauf wird in Lerneinheit 13.2 weiter eingegangen.

Verordnung (EU) Nr. 1177/2010 (Fahrgastrechte im See- und Binnenschifffahrtsverkehr)

Fahrgastrechte im See- und Binnenschifffahrtsverkehr werden in der Verordnung (EU) Nr. 1177/2010[152] geregelt. Dies wird in Lerneinheit 13.2 behandelt.

Verordnung (EU) Nr. 81/2011 (Fahrgastrechte im Kraftomnibusverkehr)

Die Verordnung (EU) Nr. 81/2011[153] regelt EU-weit die Fahrgastrechte im Kraftomnibusverkehr. Darauf wird weiter in Lerneinheit 13.1 eingegangen.

2.1.3 Nationales Recht

Schließlich kommen wir zu Ebene des nationalen Rechts der EU-Mitgliedstaaten, hier zum deutschen Recht. Das nationale Recht kann – wie oben gezeigt – u. a. internationale (völkerrechtliche) Übereinkommen oder auch supranationales EU-Recht innerstaatlich umsetzen. Wichtig für die weitere systematische Auseinandersetzung ist die – auf der römischen Rechtstradition – fußende Unterscheidung zwischen **öffentlichem Recht** (→ public law) und **Privatrecht** (→ private law).

2.1.3.1 Öffentliches Recht

Das **öffentliche Recht** (→ public law) ist – außer wenn Verfassungsorgane oder ggf. andere Hoheitsträger/Behörden untereinander streiten – grundsätzlich durch eine vertikale Beziehung, also ein **Über-/Unterordnungsverhältnis** (→ vertical relationship, → relationship of subordination), zwischen den (am Rechtsverhältnis) Beteiligten (z. B. Hoheitsträger gegenüber Bürger) gekennzeichnet. Zum öffentlichen Recht gehört u. a. das **Verfassungsrecht** (→ constitutional law), **Verwaltungsrecht** (→ administrative law), **Sozialrecht** (→ social law), **Steuerecht** (→ tax law) und **Strafrecht** (→ criminal law).

Für das Tourismusrecht relevant sind auf der Ebene des **Verfassungsrechts** (→ constitutional law) u. a. die Eigentums- (Art. 14 GG) und Berufsfreiheit (Art. 12 GG) und das Recht am eingerichteten und ausgeübten Gewerbebetrieb (Art. 14 GG i. V. m. Art. 12 GG), die Reisefreiheit (= Freizügigkeit gemäß Art. 11 GG), die allgemeine Handlungsfreiheit (Art. 2 Abs. 1 GG) sowie das allgemeine Persönlichkeitsrecht (Art. 2 Abs. 1 i.V.m. Art. 1 Abs. 1 GG).

Ferner können bei tourismusrechtlichen Fällen – ohne Anspruch auf Vollständigkeit – die folgenden Bereiche des öffentlichen Rechts einschlägig sein:

- allgemeines Verwaltungsrecht (→ general administrative law);
- **besonderes (Wirtschafts-)Verwaltungsrecht** (→ specific (commerical) administrative law) in Gestalt des **Gewerberechts** (→ industrial law), **Gaststättenrechts** (→ restaurants' licence law), **Lebensmittelrechts** (→ food law), **Aufenthaltsrechts** (→ right of residence) bzgl. Pass-/Visumsfragen und **Arbeitserlaubnis** (→ work permit), **Eisen-**

bahngesetzes (EBG) (→ Railway Act), **Personenbeförderungsgesetzes (PBefG)** (→ Passenger Transportation Act) und des **Luftverkehrsgesetzes (LuftVG)** (→ Air Traffic Act);

- **Steuerrecht** (→ tax law) und **Zollrecht** (→ customs law);
- **Sozialrecht** (→ social law) inklusive Satzungen von Krankenkassen- und Berufsgenossenschaften;
- **Strafrecht** (→ criminal law);
- **Kartellrecht** (→ antitrust law);
- **Vergaberecht** (→ public procurement law); sowie
- **Prozessrecht** (→ procedural law) nach den Vorschriften der **Zivilprozessordnung (ZPO)** (→ Code of Civil Procedure), **Strafprozessordnung (StPO)** (→ Code of Criminal Procedure), **Verwaltungsgerichtsordnung (VwGO)** (→ Administrative Court Procedures Code), des **Arbeitsgerichtsgerichtsgesetzes (ArbGG)** (→ Labour Court Procedures Code) und des **Sozialgerichtsgesetzes (SGG)** (→ Social Court Procedures Code).

2.1.3.2 Privatrecht

Das **Privatrecht** (→ private law) ist grundsätzlich durch eine horizontale Beziehung, also eine **Ebene der Gleichordnung** (→ same level, → horizontal level) zwischen den (am Rechtsverhältnis) Beteiligten (Bürger gegen Bürger), gekennzeichnet.

Das Tourismusrecht hat – ohne Anspruch auf Vollständigkeit – Berührungen u. a. zu folgenden Bereichen des Privatrechts: **Bürgerliches Recht** (→ civil law) i. S. d. BGB und EGBGB, **Handelsrecht** oder **Sonderprivatrecht der Kaufleute** (→ commercial law, → specific private law concerning business people/entities) i. S. d. **Handelsgesetzbuches (HGB)** (→ Commercial Code), **Transportrecht bezogen auf Fracht-, Speditions- und Lagergeschäfte** gemäß §§ 407–475h HGB (→ transportation law with respect to freight, shipping and warehousing businesses), **Gesellschaftsrecht** (→ company law), u. a. nach Maßgabe des **Gesetzes betreffend die Gesellschaften mit beschränkter Haftung (GmbHG)** (→ Limited Liability Company Act) sowie des **Aktiengesetzes (AktG)** (→ Stock Corporation Act), **Arbeitsrecht** (→ labour law), **Insolvenzrecht** (→ insolvency law), **Wettbewerbsrecht** (→ competition law) i. S. d. **Gesetzes gegen den unlauteren Wettbewerb (UWG)** (→ Act against Unfair Competition) sowie **Haftpflichtgesetz (HPflG)** (→ Liability Act).

Des Weiteren können bei tourismusrechtlichen Fällen – ohne Anspruch auf Vollständigkeit – die folgenden speziellen Vorschriften des Privatrechts einschlägig sein; für das **Pauschalreisevertragsrecht** (→ travel law applying to package tour agreements):

- **Pauschalreisevertrag** (→ package tour arrangement) zwischen **Reisendem** (→ traveller) und **Reiseveranstalter** (→ organiser, → tour operator), Reisevermittlung und Vermittlung verbundener Reiseleistungen gemäß §§ 651a–y BGB inklusive Reisepreiserstattung bei Insolvenz des Reiseveranstalters nach § 651r–t BGB;
- **Allgemeine Geschäftsbedingungen (AGB)** (→ General Terms and Conditions, → G's and T's) gemäß §§ 305 ff. BGB;
- **Allgemeine Reisebedingungen des Deutschen Reiseverbandes (ARB-DRV 2018)**[154] (→ G's and T's of the German Travel Association), die zwar unverbindliche Empfehlungen (Muster-AGB) darstellen, in der Praxis aber oft verwendet werden;
- **Agenturvertrag** (→ agency agreement) zwischen Reiseveranstalter und Reisevermittler (→ travel agent, → travel tour intermediary) gemäß §§ 84 ff. HGB;
- **Geschäftsbesorgungsvertrag** (→ business management contract) zwischen Reisevermittler und Reisendem gemäß §§ 675, 631 BGB;
- **Vertrag zugunsten Dritter** (→ contract for the benefit of a third party) gemäß § 328 BGB für Familienmitglieder; sowie
- Art. 250–253 EGBGB zu den Informationspflichten bei Pauschalreiseverträgen;

für das **Reisevermittlungsrecht** (→ law on retailers of travel and other tourism services):

- **Handelsvertreterrecht** (→ law on commercial agents) nach §§ 84 ff. HGB (bei ständiger Vermittlung ohne Service-Entgelt bei Pauschalreise) oder Handelsmakler nach §§ 94 ff. HGB (bei gelegentlicher Vermittlung mit Service-Entgelt);
- **Geschäftsbesorgungsvertrag** (→ business management contract) nach §§ 675, 631 BGB mit dem/den Reisenden; keine Anwendung der §§ 651a–y BGB über den Pauschalreisevertrag und lediglich Haftung bei Verletzung von **Sorgfalts-/Informationspflichten** (→ duty of care, → duty to furnish information) im Zusammenhang mit der Reisevermittlung;

für das **Indiviudalreiserecht** (→ travel law applying to individual tours):

- **Beförderungsvertrag** (→ transport contract) gemäß §§ 631 ff. BGB zwischen Reisendem und Reiseveranstalter/Leistungsträger;
- AGB-Recht gemäß §§ 305 ff. BGB;
- **Beherbergungsvertrag** (→ accommodation contract) gemäß §§ 535 ff. BGB zwischen Reisendem und Reiseveranstalter/Leistungsträger;
- **Agenturvertrag** (→ agency agreement) gemäß §§ 84 ff. HGB zwischen Reisendem und Reisevermittler;
- **Haftung des Gastwirtes** (→ landlord's liability) gemäß § 701 BGB;
- Haftung gemäß § 7 **Straßenverkehrsgesetz (StVG)** (→ Road Traffic Act);
- **Binnenschifffahrtsgesetz (BinSchG)** (→ Inland Water Transportation Act); sowie

für das **Reiseversicherungsrecht** (→ travel insurance law), die unverbindlichen Musterbedingungen des Gesamtverbandes der Deutschen Versicherungswirtschaft e. V. (GDV):

- Allgemeiner Teil der Versicherungsbedingungen für die Reiseversicherung 2008 (AT-Reise 2008)[155];
- Besondere Versicherungsbedingungen für die Reiserücktrittkostenversicherung 2008/2018 (VB-Reiserücktritt 2008/2018)[156];
- Besondere Versicherungsbedingungen für die Reiseabbruchversicherung 2008/2018 (VB-Reiseabbruch 2008/2018)[157]; sowie
- Besondere Versicherungsbedingungen für die Reisegepäckversicherung 2008/2018 (VB-Reisegepäck 2008/2018)[158].

2.1.3.3 Internationales Privatrecht

Für die Lösung kollisionsrechtlicher Fragestellungen im Tourismusrecht, die z. B. durch grenzüberschreitenden (Dienst-)Leistungen entstehen können, hilft das **Internationale Privatrecht (IPR)** (→ Private International Law (PIL). Einschlägig ist dann in vielen Fällen die Verordnung (EG) Nr. 593/2008 des Europäischen Parlaments und des Rates vom 17. Juni 2008 über das auf vertragliche Schuldverhältnisse anzuwendende Recht (**Rom I-VO**),[159] denn das IPR der EU wurde weitgehend vereinheitlicht und ersetzt insoweit nationales IPR-Recht der EU-Mitgliedstaaten. So wurden z. B. die Art. 27–37 EGBGB wegen der unmittelbaren Geltung der Rom I–VO aufgehoben.
Für nichtvertragliche (gesetzliche) Schuldverhältnisse ist insoweit die Verordnung (EG) Nr. 864/2007 des Europäischen Parlaments und des Rates vom 11. Juli 2007 über das auf außervertragliche Schuldverhältnisse anzuwendene Recht (**Rom II-VO**)[160] einschlägig.

2.1.3.4 Internationaler Gerichtsstand

Bei kollisionsrechtlichen Fragestellungen im Tourismusrecht stellt sich außerdem die Frage des internationalen Gerichtsstands, also welches Gericht in welchem Staat örtlich zuständig ist. Tritt diese Frage zwischen EU-Mitgliedstaaten auf, so ist sie nach der Verordnung (EU) Nr. 1215/2012 des Europäischen Parlaments und des Rates vom 12. Dezember 2012 über die gerichtliche Zuständigkeit und die Anerkennung und Vollstreckung von Entscheidungen in Zivil- und Handelssachen[161] **(EuGVVO)** zu lösen. Hingegen ist im Verhältnis zwischen EU-Mitgliedstaaten und der Schweiz, Norwegen und Island (EWR) das Übereinkommen über die gerichtliche Zuständigkeit und die Anerkennung und Vollstreckung von Entscheidungen in Zivil- und Handelssachen (Lugano-Übereinkommen, LugÜ), abgeschlossen in Lugano am 30. Oktober 2007[162] **(LugÜ)**, einschlägig.

2.1.4 Subnationales (Landes-)Recht

In der Normenhierarchie folgt unter dem **nationalen Bundesrecht** (→ federal law) das **subnationales (Landes-)Recht** (→ subnational law of the German states), z. B. die Landesverfassung eines Bundeslandes, Sperrstundenverordnungen oder kommunale Satzungen.

Aktueller Bezug | **Die Bettensteuer**

Gerade für Gemeinden mit hohem Tourismusaufkommen sind Tourismusabgaben, die als kommunale Steuern auf Basis entsprechender Abgabensatzungen erhoben werden können, eine willkommene Einnahmequelle. So stellt auch die sog. „Bettensteuer" eine Tourismusabgabe dar. Die Rechtswirksamkeit der Bettensteuer ist umstritten und wurde bis zum **Bundesverwaltungsgericht (BVerwG)** (→ Federal Administrativ Court) durchgefochten und teilweise – bei berufsbedingten Übernachtungen – für verfassungswidrig gehalten.[163]

Im Fall der bremischen Tourismusabgabe, wurde diese durch den **Bundesfinanzhof (BFH)** (→ Federal Fiscal Court) allerdings für verfassungemäß erachtet.[164]

2.1.5 Gewohnheitsrecht – lex mercatoria

Rechtquellen können auch ungeschrieben sein. Durch regelmäßige Übung und Anerkennung zwischen den am Rechtsverhältnis Beteiligten können sie zu Gewohnheitsrecht erstarken, wie am Beispiel der lex mercatoria[165] verdeutlicht wurde.

2.1.6 Richterrecht

Von entscheidender Bedeutung für die juristische Praxis im Tourismusrecht, insbesondere im Reiserecht, ist die Interpretation reiserechtlicher Vorschriften durch die Gerichte (Rechtsprechung).

Praxistipp | **Reisepreisminderung und Reisemängel**

Die Frankfurter Tabelle zur Reisepreisminderung[166] sowie die Kemptener Reisemängeltabelle[167] bieten eine Übersicht über die reiserechtliche Rechtsprechung der vergangen Jahrzehnte. Die Kemptenener Reisetabelle wird ständig aktualisiert. Beide Tabellen sind rechtlich nicht bindend, bieten jedoch eine gute Orientierungshilfe für die Praxis.

2.2 Methodenlehre im Tourismusrecht

2.2.1 Sachverhaltserfassung

Die Methodenlehre im Tourismusrecht folgt der üblichen juristischen Methodenlehre, die den Studierenden aus anderen juristischen Vorlesungen bekannt sein sollte. Am Anfang (des Fallteils) der tourismusrechtlichen Klausur steht die Sachverhaltserfassung. Dabei ist es klausurtaktisch geschickt (da zeitsparend), den Sachverhalt des Falles bereits unter dem Gesichtspunkt der Fallfrage(n) zu lesen. Im Anschluss an das Lesen von Fallfrage(n) und Sachverhalt ist es meist angezeigt, den Sachverhalt zeitlich (historisch) sowie nach den am Rechtsverhältnis Beteiligten zu ordnen.

2.2.2 Klärung des anwendbaren Rechts

Alsdann wird – jedenfalls bei privatrechtlichen Fällen – meist nach den „vier W's" gefragt:

Wer (Anspruchsinhaber) will **was** (Anspruchsbegehren, im subjektiven Recht fußend) **von wem** (Anspruchsgegner – touristisches Dreieck oder Viereck, sonstige Dritte beteiligt?) **woraus** (Anspruchsgrundlage, im objektiven Recht fußend)?

Bei der Suche nach (einer) passenden **privatrechtlichen Anspruchsgrundlage(n)** (→ basis for claim(s) under private law) oder **öffentlichrechtliche Ermächtigungsgrundlage(n)** (→ basis of authorization(s) under public law) ist bei grenzüberschreitenden tourismusrechtlichen Fragestellungen der räumliche Geltungsbereich der in Betracht kommenden Vorschriften zu klären (Deutschland- oder EU-weit etc.).

2.2.3 Rechtsbegriffe

Rechtsbegriffe (→ legal terms) sind der Dreh- und Angelpunkt für die praktische Rechtsanwendung und Rechtsfindung. Dabei sollen juristische Rechtsbegriffe eine Vielzahl von Lebenssachverhalten erfassen. Deshalb sind sie oftmals sehr abstrakt-generell (allgemein) formuliert und bedürfen der Auslegung. Maßgeblich für den Praktiker ist hier die Auslegung der Gerichte. Es wird insoweit zwischen unterschiedlichen Begrifflichkeiten unterschieden, die nachfolgend kurz skizziert sind.

2.2.3.1 Bestimmte Rechtsbegriffe

Die einfachste Kategorie bilden die **bestimmten Rechtsbegriffe** (→ specific legal terms), die aufgrund ihres Wortlauts klar und verständlich sind und daher keiner weiteren **Auslegung** (→ interpretation, → construction) bedürfen.

Beispiel

Klauselverbote ohne Wertungsmöglichkeit in Allgemeinen Geschäftsbedingungen (AGB), z. B. „vier Monate nach Vertragsschluss" gemäß § 309 Nr. 1 BGB.

2.2.3.2 Unbestimmte Rechtsbegriffe

Hingegen sind die **unbestimmten Rechtsbegriffe** (→ unspecific (general) legal terms) schwieriger zu verstehen; sie bedürfen der Auslegung.

Beispiel

Klauselverbote mit Wertungsmöglichkeit in Allgemeinen Geschäftsbedingungen (AGB), z. B. „unangemessen lange" oder „nicht hinreichend bestimmte Fristen" gemäß § 308 Nr. 1 BGB.

2.2.3.3 Strenges und zwingendes Recht

Das strenge Recht (*ius strictum*) und/oder zwingende Recht (*ius cogens)* ist kodifiziertes (geschriebenes) Recht.

Ius strictum bezeichnet Rechtsnormen (Recht im objektiven Sinne), die für einen eindeutig feststehenden Sachverhalt eine genau (vorher) bestimmte Rechtsfolge anordnen und damit zugleich zwingendes Recht (*ius cogens*) darstellen. *Ius strictum* ist immer zugleich auch *ius cogens*, aber nicht umgekehrt. Denn *ius cogens* kann (anders als *ius strictum*) Rücksicht auf die Besonderheiten des Einzelfalls nehmen und Billigkeitsentscheidungen vorschreiben. In Zweifelsfällen ist es ratsam, den Begriff *ius cogens* zu verwenden; damit liegt man dann in jedem Fall richtig.

Beispiel

In § 319 Abs. 1 Satz 1 BGB [redaktionelle Überschrift „Unwirksamkeit der Bestimmung"] wird eine Billigkeitsentscheidung angeordnet. Es handelt sich um *ius cogens*, nicht jedoch um *ius strictum*.

2.2.3.4 Halbstrenges Recht

Für eine Partei (einseitig) geltendes strenges Recht kann als halbstrenges Recht bezeichnet werden. Hier ist eine Verfügung (= Disposition) – im Sinne einer vertraglichen Abweichung von der gesetzlichen Regelung – lediglich zugunsten der schwächeren Partei des Rechtsverhältnisses (i. d. R. des Verbrauchers) zulässig.

Beispiel

Das Pauschalreisevertragsrecht gemäß §§ 651a-y BGB. Denn von diesen Vorschriften darf nach § 651y Satz 1 BGB „nicht zum Nachteil des Reisenden abgewichen werden". Abweichungen von den §§ 651a ff. BGB sind allenfalls zugunsten des Reisenden möglich.

In diesem Zusammenhang stellt sich die weitergehende Frage nach der **gewillkürten Pauschalreise** (→ package tour by election), also, ob die Vorschriften der §§ 651a–y BGB freiwillig über AGB-Klauseln in einen Vertrag zwischen Unternehmer und Reisenden, dem *per se* eine Individualreise zugrunde liegt, einbezogen werden können. Diese Frage ist umstritten, im Ergebnis aber wohl abzulehnen.[168] Denn Voraussetzung für eine mögliche Anwendbarkeit der §§ 651a ff. BGB wäre, dass diese Vorschriften gemäß § 651y Satz 1 BGB lediglich „zugunsten des Reisenden" wirken. Nachdem der Reisende im Individualreiserecht – z. B. im Beherbergungs-/Mietrecht gemäß §§ 535 ff. BGB – im Hinblick auf Mängelgewährleistungsrechte nach §§ 536 ff. BGB, Preiserhöhungen und Verjährungsfristen bessergestellt wird als nach dem Pauschalreisevertragsrecht der §§ 651a ff. BGB, dürfte die gewillkürten Einbeziehung des Pauschalreisevertragsrechts in AGB-Klauseln gemäß § 307 Abs. 1 Satz BGB „den Vertragspartner des Verwenders entgegen den Geboten von Treu und Glauben unangemessen benachteiligen“ und damit unwirksam sein. Ob die Rechtsprechung dies auch so sehen wird, bleibt abzuwarten.

2.2.3.5 Billigkeitsrecht

Das **Billigkeitsrecht** (*ius aequum*) (⟶ equity law) soll die Härten des strengen oder zwingenden (geschriebenen) Rechts mildern oder vermeiden. Es soll bei der Rechtsfindung helfen, ein Ergebnis erzielen zu können, das mit dem gesunden Menschenverstand als gerecht oder gut und angemessen (*bonum et aequum*) empfunden wird. *Ius aequum* ist dem römischen Zivilrecht entlehnt[169] und bei der Auslegung von Gesetzen – im Sinne des **Verhältnismäßigkeitsprinzips** (⟶ principle of proportionality) – grundsätzlich zu berücksichtigen.

> Beispiel
>
> Die sog. **Generalklauseln** (⟶ general clauses) im BGB, die zugleich auch „Einfallstore“ für die Wertung der Grundrechte nach dem Grundgesetz (GG) sind (Stichwort: „Drittwirkung der Grundrechte“): Treu und Glauben (§§ 133, 157, 242 BGB), die guten Sitten (§§ 138, 826 BGB), Verbraucherschutzregeln, z. B. im Recht der Allgemeinen Geschäftsbedingungen (§§ 305 ff. BGB).

2.2.3.6 Dispositives Recht

Das dispositive Recht (*ius dispositivum*) wird durch den Grundsatz der Vertrags- und Inhaltsfreiheit (§ 311 BGB) bestimmt.

> Beispiel (1) | **Die Vertragsfreiheit**
>
> Abschlussfreiheit, d. h. das Recht, frei zu bestimmen, mit wem ein Vertrag geschlossen wird.

Einschränkungen der Vertragsfreiheit

Monopolbetriebe (Energie-, Gas-, Wasserversorgung, öffentlicher Personennahverkehr, die einzige Tageszeitung am Ort etc.) sind verpflichtet, ihnen zumutbare Verträge mit jeder Partei abzuschließen (§ 242 BGB).

Marktbeherrschende Unternehmen dürfen andere Unternehmen nicht durch Liefer- oder Bezugssperren diskriminieren.

Beispiel (2) | **Die Inhaltsfreiheit**

Inhaltsfreiheit umfasst die Befugnis, vom Gesetz abzuweichen, andere Vertragstypen zu erfinden, die das Gesetz nicht kennt und verschiedene Vertragstypen zu kombinieren (sog. typengemischte Verträge).

Einschränkungen der Inhaltsfreiheit

Die Inhaltsfreiheit besteht nur, soweit das Gesetz dispositiv (abdingbar, nicht zwingend) ist. Ferner sind die allgemeinen gesetzlichen Schranken, insbesondere die §§ 134, 138, 242 BGB, zu beachten.

Für zivilrechtliche Verträge ist hier grundsätzlich der **Geltungsbereich des Bürgerlichen Gesetzbuches** (⟶ scope of application of the German Civil Code) maßgeblich, wobei bei grenzüberschreitenden Sachverhalten das **Kollisionsrecht** (⟶ conflict of laws) oder **Internationale Privatrecht** (⟶ Private International Law) – und hier gemäß Art. 3 Nr. 1 EGBGB insbesondere „unmittelbar anwendbare Regelungen der Europäischen Union in ihren jeweils geltenden Fassungen" – zu beachten sind. Im Übrigen gibt es gerade bei Verbraucherverträgen zwingende Bestimmungen (*ius cogens*), die nicht dispositiv sind, also nicht (einseitig) abbedungen werden können.

2.2.4 Auslegungsmethoden

Bei der Auslegung von Rechtsbegriffen helfen die nachfolgend genannten Auslegungsmethoden; die teleologische, systematische und/oder historische Auslegung kommt schwerpunktmäßig bei unbestimmten Rechtsbegriffen[170] zur Anwendung.

Wissen | **Die vier Auslegungsmethoden**

- grammatikalisch (Wortlaut);
- teleologisch (Sinn und Zweck);
- systematisch (Stellung im Gesetz); sowie
- historisch (Entwicklung der Vorschrift, Gesetzesentwürfe, Motive des Gesetzgebers, BT-Drucksachen[171] geben bei deutschen Gesetzen Aufschluss über den Gang des Verfahrens).

2.2.5 Subsumtionstechnik und Syllogismus

In der juristischen Methodenlehre haben sich der **Gutachtenstil** (→ form and writing style of a legal opinion) sowie der **Urteilsstil** (→ form and writing style of a court ruling) durchgesetzt. Der Gutachtenstil arbeitet „viertaktig", der Urteilsstil hingegen „zweitaktig".

Beispiel (1) | **Gutachtenstil**

[1] Obersatz unter Berücksichtigung der „vier W's" im Konjunktiv Präsens formuliert: Der Reiseveranstalter TUI (T) könnte einen Anspruch auf Zahlung des vereinbarten Reisepreises gegen den Reisenden Sir Richard Rich (R) gemäß § 651a Abs. 1 Satz 2 BGB haben.

[2] (Gesetzliche) Tatbestandsvoraussetzungen im Konjunktiv Präsens formuliert: Dann müsste zwischen T und R ein wirksamer Pauschalreisevertrag i. S. d. § 651a Abs. 1–3 BGB durch Angebot und Annahme nach §§ 145 ff. BGB zustande gekommen sein.

[3] Überprüfung/Subsumtion (= Unterordnung) des Sachverhalts unter die (gesetzlichen) Tatbestandvoraussetzungen im Indikativ Perfekt oder Indikativ Imperfekt formuliert: Vorliegend buchte R eine Gesamtheit von zwei Reiseleistungen – Beförderung und Beherbergung – für den Zweck derselben Reise durch Ausfüllen der Buchungsmaske bei T online und gab damit ein verbindliches Angebot ab. T teilte R daraufhin unmittelbar mit, dass sie das Angebot annehme und übersandte zusätzlich eine schriftliche Reisebestätigung.

[4] Ergebnis im Indikativ Präsens formuliert: Also liegt ein wirksamer Pauschalreisevertrag vor. T hat einen Anspruch auf Zahlung des vereinbarten Reisepreises gegen R.

Beispiel (2) | **Urteilsstil**

[1] Ergebnis im Indikativ Präsens formuliert: T hat einen Anspruch auf Zahlung des vereinbarten Reisepreises gegen R gemäß § 651a Abs. 1 Satz 2 BGB.

[2] Begründung inklusive Überprüfung/Subsumtion im Indikativ Perfekt oder Indikativ Imperfekt formuliert: Denn durch die Online-Buchung des R sowie die anschließende Annahmemitteilung (zzgl. Versendung einer schriftlichen Reisebestätigung) durch R ist ein wirksamer Pauschalreisevertrag gemäß §§ 651a Abs. 1–3, 145 ff. BGB zustande gekommen.

Die im Rahmen des Gutachten- und Urteilsstils angewandte Subsumtionstechnik geht auf den in der griechischen Philosophie des 4. Jh. v. Chr. durch *Aristoteles* (384 v. Chr.–322 v. Chr.) entwickelten Syllogismus (gr. für Zusammenrechnen, logischer Schluss) zurück.

Beispiel

1. Prämisse: Alle Menschen sind sterblich.

2. Prämisse: Könige sind Menschen.

Schlussfolgerung (*conclusio*): Also sind Könige sterblich.

✻ Kurzrepetitorium

- Es gibt kein einheitliches Tourismusgesetzbuch. Das Tourismusrecht ist sog. **Querschnittsrecht** (→ cross-sectional law).
- Fundstellen für tourismusrechtliche Vorschriften können das **internationale Recht/Völkerrecht** (→ international law, → law of nations, → public international law), das **supranationale (EU) Recht** (→ supranational (EU) law), **nationales Recht** (→ national law), **subnationales (Landes-)Recht** (→ subnational (state) law), allesamt ergänzt durch **Gewohnheitsrecht** (→ customary law) sowie **Richterrecht** (→ case law, → law developed by the courts), sein.
- Die Methodenlehre im Tourismusrecht folgt der klassischen juristischen Methodenlehre. Zunächst ist der Sachverhalt zu erfassen, alsdann das anwendbare Recht zu klären und schließlich der Fall im Gutachtenstil zu lösen.
- Der juristische Gutachtenstil ist durch einen „Vierertakt" gekennzeichnet: 1. Bildung eines Obersatzes (Wer will was von wem woraus?); 2. Herausarbeiten der gesetzlichen Tatbestandsmerkmale der Anspruchsgrundlage; 3. Subsumtion, d. h. Überprüfung, ob der Lebenssachverhalt (des Falles) mit den gesetzlichen Tatbestandsmerkmalen übereinstimmt; sowie 4. Feststellung des Ergebnisses.
- Schwierigkeiten bereiten gesetzliche Tatbestandsmerkmale, wenn sie auf unbestimmte Rechtsbegriffe Bezug nehmen. Unbestimmte Rechtsbegriffe bedürfen der Auslegung nach den klassischen Auslegungsmethoden (Wortlaut, Systematik, Sinn und Zweck sowie Historie). Für die tourismusrechtliche Praxis ist hierbei die Auslegung durch die Gerichte (Rechtsprechung), wie sie insbesondere in den Frankfurter und Kemptener Reisemängeltabellen zusammengefasst wird, eine gute Orientierungshilfe. Die Tabellen sind jedoch rechtlich nicht bindend.

✻ Wissenscheck zur Prüfungsvorbereitung

1. Benennen und kategorisieren Sie die wesentlichen Rechtsquellen des Tourismusrechts.
2. Erklären Sie die Subsumtionstechnik mit Hilfe einer tourismusrechtlichen Anspruchsgrundlage. Benennen und kategorisieren Sie die wesentlichen Rechtsquellen des Tourismusrechts.
3. Welche Arten von Rechtsbegriffen kennen Sie? Benennen Sie pro Rechtsbegriff mindestens ein Beispiel.
4. Was versteht man unter Generalklauseln i. S. d. BGB? Benennen Sie mindestens drei Beispiele für Generalklauseln.
5. Was versteht man unter „Drittwirkung der Grundrechte“?
6. Welche Aufgabe hat das sog. Billigkeitsrecht?
7. Was versteht man unter dispositivem Recht, was unter strengem, was unter zwingendem Recht?
8. Erklären Sie den Unterschied zwischen Gutachten- und Urteilsstil.
9. Welche zwei Tabellen verschaffen einen guten Überblick über die reiserechtliche Rechtsprechung der vergangenen Jahrzehnte?

✳ Quellen zur Vertiefung des Lernstoffes

I. Literatur für Studium und Praxis

1. Staudinger, Ansgar (2017): Pauschalreiserecht 2018, Brexit und Insolvenzabsicherung (Editorial), *RRa* 5/2017, 209.
2. ders./Ruks, Rudi (2018): Das neue Pauschalreiserecht – Auswirkungen für Veranstalter und Vertrieb. *RRA* 1/2018, 2–14.
3. Steinrötter, Bernd (2017): Alles neu macht der Mai 2018? Der Reisemarkt unter dem Regime der DSGVO. Ein Beitrag zur Sensibilisierung der Touristikunternehmen im Bereich des Datenschutzes. *RRa* 6/2017, 266–274.

II. Rechtsprechungstabellen für Studium und Praxis

1. Fankfurter Tabelle: Die Frankfurter Tabelle zur Reisepreisminderung wurde von der 24. Zivilkammer des Landgerichts (LG) Frankfurts unter dem Vorsitzenden Richter am Landgericht (VRiLG) Prof. Dr. *Tempel* entwickelt; abgedruckt in: *NJW* 1985, 113 ff. sowie NJW 1994, 1639 ff. Ein guter Überblick über die Tabelle ist online abrufbar unter *http://www.rechtspraxis.de/frankfurt.htm* (die Website gehört zum Internetangebot der advoprax AG – Kanzlei Agnesstraße) (abgerufen am 18.3.2019).
2. Kemptener Reisemängeltabelle (Stand: Oktober 2018) von Prof. Dr. *Ernst Führich*; online abrufbar unter *http://www.reiserecht-fuehrich.de/* (abgerufen am 18.3.2019).

3 Lerneinheit: Die Gründung eines Touristikunternehmens

„What kind of man would live where there is no danger? I don't believe in taking foolish chances. But nothing can be accomplished by not taking a chance at all."[172]

Charles Lindbergh, Flugpionier (1902–1974)

Lernziele

In dieser Lerneinheit lernen Sie

- die wichtigsten Aspekte kennen, die bei der Gründung eines Touristikunternehmens zu berücksichtigen sind;
- die wichtigsten arbeits-, gesellschafts- und insolvenzrechtlichen Probleme kennen, die sich im Kontext der Krise eines Unternehmens stellen können.

Empfohlener Gesamtarbeitsaufwand | 270 Minuten (4,5 Zeitstunden)

a) Vorlesungszeit/Kontaktstunden: 90 Minuten.
b) Lesen des Textes der Lerneinheit 3 sowie Nacharbeiten von Fall 3: 90 Minuten.
c) Lesen der empfohlenen weiterführenden Quellen sowie Durcharbeiten der Fragen im Wissenscheck zur Prüfungsvorbereitung: 90 Minuten.

Fall 3 | **Die Checkliste**

Sachverhalt wie in Fall 1: Die Unternehmensgründung[173]
(Quelle: Eigene Darstellung)

a) Woran sollten F und D vor Gründung ihres Unternehmens unbedingt denken?
b) Erstellen Sie eine Checkliste, die vor der Unternehmensgründung durchzuarbeiten wäre.

3.1 Einführung

Zahlreiche Graduierte von Tourismusstudiengängen erwägen (meist nach einer anfänglichen Zeit als Angestellte), sich selbstständig zu machen. Die Selbstständigkeit birgt große Chancen, aber auch Risiken. Nachfolgend werden die wesentlichen praxisrelevanten Fragen am Beispiel der Existenzgründung eines Reisevermittlers (Fall 1) erörtert.

Um sich einen allgemeinen Überblick über den wirtschaftlichen Trend bei Existenzgründungen in Deutschland zu verschaffen, empfiehlt sich zunächst eine Lektüre der über die Website des Deutschen Industrie- und Handelskammertages (**DIHK**) abrufbaren Gründerreporte vergangener Jahre. So basiert z. B. der DIHK-Gründerreport 2017 auf Erfahrungsberichten „der IHK-Existenzgründungsberater aus den 79 Industrie- und Handelskammern (IHKs)" sowie einer statistischen „Auswertung zum IHK-Gründerservice"[174]. „Insgesamt fußt der DIHK-Gründerreport 2017 auf rund 200.000 Kontakten von IHK-Existenzgründungsberatern mit angehenden Unternehmerinnen und Unternehmern"[175] und enthält dementsprechend aussagekräftige Ergebnisse. Außerdem empfiehlt es sich, Ratgeber zur Existenzgründung[176] und zum Business Planning[177] durchzuarbeiten.

3.2 USP und Geschäftsplan

> Fall 3 | **Die Checkliste - Antwort auf Frage a)**
>
> F und D sollten zunächst ihre Geschäftsidee und deren **Alleinstellungsmerkmal** (→ Unique Feature, → Unique Selling Point – **USP**) gegenüber anderen Wettbewerbern herausarbeiten. Außerdem ist ein realistischer **Geschäftsplan** (→ Business Plan, → Business Case) aufzustellen. So entscheiden USP und Geschäftsplan über „Sein oder Nichtsein" bei Finanzierungsverhandlungen, z. B. mit Banken, **Kapitalbeteiligungsgesellschaften** (→ Private Equity Companies), **Geschäftsengeln** (→ Business Angels) oder sonstigen **Kapitalgebern** (→ investors).

Typischerweise sollte der Geschäftsplan wie folgt gegliedert sein[178]:

1) Zusammenfassung der Geschäftsidee aus Adressatensicht (Unternehmensentscheider, Kaptialgeber, Ersteller) auf maximal einer A4-Seite: Welche Ziele, Chancen und Risiken werden verfolgt?
2) Beschreibung der Produkte und/oder Dienstleistungen: Welche Leistungen werden angeboten? Welchen Nutzen hat der Kunde von den

Produkten und/oder Dienstleistungen? Welche Vorteile ergeben sich im Vergleich zu Konkurrenzprodukten?

3) Beschreibung des relevanten Marktes und der Wettbewerber: Welche Kunden sollen erreicht werden? Wer sind die Wettbewerber? Wie hat sich die Branche am gewünschten Standort entwickelt?
4) Beschreibung der Marketing- und Vertriebsstrategien: Welche Preise sollen für Produkte und/oder Dienstleistungen gefordert werden? Wie soll der Vertrieb funktionieren? Wie gestaltet sich die Werbung? Welche Zielkunden sollen erreicht werden?
5) Beschreibung rechtlicher Aspekte (ggf. unter Hinzuziehung eines Steuerberaters, Rechtsanwalts oder Notars): Welche Rechtsform wird gewählt? Sollen weitere Gesellschafter aufgenommen werden? Welche Eigenkapitalstruktur ist vorgesehen?
6) Beschreibung der Unternehmensorganisation: Welche Qualifikationen kann/können der Gründer und/oder das Gründerteam vorweisen? Wie sieht die Organisationsstruktur des Unternehmens aus? Wie wird gewährleistet, dass die Betriebsaufläufe reibungslos funktionieren?
7) Beschreibung der Finanzplanung: Welche finanziellen Ressourcen müssen für Investitionen, Liquidität, Rentabilität und Personalaufbau vorgehalten werden?
8) Beschreibung der Finanzierung: Wie hoch ist der Kapitalbedarf? Wie hoch sind die Anlauf- und Lebenshaltungskosten für die ersten 12 Monate?

Praxistipp | **Geschäftsplan**

Bei der Existenzgründung ist es sinnvoll, den Geschäftsplan auf der Grundlage der o. g. gängigen Formulare, Planungssoftware (z. B. „Miniplan“) und Checklisten, die von den für die Finanzierung in Frage kommenden Banken oder Finanzinstituten verwendet werden, zu erstellen.

3.2.1 Checkliste für das Erstberatungsgespräch mit der Bank

Fall 3 | **Die Checkliste - Antwort auf Frage b), 1. Teil**

- Welche Unterlagen muss der/die Existenzgründer/in beim ersten Beratungsgespräch vorlegen?
- Welche Bedingungen müssen erfüllt werden, damit ein Kredit oder eine Beteiligung bewilligt wird? Was sind die Branchen und Personen bezogenen Ausschlusskriterien?
- Welche Sicherheiten kann der/die Existenzgründer/in bieten?

- Welche Finanzierungsformen kommen in Betracht? Wenn ja, zu welchen Bedingungen (Laufzeit, Zinsen, Tilgungsplan)?
- Kommt die Einbeziehung von öffentlichen Förderkrediten/-mitteln in Betracht?
- Wie lange dauert i. d. R. der Finanzierungsprozess beginnend mit dem ersten Beratungsgespräch bis hin zur etwaigen Auszahlung des Darlehens und/oder der öffentlichen Fördermittel?
- Wie ist die Prognose (der Banken) für Existenzneugründungen?
- Welche Veränderungen sind im Vergleich zum Vorjahr zu beobachten und warum?

3.2.2 Formulare, Planungssoftware und Checklisten zur Existenzgründung

Fall 3 | **Die Checkliste - Antwort auf Frage b), 2. Teil**

F und D sollten sich mit den wesentlichen Planungsunterlagen zur Kapitalbedarfsrechnung, Rentabilitätsvorschau, Selbstauskunft inklusive Lebenslauf sowie zur Vorsorge für Existenzgründer, mit geeigneter Planungssoftware sowie mit Cheklisten für Existenzgründer auseinandersetzen. In der Regel stellen potenzielle Kapitalgeber (z. B. Banken) dem/der Existenzgründer/in Checklisten und/oder Planungssoftware kostenlos oder für ein geringes Entgelt zur Verfügung.

3.3 Finanzierung

Im Rahmen der Existenzgründungsfinanzierung kommen insbesondere **Eigenkapital** (→ equity capital), **Fremdkapital** (→ debt capital) und/oder eine **gemischte Finanzierung** (→ mixed financing) in Betracht. Statistisch greifen Unternehmen der Tourismusbranche meist auf langfristige Fremdkapitalfinanzierung zurück.[179]

Der/die Existenzgründer/in wird insoweit entsprechende **Vertragsverhandlungen** (→ contract negotiations) mit Kreditgeber(n), Kapitalbeteiligungsgesellschaft(en) und/oder Business Angel(s) führen müssen. Dabei sind kaufmännisches Geschick und juristische Kenntnisse nützlich. Hier kann – abhängig vom Umfang der Existenzgründung – ggf. die Hinzuziehung von fachkundigem Rat (Unternehmensberater, Rechtsanwalt, Steuerberater und/oder Wirtschaftsprüfer) sinnvoll sein, wenn dies sachdienlich erscheint und kostenmäßig vertretbar ist.

Fall 3 | Die Checkliste - Antwort auf Frage b), 3. Teil

F und D müssen sich – nach Durcharbeiten der für sie relevanten Formulare, Merkblätter für Existenzgründer und Planungssoftware – über ihren Kapitalbedarf und die geeignete Finanzierung Gedanken machen. Fraglich ist, ob – wie im ursprünglichen Sachverhalt beschrieben[180] – F und D kostenintensive Maßnahmen (GmbH-Gründung, Büroanmietung, Mitarbeitereinstellung) bereits zu Beginn ihrer Gründungsbemühungen eingehen sollten. In Anbetracht der avisierten Tätigkeit als Online-Reisevermittler könnte zunächst die Wohnung und der private Computer, Laptop o. ä. genutzt werden. Außerdem sollten F und D Gespräche mit Meiers und DERTOUR führen. Wenn diese großen Reiseveranstalter bereit wären, sich an F und D vertraglich zu binden, so könnten ggf. kurzfristig erste Vertragsabschlüsse erfolgreich vermittelt und Zahlungseingänge verbucht werden. Eine solche geschäftliche **Erfolgsbilanz** (⟶ track record) könnte dann die Eingehung weiterer Verbindlichkeiten ggf. rechtfertigen und würde etwaige Finanzierungsgespräche erheblich erleichtern. Allerdings müssen sich F und D bewusst sein, dass große Reiseveranstalter – wie Meiers und DERTOUR – von ihren Reisevermittlern in der Regel Jahresmindestumsätze verlangen, die gerade Existenzgründer in der Anfangsphase kaum werden „stemmen" können. Nur durch eine wirklich interessante Geschäftsidee werden F und D Meiers und/oder DERTOUR – wenn überhaupt – überzeugen können.

3.4 Juristische Hürden

Steht auch die Finanzierung, beginnt i. d. R. die Durchführungsphase der Unternehmensgründung. Diese können eine Reihe juristischer Fragen aufwerfen, die nachfolgend kurz skizziert werden.

3.4.1 Öffentlich-rechtliche Hürden

Hoheitlich und damit öffentlich-rechtlich sind grundsätzlich **Betriebsgenehmigungen** (⟶ operating licences) oder **Versicherungspflichten** (⟶ compulsory insurance), z. B. für Luftfahrtunternehmen gemäß § 20 Abs. 1 Satz 1 Luftverkehrsgesetz (LuftVG) i. V. m. der der Verordnung EG Nr. 1008/2008 des Europäischen Parlaments und des Rates vom 24. September 2008 über gemeinsame Vorschriften für die Durchführung von Luftverkehrsdiensten in der Gemeinschaft (Neufassung)[181] zu beachten. Zwar sind für das Vorliegen von Betriebsgenehmigungen die Luftfahrtunternehmen selbst verantwortlich. Sollte aber bekannt werden, dass eine Betriebsgenehmigung für ein Luftfahrtunternehmen widerrufen wurde[182], so dürfte dieses Unternehmen – bis zum abermaligen Vorliegen einer Betriebsgenehmigung – keine Luftbeförderungsleistungen mehr anbieten. Durch die Vermittlung von Leistungen eines Luftfahrtunternehmens, dessen Betriebsgenehmigung bekanntermaßen widerrufen wurde, würde sich der Reisevermittlung gegenüber dem Reisenden zumindest gemäß §§ 280 ff. BGB schadensersatzpflichtig machen.

3.4.1.1 Gewerberecht: Gewerbeanmeldung

Produktherstellung und Dienstleistungen im Zusammenhang mit der Tourismusindustrie stellen i. d. R. eine selbstständige, legale, auf Dauer, mit Gewinnerzielungsabsicht, nach außen erkennbar angelegte Tätigkeit[183] dar, die keine sog. **freie Berufe** (⟶ free professions)[184] betreffen. Daher sind diese Tätigkeiten grundsätzlich als Gewerbe zu klassifizieren und erfordern eine **Gewerbeanmeldung** (⟶ trade registration) gemäß § 14 **Gewerbeordnung** (⟶ Industrial Code), üblicherweise beim zuständigen Gewerbeamt (⟶ Trade Office), in dessen Bezirk das Tourismusunternehmen seinen Hauptverwaltungssitz hat.

> Fall 3 | **Die Checkliste - Antwort auf Frage b), 4. Teil**
>
> Die Tätigkeit als Reisevermittler stellt ein Gewerbe dar. F und D müssen ihre Tätigkeit als Online-Reisevermittler daher als Gewerbe beim Gewerberegister der Stadt Frankfurt (das beim Ordnungsamt geführt wird) anmelden. Informationen hierzu, insbesondere zu den Anmeldeformularen und Gebühren, können online abgerufen werden.[185]

3.4.1.2 Gaststättenrecht

Für den Bereich **Hotellerie** inklusive Bewirtung (⟶ hospitality) sind u. a. **Gaststättenerlaubnisse** (⟶ restaurant licences) nach dem **Gaststättengesetz** (⟶ Restaurants' Licence Act) einzuholen.

3.4.1.3 Steuern und Abgaben

Der/die Existenzgründer/in haftet grundsätzlich für nicht angemeldete Steuern, insbesondere Lohnsteuer, Umsatzsteuer und Kapitalertragsteuer (§ 69 Abgabenordnung (**AO**)) oder auch Gewerbesteuer. Je nach Wahl der Rechtsform (s. u.) kann die Haftung persönlich sein oder lediglich auf das **Stamm-/Haftungskapital** (⟶ share capital, ⟶ capital stock, ⟶ registered capital) beschränkt sein.

3.4.1.4 Sozialrecht

Auch besteht eine Haftung für nicht abgeführte Sozialversicherungsbeiträge der Arbeitnehmer. Das „Vorenthalten und Veruntreuen von Arbeitsentgelt" gegenüber den Sozialversicherungsträgern ist darüber hinaus gemäß § 266a Abs. 1 StGB strafbar und „wird mit Freiheitsstrafe bis zu fünf Jahren oder mit Geldstrafe bestraft".

> Fall 3 | **Die Checkliste - Antwort auf Frage b), 5. Teil**
>
> Gerade Mitarbeitergehälter inklusive der abzuführenden Sozialabgaben und Steuern sind kostenintensive Faktoren. F und D sollten – bis die (erfolgreiche) Entwicklung ihres Unternehmens absehbar ist – daher zunächst eher davon Abstand nehmen, Mitarbeiter einzustellen.

3.4.1.5 Datenschutzrecht

Von besonderer Bedeutung für Touristikunternehmen ist die – oben erwähnte[186] – und ab dem 25.5.2018 geltende DSGVO. Hierauf müssen Reiseunternehmen ihre Datenschutz-Managementsysteme und „innerbetriebliche Organisation sowie Prozesse mit Kundenkontakt anpassen"[187].

3.4.2 Privatrechtliche Hürden

Neben den öffentlich-rechtlichen Hürden können auch eine Reihe von privatrechtlichen Hürden – auf der Ebene der Gleichordnung – bestehen.

3.4.2.1 Vertragsrecht und Haftungsfragen

Sämtliche abgeschlossenen Verträge – z. B. im Zusammenhang mit der Finanzierung oder mit anderen Vertragspartnern – begründen vertragliche Haftungen der Existenzgründerin/des Exsitenzgründers gemäß dem Grundsatz „Verträge sind einzuhalten" (*pacta sunt servanda*).

Haftungsrisiken der ausgeübten Tätigkeit müssen ebenso analysiert werden wie der Abschluss von Berufs-/Vermögenshaftpflicht- und/oder anderen Versicherungen.

> Praxistipp | **Überversicherung**
>
> Tendenziell neigen Menschen in Deutschland dazu, sich überzuversichern.[188] Hier gilt die Faustregel, dass nur solche Risiken abgesichert werden sollten, deren Realisierung zu einer unausweichlichen Existenzbedrohung der/des Existenzgründers/in im Schadensfall führt und aus

eigenen Mitteln realistischerweise nicht bestritten werden kann (z. B. der Fall der Berufsunfähigkeit).

3.4.2.2 Handelsrecht

Erreicht das Touristikunternehmen eine bestimmte Größe, kommt das **Handelsrecht** (→ commercial law), also das Sonderprivatrecht der Kaufleute nach den Vorschriften des HGB, zur Anwendung. Voraussetzung dafür ist, dass das Touristikunternehmen **Kaufmann** (→ merchant, → businessman, → business-woman) ist; entweder gemäß § 1 HGB als Istkaufmann, gemäß § 6 HGB als Formkaufmann oder gemäß §§ 2, 5 HGB als Kannkaufmann, der sich in das Handelsregister hat eintragen lassen. Beim Istkaufmann ist die Eintragung in das Handelsregister lediglich rechtserklärend (*deklaratorisch*), beim Kannkaufmann ist sie hingegen rechtsbegründend (*konstitutiv*).

Der Kaufmann

- ist Unternehmer und Unternehmensträger,
- führt eine Firma (§ 17 ff. HGB),
- ist zur Buchführung verpflichtet (§§ 238 ff. HGB),
- kann sich besonderer Hilfspersonen bedienen (§§ 48 ff. HGB),
- unterliegt den Regeln über die Handelsgeschäfte (§§ 343 ff. HGB),
- wird strenger behandelt als Privatpersonen (vgl. z. B. §§ 348 ff. HGB, 377 HGB) und
- unterliegt zivilprozessualen Sonderregeln (vgl. z. B. §§ 29, 38 ZPO, 71, 93 ff. GVG).

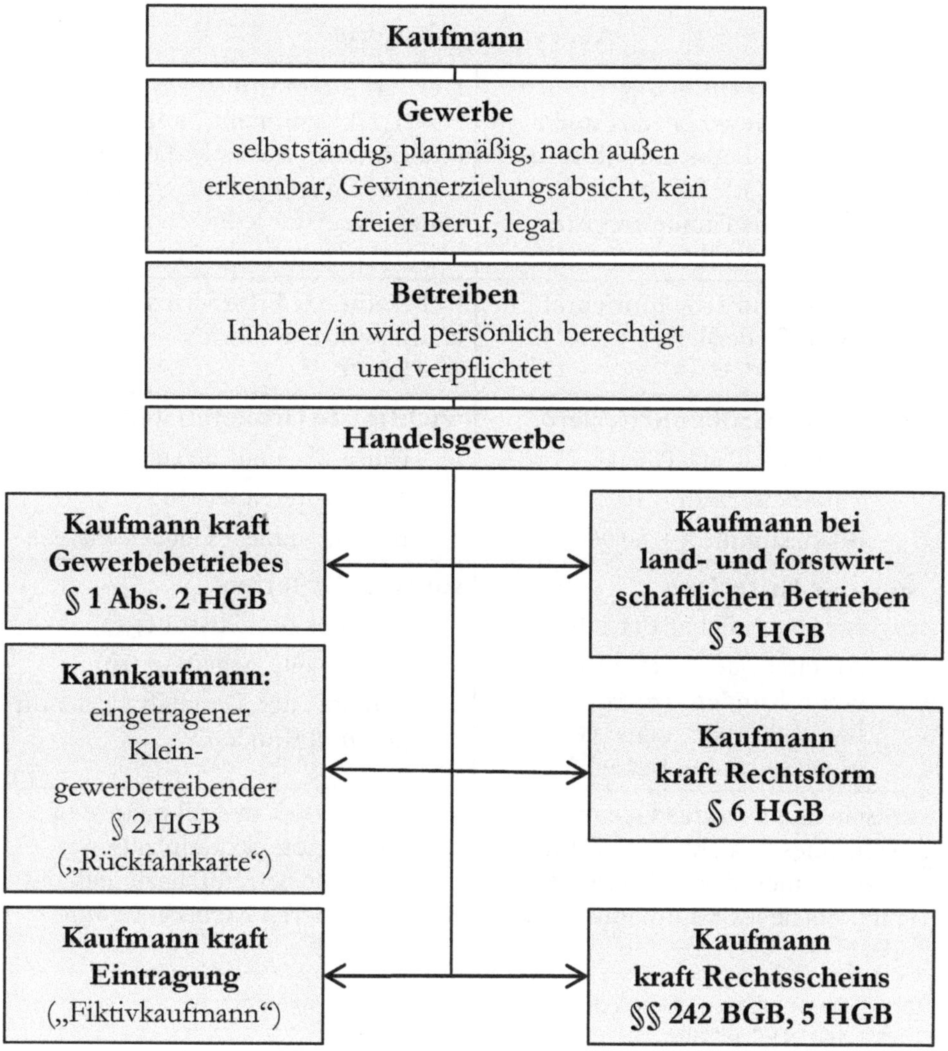

Abb. 4: Checkliste zur Bestimmung der Kaufmannseigenschaft und damit zur Anwendbarkeit des HGB
(Quelle: Eigene Darstellung)

Abgrenzungskriterien	
Der Kannkaufmann (§ 2 HGB) betreibt ein Gewerbe, das „nicht schon nach § 1 Abs. 2 HGB Handelsgewerbe ist“; für ihn ist die Eintragung ins Handelsregister rechtsbegründend (*konstitutiv*).	**Der Istkaufmann** (§ 1 Abs. 1 und 2 HGB) „ist Kaufmann“ aufgrund Art und Umfangs seines Handelsgewerbes; für ihn ist die Eintragung ins Handelsregister lediglich rechtserklärend (*deklaratorisch*).
Eine kaufmännische Einrichtung ist nicht erforderlich (§ 1 Abs. 2 HGB).	Es beseth das Erfordernis für eine kaufmännische Einrichtung (vgl. § 141 AO).
wichtigste Größenkriterien: ■ Umsatz < € 600.000,00 ■ Mitarbeiterzahl < 10 ■ Bilanzsumme < € 60.000,00	**wichtigtste Größenkriterien:** ■ Umsatz > € 600.000,00 ■ Mitarbeiterzahl > 10[189] ■ Bilanzsumme > € 60.000,00
sonstige Kriterien: ■ Handwerklicher Betrieb? ■ Arbeitet der Betreibsinhaber beim Kunden (z. B. auf der Baustelle) mit oder verwaltet er lediglich den Betrieb?	**sonstige Kriterien:** ■ Zahl der Betriebsstätten? ■ Industrielle Arbeitsweise? ■ Umfang der Geschäftsbeziehungen und Kunden?
Entscheidend ist **das Gesamtbild des Betriebes** (→ overall picture of the business), nicht die Erfüllung einzelner Kriterien. So kann z. B. ein Unternehmer, der mehrere selbstständige Betriebe betreibt, bezüglich des einen Betriebes Kaufmann und bezüglich des anderen Nichtkaufmann sein.	

Tab. 2: Abgrenzungskriterien des Kannkaufmanns vom Istkaufmann
(Quelle: Eigene Darstellung)

Die Anwendung handelsrechtlicher Vorschriften bringt dem Kaufmann eine Reihe von Erleichterungen, z. B. die Fälle des Schweigens als Zustimmung auf das kaufmännische Bestätigungsschreiben (§ 362 HGB) oder die Möglichkeit, Bürgschaftserklärungen auch mündlich abgeben zu können (§ 350 HGB). Allerdings überwiegen die Nachteile, weil Kaufleute vom Gesetzgeber grundsätzlich strenger behandelt werden als Privatpersonen oder gar Verbraucher.

Beispiel | **Strengere gesetzliche Behandlung von Kaufleuten**

Sorgfaltsmaßstab eines ordentlichen Kaufmanns (§ 347 HGB), keine Herabsetzung der „von einem Kaufmann im Betriebe seines Handelsgewerbes" versprochenen Vertragsstrafe nach § 343 BGB (§ 348 HGB), kein Zustehen der „Einrede der Vorausklage" (§ 349 HGB), höherer gesetzlicher Zinssatz von 5 % (§ 352 HGB) (keine 4 % wie gemäß § 246 BGB), unverzügliche Untersuchungs- und Anzeigepflicht (§ 377 HGB), Buchführungspflicht (§ 238 HGB) und „Führung der Handelsbücher" (§ 239 ff. HGB) zzgl. Jahresabschluss (§ 242 ff. HGB) etc.

Fall 3 | **Die Checkliste - Antwort auf Frage b), 6. Teil**

Die oben beschriebene strengere gesetzliche Behandlung von Kaufleuten ist ein weiteres Argument für F und D, „klein" anzufangen und eine Handelsregistereintragung (jedenfalls anfänglich) zu vermeiden.

3.4.2.3 Gesellschaftsrecht

Ausgangspunkt im Gesellschaftsrecht sind die Begriffe des Unternehmers und der Gesellschaft.

Gemäß § 14 BGB ist ein **Unternehmer** (→ entrepreneur) „eine natürliche oder juristische Person oder eine rechtsfähige Personengesellschaft, die bei Abschluss eines Rechtsgeschäfts in Ausübung ihrer gewerblichen oder selbstständigen beruflichen Tätigkeit handelt."

Eine **Gesellschaft** (→ corporation, → company) bezeichnet eine private Personenvereinigung, deren Mitglieder sich rechtsgeschäftlich zusammengeschlossen haben, um einen bestimmten gemeinsamen Zweck zu verfolgen. Dabei gibt es vielfältige Gesellschaftsformen, die in unterschiedlichen Gesetzen geregelt sind.

Die wichtigsten Gesellschaftsformen sind Personengesellschaften, Körperschaften – insbesondere Kapitalgesellschaften – sowie Stiftungen.

Personengesellschaft

Grundsätzlich sind **Personengesellschaften** (→ partnerships) nicht selbstständig rechtsfähig und daher auch keine juristischen Personen; ihnen wird jedoch nach h. M. eine sog. **Teilrechtsfähigkeit** (→ partial legal capacity) zugesprochen, da sie einerseits als „rechtsfähige Personengesellschaft" i. S .d. § 14 BGB und gleichzeitig als „Gesellschaft ohne Rechtspersönlichkeit" i. S. d.

§ 11 InsO beurteilt werden.[190] Bei der Personengesellschaft sind die Mitglieder – in ihrer Gemeinschaft – Träger von Rechten und Pflichten. Die wichtigsten Personengesellschaften sind die **Gesellschaft bürgerlichen Rechts (GbR)** (⟶ partnership organised under the German Civil Code), die **Offene Handelsgesellschaft (OHG)** (⟶ general partnership), die **Kommanditgesellschaft (KG)** (⟶ private limited partnership), die **stille Gesellschaft (stG)** (⟶ silent partnership), die **Partnerschaftsgesellschaft (PartG)** (⟶ limited liability partnership) sowie die **Europäische Wirtschafts- und Interessenvereinigung (EWIV)** (⟶ European Economic Interest Grouping (EEIG)).

Körperschaften

Körperschaften (⟶ corporations) sind Zusammenschlüsse (Organisationen), denen der Gesetzgeber ausdrücklich die **Rechtsfähigkeit** (⟶ legal capacity), d. h. die Fähigkeit selbstständiger Träger von Rechten und Pflichten zu sein, verliehen hat. Man nennt sie deshalb auch **juristische Personen** (⟶ legal entities), die dadurch gekennzeichnet sind, dass sie sich rechtlich verselbstständigt haben und z. B. bei Tod oder Austritt von Gesellschaftern weiter fortbestehen. Zu den Körperschaften gehören die **eingetragene Vereine (e. V.)** (⟶ registered societies) und **Kapitalgesellschaften** (⟶ incorporated companies) sowie die **Genossenschaften** (⟶ cooperatives). Kapitalgesellschaften sind z. B. die **Aktiengesellschaft (AG)** (⟶ stock corporation), **Societas Europaea (SE)**, auch bekannt als Europäische (Aktien-)Gesellschaft (⟶ European Company), **Kommanditgesellschaft auf Aktien (KGaA)** (⟶ partnership limited by shares), **Gesellschaft mit beschränkter Haftung (GmbH)** (⟶ limited liability company), **Unternehmergesellschaft (UG) (haftungsbeschränkt)** (⟶ enterprise company (with limited liability)), auch bekannt als 1-Euro oder Mini-GmbH. Beispiele für Genossenschaften sind z. B. die **eingetragene Genossenschaft (e. G.)** (⟶ registered cooperative) sowie die **Societas Cooperativa Europaea (SCE)**, auch bekannt als Europäische Genossenschaft (⟶ European Cooperative Society (ECS)).

Die Gründung der existenzgründerfreundlichen Unternehmergesellschaft (UG) (haftungsbeschränkt) wurde durch das Gesetz zur Modernisierung des GmbH-Rechts und zur Bekämpfung von Missbräuchen (MoMiG) vom 23. Oktober 2008[191] ermöglicht. Hintergrund war u. a. die zunehmende Gründung von „private companies limited by shares“ nach englischem Recht in Deutschland, bei denen ein Gründungskapital von einem englischen Pfund (Great Britain Pound Sterling (GBP)) ausreichend ist. Diesem Wettbewerb stellte sich der deutsche Gesetzgeber durch die Einführung der UG (haftungsbeschränkt). Um einen Missbrauch mit dieser Unternehmensform – im Hinblick auf deren (Unter-)Kapitalisierung (bereits bei Gründung) – zu vermeiden, führte der Gesetzgeber eine Reihe von Maßnahmen zur Bekämpfung von Missbräuchen ein, z. B. den sperrigen Firmenzusatz „(haftungsbeschränkt)“. Die UG (haftungsbeschränkt) erfreut sich bei Existenzgründern großer Beliebtheit und hat die englische „private company limited by shares“ zurückgedrängt.

Stiftung

Stiftungen (⟶ foundations, ⟶ trusts) verfolgen i. d. R. einen gemeinnützigen Stiftungszweck (z. B. Förderung von Bildungsnachwuchs). Das Stiftungsvermögen soll auf Dauer erhalten bleiben und der Stiftungszweck oder die Nutznießer, d. h. Destinatäre, mit den Erträgen (z. B. Zins- oder Dividendenausschüttungen) gefördert werden. Stiftungen können in verschiedenen rechtlichen Formen zu jedem legalen Zweck errichtet werden.

Körperschaften und Personengesellschaften

	Personengesellschaften	**Kapitalgesellschaften**
Status	haben keine eigene Rechtspersönlichkeit.	haben eine eigene Rechtspersönlichkeit und sind juristische Personen.
Gesellschafterbezug	ist grds. von den einzelnen Gesellschaftern abhängig.	ist grds. unabhängig vom Gesellschafterbestand; Gesellschafterwechsel sind möglich und praktisch leicht umzusetzen.
Geschäftsaktivitäten	werden durch die Gesellschafter selbst wahrgenommen (GF und Vertretung).	werden von selbstständigen Organen wahrgenommen (GV, GF/Vorstand sowie ggf. Aufsichtsrat oder Beirat).
Haftung	Es besteht eine persönliche Haftung der Gesellschafter als Gesamtschuldner mit ihrem jeweiligen persönlichen Vermögen.	Die Gesellschaft „haftet den Gläubigern derselben nur" mit dem „Gesellschaftsvermögen" (§ 13 Abs. 2 GmbHG). Grundsätzlich besteht keine **Durchgriffshaftung** (→ piercing of the corporate veil) auf das persönliche Vermögen der Gesellschafter.
Auftreten	unter den Namen der Gesellschafter; bei Handelsges.: unter der Firma, § 19 HGB.	unter der Firma.

Tab. 3: Abgrenzungskriterien von Personen- und Kapitalgesellschaften
(Quelle: Eigene Darstellung)

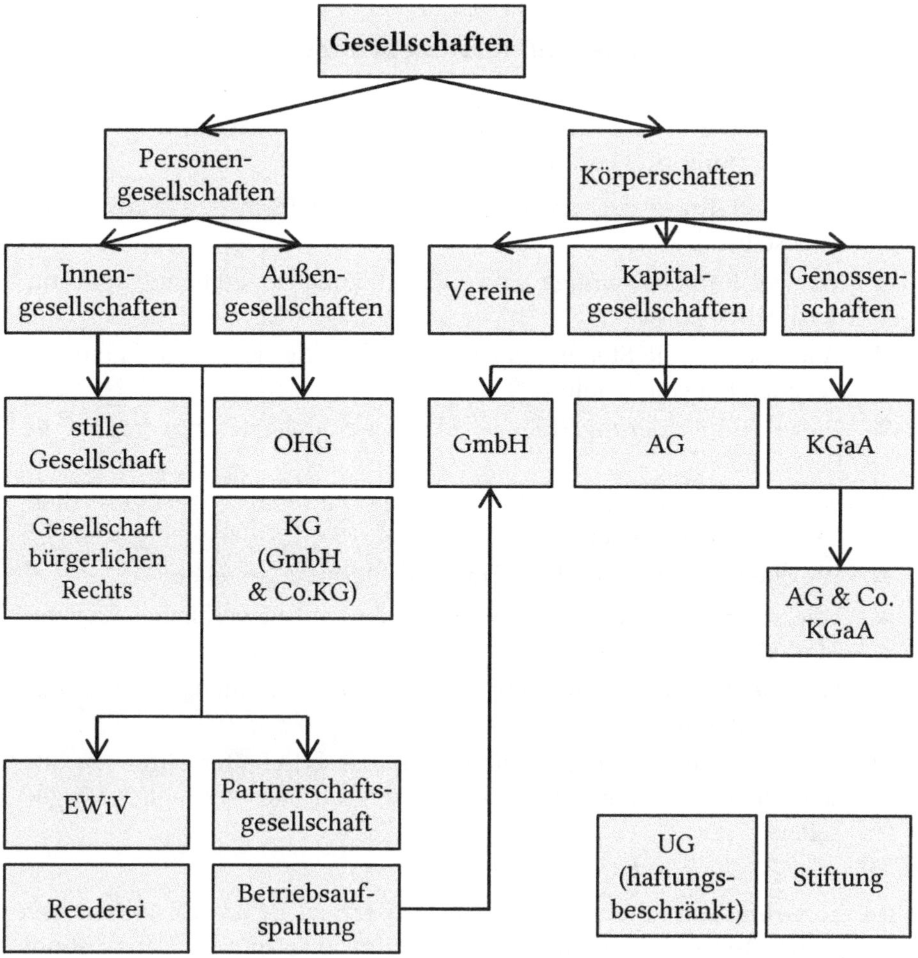

Abb. 5: Vereinfachte Übersicht wichtiger Gesellschaftsformen in Deutschland
(Quelle: Eigene Darstellung)

Checkliste | **Gründungs- und Kostenaufwand**

Vor der Gründung einer der o. g. Gesellschaftsformen sollte der/die Existenzgründer/in den **Gründungs- und Kostenaufwand** (→ formation and organisation costs) erörtern.

- Ist die Haftung der avisierten Gesellschaftsform beschränkt oder unbeschränkt?
- Wieviel Kapital benötige ich (unterschiedlich in Abhängigkeit von der Rechtsform)?
- Wie hoch ist die Steuer- und Kostenbelastung (laufend und einmalig, auch bei Umwandlung)?
- Welche Finanzierung (Eigen- oder Fremdfinanzierung) kommt in Betracht?
- Ist eine Arbeitnehmermitbestimmung fakultativ oder gesetzlich zwingend vorgesehen?
- Welche Publizitäts- und Prüfungserfordernisse bestehen?
- Wie soll die Firmenbezeichnung lauten (wettbewerbliche Aspekte, Marketing-Gesichtspunkte)?
- Ist eine Fremdgeschäftsführung (geht bei Personengesellschaften nicht) zulässig?
- Welche Kontrollmöglichkeiten der Gesellschafter (innergesellschaftliche Machtverteilung) sind gesetzlich oder vertraglich vorgesehen?

Wird die Gründung einer Gesellschaft avisiert, so ist am Gesellschaftsvertrag (→ **articles of association**) zu arbeiten. Dieser regelt insbesondere die Rechte und Pflichten der Gesellschafter (bei der Personengesellschaft) oder Organe der Gesellschaft (bei der Kapitalgesellschaft). Zu den Rechten der Gesellschafter gehören u. a. die Beteiligung am Gewinn und Verlust, Kontrollrechte sowie Auseinandersetzungsguthaben; zu den Pflichten u. a. Beitrags- und Treuepflichten, Haftung für Sozialansprüche und deren Durchsetzung.

Fall 3 | **Die Checkliste - Antwort auf Frage b), 7. Teil**

Für F und D kommt die Gründung einer der o. g. Gesellschaftsformen erst in Betracht, wenn die Existenzgründung gut angelaufen und signifikante Einnahmen vorliegen. F und D müssen sich vergegenwärtigen, dass Handels- und Kapitalgesellschaften Formkaufmann (kraft Rechtsform) gemäß § 6 HGB sind und damit die strengen Vorschriften des HGB (s. o.) Anwendung finden. Allein der damit verbundene Verwaltungs-, Zeit- und Kostenmehraufwand sollte in der Existenzgründungsphase vermieden und die Kräfte auf die Etablierung des Geschäftsmodells als Online-Reisevermittler fokussiert werden. Die spätere Gesellschaftsgründung läuft nicht weg und sollte erst erwogen werden, wenn die damit verbundenen Kosten idealerweise bereits erwirtschaftet wurden. Bei Aufnahme ihrer Tätigkeit kommt für F und D allenfalls die Gründung einer Unternehmergesellschaft (UG) (haftungsbeschränkt) in Betracht, weil hier ein geringeres Mindeststammkapital von lediglich einem Euro ausreichend ist. Gleichwohl ist auch die UG (haftungsbeschränkt) i. d. R. körperschafts- und gewerbesteuerpflichtig, gemäß §§ 238 ff. HGB buchführungspflichtig und zur Erstellung von Jahresabschlüssen gemäß §§ 242 ff. HGB verpflichtet.

3.4.2.4 Arbeitsrecht: Personalmanagement/Mitarbeitereinstellung

Fall 3 | **Die Checkliste - Antwort auf Frage b), 8. Teil**

Wegen des Haftungs- und Kostenpotenzials sollte F die Mitarbeitereinstellung erst erwägen, wenn Auftragsvolumina und Zahlungseingänge dies rechtfertigen.

3.4.2.5 Insolvenzrecht

Viele Unternehmer haben mit Zahlungs- oder Überschuldungsschwierigkeiten zu kämpfen. Daher sind Grundkenntnisse des Insolvenzrechts – gerade auch schon zum Zeitpunkt der Existenzgründung – unabdingbar.

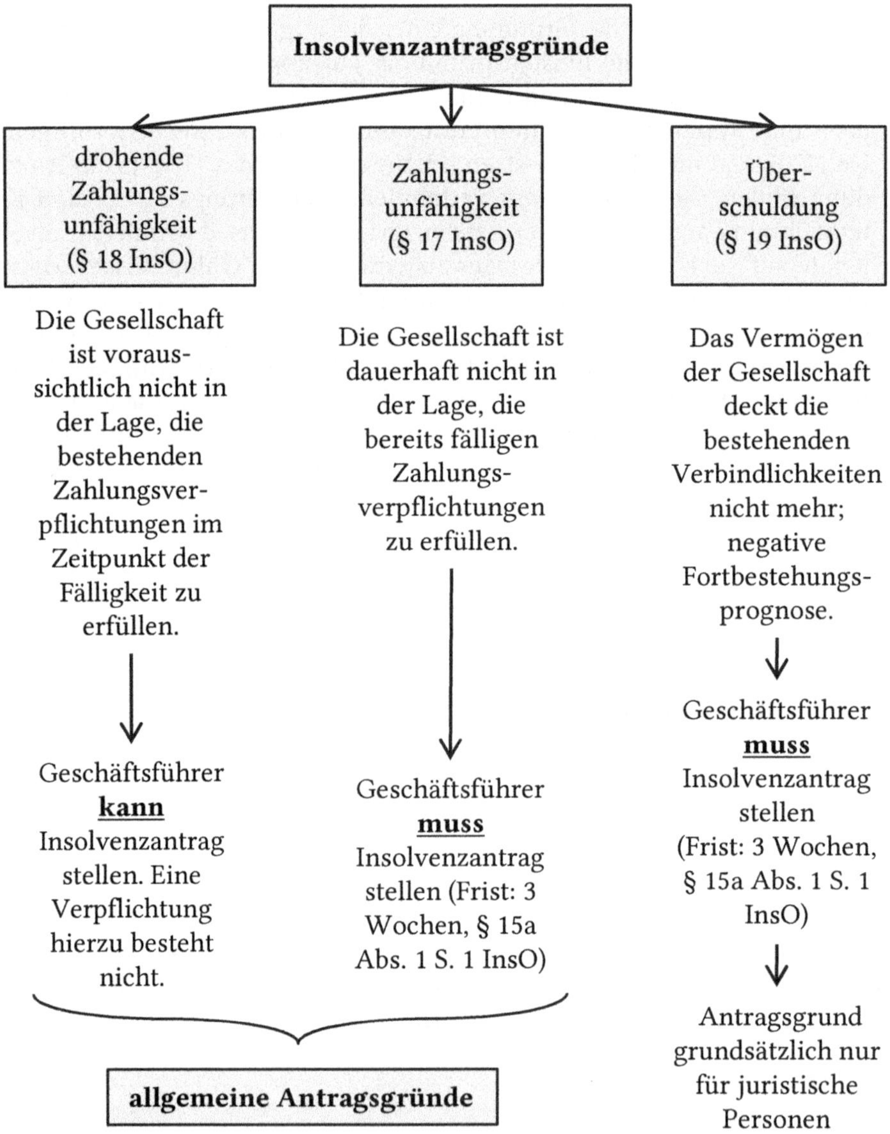

Abb. 6: Insolvenzantragsgründe
(Quelle: Eigene Darstellung)

Maßgeblich für eine **Unternehmenssanierung** (→ company turn-around) ist die **Fortbestehensprognose** (→ going concern forecast).

Checkliste | **Fortbestehensprognose und Insolvenzantragspflicht**

Voraussetzungen für eine positive Prognose sind

- Fortführungswille des Schuldners/seiner Organe;
- Feststellung durch explizite Prognose, dass der Fortbestand des Unternehmens überwiegend wahrscheinlich ist;
- Zahlungsprognose (kann das Unternehmen mittelfristig seine fälligen Verbindlichkeiten begleichen?);
- Erstellen eines Ertrags- und Finanzplans (Zeitrahmen 12–24 Monaten);
- BGH: „Objektive Überlebensfähigkeit [...] des Unternehmens" ist Voraussetzung für positive Prognose[192];
- zeitliche Probleme bei Erstellung der Prognose zur Beurteilung von Sanierungsaussichten (Krise weit fortgeschritten, noch keine Planungsdaten, drohende Zahlungsunfähigkeit?).

Sanierungs- und Insolvenzantragspflicht

- Sanierungsbemühungen sind so rechtzeitig einzuleiten, dass über Sanierung vor Eintritt von Insolvenzantragsgründen entschieden werden kann.
- Häufig wird die Erstellung des Sanierungskonzepts und Vorlage von Vorschlägen durch Insolvenzgründe „überholt".
- Mit Insolvenzreife → Verbot, Zahlungen zu leisten, die nicht mit der *Sorgfalt eines ordentlichen Geschäftsleiters* vereinbar sind (Zahlungsverbot).
- In vielen Fällen tritt Insolvenzreife schon lange vor Antragstellung ein. Allerdings kann auch ein verfrüht gestellter Insolvenzantrag zur Haftung führen!

Checkliste | **Geschäftsführerhaftung in der Unternehmenskrise**

In der Unternehmenskrise bestehen für die Unternehmensgeschäftsführung eine Reihe von Haftungsrisiken, u. a.

- die Haftung der Geschäftsführung gegenüber der Gesellschaft auf Schadensersatz bei Verletzung der Sorgfaltspflichten eines ordentlichen und gewissenhaften Geschäftsleiters (vgl. § 43 Abs. 2 GmbHG) sowie wegen Insolvenzverschleppung (§ 15a InsO);
- die Haftung der Geschäftsführung gegenüber Gläubigern (Dritten) auf Schadensersatz wegen unerlaubter Handlung (§ 823 Abs. 2 BGB), insbesondere wegen Insolvenzverschleppung (§ 15a InsO), Zahlungen nach Zahlungsunfähigkeit oder Überschuldung (§ 64 GmbHG), für nicht abgeführte Sozialversicherungsbeiträge der Arbeitnehmer (§ 266a StGB) sowie für nicht angemeldete Steuern, insbes. Lohnsteuer, Umsatzsteuer und Kapitalertragsteuer (§ 69 AO).

3.4.2.6 Wettbewerbsrecht und Schutz des geistigen Eigentums

Bei der Existenzgründung sollte auch an wettbewerbsrechtliche Fragestellungen im relevanten Produkt- und/oder Dienstleistungsmarkt sowie den Schutz des **geistigen Eigentums** (→ Intellectual Property – IP), z. B. nach urheber-, marken-, gebrauchsmuster-, geschmacksmuster- und/oder patentrechtlichen Vorschriften gedacht werden. Dies spielt insbesondere dann eine Rolle, wenn es bereits ähnliche Produkte und/oder Geschäftsideen gibt, die IP-rechtlich geschützt sind oder sein könnten.

Beispiel

Zu denken ist hier z. B. an die seit Jahren andauernden Patentstreitigkeiten zwischen Apple und Samsung wegen der Ähnlichkeiten von Apple- (z. B. iPhone 3GS) und Samsungprodukten (z. B. Samsung Galaxy S).[193]

Fall 3 | **Die Checkliste – Antwort auf Frage b), 9. Teil**

Die von F und D avisierte Tätigkeit als Online-Reisevermittler erscheint unter Gesichtspunkten des Wettbewerbsrechts sowie IP-rechtlich unproblematisch. Probleme könnten allenfalls auftreten, falls F und D z. B. einen Firmennamen – ggf. verbunden mit einer Word-/Bildmarke – in Erwägung ziehen würden, der/die von denen anderer (etablierter) Online-Reisevermittler schwer oder kaum unterscheidbar sind.

✻ Kurzrepetitorium

- Zur Vorbereitung einer Existenzgründung ist ein Geschäftsplan zu erstellen, der die Geschäftsidee derart nachvollziehbar darlegt, dass Kredit-/Kapitalgeber überzeugt werden können. Dieser Geschäftsplan könnte wie folgt aufgebaut werden:
  1) Zusammenfassung der Geschäftsidee aus Adressatensicht (Unternehmensentscheider, Kaptialgeber, Ersteller) auf maximal einer A4-Seite;
  2) Beschreibung der Produkte und/oder Dienstleistungen;
  3) Beschreibung des relevanten Marktes und der Wettbewerber;
  4) Beschreibung der Marketing- und Vertriebsstrategien;
  5) Beschreibung rechtlicher Aspekte;
  6) Beschreibung der Unternehmensorganisation;
  7) Beschreibung der Finanzplanung für Investitionen, Liquidität, Rentabilität und Personalaufbau; sowie
  8) Beschreibung der Finanzierung: Kapitalbedarf, Anlauf- und Lebenshaltungskosten in den ersten 12 Monaten.
- Die Existenzgründung bedarf einer gründlichen Vorbereitung und es sollte eine fallspezifische Checkliste erstellt werden, die u. a. betriebswirtschaftliche, juristische und steuerliche Aspekte erfasst.
- Nützlich sind die zahlreichen Gründerportale und anderweitigen Hilfestellungen, z. B. bei den örtlichen Industrie- und Handelskammern.

✻ Wissenscheck zur Prüfungsvorbereitung

1. Stellt die Online-Reisevermittlung ein anmeldpflichtiges Gewerbe gemäß § 14 GewO dar?
2. Benennen Sie mindestens drei verschiedene Arten von Personengesellschaften?
3. Benennen Sie mindestens zwei verschiedene Arten von Kapitalgesellschaften? Was versteht man unter einer Stiftung?
4. Bei der Existenzgründung kommt allenfalls die Gründung welcher Kapitalgesellschaftsform in Betracht?
5. Erarbeiten Sie einen Geschäftsplan für die Gründung eines Touristik-Unternehmens, welches Sie ggf. zu gründen beabsichtigen.
6. Welche drei wesentlichen Finanzierungsformen kommen für eine Existenzgründung in Betracht?
7. Welche Insolvenzantragsgründe kennen Sie?
8. Welche wesentlichen Haftungsrisiken bestehen für die Geschäftsführung eines Unternehmens in der Krise?
9. Benennen Sie die wesentlichen Gesichtspunkte für eine positive Fortbestehensprognose für ein Unternehmen in der Krise.

✳ Weiterführende Quellen

I. Literatur für Studium und Praxis

Ragotzky, Serge/Schittenhelm, Frank Andreas/Torasan, Süleyman (2018): Business Plan. Schritt für Schritt. 1. Aufl. Konstanz/München: UVK/Lucius, 13–35.

II. Sonstige Materialien

Deutscher Industrie und Handelskammerstag (DIHK) (2019): DIHK-Gründerreport 2018. Als pdf-Dokument online verfügbar unter *https://www.dihk.de/themenfelder/gruendung-foerderung/unternehmensgruendung/umfragen-und-prognosen/dihk-gruenderreport* (rechte Spalte „Downloads“) (abgerufen am 18.3.2019).

4 Lerneinheit: Pauschalreisevertrag, „Abgrenzung zur Vermittlung“, „verbundene Online-Buchungsverfahren“, Informationspflichten, Vertragsübertragung, Änderungsvorbehalte und erhebliche Vertragsänderungen (§§ 651a–g BGB)

„Pacta sunt servanda.“[194]

Vertragstreueprinzip im öffentlichen und privaten Recht

Lernziele

In dieser Lehreinheit lernen Sie

- den Pauschalreisevertrag (§ 651a BGB), die Abgrenzung zur Vermittlung von Reiseleistungen (§ 651b BGB), den Vertragsabschluss unter Einbeziehung Allgemeiner Reisebedingungen (ARB) und die vertragstypischen Pflichten des Reiseveranstalters und Reisenden kennen; sowie
- verbundene Online-Buchungsverfahren (§ 651c BGB), Informationspflichten des Reiseveranstalters (§ 651d BGB i. V. m. Art. 250 ff. EGBGB zzgl. der Anlagen 11 bis 18: Muster für Formblätter zur Unterrichtung des Reisenden sowie Sicherungsschein), Vertragsübertragung (§ 651e BGB), Änderungsvorbhalte (§ 651f BGB) und erhebliche Vertragsänderungen (§ 651g BGB) kennen.

Empfohlener Gesamtarbeitsaufwand | **540 Minuten (9 Zeitstunden)**

a) Vorlesungszeit/Kontaktstunden: 180 Minuten.

b) Lesen des Textes der Lerneinheit 4 sowie Nacharbeiten von Fall 4: 180 Minuten.

c) Lesen der weiterführenden Quellen sowie Durcharbeiten der Fragen im Wissenscheck zur Prüfungsvorbereitung: 180 Minuten.

Fall 4 | **Die lustige Witwe**
(Quelle: Eigene Darstellung)

Die 50-jährige Witwe Roswita Reich (**R**) betrat am 1.7. d. J. das von Phileas Fogg (**F**) und Aouda Dandekar (**D**) betriebene Reisebüro, die F & D

Travel Agency GmbH (**F&D GmbH**), in Frankfurt am Main. Im Anschluss an ein Informations- und Beratungsgespräch füllte D für R (in deren Beisein) schriftlich eine Reiseanmeldung beim Reiseveranstalter DERTOUR für eine Reise à zwei Personen zum Preis von EUR 12.000,- aus: Das Reisepaket umfasste Hin- und Rückflug von/nach Frankfurt am Main nach/von Cancún sowie All-Inclusive-Unterbringung im „CARAMBA", einem 5-Sterne All-inclusive-Resort an der Riviera Maya in Yucatán, Mexiko, vom 1.10.–31.10. d. J. R wollte dort mit ihrem 20-jährigen Lebensgefährten Toby Toy (**T**) ihren „zweiten Frühling" als lustige Witwe genießen. Vor Unterzeichnung der Reiseanmeldung legte D der R den entsprechenden DERTOUR Reiseprospekt sowie die Allgemeinen Reisebedingungen (**ARB**) von DERTOUR vor und erläuterte ihr beides. Sie wies R insbesondere darauf hin, dass diese mit ihrer Unterschrift, die ARB von DERTOUR anerkenne. Am 8.7. d. J. bestätigt DERTOUR die Reise mit einem Preis von EUR 13.000,-, jedoch nicht für das CARAMBA – das bereits ausgebucht sei –, sondern für das noch teurere 5-Sterne-plus All-Inclusive-Resort „SHANTI". Die grundsätzlich spendable R ist wütend. Sie meint, EUR 12.000,- für vier Wochen Pauschalurlaub de luxe seien teuer genug. Trotzdem zahlt R – nach einigem Überlegen – die geforderte Anzahlung von EUR 2.600,- auf den (erhöhten) Preis von EUR 13.000,- widerspruchslos am 15.7. d. J.

a) Handelt es sich bei dem von DERTOUR (über die F & D GmbH) der R angebotenen Produkt um eine Pauschalreise?
b) Liegt eine Pauschalreise gemäß §§ 651a ff. BGB vor, wenn die F&D GmbH ein Reisepaket auf Wunsch der R und gemäß ihrer Auswahl individuell aus dem Internet in Echtzeit (dynamic packaging) zusammenstellt?
c) Liegt eine Pauschalreise gemäß §§ 651a ff. BGB vor, wenn R sich die Flüge – ohne jedwede Beteiligung der F&D GmbH – selbst organisieren und lediglich eine Ferienwohnung an der Riviera Maya aus dem DERTOUR-Reiseprospekt buchen würde? Prüfen Sie, ob §§ 651a ff. BGB auf die Flüge und/oder die Buchung der Ferienwohnung analog angewandt werden können. Besteht im Hinblick auf die neue RL 2015/2303/EU eine planwidrige Regelungslücke, die eine Analogie nahelegen würde?
d) Gehen Sie davon aus, dass R lediglich die Flüge nach Mexiko im Online-Buchungsverfahren über die Website der Condor bucht und für die Beförderung eine Vertragsbestätigung von Condor am 1.7. d. J. erhält. Bei der Buchung der Flüge wurde ihr über die Condor-Website – in einem zweiten Schritt – der verlinkte Zugriff im Wege

des „click through" auf das Online-Buchungsverfahren des Hotels CARAMBA in Mexiko ermöglicht, dem Condor Namen, Zahlungsdaten und E-Mail der R übermittelte. Es ist davon auszugehen, dass R eine entsprechende datenschutzrechtliche Einwilligungserklärung durch Setzen eines „Häkchens" in die Box unter der Einwilligungserklärung online gegenüber Condor erklärt hat. Tatsächlich schließt R mit dem CARAMBA am 2.7. d. J. einen Vertrag über 4-Wochen Unterbringung mit Vollpension ab. Eine Mitarbeiterin des CARAMBA unterrichtet daraufhin unverzüglich einen Mitarbeiter der Condor über die vom CARAMBA gegenüber R zu erbringenden Reiseleistungen und stellt entsprechende Informationen zur Verfügung. Liegt in diesem Fall eine Pauschalreise vor? Wer wird in dieser Fallkonstellation zum Reiseveranstalter? Welches Formblatt zur Unterrichtung der Reisenden muss „der Reiseveranstalter" R zur Verfügung stellen?

e) Welches Hotel wurde in Fall 4 Inhalt des zwischen DERTOUR und R geschlossenen Vertrages, das CARAMBA oder das SHANTI? Prüfen Sie die §§ 145, 147 Abs. 2, 150 Abs. 2 BGB.
f) Sind die ARB von DERTOUR wirksam in den Vertrag einbezogen worden?
g) Muss R den Reisepreis für T bezahlen? Gelten hier die Grundsätze für Familien- oder Gruppenreisen? Könnte hier ein Vertrag zugunsten Dritter gemäß § 328 BGB vorliegen?
h) Ist die von DERTOUR geforderte (und von R bezahlte) Anzahlung in Höhe EUR 2.600,- rechtlich zulässig?

Abwandlung 1 (zu § 651b BGB): Haftung bei Erweiterung des Pauschalreisevertrages trotz Vermittlerklausel?

R buchte bei der Reiseleitung von DERTOUR eine – vom All-inclusive-Paket *per se* nicht umfasste – zusätzliche Leistung. Diese bestand in einer eintägigen geführten Mountainbike-Tour auf der „Ruta de los Conquistadores" mitten durch den Dschungel. Im Reiseprospekt wies DERTOUR in Bezug auf zusätzliche (fakultativ) buchbare Reiseleistungen (wie z. B. die besagte Mountainbike-Tour) auf seine Vermittlerstellung hin. Allerdings warb die örtliche DERTOUR-Reiseleitung für die Mountainbike-Tour auf Informationsblättern mit dem DERTOUR-Logo. Ausgeführt wurde der Ausflug durch Beschäftigte einer mexikanischen Tochtergesellschaft von DERTOUR. Zunächst wurden die ausgeliehenen Mountainbikes auf einen Bus verladen, mit dem R und T zum 200 km entfernten Ausgangspunkt der Tour im Dschungel gebracht werden sollten. Auf der Fahrt dorthin kam der Busfahrer von der Fahrbahn ab, der Bus überschlug sich und R und T erlitten erhebliche Knochenbrüche. Haftet DERTOUR für diese Personenschäden?

Abwandlung 2 (zu §§ 651f-g BGB):
Die nachträgliche Erhöhung des Reisepreises

Am 1.9. d. J. teilt DERTOUR – unter Hinweis auf ihre AGB – der R mit, dass sich der Reisepreis um EUR 130,- erhöhe. Zur Begründung legt DERTOUR eine detaillierte Berechnung des erhöhten Reisepreises vor; die Erhöhung um EUR 130,- resultiert aus einer Erhöhung der Flughafengebühren sowie des Kerosinpreises, die DERTOUR am gleichen Tage (1.9. d. J.) mitgeteilt wurden. Ist die Reisepreiserhöhung wirksam?

Abwandlung 3 (zu § 651e BGB):
Die Vertragsübertragung

Sachverhalt wie in Fall 4 in der Abwandlung, dass R und T eine Dschungel-Trekking-Tour „auf den Spuren der Maya" gebucht haben. Die Hochschule Heilbronn, an der T das Fach Tourismusmanagement studiert, teilt diesem mit Schreiben vom 15.7. d. J. mit, er müsse in der Zeit vom 1.10. bis 31.10. d. J. vier Prüfungsleistungen ablegen; bei unentschuldigtem Rücktritt von den vier Prüfungen werde er exmatrikuliert. R will nicht ohne T verreisen und benennt daher am 18.7. d. J. ihre beste Freundin, die 100-jährige Sabine Schön (**S**), die körperlich bereits sehr gebrechlich, blind und an den Rollstuhl gefesselt ist, und deren 50-jährigen Hausfreund Hans Halodri (**H**) als Ersatzreisende. Mit Schreiben vom 22.7. d. J. an R widerspricht DERTOUR der Teilnahme von S wegen ihrer körperlichen Gebrechlichkeit sowie der Teilnahme von H, da dieser ein landesweit bekannter (einschlägig vorbestrafter) Heiratsschwindler und Erbschleicher sei, der möglicherweise andere Reisegäste während der Trekking-Tour belästigen würde. Ist DERTOUR berechtigt, der Benennung von S und H als Ersatzreisende gegenüber R zu widersprechen? Bitte prüfen Sie § 651e BGB.

4.1 Das Pauschalreisevertragsrecht

Diese (4.) Lerneinheit und die nachfolgenden fünf Lehreinheiten (5.–9. Lerneinheit) zum Pauschalreisevertragsrecht folgen der Gliederung des Gesetzes:

4. Lerneinheit

Pauschalreisevertrag, Abgrenzung zur Reisevermittlung, verbundene Online-Buchungsverfahren, Informationspflichten, Vertragsübertragung, Änderungsvorbehalte, erhebliche Vertragsänderungen (§§ 651a–g BGB).

5. Lerneinheit

Reisemangel, Verjährung, Abhilfe (§§ 651i–k BGB).

6. Lerneinheit

Kündigung, Minderung, Schadensersatz, Mängelanzeige, zulässige Haftungsbeschränkung, Beistandspflicht (§§ 651l–q BGB).

7. Lerneinheit

Rücktritt vor Reisebeginn, unvermeidbare, außergewöhnliche Umstände, Insolvenzsicherung, Vorauszahlungen, abweichende Vereinbarungen (§§ 651h, r–t, y BGB).

8. Lerneinheit

Internationale Gastschulaufenthalte (§ 651u BGB) und Geltendmachung reiserechtlicher Ansprüche.

9. Lerneinheit

Die Vermittlung verbundener Reiseleistungen (§ 651w BGB).

4.2 Abgrenzung von Pauschal- und Individualreise

Die Abgrenzung von **Pauschal-** und **Individualreise** (→ package tour and → individual travel tour) ist für die zugrundeliegenden Haftungsfragen sowie die insolvenzrechtliche Absicherung von fundamentaler Bedeutung. Sie ist daher kein akademisches „Glasperlenspiel“[195]. So ist die Haftung des Reiseveranstalters nach den Vorschriften des Pauschalreisevertrags streng: Der Reiseveranstalter haftet für das Verschulden seiner Leistungsträger (z. B. Fluggesellschaften, Hotels etc.) wie für eigenes Verschulden. Darüber hinaus bietet das Pauschalreisevertragsrecht dem Reisenden Insolvenzschutz für den bezahlten Vorschuss/Reisepreis über den Sicherungsschein gemäß § 651r BGB. Dieser Schutz fehlt bei Buchung einer Individualreise; hier trägt der Reisende das Insolvenzrisiko des Leistungsträgers, bei dem er die Reiseleistung unmittelbar gebucht hat. Außerdem muss sich der Reisende bei Reisemängel einer Individualreise mit dem Leistungsträger unmittelbar auseinandersetzten. Bei grenzüberschreitenden Reisen sind dann regelmäßig die Vorschriften einer fremden Rechtsordnung einschlägig und das Verfahren wird in der Landessprache geführt. Dies ist für den Reisenden unerfreulich und kann durch Buchung einer Pauschalreise vermieden werden; hier kann sich der Reisende z. B. bei Reisemängeln an „seinen“ Reiseveranstalter im Heimatland halten. Die Abwicklung erfolgt in diesen Fällen in der vertrauten heimischen Rechtsordnung und Sprache.

4.3 Inhalt des Pauschalreisevertrags

Der **Pauschalreisevertrag** (→ package travel, holdiays or tours) gemäß §§ 651a ff. BGB ist ein **werkvertragsähnlicher Vertrag** (→ contract similiar to a contract for work and labour). Dies ergibt sich systematisch bereits aus seiner Stellung im Gesetz im Anschluss an den Werkvertrag nach §§ 631 ff. BGB. Dabei wird ein **Leistungserfolg** (→ performance, → success) geschuldet. Gemäß § 651a Abs. 2 Satz 1 BGB besteht dieser Leistungserfolg in der Erbringung einer **„Gesamtheit von mindestens zwei verschiedenen Arten von Reiseleistungen für den Zweck derselben Reise“** (→ a combination of at least two different types of travel services for the purpose of the same trip) des Reiseveranstalters gegenüber dem Reisenden.

Wissen | **Gesetzliche Regelung der Pauschalreise**

§ 651a Abs. 2 bis 5 BGB konkretisieren den Begriff des Pauschalreisevertrags. Gemäß § 651a Abs. 2 Satz 2 BGB liegt eine Pauschalreise „auch dann vor, wenn

1. die von dem Vertrag umfassten Reiseleistungen auf Wunsch des Reisenden oder entsprechend seiner Auswahl zusammengestellt wurden oder
2. der Reiseveranstalter dem Reisenden in dem Vertrag einräumt, die Auswahl der Reiseleistungen aus seinem Angebot nach Vertragsschluss zu treffen.“

§ 651a Abs. 3 bis 5 BGB lauten wörtlich:

„(3) Reiseleistungen im Sinne dieses Gesetzes sind

1. die Beförderung von Personen,
2. die Beherbergung, außer wenn sie Wohnzwecken dient,
3. die Vermietung

a) von vierrädrigen Kraftfahrzeugen gemäß § 3 Absatz 1 der EG-Fahrzeuggenehmigungsverordnung vom 3. Februar 2011 (BGBl. I S. 126), die zuletzt durch Artikel 7 der Verordnung vom 23. März 2017 (BGBl. I S. 522) geändert worden ist, und

b) von Krafträdern der Fahrerlaubnisklasse A gemäß § 6 Absatz 1 der Fahrerlaubnis-Verordnung vom 13. Dezember 2010 (BGBl. I S. 1980), die zuletzt durch Artikel 4 der Verordnung vom 18. Mai 2017 (BGBl. I S. 1282) geändert worden ist,

4. jede touristische Leistung, die nicht Reiseleistung im Sinne der Nummern 1 bis 3 ist.

Nicht als Reiseleistungen nach Satz 1 gelten Reiseleistungen, die wesensmäßig Bestandteil einer anderen Reiseleistung sind.

(4) Keine Pauschalreise liegt vor, wenn nur eine Art von Reiseleistung im Sinne des Absatzes 3 Satz 1 Nummer 1 bis 3 mit einer oder mehreren touristischen Leistungen im Sinne des Absatzes 3 Satz 1 Nummer 4 zusammengestellt wird und die touristischen Leistungen

1. keinen erheblichen Anteil am Gesamtwert der Zusammenstellung ausmachen und weder ein wesentliches Merkmal der Zusammenstellung darstellen noch als solches beworben werden oder

2. erst nach Beginn der Erbringung einer Reiseleistung im Sinne des Absatzes 3 Satz 1 Nummer 1 bis 3 ausgewählt und vereinbart werden.

Touristische Leistungen machen im Sinne des Satzes 1 Nummer 1 keinen erheblichen Anteil am Gesamtwert der Zusammenstellung aus, wenn auf sie weniger als 25 % des Gesamtwertes entfallen.

(5) Die Vorschriften über Pauschalreiseverträge gelten nicht für Verträge über Reisen, die

1. nur gelegentlich, nicht zum Zwecke der Gewinnerzielung und nur einem begrenzten Personenkreis angeboten werden,

2. weniger als 24 Stunden dauern und keine Übernachtung umfassen (Tagesreisen) und deren Reisepreis 500 Euro nicht übersteigt oder

3. auf der Grundlage eines Rahmenvertrags für die Organisation von Geschäftsreisen mit einem Reisenden, der Unternehmer ist, für dessen unternehmerische Zwecke geschlossen werden."

Fall 4 | **Antwort auf Frage a)**

DERTOUR bietet R (durch Vermittlung der F & D GmbH) „eine Gesamtheit von mindestens zwei verschiedenen Arten von Reiseleistungen für den Zweck derselben Reise" gemäß § 651a Abs. 2 Satz 1 BGB an. Diese Reiseleistungen bestehen aus der „Beförderung von Personen" (§ 651a Abs. 3 Satz 1 Nr. 1 BGB) – hier Hin- und Rückflug von/nach Frankfurt am Main nach/von Cancún – sowie „Beherbergung" (§ 651a Abs. 3 Satz 1 Nr. 2 BGB) – hier der All-inclusive-Unterbringung. Folglich liegt eine Pauschalreise vor.

Üblicherweise erfolgt die Buchung der Reiseleistung(en) auf Grundlage der i. d. R. zweimal jährlich erscheinenden Kataloge des Reiseveranstalters. Die Reiseleistungen können jedoch auf Wunsch des Reisenden auch im Wege des **Baukastens** (→ piecemeal packaging) nach § 651a Abs. 2 Satz 2 Nr. 1 BGB zusammengestellt werden. Teilweise erfolgt eine „Auswahl der Reiseleistungen" aus dem Angebot des Reiseveranstalters „nach Vertragsschluss" als Geschenkbox gemäß § 651a Abs. 2 Satz 2 Nr. 2 BGB. Des Weiteren kann die Pauschalreise – was zunehmend der Fall ist – online (im Internet) zusammengestellt und zu den in der Verkaufssekunde aktuellen Preisen im Wege der **dynamischen Bündelung** (→ dynamic packaging) gemäß § 651a Abs. 2 Satz 2 Nr. 1 BGB verkauft werden. In diesem Fall wird der Anbieter zum Reiseveranstalter, wenn er die **Baukastenreise** oder das „dynamic packaging" als eigene Gesamtleistung anbietet und dafür einen Gesamtpreis berechnet.[196]

Fall 4 | **Antwort auf Frage b)**

Es liegt eine im Wege des dynamic packaging nach § 651a Abs. 2 Satz 2 Nr. 1 BGB zusammengestellte Pauschalreise vor.

Für den Anwendungsbereich des Pauschalreisevertragsrechts kommt es – anders als nach alter Rechtslage vor dem 1.7.2018 – nicht mehr entscheidend darauf an, dass der **Hauptreisezweck** (→ main purpose of travelling) **touristischer Natur** (→ touristic nature) sein muss. **Geschäftsreisen** (→ business trips) ohne Rahmenvertrag können auch Pauschalreisen sein. Lediglich bei Vorliegen eines Rahmenvertrages „für die Organisation von Geschäftsreisen" ist der Anwendungsbereich der §§ 651a ff. BGB gemäß § 651a Abs. 5 Nr. 3 BGB ausgeschlossen. Im Übrigen lässt sich nach neuer – seit dem 1.7.2018 – geltender Rechtslage nicht *per se* ausschließen, dass **Kuren** (→ treatments at a health resort) und **Operationsreisen**, (→ trips to undergo medical) keine Pauschalreisen sein können. So werden gerade im Zusammenhang mit Aufenthalten in „wellness hotels" häufig Zusatzdienstleistungen – unter medizinischer Aufsicht – angeboten. Insoweit ist nicht auszuschließen, dass die Rechtsprechung solche Behandlungen ggf. als touristische Leistung i. S. d. § 651a Abs. 2 Satz 1 Nr. 4 Satz 1 BGB eingruppieren könnte. **Klassenfahrten** (→ school trips) hingegen erfolgen „nur gelegentlich“, „nicht zum Zwecke der Gewinnerzielung“ und werden „nur einem begrenzten Personenkreis angeboten“; sie fallen somit gemäß § 651 Abs. 5 Nr. 1 BGB nicht in den Anwendungsbereich des Pauschalreisevertragsrechts.

Fraglich ist, ob das verbraucherfreundliche Pauschalreisevertragsrecht der §§ 651a ff. BGB auch auf einzelne Reiseleistungen, z. B. Hotelunterkunft, Ferienhaus, Wohnung, Wohnmobil, anzuwenden ist, die über Kataloge von Reiseveranstaltern oder zumindest veranstaltergleich (ohne Nennung des Leistungsträgers) vermarktet werden. Wegen der vergleichbaren Interessenlage der Verbraucher/Reisenden mit der Pauschalreise bejahte die **herrschende Rechtsprechung** (→ prevailing case law) bisher eine analoge Anwendung der §§ 651a ff. BGB in diesen Fällen, da es aus Sicht des Verbrauchers keinen Unterschied mache, ob dieser mit dem eigenen Auto zur Urlaubsdestination anreise oder dorthin über den Reiseveranstalter transportiert werde.[197] Für diese analoge Anwendung von § 651a BGB auf die Buchung lediglich einer Reiseleistung verbleibt aufgrund des eindeutigen Wortlauts in § 651a Abs. Abs. 2 Satz 1 sowie Abs. 4 BGB, die seit dem 1.7.2018 gelten, kein Raum mehr. Denn § 651a Abs. 2 Satz 1 BGB verlangt „mindestens zwei verschiedene Arten von Reiseleistungen“ und § 651a Abs. 4 BGB stellt klar, dass keine Pauschalreise vorliegt, „wenn nur eine Art von Reiseleistung“ angeboten wird. Eine Pauschalreise kommt lediglich in Betracht, wenn „eine Art von Reiseleistung im Sinne des Absatzes 3 Satz 1 Nummer 1 bis 3 mit einer oder mehreren touristischen Leistungen im Sinne des Absatzes 3 Satz 1 Nummer 4 zusammengestellt wird und die touristischen Leistungen“ ehrheblich sind. Dies bedeutet, dass sie gemäß § 651a Abs. 4 Satz 2 BGB mindestens „25 Prozent des Gesamtwertes“ der Reise ausmachen müssen. Der Gesetzgeber wusste um die Rechtsprechung zu § 651a BGB a. F. und entschied sich bei der Novellierung des Reiserechts bewusst dagegen, den Anwendungsbereich des Pauschalreisevertragsrechts auf die Buchung lediglich einer Reiseleistung weiterhin erstrecken zu wollen.

Fall 4 | **Antwort auf Frage c)**

Für die analoge Anwendung von § 651a BGB auf die Buchung lediglich einer Reiseleistung verbleibt aufgrund des eindeutigen Wortlauts in

§ 651a Abs. 2 Satz 1 sowie Abs. 4 BGB, die seit dem 1.7.2018 gelten, kein Raum. Nach neuer Rechtslage besteht keine planwidrige Regelungslücke mehr, die eine analoge Anwendung der §§ 651a ff. BGB rechtfertigen könnte.

4.4 „Verbundene Online-Buchungsverfahren" nach § 651c BGB

Sog. „click through"-Buchungen fallen als „verbundene Online-Buchungsverfahren" in den Anwendungsbereich des Pauschalreisevertragsrechts gemäß §§ 651a ff. BGB.

Wissen | **Gesetzliche Regelung zum Online-Buchungsverfahren**

§ 651c BGB lautet wörtlich:

„(1) Ein Unternehmer, der mittels eines Online-Buchungsverfahrens mit dem Reisenden einen Vertrag über eine Reiseleistung geschlossen hat oder ihm auf demselben Weg einen solchen Vertrag vermittelt hat, ist als Reiseveranstalter anzusehen, wenn

1. er dem Reisenden für den Zweck derselben Reise mindestens einen Vertrag über eine andere Art von Reiseleistung vermittelt, indem er den Zugriff auf das Online-Buchungsverfahren eines anderen Unternehmers ermöglicht,
2. er den Namen, die Zahlungsdaten und die E-Mail-Adresse des Reisenden an den anderen Unternehmer übermittelt und
3. der weitere Vertrag spätestens 24 Stunden nach der Bestätigung des Vertragsschlusses über die erste Reiseleistung geschlossen wird.

(2) Kommen nach Absatz 1 ein Vertrag über eine andere Art von Reiseleistung oder mehrere Verträge über mindestens eine andere Art von Reiseleistung zustande, gelten vorbehaltlich des § 651a Absatz 4 die vom Reisenden geschlossenen Verträge zusammen als ein Pauschalreisevertrag im Sinne des § 651a Absatz 1.

(3) § 651a Absatz 5 Nummer 2 ist unabhängig von der Höhe des Reisepreises anzuwenden."

Fall 4 | **Antwort auf Frage d)**

Es liegt eine „click through"-Buchung vor. Die Tatbestandsvoraussetzungen des § 651c Abs. 1 Nr. 1 bis 3 BGB müssen alle – d. h. kumulativ, erkennbar durch die Konjunktion „und" nach § 651c Abs. 1 Nr. 2 a. E. – vorliegen (nicht alternativ, dies wäre durch die Konjunktion „oder" erkennbar). Dies ist – ausweislich des Sachverhalts – der Fall. Rechtsfolge nach § 651c Abs. 2 BGB ist, dass von einem Pauschalreisevertrag i. S. d. § 651a Abs. 1 BGB auszugehen ist. Dabei ist Condor gemäß § 651c Abs. 1 Satz 1 BGB zum fiktiven Reiseveranstalter geworden, da sie ein solches Online-Buchungsverfahren als „click through" vorhält. Die Condor muss R das zutreffend ausgefüllte Formblatt gemäß Anlage 13 zu Art. 250 § 4 Satz EGBGB in Bezug auf alle Reiseleistungen nach Art. 250 § 8 Abs. 2 i. V. m. § 6 Abs. 2 Nr. 1 bis 8 EGBGB vorlegen. Das CARAMBA muss als „anderer Unternehmer" die Condor lediglich über den Abschluss des All-inclusive-Beherberungsvertrags mit R gemäß Art. 250 § 8 Abs. 1 BGB informieren.

4.5 Vertragsschluss

4.5.1 Allgemeine Regeln

Der **Vertragsschluss** (→ conclusion of contract) beim Reisevertrag richtet sich nach den vertraglichen Bestimmungen im Allgemeinen Teil (1. Buch) des BGB gemäß §§ 145 ff. BGB. Es handelt sich beim Reisevertrag um einen **gegenseitigen Vertrag** (→ synallagmatic contract), der aus **Leistung** (→ performance) – Erbringung einer Gesamtheit von Reiseleistungen – und **Gegenleistung** (→ consideration) – Zahlung des Reisepreises – besteht. Voraussetzung für den Vertragsschluss ist die **Abgabe zweier inhalts-/deckungsgleicher Willenserklärungen** (→ making of two congruent declarations of intent), **Antrag** (→ offer, → offering) und **Annahme** (→ acceptance). Der Prospekt oder das Websiteangebot des Reiseveranstalters stellt lediglich die **Aufforderung zur Abgabe eines Angebots** (→ invitatio ad offerendum) dar.

Der Abschluss des Reisevertrags ist grundsätzlich **formfrei** (→ formless, → without having to observe a particular form), kann also **mündlich** (→ orally), z. B. im persönlichen Gespräch oder per Telefon, oder **schriftlich** (→ in writing, → written form), z. B. durch Briefe oder in sonstiger Textform (per E-Mail oder Telefax etc.) über sonstige Tele- und Mediendienste, erfolgen. Die zuvor genannte Aufzählung von **Fernkommunika-**

tionsmitteln (→ means of distance communication) i. S. d. § 312c Abs. 2 BGB könnte den Schluss nahelegen, dass Pauschalreiseverträge in den verbraucherfreundlichen Anwendungsbereich der Fernabsatzverträge nach §§ 312b ff. BGB fallen könnten; dies ist jedoch nicht der Fall. Der Gesetzgeber hat Pauschalreiseverträge insoweit vom Anwendungsbereich der Fernabsatzverträge ausgenommen. § 312 Abs. 2 Nr. 4 BGB wurde ab 1.7.2018 aufgehoben. Das für Fernabsatzverträge geltende **14-tägige Widerrufsrecht** (→ right of rescission within 14 days, → right of withdrawal within 14 days) nach §§ 312g, 355 BGB ist daher für Pauschalreiseverträge ausgeschlossen.

Bei **Buchung** (→ booking) (Antrag nach § 145 BGB) gegenüber einem Abwesenden (mittels Fernkommunikationsmitteln) kann der Antrag gemäß § 147 Abs. 2 BGB nur bis zu dem Zeitpunkt angenommen werden, in welchem der Antragende den Eingang unter regelmäßigen Umständen erwarten darf. Dies wird bei der schriftlichen Buchung einer Pauschalreise angenommen, wenn die Annahme der Buchung dem Reisenden innerhalb von zwei Wochen zugeht. Bei einer Online-Buchung, z. B. über eine Buchungsmaske oder per E-Mail, oder bei Buchung per Telefax hat der Reiseveranstalter die Buchung (den Antrag) innerhalb von vier Tagen anzunehmen.[198] Gemäß § 651d Abs. 1 Satz 1 BGB ist der Reiseveranstalter verpflichtet, „den Reisenden, bevor dieser seine Vertragserklärung abgibt, nach Maßgabe des" Art. 250 §§ 1 bis 3 EGBGB zu informieren. Unverzüglich nach Vertragsschluss hat der Reiseveranstalter dem Reisenden eine **Reisebestätigung** (→ travel confirmation) „auf einem dauerhaften Datenträger" gemäß Art. 250 § 6 EGBGB Abs. 1 Satz 1 EGBGB „zur Verfügung zu stellen". In den AGB der Reiseveranstalter wird häufig festgelegt, dass der Reisevertrag erst mit Zugang der Reisebestätigung zustande kommt. Weichen Reiseanmeldung und Reisebestätigung inhaltlich voneinander ab, so gilt dies als **Ablehnung des Antrags verbunden mit einem neuen Antrag** (→ refusal of offer in conjucntion with a new offer) des Reiseveranstalters gemäß § 150 Abs. 2 BGB.

Fall 4 | **Antwort auf Frage e)**

Der Reiseprospekt von DERTOUR stellt eine Einladung zur Abgabe eines Angebots (invitatio ad offerendum) dar. Das Ausfüllen der Reiseanmeldung am 1.3. d. J. ist ein schriftlicher Antrag gemäß § 145 BGB. Dieser wurde von DERTOUR mit der Reisebestätigung in abgeänderter Form (Hotel einer höheren Kategorie und erhöhter Reisepreis) angenommen. Dies wird juristisch als Ablehnung des Angebots vom 1.3. d. J. verbunden mit einem neuen Antrag gemäß § 150 Abs. 2 BGB bewertet. Dieses Angebot hat R ihrerseits durch schlüssiges (konkludentes) Handeln, nämlich durch Überweisung der geforderten Anzahlung, innerhalb einer Woche gemäß § 147 Abs. 2 BGB angenommen.

4.5.2 Einbeziehung von ARB in den Vertrag

Die **Allgemeinen Reisebedingungen** (→ General Terms and Conditions (G's and T's) for Traveling), z. B. des Deutschen Reiseverbandes (ARB DRV), sind **unverbindliche Konditionenempfehlungen** (→ non-binding recommendations for G's and T's) für AGB von Reiseveranstaltern; diese oder ähnliche ARB sind i. d. R. von Verbandsjuristen auf ihre Zulässigkeit inhaltlich gemäß §§ 307 ff. BGB geprüft und werden vielfach von Reiseveranstaltern verwendet. Die **Einbeziehung** (→ incorporation) solcher ARB (als AGB) in den Reisevertrag richtet sich nach §§ 305 Abs. 2, 310 BGB.

Checkliste | **Einbeziehung von ARB in den Vertrag**

- Ausdrücklicher Hinweis auf ARB (vgl. § 305 Abs. 2 Nr. 1 BGB);
- Möglichkeit der zumutbaren Kenntnisnahme (vgl. § 305 Abs. 2 Nr. 2 BGB), bei Online-Buchung oder Buchung per Telefon ist eine vollständige Übermittlung an den Reisenden vor Vertragsschluss erforderlich; sowie
- Einverständnis des Reisenden mit den ARB (vgl. §§ 305 Abs. 2 letzter Halbs., 310 Abs. 1 BGB).

Fall 4 | **Antwort auf Frage f)**

Vor Unterzeichnung der Reiseanmeldung legte D der R den entsprechenden DETROUR Reiseprospekt sowie die Allgemeinen Reisebedingungen (**ARB**) von DERTOUR vor und erläuterte ihr beides. Sie wies R insbesondere darauf hin, dass diese mit ihrer Unterschrift, die ARB von DERTOUR anerkenne. Damit sind die o. g. Voraussetzungen für die wirksame Einbeziehung der ARB in den Reisevertrag gemäß §§ 305 Abs. 2, 310 Abs. 1 BGB erfüllt.

4.5.3 Buchung von Reisen für mehrere Personen

In der Praxis kommt es häufig vor, dass eine Person eine Reise für sich und mehrere weitere Personen bucht. In diesen Fällen ist regelmäßig zwischen zwei Fallkategorien zu differenzieren: Familien- und Gruppenreisen.

Unter einer **Familienreise** (⟶ familiy trip) versteht man eine Reise mit dem Ehegatten, Kindern oder auch dem nichtehelichen Lebenspartner. Hier gilt der Grundsatz: Wer bestellt, bezahlt. Der Anmeldende ist alleiniger Vertragspartner und haftet als alleiniger Schuldner für den Reisepreis. Die Grundsätze der Mithaftung über die sog. **Schlüsselgewalt** (⟶ agency implied in fact) gemäß § 1357 BGB gelten hier nicht.[199] Ehegatte/Ehegattin, Kinder oder nichteheliche Lebenspartner haben dieselben Ansprüche wie der Anmelder; für die zuerst genannten stellt der Reisevertrag einen **Vertrag zugunsten Dritter** (⟶ contract for the benefit of a third party) gemäß § 328 BGB dar. Voraussetzung für die Annahme einer Familienreise auch bei **nichtehelichen Lebensgemeinschaften** (⟶ non-marital partnership) ist, dass das **besondere Näheverhältnis** (⟶ relationship of proximity) des Anmelders und seines Partners aus Sicht des Reiseveranstalters aufgrund der Buchung (z. B. bei einem Doppelzimmer) erkennbar ist.[200]

Bei der **Gruppenreise** (⟶ group tours) wird angenommen, dass der Anmelder als **Stellvertreter der Gruppenmitglieder** (⟶ agent of the group members) auftritt, wenn er die Stellvertretung (unter Nennung der Namen der Mitreisenden mit Kontaktdaten) gemäß § 164 BGB offenlegt. Insoweit kommen dann einzelne Reiseverträge mit jedem Mitglied der Gruppe zustande. Da die Reiseveranstalter meist keine Lust haben, jedem Gruppenmitglied bzgl. des Reisepreises „hinterherzulaufen“, wird in den ARB der Reiseveranstalter häufig eine **Anmelderhaftung** (⟶ applicant's liability) vereinbart. Diese ist nach den Vorschriften der AGB-Inhaltskontrolle jedoch nur rechtswirksam, wenn der Anmelder eine **ausdrücklich hervorgehobene und gesondert unterzeichnete Haftungserklärung** (⟶ explicitly highlighted and separately signed declaration of liability) gemäß § 309 Nr. 11a BGB abgibt.

Praxistipp | **Gruppenreisen**

Der Anmelder einer Gruppenreise sollte vor der rechtsverbindlichen Buchung die Reisebeiträge (Reisepreis) von den Mitreisenden überwiesen bekommen haben. Andernfalls läuft er Gefahr, dass er – so er die o. g. Anmelderhaftungserklärung abgeben sollte – für die Reisepreise der Gruppenmitglieder haftet und seinem Geld gegenüber den Mitreisenden „hinterherläuft“.

Fall 4 | **Antwort auf Frage g)**

R ist alleine für den Reisepreis des T haftbar. Es gelten vorliegend die Grundsätze für Familienreisen. Zwar sind R und T nicht miteinander verheiratet. Sie leben jedoch in einer nichtehelichen Lebensgemeinschaft zusammen. Das besondere Näheverhältnis von R und T ist aufgrund der Buchung der gemeinsamen Luxussuite für DERTOUR auch erkennbar. Für T stellt der Reisevertrag einen Vertrag zugunsten Dritter gemäß § 328 BGB dar.

4.6 Vertragstypische Pflichten aus dem Pauschalreisevertrag

4.6.1 Pflichten des Reiseveranstalters

Gemäß § 651a Abs. 1 Satz 1 BGB schuldet der Reiseveranstalter dem Reisenden einen Leistungserfolg. Dieser besteht in der Verschaffung eine Pauschalreise, die nach § 651a Abs. 2 Satz 2 BGB aus „mindestens zwei verschiedenen Arten von Reiseleistungen für den Zweck derselben Reise“ bestehen muss. Der Reiseveranstalter ist also gleichsam „Produzent“ des Produkts „Pauschalreise“, welches er in eigener Verantwortung gemäß den Vorstellungen des Reisenden für diesen zusammenstellt bzw. über den Reisevermittler zusammenstellen lässt. Darüber hinaus treffen den Reiseveranstalter gegenüber dem Reisenden zahlreiche Informationspflichten, die sich aus § 651d i. V. m. §§ 250 ff. EGBGB ergeben.

Wissen | **Informationspflichten**

Art. 250 EGBGB Informationspflichten bei Pauschalreisen

„§ 1 Form und Zeitpunkt der vorvertraglichen Unterrichtung“;

„§ 2 Formblatt für die vorvertragliche Unterrichtung“: Formblatt 11 bei klassischer Pauschalreise, Formblatt 12 bei Gastschulaufenthalt;

„§ 3 Weitere Angaben bei der vorvertraglichen Unterrichtung“, z. B. Reisepreis einschließlich Steuern (Nr. 3), Zahlungsmodalitäten (Nr. 4), allgemeine Pass- und Visumserfordernisse sowie gesundheitspolizeiliche Formalitäten (z. B. Aids-Test);

§ 4 Informationspflichten bei Online-Buchungsverfahren nach § 651c BGB: Formblatt Anlage 13;

„§ 5 Gestaltung des Vertrags“;

„§ 6 Abschrift und Bestätigung des Vertrags“: neu ist u. a. der Hinweis auf alternative Streitbeilegungsmöglichkeiten (Nr. 7 lit. a bis c);

„§ 7 Reiseunterlagen, Unterrichtung vor Reisebeginn“;

„§ 8 Mitteilungspflichten anderer Unternehmer und Information des Reisenden nach Vertragsschluss in den Fällen des § 651c“ BGB;

„§ 9 Weitere Informationspflichten bei Verträgen über Gastschulaufenthalte“; sowie

„§ 10 Unterrichtung über erhebliche Vertragsänderungen“.

„Informationspflichten bei Vermittlung verbundener Reiseleistungen“ gemäß Art. 251 EGBGB:

„§ 1 Form und Zeitpunkt der Unterrichtung“; sowie

„§ 2 Formblatt für die Unterrichtung des Reisenden“: „Anlagen 14 bis 17“.

„Sicherungsschein; Mitteilungspflicht des Kundengeldabsicherers“ nach Art. 252 EGBGB:

„Muster für den Sicherungsschein“ gemäß Anlage 18.

Im Übrigen können sich weitere Pflichten aus den in den Vertrag einbezogenen Allgemeinen Geschäfts-/Reisebedingungen (AGB/ARB) des Reiseveranstalters, einer etwaigen schriftlichen Vereinbarung über Zusatzleistungen sowie dem Charakter der Reise und Landesüblichkeiten ergeben.[201]

4.6.2 Pflichten des Reisenden

Wissen | **Vertragliche Haftpflicht des Reisenden**

Die vertragliche Hauptpflicht des Reisenden ergibt sich aus § 651a Abs. 1 S. 2 BGB: „Der Reisende ist verpflichtet, dem Reiseveranstalter den vereinbarten Reisepreis zu zahlen.“

Dabei ist der **Reisepreis** (→ price for package tour) grundsätzlich erst nach Reiseende gemäß §§ 646, 320 BGB fällig. In der Praxis verlangen die Reiseveranstalter jedoch in ihren ARB (vgl. Art. 2 ARB-DRV) eine **Anzahlung im Voraus** (→ partial payment in advance) sowie die **Restzahlung des Reisepreises vor Reiseantritt** (→ outstanding payment of package tour price before travel departure). Eine Anzahlung ist nach der Rechtsprechung[202] bis zu einer Höhe von maximal 20 % des Reisepreises zulässig. Vor jeglicher Zahlung muss der Reisende jedoch den **Sicherungsschein** (→ risk coverage certificate) gemäß § 651r BGB erhalten haben; letzterer soll den eingezahlten Vorschuss und/oder Restpreis für die Pauschalreise vor dem Insolvenzrisiko des Reiseveranstalters schützen.

Weitere vertragliche Pflichten des Reisenden bestehen in sog. **Nebenpflichten** (→ ancillary duties). Diese stellen sich u. a. als **vertragliche Mitwirkungs-** (z. B. bei Einreise- und Gesundheitsbestimmungen) (→ contractual duty of cooperation) und **Rücksichtnahmepflichten** (→ contractual duty of considerateness) gemäß § 241 Abs. 2 BGB (z. B. pünktliches Erscheinen vor Abflug, keine Störung des Reiseablaufs durch unangemessenes Benehmen) dar.

Fall 4 | **Antwort auf Frage h)**

Die von DERTOUR geforderte und von R bezahlte Anzahlung in Höhe EUR 2.600,- macht 20 % des Reisepreises von EUR 13.000,- aus. Sie ist rechtlich zulässig, sofern DERTOUR in seinen ARB eine Anzahlung von 20 % verlangt, die ARB rechtswirksam in den Pauschalreisevertrag einbezogen wurden und R vor Zahlung den Sicherungsschein gemäß § 651r BGB erhalten hat.

4.7 „Abgrenzung zur Vermittlung" gemäß § 651b BGB

Wissen | **Gesetzliche Regelung zur Vermittlung**

§ 651b BGB lautet wörtlich:

„(1) Unbeschadet der §§ 651v und 651w gelten für die Vermittlung von Reiseleistungen die allgemeinen Vorschriften. Ein Unternehmer kann sich jedoch nicht darauf berufen, nur Verträge mit den Personen zu vermitteln, welche alle oder einzelne Reiseleistungen ausführen sollen (Leistungserbringer), wenn dem Reisenden mindestens zwei verschiedene Arten von Reiseleistungen für den Zweck derselben Reise erbracht werden sollen und

1. der Reisende die Reiseleistungen in einer einzigen Vertriebsstelle des Unternehmers im Rahmen desselben Buchungsvorgangs auswählt, bevor er sich zur Zahlung verpflichtet,
2. der Unternehmer die Reiseleistungen zu einem Gesamtpreis anbietet oder zu verschaffen verspricht oder in Rechnung stellt oder
3. der Unternehmer die Reiseleistungen unter der Bezeichnung „Pauschalreise" oder unter einer ähnlichen Bezeichnung bewirbt oder auf diese Weise zu verschaffen verspricht.

> In diesen Fällen ist der Unternehmer Reiseveranstalter. Der Buchungsvorgang im Sinne des Satzes 2 Nummer 1 beginnt noch nicht, wenn der Reisende hinsichtlich seines Reisewunsches befragt wird und zu Reiseangeboten lediglich beraten wird.
>
> (2) Vertriebsstellen im Sinne dieses Gesetzes sind
>
> 1. unbewegliche und bewegliche Gewerberäume,
> 2. Webseiten für den elektronischen Geschäftsverkehr und ähnliche Online-Verkaufsplattformen,
> 3. Telefondienste.
>
> Wird bei mehreren Webseiten und ähnlichen Online-Verkaufsplattformen nach Satz 1 Nummer 2 der Anschein eines einheitlichen Auftritts begründet, handelt es sich um eine Vertriebsstelle."

Eine **Vermittlerklausel** (→ agency provision, → brokerage/retail provision) ist nach der Rechtsprechung[203] bei reisevertraglichen Hauptleistungspflichten – z. B. Transport und Unterkunft – unzulässig. Großzügiger wird dies hingegen bei (am Urlaubort) hinzugebuchten Zusatzprogrammen (z. B. Ausflügen etc.) beurteilt, die die gebuchte Pauschalreise nicht prägen. Hier ist eine Vermittlerklausel für den Reiseveranstalter möglich und auch zulässig, wenn er aus Sicht des Reisenden nicht wie ein Reiseveranstalter, sondern wie ein Vermittler auftritt. Dies setzt insbesondere voraus, dass er in einer **ausdrücklichen Vermittlererklärung** (→ explicit agency declaration) auf den vermittelten Vertragspartner (Leistungsträger) hinweist, die Zusatzleistung fakultativ (z. B. vor Ort) buchbar ist, der Preis separat ausgewiesen oder direkt an den vermittelten Leistungsträger zu zahlen ist. Unabhängig von seiner Bezeichnung als Vermittler (z. B. in seinen ARB) haftet der Reiseveranstalter jedoch als Reiseveranstalter und nicht lediglich als Vermittler, wenn er die zusätzlichen Reiseleistungen beispielsweise auf seinen Werbematerialien (Briefpapier, Internetwebsite, Prospekt) bewirbt, der durchführende Leistungsträger nicht ausdrücklich genannt wird oder er die Zahlungen für Zusatzleistungen selber entgegennimmt.

Abwandlung 1 | **Antwort**

Das Berufen von DERTOUR auf die Vermittlerklausel ist widersprüchliches Verhalten (*venire contra factum proprium*): Aus Sicht des Reisenden tritt DERTOUR auch in Bezug auf die vom All-inclusive-Paket *per se* nicht umfasste zusätzliche Leistung (die eintägige geführte Mountainbike-Tour auf der „Ruta de los Conquistadores“) wie ein Reiseveranstalter auf. Dafür sprechen folgende Indizien: Die Mountainbike-Tour wurde von der örtlichen DERTOUR-Reiseleitung auf Informationsblätter mit dem DERTOUR-Logo beworben. Ausgeführt wurde der Ausflug durch Beschäftigte einer mexikanischen Tochtergesellschaft von DERTOUR. Aus dem sog. **Transparenzgebot** (→ transparency requirement) gemäß § 651b Abs. 1 Satz 2 Nr. 1 bis 3 BGB wird man folgern müssen, dass ein bloßer Hinweis auf die Vermittlerstellung im Prospekt nicht ausreichend ist, wenn sich der Reiseveranstalter durch sein tatsächliches Verhalten in Bezug auf die zusätzlich gebuchte Nebenleistung wie ein Reiseveranstalter geriert. Vorliegend ist von einer schuldhaften (zumindest fahrlässigen) Pflichtverletzung des Busfahrers gemäß § 276 BGB auszugehen, die dem Reiseveranstalter wie eigenes Verschulden über § 278 BGB zugerechnet wird. DERTOUR haftet für den Unfall und die dadurch verursachten Personenschäden gemäß § 651n BGB.

4.8 Leistungs- und Preisänderungen gemäß § 651f BGB

Gemäß §§ 651a Abs. 4 und 5 BGB sowie § 651f BGB ist ein Preisänderungsvorbehalt in den ARB von Reiseveranstaltern lediglich unter engen Voraussetzungen möglich, wenn dieser für den Reisenden zumutbar ist.

Wissen | **Gesetzliche Regelung für „Änderungsvorbehalte“ und „Preissenkung“**

§ 651f BGB lautet wörtlich:

„(1) Der Reiseveranstalter kann den Reisepreis einseitig nur erhöhen, wenn

1. der Vertrag diese Möglichkeit vorsieht und zudem einen Hinweis auf die Verpflichtung des Reiseveranstalters zur Senkung des Reisepreises nach Absatz 4 Satz 1 sowie die Angabe enthält, wie Änderungen des Reisepreises zu berechnen sind, und
2. die Erhöhung des Reisepreises sich unmittelbar ergibt aus einer nach Vertragsschluss erfolgten
   a) Erhöhung des Preises für die Beförderung von Personen aufgrund höherer Kosten für Treibstoff oder andere Energieträger,

b) Erhöhung der Steuern und sonstigen Abgaben für vereinbarte Reiseleistungen, wie Touristenabgaben, Hafen- oder Flughafengebühren, oder

c) Änderung der für die betreffende Pauschalreise geltenden Wechselkurse.

Der Reiseveranstalter hat den Reisenden auf einem dauerhaften Datenträger klar und verständlich über die Preiserhöhung und deren Gründe zu unterrichten und hierbei die Berechnung der Preiserhöhung mitzuteilen. Eine Preiserhöhung ist nur wirksam, wenn sie diesen Anforderungen entspricht und die Unterrichtung des Reisenden nicht später als 20 Tage vor Reisebeginn erfolgt.

(2) Andere Vertragsbedingungen als den Reisepreis kann der Reiseveranstalter einseitig nur ändern, wenn dies im Vertrag vorgesehen und die Änderung unerheblich ist. Der Reiseveranstalter hat den Reisenden auf einem dauerhaften Datenträger klar, verständlich und in hervorgehobener Weise über die Änderung zu unterrichten. Eine Änderung ist nur wirksam, wenn sie diesen Anforderungen entspricht und vor Reisebeginn erklärt wird.

(3) § 308 Nummer 4 und § 309 Nummer 1 sind auf Änderungsvorbehalte nach den Absätzen 1 und 2, die durch vorformulierte Vertragsbedingungen vereinbart werden, nicht anzuwenden.

(4) Sieht der Vertrag die Möglichkeit einer Erhöhung des Reisepreises vor, kann der Reisende eine Senkung des Reisepreises verlangen, wenn und soweit sich die in Absatz 1 Satz 1 Nummer 2 genannten Preise, Abgaben oder Wechselkurse nach Vertragsschluss und vor Reisebeginn geändert haben und dies zu niedrigeren Kosten für den Reiseveranstalter führt. Hat der Reisende mehr als den hiernach geschuldeten Betrag gezahlt, ist der Mehrbetrag vom Reiseveranstalter zu erstatten. Der Reiseveranstalter darf von dem zu erstattenden Mehrbetrag die ihm tatsächlich entstandenen Verwaltungsausgaben abziehen. Er hat dem Reisenden auf dessen Verlangen nachzuweisen, in welcher Höhe Verwaltungsausgaben entstanden sind."

Abwandlung 2 | **Antwort**

Die Reisepreiserhöhung um EUR 130,- entspricht 1 % des Reisepreises. Es handelt sich um eine Preiserhöhung aufgrund einer Erhöhung des Treibstoffpreises (§ 651f Abs. 1 Satz 1 Nr. 2 lit. a BGB) sowie der Flughafenbebühren (§ 651f Abs. 1 Satz 1 Nr. 2 lit. b BGB), die gemäß § 651g Abs. 1 Satz 1 BGB zulässig ist, weil sie weniger als „8 % des Reisepreises" beträgt. Die Preisänderung muss dem Reisenden gemäß § 651f Abs. 1 Satz 3 BGB „nicht später als 20 Tage vor Reisebeginn" mitgeteilt werden.

4.9 Vertragsübertragung auf Dritte gemäß § 651e BGB

Wissen | **Gesetzliche Regelung zur Vertragsübertragung auf Dritte**

§ 651e BGB lautet wörtlich:

„(1) Der Reisende kann innerhalb einer angemessenen Frist vor Reisebeginn auf einem dauerhaften Datenträger erklären, dass statt seiner ein Dritter in die Rechte und Pflichten aus dem Pauschalreisevertrag eintritt. Die Erklärung ist in jedem Fall rechtzeitig, wenn sie dem Reiseveranstalter nicht später als sieben Tage vor Reisebeginn zugeht.

(2) Der Reiseveranstalter kann dem Eintritt des Dritten widersprechen, wenn dieser die vertraglichen Reiseerfordernisse nicht erfüllt.

(3) Tritt ein Dritter in den Vertrag ein, haften er und der Reisende dem Reiseveranstalter als Gesamtschuldner für den Reisepreis und die durch den Eintritt des Dritten entstehenden Mehrkosten. Der Reiseveranstalter darf eine Erstattung von Mehrkosten nur fordern, wenn und soweit diese angemessen und ihm tatsächlich entstanden sind.

(4) Der Reiseveranstalter hat dem Reisenden einen Nachweis darüber zu erteilen, in welcher Höhe durch den Eintritt des Dritten Mehrkosten entstanden sind."

Wissen | **Die 100-jährige Großmutter**

So sind z. B. bei einer Trekking- oder Abenteuerreise vom Reisenden bestimmte körperliche Anforderungen zu erfüllen. Will z. B. ein Reisender die gebuchte Trekkingtour im Himalaya auf seine 100-jährige im Rollstuhl sitzende Großmutter übertragen, so könnte der Reiseveranstalter der Vertragsübertragung wegen der mangelnden körperlichen Fitness der Großmutter widersprechen.

Abwandlung 3 | **Antwort**

DERTOUR darf der Vertragsübertragung von R und auf S und H nicht widersprechen, wenn die Voraussetzungen des § 651e BGB erfüllt sind: R hat ihr Verlangen auf Vertragsübertragung über fünf Wochen vor Reisebeginn gemäß § 651e Abs. 1 S. 2 BGB geltend gemacht. Ihr Verlangen erfolgte damit rechtzeitig.[204] Gegen die Vertragsübertragung auf S spricht deren körperliche Gebrechlichkeit. Damit genügt sie nicht den besonderen (körperlichen) Reiseerfordernissen einer Trekking-Tour nach § 651e Abs. 2 BGB. DERTOUR darf daher der Vertragsübertragung auf S widersprechen. Sofern der Teilnahme des H an der Reise keine gesetzlichen oder behördlichen Anordnungen entgegenstehen, dürfte DERTOUR der Vertragsübertragung auf H wohl nicht widersprechen (mit entsprechender Begründung wäre hier aber sicherlich auch ein anderes Ergebnis vertretbar).

✻ Kurzrepetitorium

- Die speziellen Vorschriften des Pauschalreisevertrags sind in den §§ 651a ff. BGB geregelt. Eine Pauschalreise setzt gemäß § 651a Abs. 2 Satz 1 BGB „eine Gesamtheit von mindestens zwei verschiedenen Arten von Reiseleistungen für den Zweck derselben Reise“ voraus.
- Die gesetzlichen Tatbestandsmerkmale für das Zustandekommen eines Pauschalreisevertrags richten sich nach den Regeln über Verträge im Allgemeinen Teil (1. Buch) des BGB (§§ 145 ff. BGB). Den Reiseveranstalter treffen umfängliche Informations- (§ 651d BGB, Art. 250 ff. EGBGB i. V. m. den einschlägigen Formblättern gemäß Anlagen 11 bis 17) und Insolvenzsicherungspflichten (§ 651r bis t BGB, Art. 252 EGBGB i. V. m. dem „Muster für den Sicherungsschein“ nach Anlage 18).
- Ob ein Reiseveranstalter für hinzugebuchte Reisenebenleistungen lediglich als Vermittler oder als Reiseveranstalter haftet, hängt davon ab, wie er aus Sicht eines durchschnittlichen Reisenden diesem gegenüber auftritt: Das bloße Berufen auf eine Vermittlerrolle (vgl. § 651b Abs. 2 Nr. 1 bis 3 BGB) ist nicht ausreichend. Entscheidend ist, was sich aus dem Reiseprospekt, den Buchungsunterlagen und/oder ARB, der Werbung (Logo, Briefpapier) sowie Durchführung der zusätzlichen Reisenebenleistungen (Zahlungsmodalitäten, keine Nennung des durchführenden Leistungsträgers etc.) ergibt.

✻ Wissenscheck zur Prüfungsvorbereitung

1. Wie kommt ein Pauschalreisevertrag zustande?
2. Welche vertraglichen Pflichten hat der Reiseveranstalter? Aus welchen gesetzlichen Normen ergeben sich diese Pflichten?
3. Wie ist der Prospekt des Reiseveranstalters juristisch einzuordnen?
4. Aus welcher gesetzlichen Norm ergibt sich die Verpflichtung des Reiseveranstalters, dem Reisenden „unverzüglich nach Vertragsschluss auf einem dauerhaften Datenträger eine Abschrift oder Bestätigung des Vertrags zur Verfügung zu stellen"?
5. Gibt es einen bestimmten Formzwang (z. B. Schriftformerfordernis) für den Abschluss eines Pauschalreisevertrages?
6. Was versteht man unter ARB? Wie können diese rechtswirksam in den Vertrag einbezogen werden?

✻ Weiterführende Quellen

I. Literatur für Lehre und Praxis

1. Bergmann, Stefanie (2018): Das neue Reiserecht. 1. Aufl. München: C. H. Beck. Kapitel 3, Rz. 63–189.
2. Risse, Stefanie (2018): Das neue Reiserecht 2018. Pauschalreisen – Fluggastrechte – Gastschulaufenthalte. 1. Aufl. Bonn: Deutscher Anwaltverlag. § 2, Rz. 52–176.

II. Aktuelle Rechtsprechung

1. BGH, Urteil vom 12.1.2016 – X ZR 4/15 – zur Vermittlerklausel bei einem Ausflug als Zusatzleistung. *NJW-RR* 2016, 948. Online abrufbar unter *http://juris.bundesgerichtshof.de/cgi-bin/rechtsprechung/document.py?Gericht=bgh&Art=en&nr=74468&pos=0&anz=1* (abgerufen am 18.3.2019).
2. BGH, Urteil vom 16.9.2014 – X ZR 1/14 – zum Dynamic Packaging und zu den Informationspflichten bei Flugzeitänderung. *NJW* 2014, 3721. Online abrufbar unter *http://juris.bundesgerichtshof.de/cgi-bin/rechtsprechung/document.py?Gericht=bgh&Art=en&nr=69421&pos=0&anz=1* (abgerufen am 18.3.2019)

5 Lerneinheit: Reisemängel, Verjährung und Abhilfe (§§ 651i–k, 651o BGB)

„Meine Frau und ich haben heuer eine Weltreise gemacht. Ich sag's Ihnen ehrlich: Da fahr'n wir aber nicht mehr hin."[205]

*Gerhard Polt, Kabarettist (*1942)*

Lernziele

Diese Lerneinheit behandelt

- den Begriff des Reisemangels gemäß § 651i Abs. 1 und 2 BGB in Abgrenzung zum allgemeinen Lebensrisiko sowie bloßen Unannehmlichkeiten;
- die Verjährung pauschalreisevertraglicher Ansprüche nach § 651j BGB;
- die Abhilfe gemäß § 651k BGB; sowie
- die Pflicht zur Mängelanzeige nach § 651o BGB.

Empfohlener Gesamtarbeitsaufwand | **270 Minuten (4,5 Zeitstunden)**

a) Vorlesungszeit/Kontaktstunden: 90 Minuten.

b) Lesen des Textes der Lerneinheit 5 sowie Nacharbeiten von Fall 5: 90 Minuten.

c) Lesen der empfohlenen weiterführenden Quellen sowie Durcharbeiten der Fragen im Wissenscheck zur Prüfungsvorbereitung: 90 Minuten.

Fall 5 | **SHANTI lässt grüßen**
(Quelle: Eigene Darstellung)

Die 50-jährige Witwe Roswita Reich (**R**) und ihr 20-jähriger Lebensgefährte Toby Toy (**T**) verbringen vom 1.7.–31.7. d. J. einen Luxuspauschalurlaub im 5-Sterne-plus All-inclusive-Resort SHANTI an der Riviera Maya in Yucatán/Mexiko. R und T werden – wie im Reisekatalog und der Reisebestätigung beschrieben – zu den angegebenen Flugzeiten mit einem Charterflug (Condor), Business Class, nach Cancún in Yucatán/Mexiko geflogen. Die beiden werden jedoch – anders als im DERTOUR-Reisekatalog sowie der Reisebestätigung ausgewiesen – nicht in einem

Luxusbungalow auf Pfählen mit Meeresrauschen und Meerblick untergebracht, sondern lediglich in einem Apartment im Hauptgebäude des SHANTI ohne Meerblick. Außerdem war im Reiseprospekt als Einrichtung des Luxusbungalows ein romantisches „king-sized"-Doppelbett mit Baldachin in den Maßen 2,20 m X 1,80 m ausgewiesen; auch dies wurde in der Reisebestätigung besonders hervorgehoben. Tatsächlich müssen R und T im zugewiesenen Apartment aber in zwei getrennten Einzelbetten schlafen, die jeweils die Maße 1,90 m X 0,90 m haben. Aufgrund der Beschaffenheit der Betten können diese nur schwer zusammengeschoben werden. Nach einigen Anstrengungen gelingt es dem muskulösen T jedoch, die Betten zusammenzuschieben. Allerdings verbleibt ein unangenehmer Bettenspalt. Zu allem Überfluss wird die Apartmentanlage, in der sich das von R und T bewohnte Apartment befindet, tagsüber renoviert. R und T sind darüber sehr erbost, da sie sich ihren romantischen Urlaub anders vorgestellt haben.

a) Stellt die Unterbringung im Apartment ohne Meeresrauschen und Meerblick einen Reisemangel dar? Wenn ja, was für eine Art von Reisemangel?
b) Stellen die angebotenen zwei Einzelbetten – anstatt des romantischen „king-sized"-Doppelbettes mit Baldachin – einen Reisemangel dar? Wenn ja, was für eine Art von Reisemangel?
c) Handelt es sich bei den Bauarbeiten um einen Reisemangel? Wenn ja, um was für eine Art Reisemangel?

Bitte subsumieren Sie bei Ihren Antworten auf Fragen a) bis c) unter § 651i Abs. 2 BGB.

Abwandlung 1

Am 30.7. wird R und T kurzfristig mitgeteilt, dass ihr Abflug (Charterflug) am 31.7. nicht um 14.20 Uhr, sondern bereits um 6.20 Uhr startet. So früh wollen R und T aber nicht starten, da sie ausschlafen und das üppige Frühstück im SHANTI, das erst ab 7.30 Uhr serviert wird, als Ausklang ihres Urlaubs genießen wollen. Liegt ein Reisemangel oder eine bloße Unannehmlichkeit vor?

Abwandlung 2

R und T lassen den Urlaub am 30.7. d. J. Revue passieren und erstellen eine Mängelliste mit folgenden Reklamationspunkten:

- schlechtes Wetter an 20 Tagen, obwohl im DERTOUR-Prospekt mit 95 %-Sonnengarantie für den Monat Juli in Yucatán geworben wurde;

- tätowierte, leicht bekleidete und betrunkene Gäste beim Abendessen im Sterne-Lokal des SHANTI;
- schreiende kleine Kinder beim Abendessen im Sternelokal des SHANTI;
- Glasscherben und sonstiger Abfall auf der privaten Strandanlage des SHANTI, die das Barfußgehen gefährlich und das Tragen von Gummischuhen erforderlich machten;
- ein Sturz der R im Poolbereich aufgrund von Wasserglätte am Beckenrand; sowie
- Algen- und Quallenbefall im Meer unmittelbar vor der privaten Strandanlage.

a) Stellen die o. g. Reisemängel aus dem Risikobereich des Veranstalters dar, die zur Reklamation berechtigen? Oder handelt es sich bei den Reklamationspunkten um vom Reisenden hinzunehmende Unannehmlichkeiten oder um Störungen, die dem allgemeinen Lebensrisiko aus der Privatsphäre des Reisenden oder dem Umfeldrisiko zuzuordnen sind?
b) Kommen R und T am letzten Tag ihres Urlaubs mit der Reklamationsliste nicht ein wenig zu spät?

Abwandlung 3

Wegen der fehlenden Unterbringung im Bungalow auf Pfählen mit Meerblick, Meeresrauschen und romantischem „king-sized“-Doppelbett wird R und T am 10.7. d. J. der Umzug in die Präsidentensuite des SHANTI angeboten. In der Präsidentensuite sind Meerblick, Meeresrauschen sowie „king-sized“-Doppelbett mit Baldachin gewährleistet.

a) Prüfen Sie, ob das Angebot eine zulässige Abhilfemaßnahme darstellt.
b) Klären Sie, ob dafür ein Aufpreis von R und T verlangt werden durfte.
c) Aus welcher Anspruchsgrundlage kann R den Aufpreis zurückverlangen, falls sie diesen in Unkenntnis der Rechtslage gezahlt haben sollte?

5.1 Haftungsfragen

Die „Rechte des Reisenden bei Reisemängeln“ sind in § 651i BGB kodifiziert.

Wissen | **Gesetzliche Regelung zu Rechten bei Reisemängel**

§ 651i BGB lautet wörtlich:

„(1) Der Reiseveranstalter hat dem Reisenden die Pauschalreise frei von Reisemängeln zu verschaffen.

(2) Die Pauschalreise ist frei von Reisemängeln, wenn sie die vereinbarte Beschaffenheit hat. Soweit die Beschaffenheit nicht vereinbart ist, ist die Pauschalreise frei von Reisemängeln,

1. wenn sie sich für den nach dem Vertrag vorausgesetzten Nutzen eignet, ansonsten
2. wenn sie sich für den gewöhnlichen Nutzen eignet und eine Beschaffenheit aufweist, die bei Pauschalreisen der gleichen Art üblich ist und die der Reisende nach der Art der Pauschalreise erwarten kann.

Ein Reisemangel liegt auch vor, wenn der Reiseveranstalter Reiseleistungen nicht oder mit unangemessener Verspätung verschafft.

(3) Ist die Pauschalreise mangelhaft, kann der Reisende, wenn die Voraussetzungen der folgenden Vorschriften vorliegen und soweit nichts anderes bestimmt ist,

1. nach § 651k Absatz 1 Abhilfe verlangen,
2. nach § 651k Absatz 2 selbst Abhilfe schaffen und Ersatz der erforderlichen Aufwendungen verlangen,
3. nach § 651k Absatz 3 Abhilfe durch andere Reiseleistungen (Ersatzleistungen) verlangen,
4. nach § 651k Absatz 4 und 5 Kostentragung für eine notwendige Beherbergung verlangen,
5. den Vertrag nach § 651l kündigen,
6. die sich aus einer Minderung des Reisepreises (§ 651m) ergebenden Rechte geltend machen und
7. nach § 651n Schadensersatz oder nach § 284 Ersatz vergeblicher Aufwendungen verlangen.“

5.1.1 Verschuldensunabhängige Erfolgshaftung

Die Haftung des Reiseveranstalters für Reisemängel stellt eine sog. **verschuldensunabhängige Erfolgshaftung** (→ strict liability regardless of negligence or fault, → guarantee liability) für das dem Reisenden verkaufte Gesamtpaket an Reiseleistungen dar, sofern die **Gewährleistungsrechte** (→ representations, → warranties) des Reisenden auf **Abhilfe** (→ request for remedial measures, → redress) (§ 651k Abs. 1 und 3 BGB), **Selbstabhilfe** (→ self-remedy, → self-help remedy, → self-redress) (§ 651k Abs. 2 BGB), **Minderung des Reisepreises** (→ reduction of travel price) (§ 651m BGB) oder **Kündigung wegen Mangels** (→ termination of contract for deficits) (§ 651l BGB) betroffen sind. Für diese Haftung kommt es nicht auf ein etwaiges Verschulden (Vorsatz, Fahrlässigkeit) – z. B. des Leistungsträgers als **Erfüllungsgehilfen** (→ assistant engaged by the debtor in the performance of his obligation, → vicarious agent) des Reiseveranstalters gemäß §§ 278, 276 BGB – an.

5.1.2 Verschuldensabhängige Haftung mit Beweislastumkehr

Verlangt der Reisende zusätzlich **Schadensersatz wegen Nichterfüllung** (→ damages for non-performance) nach § 651n Abs. 1 BGB und/oder **Schadensersatz für nutzlos aufgewendete Urlaubszeit** (→ damages for holiday time passed in vain) gemäß § 651n Abs. 2 BGB, so haftet der Reiseveranstalter **verschuldensabhängig** (→ fault-based liability, → liability requiring intentional or negligent commitment) **mit Beweislastumkehr zugunsten des Reisenden** (→ burden of proof reversal for the benefit of the traveller). Die Haftung des Reiseveranstalters ist lediglich in den drei in § 651n Abs. 1 Nr. 1 bis 3 BGB genannten Fällen ausgeschlossen:

- Verschulden des Reisemangels durch den Reisenden (§ 651n Abs. 1 Nr. 1 BGB);
- Verschulden des Reisemangels durch einen Dritten, „der weder Leistungserbringer ist noch in anderer Weise an der Erbringung der von dem Pauschalreisevertrag umfassten Reiseleistungen beteiligt ist“, was „für den Reiseveranstalter nicht vorhersehbar oder nicht vermeidbar“ war (§ 651n Abs. 1 Nr. 2 BGB) oder
- Verursachung des Reisemangels „durch unvermeidbare, außergewöhnliche Umstände“ (§ 651n Abs. 1 Nr. 3 BGB).

Neben pauschalreisevertraglichen Schadensersatzansprüchen können auch gesetzliche Schadensersatzansprüche aus **unerlaubter Handlung** (→ tort, → delict) gemäß § 823 BGB in Betracht kommen, wenn den Reiseveranstalter **Verkehrssicherungspflichten bei der Überwachung gefährlicher Anlagen** (→ duties to maintain safety in terms of checking dangerous (sport) constructions), z. B. eines nicht hinreichend gesicherten Balkons[206] oder eine Wasserrutsche[207], treffen und er diese verletzt. Die **Beweislast** (→ burden of proof) liegt in diesen Fällen – anders als bei § 651n BGB – beim Reisenden, da die Leistungsträger, z. B. das Hotel, nicht den Weisungen des Reiseveranstalters unterliegen und folglich keine **Verrichtungsgehilfen** (→ vicarious agents) gemäß § 831 BGB sind.

5.1.3 Konkurrenzfragen

Bei der Prüfung von Reisemängeln ist zu beachten, dass es sich bei den in §§ 651i Abs. 3 Nr. 1 bis 7 BGB genannten Rechten des Reisenden um **spezielle Gewährleistungsvorschriften** (→ special warranty provisions) handelt, die die Anwendung der Allgemeinen Regeln des BGB für **Leistungsstörungen** (→ impairments of performance) ausschließen. Eine Haftung nach den Allgemeinen Regeln des BGB z. B. wegen **Unmöglichkeit** (→ impossibility of performance) nach §§ 275 ff., 323 ff. BGB, **Verzug** (→ default of performance) nach §§ 280 Abs. 2, 286 BGB oder **Pfichtverletzung/positiver Vertragsverletzung** (→ positive violation of a contractual duty) nach §§ 280 ff. BGB kommt daher grundsätzlich – i. S. d. „sog. Einheitslösung“ – nicht in Betracht.[208] Auch eine spezielle vertragliche Haftung des Reiseveranstalters nach den Vorschriften der **Gastwirtshaftung** (→ inkeeper's liability) gemäß §§ 701 ff. BGB wird – mit dem Argument der Spezialität pauschalreisevertraglicher Gewährleistungsansprüche – abgelehnt werden müssen.[209]

Für die Spezialität der pauschalreisevertraglichen Gewährleistungsbestimmungen gegenüber den Allgemeinen Vorschriften spricht der Wortlaut in Art. 3 Nr. 13 RL (EU) 2015/2302, der an den Begriff der **Vertragswidrigkeit** (→ lack of conformity) anknüpft und darunter die „Nichterbringung oder mangelhafte Erbringung der in der Pauschalreise zusammengefassten Reiseleistungen“ versteht. So erfasst der Reisemangelbegriff gemäß § 651i Abs. 2 Satz 3 BGB dann auch die Fälle der Nichtleistung und des Verzugs (s. u.).

5.2 Der Fehlerbegriff im Reisemängelrecht

Der Fehlerbegriff im Reisemängelrecht ist in § 651i Abs. 2 BGB geregelt.

Wissen | **Drei Arten von Reisemängeln**

Das Gesetz differenziert zwischen drei Arten von **Reisemängeln** (→ travel deficits, → lack of conformity):

- das **Fehlen der vereinbarten Beschaffenheit** (→ lack of warranted characteristics, → guaranteed quality) nach § 651i Abs. 2 Satz 1 BGB;
- die **Nichteignung für den vertraglich vorausgesetzten** (§ 651i Abs. 2 Satz 2 Nr. 1 BGB) **oder gewöhnlichen Nutzen** (§ 651i Abs. 2 Satz 2 Nr. 2 BGB) (→ disqualification for the contractually provided benefit or for ordinary use); sowie
- der **Nichtleistung oder Leistung mit „unangemessener Verspätung“** (→ non-performance or performance with undue delay) gemäß § 651i Abs. 2 Satz 3 BGB.

5.2.1 Fehlen der vereinbarten Beschaffenheit

Die Pauschalreise ist gemäß § 651i Abs. 2 Satz 1 BGB „frei von Reisemängeln, wenn sie die vereinbarte Beschaffenheit hat.“

Für den reiserechtlichen Fehlerbegriff kann auf die bekannte Formel der **qualitativen und/oder quantitativen Abweichung der Ist- von der Sollbeschaffenheit** (→ deviation of acutal quality and/or quantity from warranted quality standard(s) and/or quantity) zurückgegriffen werden: Die vertraglich geschuldete(n) (Reise-)Leistung(en) (Sollbeschaffenheit) weicht/weichen von der/den tatsächlich erbrachten (Reise-)Leistung(en) (Istbeschaffenheit) zulasten des Reisenden ab. Dabei ist die **Risikosphäre des Reiseveranstalters** (→ risk sphere of the tour operator) vom allgemeinen Lebensrisko, bestehend aus Privat- und Umfeldrisiko des Reisenden, sowie bloßen Unannehmlichkeiten abzugrenzen. Maßgeblich für die Beantwortung der Frage, was vertraglich geschuldet ist und ob ein Reisemangel vorliegt, ist der **Charakter der Reise** (→ type of journey, → character of journey). So hat eine Trekking- oder Sportreise einen anderen Charakter als eine Bildungsreise. Ansatzpunkte für den Charakter der Reise ergeben sich aus den Leistungsbeschreibungen im Prospekt des Reiseveranstalters (vgl. Art. 250 § 3 Nr. 1 EGBGB) oder dessen Website zzgl. ggf. weiterer (schriftlicher) Zusagen, z. B. im Rahmen von Vermerken bei der Reiseanmeldung und/oder Reisebestätigung (vgl. Art. 250 § 6 Abs. 2 Nr. 1 EGBGB).

Freizeichnungen (→ liability disclaimers) sind gemäß § 651d Abs. 3 Satz 1 BGB lediglich wirksam, wenn sie „die Vertragsparteien" „ausdrücklich" vereinbart haben. Hinweise über Beeinträchtigungen (z. B. Baulärm) müssen im Prospekt – aus Sicht eines durchschnittlichen Reisenden – deutlich erkennbar (z. B. durch Fettdruck) hervorgehoben werden und dürfen nicht im „Kleingedruckten" untergehen. Haftungsausschlüsse über die vereinbarte Beschaffenheit in AGB/ARB sind nach §§ 307 Abs. 2, 444 BGB unwirksam.

Fall 5 | **Antwort auf Frage a)**
DERTOUR schuldet R und T – so wie im DERTOUR-Reisekatalog und der Reisebestätigung ausgewiesen – die Unterbringung im Luxusapartment auf Pfählen mit Meeresrauschen und Meerblick (Sollbeschaffenheit). Tatsächlich werden R und T aber zunächst in einem Apartment ohne Meeresrauschen und Meerblick untergebracht (Istbeschaffenheit). Also fehlt „die vereinbarte Beschaffenheit" und liegt ein Reisemangel gemäß § 651i Abs. 2 Satz 1 BGB vor.

Fall 5 | **Antwort auf Frage b)**
Gleiches gilt für die im Apartment bereitgestellten zwei Einzelbetten (Ist-Beschaffenheit): Anstatt des – gemäß Katalogangaben und Reisebestätigung – geschuldeten romantischen „king-sized"-Doppelbettes mit Baldachin (Sollbeschaffenheit) waren im Zimmer lediglich zwei Einzelbetten vorhanden. Auch hier weist die Unterbringung nicht „die vereinbarte Beschaffenheit" auf und liegt ein Reisemangel nach § 651i Abs. 2 Satz 1 BGB vor.

5.2.2 Fehlende Nutzungseignung

§ 651i Abs. 2 Satz 2 BGB definiert den Reisemangel, sofern die Beschaffenheit nicht konkret vereinbart wurde. Insoweit stellt der Gesetzgeber in § 651i Abs. 2 Satz 2 Nr. 1 BGB auf die Eignung der Reise „für den nach dem Vertrag vorausgesetzten Nutzen" ab. Im Übrigen nimmt § 651i Abs. 2 Nr. 2 BGB Bezug auf die Eignung der Reise „für den gewöhnlichen Nutzen" sowie „eine Beschaffenheit", „die bei Pauschalreisen der gleichen Art üblich ist und die der Reisende nach der Art der Pauschalreise erwarten kann".

Dabei werden nicht alle Abweichungen der Ist- von der Sollbeschaffenheit als Reisemängeln beurteilt. Denn das Gesetz verlangt eine Nutzungsbeeinträchtigung der Reise. Eine Nutzungsbeeinträchtigung wird beim **allge-**

meinen Lebensrisiko (→ general risk of life), das der **Privatsphäre** (→ private sphere) des Reisenden oder dem **Umfeldrisiko** (→ surrounding risk) zuzuordnen ist, sowie bei bloßen **Unannehmlichkeiten** (→ inconvenience) abgelehnt. Den Reiseveranstalter trifft jedoch eine **Umweltbeobachtungspflicht** (→ duty to observe the envirnoment), die eine **Informationspflicht** (→ duty of information) auslöst, wenn sich das allgemeine Lebensrisiko zur besonderen Gefahr (→ specific danger) (z. B. bei Lawinen-[210] oder Hurrikangefahr[211]) für den Reisenden entwickelt.

Fall 5 | **Antwort auf Frage c)**

Bei den Bauarbeiten mit Baulärm handelt es sich um einen Beschaffenheitsmangel gemäß § 651i Abs. 2 Satz 2 Nr. 2 BGB, der „bei Pauschalreisen der gleichen Art" unüblich ist „und die der Reisende nach der Art der Pauschalreise" nicht erwarten kann. Aus den Katalogen ergab sich kein Hinweis auf Bauarbeiten und Baulärm. Bei einem 5 Sterne plus Resort und einem Reisepreis von EUR 13.000,- können R und T erwarten, dass sie tagsüber nicht durch Baulärm gestört werden.

Abwandlung 1 | **Antwort**

Die Vorverlegung der Rückflugszeit am Abreisetag um acht Stunden wurde von der früheren Rechtsprechung[212] nicht als Reisemangel, sondern als – vom Reisenden hinzunehmende – bloße Unannehmlichkeit beurteilt. Dies wurde damit begründet, dass gerade bei Charterflügen mit der Verlegung von Flugzeiten zu rechnen sei. Insoweit ist die neuere Rechtsprechung verbraucherfreundlicher geworden. Verlegungen der Rückflugszeit um mehr als vier Stunden werden als Reisemangel eingeordnet.[213] Damit liegt nach neuerer Rechtsprechung ein Reisemangel vor.

Abwandlung 2 | **Antwort auf Frage a)**

- Schlechtes Wetter an 20 Tagen, obwohl im DERTOUR-Prospekt mit 95 %-Sonnengarantie für den Monat Juli in Yucatán geworben wurde: hinzunehmendes allgemeines Lebensrisiko, das sich aus dem ortsüblichen Umfeld ergibt.
- Tätowierte, leicht bekleidete und betrunkene Gäste beim Abendessen im Sterne-Lokal des SHANTI: Grundsätzlich ist so etwas bei durchschnittlichen Pauschalurlauben als bloße Unannehmlichkeit hinzunehmen. Ein Reisemangel kommt allenfalls in Betracht, wenn – z. B. durch eine Hausordnung – ein angemessener Dresscode (z. B. Hemd und lange Hosen für Herren, Bluse und lange Hosen oder Kleid/Rock für Damen) kommuniziert wird.

- Schreiende kleine Kinder im Sternelokal des SHANTI: Hier gilt das zuvor Gesagte. Ein Reisemangel kommt allenfalls dann in Betracht, wenn das Sterne-Lokal als „kinderfreie Zone" ausgewiesen ist und dies gegenüber den Gästen entsprechend kommuniziert wird.
- Glasscherben und sonstiger Abfall auf der privaten Strandanlage des SHANTI, die das Barfußgehen gefährlich und das Tragen von Gummischuhen erforderlich machen: Diese stellen einen Reisemangel dar, zumal Gefahren von den Scherben ausgehen, die in die Überwachungs-/Risikosphäre des SHANTI/Reiseveranstalters fallen.
- Ein Sturz der R im Poolbereich aufgrund von Wasserglätte: Dies ist grundsätzlich dem persönlichen Verletzungsrisiko/allgemeinen Lebensrisiko zuzuordnen, da in Schwimmbädern – insbesondere in Beckenrandnähe – immer mit Wasserglätte zu rechnen ist.[214] Ein Reisemangel wird daher in aller Regel abzulehnen sein. Er kommt allenfalls in Betracht, wenn der Reiseveranstalter gegenüber dem Leistungserbringer/Hotel eine Überwachungspflicht verletzt haben sollte. Im Übrigen dürfte ein etwaiger Anspruch, so er überhaupt bestehen sollte, bei Unachtsamkeit des Gastes wegen Mitverschuldens gemäß § 254 zu kürzen sein.
- Algen- und Quallenbefall im Meer unmittelbar vor der privaten Strandanlage: hinzunehmende Störung des ortsüblichen Umfelds, die dem allgemeinen Lebensrisiko zuzuordnen ist und damit keinen Reisemangel darstellt.

5.2.3 Nichtleistung oder Verzug

Den o. g. Reisemängeln des Fehlens der vereinbarten Beschaffenheit (§ 651i Abs. 2 Satz 1 BGB) sowie der Nichteignung „für den nach dem Vertrag vorausgesetzten Nutzen" (§ 651i Abs. 2 Satz 2 Nr. 1 BGB) oder „gewöhnlichen Nutzen" (§ 651i Abs. 2 Satz 2 Nr. 2 BGB) ist die Nichtleistung oder Leistung mit „unangemessener Verspätung" gemäß § 651i Abs. 2 Satz 3 BGB gleichgestellt.

5.2.4 Mängelanzeige gemäß § 651o BGB

Gemäß § 651o Abs. 1 BGB hat der Reisende „dem Reiseveranstalter einen Reisemangel unverzüglich anzuzeigen". Die Mängelanzeige ist eine „Obliegenheit des Reisenden", auf die dieser nach Art. 250 § 6 Abs. 2 Nr. 5 EGBGB hinzuweisen ist. Unterlässt der Reiseveranstalter diese Belehrung oder ist er nicht erreichbar[215], so wäre die Mängelanzeige ausnahmsweise entbehrlich, da in diesem Fall ein schuldloses Unterlassen des Reisenden vorläge (*argu-*

mentum e contrario) aus § 651o Abs. 2 BGB. Nach neuerer Rechtsprechung[216] gilt „die Anzeige eines Reisemangels durch den Reisenden“ „nicht schon deshalb“ als entbehrlich, „weil dem Reiseveranstalter der Mangel bereits bekannt ist.“[217]

Unterlässt der Reisende die Mängelanzeige, so schneidet er sich nach § 651o Abs. 2 BGB die Rechte auf Minderung (§ 651o Abs. 2 Nr. 1 i. V. m. § 651m BGB) oder Schadensersatz (§ 651o Abs. 2 Nr. 2 i. V. m. § 651n BGB) ab.

Praxistipp | **Mängelprotokoll** (→ list of travel deficits)

Reisenden ist daher aus den o. g. Erwägungen sowie aus Gründen der **Beweissicherung** (→ securing of evidence) und **Beweislast** (→ burden of proof) – letztere trifft sie im Reiseprozess für das Vorliegen eines Reisemangels – dringend zu empfehlen, unverzüglich ein Mängelprotokoll zu erstellen und dieses der örtlichen Reiseleitung oder dem sonstigen Ansprechpartner des Reiseveranstalters (vgl. Art. 250 § 6 Abs. 2 Nr. 4 und 5 EGBGB) zur Unterschrift vorzulegen. Unterzeichnet die Reiseleitung oder der sonstige Ansprechpartner des Reiseveranstalters das Mängelprotokoll, so kann dies als Anerkenntnis gewertet werden.[218] Im Übrigen ist es sinnvoll, weitere Belege (z. B. Fotos) etc. zu sammeln, um Reisemängel im Reiseprozess dokumentieren zu können.

Abwandlung 2 | **Antwort auf Frage b)**

Gemäß § 651o Abs. 1 BGB hat der Reisende „dem Reiseveranstalter einen Reisemangel unverzüglich anzuzeigen“. Unterlässt er die Anzeige schuldhaft, so verliert der Reisende nach § 651o Abs. 2 BGB sein Recht auf Reisepreisminderung gemäß § 651m BGB und Schadensersatz aus § 651n BGB. „Unverzüglich“ bedeutet „ohne schuldhaftes Zögern“ i. S. d. § 121 Abs. 1 Satz 1 BGB, also i. d. R. sofort oder am Folgetag der Reisemängelfeststellung. Die Mängelanzeige am Abreisetag kommt vorliegend zu spät. Der Reiseveranstalter hat am Abreisetag keine Möglichkeit mehr, Abhilfe für Reisemängel zu schaffen.

5.2.5 Verjährung gemäß § 651j BGB

Im Übrigen verjähren die Rechte des Reisenden bei Reisemängen in § 651i Abs. 2 BGB gemäß § 651j Satz 1 BGB „in zwei Jahren“. „Die Verjährungsfrist beginnt“ nach § 651j Satz 2 BGB „mit dem Tag, an dem die Pauschalreise dem Vertrag nach enden sollte“.

5.3 Abhilfeanspruch bei Reisemängeln nach § 651k BGB

Wissen | **Gesetzliche Regelung zum Abhilfeanspruch**

§ 651k BGB lautet wörtlich:

„(1) Verlangt der Reisende Abhilfe, hat der Reiseveranstalter den Reisemangel zu beseitigen. Er kann die Abhilfe nur verweigern, wenn sie

1. unmöglich ist oder
2. unter Berücksichtigung des Ausmaßes des Reisemangels und des Werts der betroffenen Reiseleistung mit unverhältnismäßigen Kosten verbunden ist.

(2) Leistet der Reiseveranstalter vorbehaltlich der Ausnahmen des Absatzes 1 Satz 2 nicht innerhalb einer vom Reisenden bestimmten angemessenen Frist Abhilfe, kann der Reisende selbst Abhilfe schaffen und Ersatz der erforderlichen Aufwendungen verlangen. Der Bestimmung einer Frist bedarf es nicht, wenn die Abhilfe vom Reiseveranstalter verweigert wird oder wenn sofortige Abhilfe notwendig ist.

(3) Kann der Reiseveranstalter die Beseitigung des Reisemangels nach Absatz 1 Satz 2 verweigern und betrifft der Reisemangel einen erheblichen Teil der Reiseleistungen, hat der Reiseveranstalter Abhilfe durch angemessene Ersatzleistungen anzubieten. Haben die Ersatzleistungen zur Folge, dass die Pauschalreise im Vergleich zur ursprünglich geschuldeten nicht von mindestens gleichwertiger Beschaffenheit ist, hat der Reiseveranstalter dem Reisenden eine angemessene Herabsetzung des Reisepreises zu gewähren; die Angemessenheit richtet sich nach § 651m Absatz 1 Satz 2. Sind die Ersatzleistungen nicht mit den im Vertrag vereinbarten Leistungen vergleichbar oder ist die vom Reiseveranstalter angebotene Herabsetzung des Reisepreises nicht angemessen, kann der Reisende die Ersatzleistungen ablehnen. In diesem Fall oder wenn der Reiseveranstalter außerstande ist, Ersatzleistungen anzubieten, ist § 651l Absatz 2 und 3 mit der Maßgabe anzuwenden, dass es auf eine Kündigung des Reisenden nicht ankommt.

(4) Ist die Beförderung des Reisenden an den Ort der Abreise oder an einen anderen Ort, auf den sich die Parteien geeinigt haben (Rückbeförderung), vom Vertrag umfasst und aufgrund unvermeidbarer, außergewöhnlicher Umstände nicht möglich, hat der Reiseveranstalter die Kosten für eine notwendige Beherbergung des Reisenden für einen höchs-

tens drei Nächte umfassenden Zeitraum zu tragen, und zwar möglichst in einer Unterkunft, die der im Vertrag vereinbarten gleichwertig ist.

(5) Der Reiseveranstalter kann sich auf die Begrenzung des Zeitraums auf höchstens drei Nächte gemäß Absatz 4 in folgenden Fällen nicht berufen:

1. der Leistungserbringer hat nach unmittelbar anwendbaren Regelungen der Europäischen Union dem Reisenden die Beherbergung für einen längeren Zeitraum anzubieten oder die Kosten hierfür zu tragen,
2. der Reisende gehört zu einem der folgenden Personenkreise und der Reiseveranstalter wurde mindestens 48 Stunden vor Reisebeginn von den besonderen Bedürfnissen des Reisenden in Kenntnis gesetzt:
   a) Personen mit eingeschränkter Mobilität im Sinne des Artikels 2 Buchstabe a der Verordnung (EG) Nr. 1107/2006 des Europäischen Parlaments und des Rates vom 5. Juli 2006 über die Rechte von behinderten Flugreisenden und Flugreisenden mit eingeschränkter Mobilität (ABl. L 204 vom 26.7.2006, S. 1; L 26 vom 26.1.2013, S. 34) und deren Begleitpersonen,
   b) Schwangere,
   c) unbegleitete Minderjährige,
   d) Personen, die besondere medizinische Betreuung benötigen.“

§ 651k Abs. 2 BGB regelt also das **Abhilfeverlangen** (→ request for remedial measures) des Reisenden, § 651k Abs. 2 BGB die **Selbstabhilfe** (→ self-remedy, → self-help remedy, → self-redress), § 651k Abs. 3 BGB die Abhilfe durch Ersatzleistungen und § 651k Abs. 4 und 5 BGB die Kostentragung „für eine notwendige Beherbergung“.

Abwandlung 3 | **Antwort auf Frage a)**

Wegen der fehlenden Unterbringung im Bungalow auf Pfählen mit Meerblick, Meeresrauschen und romantischem „king-sized“-Doppelbett wird R und T am 10.07. d. J. der Umzug in die Präsidentensuite des SHANTI angeboten. In der Präsidentensuite sind Meerblick, Meeresrauschen sowie „king-sized“-Doppelbett mit Baldachin gewährleistet. Da Ausstattung und Komfort der Präsidentensuite mindestens mit den Bungalow Standards vergleichbar sind, handelt es sich um „angemessene Ersatzleistungen“ nach § 651k Abs. 3 Satz 1 BGB, die von „mindestens gleichwertiger Beschaffenheit“ gemäß § 651k Abs. 3 Satz 2 Halbs. 1 BGB sind und zur Mängelbeseitigung ab dem Datum des Umzugs am 10.07. d. J. führen.

Abwandlung 3 | **Antwort auf Frage b)**

DERTOUR darf von R und T keinen Aufpreis für den Umzug in die Präsidentensuite verlangen, da durch eben diese Abhilfemaßnahme lediglich der gemäß § 651k Abs. 3 Satz 1 BGB vertragliche geschuldete Zustand erreicht wurde. Die Ersatzleistungen sind hier gemäß § 651k Abs. 3 Satz 2 Halbs. 1 BGB von „mindestens gleichwertiger Beschaffenheit“.

Abwandlung 3 | **Antwort auf Frage c)**

Ein von R und T verlangter und ggf. – in Unkenntnis der Rechtslage – gezahlter Aufpreis könnte über die Vorschriften der ungerechtfertigten Bereicherung (§§ 812 ff. BGB) zurückverlangt werden.

✻ Kurzrepetitorium

- Die Rechte des Reisenden bei Reisemängeln gemäß § 651i Abs. 3 BGB (Abhilfe nach § 651k BGB, Vertragskündigung gemäß § 651l BGB, Reisepreisminderung nach § 651m BGB sowie Schadensersatz gemäß § 651n BGB) stellen spezielle Gewährleistungsvorschriften dar, die die Anwendbarkeit der Allgemeinen Vorschriften des BGB über Leistungsstörungen ausschließen.
- Der Begriff des Reisemangels ist in § 651i Abs. 2 BGB definiert. Es werden drei Fallgruppen unterschieden:
  - Fehlen der vereinbarten Beschaffenheit (§ 651i Abs. 2 Satz 1 BGB);
  - Nichteignung für den vertraglich vorausgesetzten (§ 651i Abs. 2 Satz 2 Nr. 1 BGB) oder „gewöhnlichen Nutzen" (§ 651i Abs. 2 Satz 2 Nr. 2 BGB); sowie
  - Nichtleistung oder unangemessene Verspätung/Verzug (§ 652i Abs. 2 Satz 3 BGB).
- Weder die Verwirklichung von Gefahren des allgemeinen Lebensrisikos (aus der Privatssphäre des Reisenden oder dem Umfeldrisiko) noch bloße (Reise-)Unannehmlichkeiten stellen Reisemängel dar.
- Einen guten synoptischen Überblick über Minderungsansprüche bei Reisemängeln dem Grunde und der Höhe nach finden Sie in der „Frankfurter Tabelle zur Reisepreisminderung" sowie der „Kemptener Reisemängeltabelle".
- Die Verjährung der Rechte des Reisenden bei Reisemängel beträgt zwei Jahre (§ 651j Satz 1 BGB) und „beginnt mit dem Tag, an dem die Pauschalreise dem Vertrag nach enden sollte" (§ 651j Satz 2 BGB).
- Die unverzügliche Mängelanzeige durch den Reisenden ist zwingend geboten (§ 651o Abs. 2 BGB), außer es liegt ein Fall der schuldlosen Unterlassung vor (argumentum e contrario aus § 651o Abs. 2 BGB).
- Die Voraussetzungen für das Recht des Reisenden auf Abhilfe ergeben sich im Einzelnen aus § 651k BGB.

✻ Wissenscheck zur Prüfungsvorbereitung

1. Was versteht man unter einem Reisemangel?
2. Nennen Sie Beispiele aus der Praxis für das Fehlen der vereinbarten Beschaffenheit.
3. Nennen Sie Beispiele aus der Praxis für bloße Reiseunannehmlichkeiten, die keinen Reisemangel darstellen.
4. Nennen Sie Beispiele aus der Praxis für Reisefehler, die zum allgemeinen Lebensrisiko gehören und daher keinen dem Reiseveranstalter zurechenbaren Reisemangel darstellen.
5. Was ist unter „angemessenen Ersatzleistungen" gemäß § 651k Abs. 2 Satz 1 BGB zu verstehen, was unter Ersatzleistungen „von mindestens gleichwertiger Beschaffenheit" nach § 651k Abs. 2 Satz 2 BGB?
6. Was ist in der „Frankfurter Tabelle zur Reisepreisminderung" sowie der „Kemptener Reisemängeltabelle" niedergelegt? Machen Sie sich mit beiden Tabellen vertraut.

✻ Weiterführende Quellen

I. Literatur für Lehre und Praxis

Risse, Stefanie (2018): Das neue Reiserecht 2018. Pauschalreisen – Fluggastrechte – Gastschulaufenthalte. 1. Aufl. Bonn: Deutscher Anwaltverlag. § 2, Rz. 177–199 sowie Rz. 213–233.

II. Aktuelle Rechtsprechung

1. BGH, Urteil vom 19.7.2016 – X ZR 123/15 – zur Obliegenheit des Reisenden, Reisemängel anzuzeigen. *NJW* 2016, 3304. Online abrufbar unter *http://juris.bundesgerichtshof.de/cgi-bin/rechtsprechung/document.py?Gericht=bgh&Art=en&nr=75981&pos=0&anz=1* (abgerufen am 22.3.2019).
2. BGH, Urteil vom 10.12.2013 – X ZR 24/13 – zur Festlegung der endgültigen Flugzeiten in Reiseveranstalter-AGB. *NJW* 2014, 1168. Online abrufbar *http://juris.bundesgerichtshof.de/cgi-bin/rechtsprechung/document.py?Gericht=bgh&Art=en&nr=67191&pos=0&anz=1* (abgerufen am 22.03.2019).
3. LG Hannover, Urteil vom 27.4.2017 – 8 S 46/16 – zur Flugzeitverlegung von über fünf Stunden. *RRa* 2017, 280. Zusammenfassung abrufbar unter *https://www.kostenlose-urteile.de/LG-Hannover_8-S-4616_Verlegung-der-Flugzeit-von-Mittagszeit-auf-den-Abend-durch-Reiseveranstalter-stellt-angesichts-eines-Kleinkinds-Reisemangel-dar.news25440.htm* (abgerufen am 22.03.2019).

6 Lerneinheit: Kündigung, Minderung, Schadensersatz, zulässige Haftungsbeschränkung und Beistandspflicht (§§ 651l–n, 651p–q BGB)

„Als deutscher Tourist im Ausland steht man vor der Frage, ob man sich anständig benehmen muss oder ob schon deutsche Touristen dagewesen sind."[219]

Kurt Tucholsky, deutscher Journalist und Schriftsteller (1890–1935)

Lernziele

In dieser Lerneinheit lernen Sie

- die Voraussetzungen kennen, unter denen der Reisende den Reisepreis gemäß § 651m BGB mindern kann;
- die „Frankfurter Tabelle zur Reisepreisminderung" sowie die „Kemptener Reisemängeltabelle" kennen, mit deren Hilfe sich Reisemängel dem Grunde und der Höhe nach bestimmen lassen;
- weitere Rechte des Reisenden im Fall von Reisemängeln – Kündigung nach § 651l BGB und Schadensersatz wegen Nichterfüllung und/oder vertaner Urlaubszeit gemäß § 651n BGB – sowie Haftungsbeschränkungen nach § 651p BGB und die „Beistandspflicht des Reiseveranstalters" gemäß § 651q BGB kennen.

Empfohlener Gesamtarbeitsaufwand | **270 Minuten (4,5 Zeitstunden)**

a) Vorlesungszeit/Kontaktstunden: 90 Minuten.
b) Lesen des Textes der Lerneinheit 6 sowie Nacharbeiten von Fall 6: 90 Minuten.
c) Lesen der empfohlenen weiterführenden Quellen sowie Durcharbeiten der Fragen im Wissenscheck zur Prüfungsvorbereitung: 90 Minuten.

Fall 6 | **Der Tsunami**
(Quelle: Eigene Darstellung)

Sachverhalt wie in Fall 5 in der Abwandlung, dass ein Tsunami noch am Abend des Anreisetages, dem 1.7. d. J., große Teile der Halbinsel Yucatán verwüstet. Der Strandbereich und die Sportanlagen des SHANTI sind davon auch betroffen: Wegen entwurzelter Palmen und meterhoher Schlammmassen können R und T sowie die anderen Gäste den Strand und die Sportanlagen des SHANTI nicht mehr benutzen. Gehen Sie davon aus, dass der Strand und die Sportanlagen erst wieder ab dem 15.7. d. J. benutzbar sind.

a) Stellt der durch den Tsunami verwüstete Strandbereich des SHANTI einen Reisemangel dar, der R zur Reisepreisminderung berechtigt?
b) Berechnen Sie den etwaigen Prozentsatz der Reisepreisminderung für den verwüsteten Strand und die Sportanlagen mit Hilfe der „Kemptener Reisemängeltabelle".
c) Würde R ihren etwaigen Anspruch auf Reisepreisminderung verlieren, wenn sie es unterließe, eine Mängelanzeige wegen der Verwüstung der Sportanlagen und des Strandbereichs des SHANTI gegenüber der lokalen DERTOUR-Reiseleitung vorzunehmen? Oder hätte DERTOUR die Verwüstung der Sportanlagen und des Strandbereichs durch den Tsunami ohnehin bekannt sein müssen mit der Folge, dass eine Mängelanzeige in diesem Fall entbehrlich ist?

Abwandlung 1

DERTOUR bietet R – ohne Anerkennung einer Rechtspflicht – für die entstandenen Unannehmlichkeiten einen Reisegutschein im Wert von EUR 2.600,- an. R hat daran kein Interesse und besteht auf Auszahlung der angebotenen EUR 2.600,-. Muss R den Reisegutschein akzeptieren?

Abwandlung 2

(Quelle: LG Frankfurt am Main, Urteil vom 30.4.1984 – 2/24 S 306/83 –. *NJW* 1985, 143.)

Sachverhalt wie in Fall 5 in der Abwandlung, dass die Appartmentanlage bis nachts um 24 Uhr renoviert wird, so dass R und T nie vor 24 Uhr ungestört zu Bett gehen können. Die stocksaure R verlangt am Morgen nach der Ankunft, dem 2.7. d. J., von der lokalen DERTOUR-Reiseleitung eine vergleichbare Unterkunft ohne Baulärm, mit „king-sized"-Doppelbett sowie Meeresrauschen und Meerblick und setzt eine Abhilfefrist bis zum Ablauf des 3.7. d. J. Als sich nichts ändert, verlangt R am 4.7. d. J. von der Reiseleitung die sofortige Rückreise. Da die Reiseleitung weder eine andere Unterbringungsmöglichkeit – z. B. die Präsidentensuite (aus Fall 5) – noch einen Rückflug (mangels Flugkapazitäten ihrer Charterpartner) zur Verfügung stellen kann, bucht R für sich und T einen Rückflug mit einer Linienmaschine zum Preis von insgesamt EUR 2.000,-. R und T fliegen am 7.7. d. J. nach Deutschland zurück.

a) Waren R und T berechtigt, die Reise zu kündigen?
b) Ist DERTOUR verpflichtet, den gesamten Reisepreis an R zurückerstatten? Muss DERTOUR R und T darüber hinaus auch die Mehrkosten des Rückflugs in Höhe von EUR 2.000,- erstatten? Oder sind zumindest Hin- und Rückflug mit dem Charterflug sowie der Hotelaufenthalt vom 1.7 bis 7.7. (sechs Nächte) anrechenbar?
c) Außerdem verlangen R und T Schadensersatz für nutzlos aufgewendete Urlaubszeit gemäß § 651n Abs. 2 BGB. Zu Recht?

6.1 Minderung

§ 651m BGB regelt den verschuldensunabhängigen **Minderungsanspruch** (→ claim to reduction of travel price) des Reisenden bei Vorliegen eines Reisemangels i. S. d. § 651i Abs. 2 BGB.

Wissen | **Regelung zum Minderungsanspruch**

„(1) Für die Dauer des Reisemangels mindert sich der Reisepreis. Bei der Minderung ist der Reisepreis in dem Verhältnis herabzusetzen, in welchem zur Zeit des Vertragsschlusses der Wert der Pauschalreise in mangelfreiem Zustand zu dem wirklichen Wert gestanden haben würde. Die Minderung ist, soweit erforderlich, durch Schätzung zu ermitteln.

(2) Hat der Reisende mehr als den geminderten Reisepreis gezahlt, so ist der Mehrbetrag vom Reiseveranstalter zu erstatten. § 346 Absatz 1 und § 347 Absatz 1 finden entsprechende Anwendung."

Macht der Reisende sein Recht auf Minderung geltend, so will er am Reisevertrag festhalten und begehrt eine Reduzierung des Reisepreises – üblicherweise mittels Rückerstattung – auf sein Konto. Ggf. akzeptiert er auch einen **Reisegutschein** (→ travel voucher) als „Leistung an Erfüllungs statt" (→ performance in lieu of fulfilment) gemäß § 364 Abs. 1 BGB. Dazu ist der Reisende jedoch nicht verpflichtet, da ihm gemäß §§ 651m Abs. 2 Satz 1 „der Mehrbetrag vom Reiseveranstalter zu erstatten ist". Der Begriff der Erstattung legt einen **Geldzahlungsanspruch** (→ claim to cash payment) und eben gerade keinen Gutschein nahe. Denn für den Gutschein müsste die weitere Initiative – hier Einlösung des Gutscheins – vom Reisenden ausgehen und der Gutschein verfällt i. d. R. bei Nichteinlösung innerhalb eines bestimmten Zeitraumes. Macht der Reisende einen Minderungsanspruch geltend, so schneidet er sich damit das Recht auf Selbstabhilfe nach § 651k BGB sowie Kündigung gemäß § 651l BGB ab.

6.1.1 Tatbestandsvoraussetzungen

Tatbestandsvoraussetzungen des Minderungsanspruchs gemäß § 651m BGB sind:

- das Vorliegen eines rechtswirksam zustande gekommenen Pauschalreisevertrags gemäß §§ 651a ff., 145 ff. BGB;
- ein Reisemangel nach § 651i Abs. 2 BGB, der von gewisser Dauer sein muss; sowie
- die unverzügliche, nicht schuldhaft unterlassene Anzeige des Mangels gemäß § 651o Abs. 2 BGB bei der örtlichen Reiseleitung oder dem sonstigen Vertreter des Reiseveranstalters nach Art. 250 § 6 Abs. 2 Nr. 4 und 5 EGBGB.

Teilweise vertrat die Rechtsprechung in der Vergangenheit[220] die Auffassung, dass die Mängelanzeige entbehrlich sei, wenn der Reiseveranstalter den Reisemangel kannte oder hätte kennen müssen. Diese Auffassung ist nach der Novellierung des Reiserechts durch die RL (EU) 2015/2302 und den neu eingeführten § 651o BGB nicht mehr vertretbar. Denn § 651o Abs. 1 BGB spricht hier eine eindeutige Sprache: „Der Reisende hat dem Reiseveranstalter einen Reisemangel anzuzeigen".[221]

6.1.2 Berechnung der Minderungsquote

Für die **Bestimmung von Reisemängeln dem Grunde nach** (⟶ qualification of travel deficits) sowie die **Schätzung entsprechender Reisepreisminderungen der Höhe nach** (⟶ evalutation of travel price reduction) (vgl. § 651m Abs. 1 Satz 3 BGB) wurden die „Frankfurter Reisemängeltabelle" von VRiLG Prof. Dr. *Tempel*[222] sowie die „Kemptener Reisemängeltabelle" (für Entscheidungen ab 1995) von Prof. Dr. *Ernst Führich*[223] entwickelt. Die „Kemptener Reisemängeltabelle" wird regelmäßig aktualisiert und ist für jede/n Reiserechtspraktiker/in unverzichtbar, wenn das Vorliegen von Reisemängeln zu prüfen ist. In der „Kemptener Reisemängeltabelle" ist die Rechtsprechung zu Reisemängeln unter Bezeichnung der richerlicherichen Entscheidung und des Reisemangels (gruppiert in Kategorien wie „Mängel vor Reisebeginn", „Mängel der Beförderung" etc.) mit prozentualen Angaben zu Reisepreisminderungen synoptisch zusammengefasst. Kriterien für die Berechnung der Reisepreisminderung sind **Art, Dauer und Intensität des Reisemangels** (⟶ type, duration and intensity of travel deficit), der **Grad der Nutzungsbeeinträchtigung** (→ degree of impairment of use) der Reise sowie der **Reisecharakter** (→ journey character).

Wissen | **Berechnungsformel für die Reisepreisminderung**[224]

$$\frac{\text{Gesamtpreis}}{\text{Anzahl der Gesamtreisetage}} \times \text{Mängeltage} \times \text{Minderungsquote}$$

Fall 6 | **Antwort auf Frage a)**

Per se stellt ein Tsunami „unvermeidbare, außergewöhnliche Umstände" i. S. d. § 651h Abs. 3 Satz 1 und 2 BGB dar. Allerdings ist die Haftung des Reiseveranstalters auf Reisepreisminderung bei Reisemängeln verschuldensunabhängig. Auf ein etwaiges Verschulden des SHANTI als Erfüllungsgehilfe von DERTOUR gemäß §§ 278, 276 BGB kommt es insoweit nicht an. Die Verwüstung der Sportanlagen und des Strandbereichs bis zum 15.07. d. J. (also bis zur Hälfte der Reisezeit) stellt eine erhebliche Einschränkung des vertraglich vorausgesetzten Nutzens (§ 651i Abs. 2 Satz 2 Nr. 1 BGB) für R und T dar. Also liegt ein Reisemangel vor, der R und T (garantiemäßig) zur Reisepreisminderung nach § 651m BGB berechtigt.

Fall 6 | **Antwort auf Frage b)**

In vergleichbaren Fällen wurde für die Zerstörung eines Privatstrandes zwischen 20 %[225] bis 30 %[226] sowie bei defekten Hotelsportanlagen 15 %[227] als Minderungsquote angesetzt. Setzen wir für die Zerstörung des Privatstrandes die obere Minderungsquote von 30 % an, so ergibt sich folgende Berechnung: (EUR 13.000,- : 31 Reisetage) · 15 Mängeltage · 45 % Minderungsquote = EUR 2.830,65.

Fall 6 | **Antwort auf Frage c)**

Teilweise wurde in der Vergangenheit von der Rechtsprechung[228] die Meinung vertreten, dass keine Mängelanzeige erforderlich sei, wenn der Reiseveranstalter den Reisemangel kannte oder – z. B. aufgrund der Berichterstattung in den Medien – hätte kennen müssen. Diese Auffassung lässt sich nach neuem Reiserecht nicht mehr vertreten. Denn gemäß 651o Abs. 1 BGB hat der „Reisende" „dem Reiseveranstalter einen Reisemangel anzuzeigen".[229]

Abwandlung 1 | **Antwort**

R muss den Reisegutschein im Wert von EUR 2.600,- nicht annehmen. Zwar entspricht die angebotene Gutschrift in Höhe von EUR 2.600,- in etwa dem voraussichtlich zu erstattenden Rückzahlungsbetrag.[230] Ein Reisegutschein stellt jedoch eine „Leistung an Erfüllungs statt" gemäß § 364 Abs. 1 BGB dar. R und T haben indes Anspruch auf einen Geldzahlungsanspruch aus § 651m Abs. 2 Satz 1 BGB.[231]

6.2 Kündigung gemäß § 651l BGB

6.2.1 Begriff und gesetzliche Regelung

Wissen | **Gesetzliche Regelung der Kündigung**

§ 651l BGB lautet wörtlich:

„(1) Wird die Pauschalreise durch den Reisemangel erheblich beeinträchtigt, kann der Reisende den Vertrag kündigen. Die Kündigung ist erst zulässig, wenn der Reiseveranstalter eine ihm vom Reisenden bestimmte angemessene Frist hat verstreichen lassen, ohne Abhilfe zu leisten; § 651k Absatz 2 Satz 2 gilt entsprechend.

(2) Wird der Vertrag gekündigt, so behält der Reiseveranstalter hinsichtlich der erbrachten und nach Absatz 3 zur Beendigung der Pauschalreise noch zu erbringenden Reiseleistungen den Anspruch auf den vereinbarten Reisepreis; Ansprüche des Reisenden nach § 651i Absatz 3 Nummer 6 und 7 bleiben unberührt. Hinsichtlich der nicht mehr zu erbringenden Reiseleistungen entfällt der Anspruch des Reiseveranstalters auf den vereinbarten Reisepreis; insoweit bereits geleistete Zahlungen sind dem Reisenden vom Reiseveranstalter zu erstatten.

(3) Der Reiseveranstalter ist verpflichtet, die infolge der Aufhebung des Vertrags notwendigen Maßnahmen zu treffen, insbesondere, falls der Vertrag die Beförderung des Reisenden umfasste, unverzüglich für dessen Rückbeförderung zu sorgen; das hierfür eingesetzte Beförderungsmittel muss dem im Vertrag vereinbarten gleichwertig sein. Die Mehrkosten für die Rückbeförderung fallen dem Reiseveranstalter zur Last."

Tatbestandsvoraussetzungen der Kündigung gemäß § 651l BGB sind:

- das Vorliegen eines rechtswirksam zustande gekommenen Pauschalreisevertrags gemäß §§ 651a ff., 145 ff. BGB;
- das Vorliegen eines Reisemangels i. S. d. § 651i Abs. 2 BGB, der die Pauschalreise gemäß § 651l Abs. 1 Satz 1 BGB „erheblich beeinträchtigt";
- ein Abhilfeverlangen, welches – nach Verstreichen einer vom Reisenden bestimmten angemessenen Frist – gemäß § 651l Abs. 1 Satz 2 BGB erfolglos blieb; sowie
- eine Kündigungserklärung.

Die Rechtsprechung stellt auf den **Einzelfall** (→ individual case) ab und verortet die gemäß § 651l BGB geforderte **Erheblichkeitsschwelle** (→ relevant threshold) bei einer **fiktiven Minderungsquote** (→ fictitious travel price reduction quota) von mindestens 20 % oder 25 %[232], teilweise auch erst bei 50 %[233]. Üblicherweise wird als mittlerer Richtwert für die Erheblichkeitsschwelle von 30 % ausgegangen.[234] Nach einer neueren Entscheidung des BGH kann die Änderung „einer wesentlichen Reiseleistung", „wenn sie sich mangels vertraglicher Grundlage zugleich als Mangel der Reise darstellt, schon dann als erheblich anzusehen sein, wenn sie das Interesse des Reisenden daran, dass die Reise wie vereinbart erbracht wird, mehr als geringfügig beeinträchtigt." [235] In dem streitgegenständlichen Fall war „der vorgesehene Besuch der Verbotenen Stadt und des Platzes des Himmlischen Friedens [...] vollständig entfallen und durch den Besuch einer anderen, deutlich weniger bekannten Sehenswürdigkeit ersetzt worden."[236]

Abwandlung 2 | **Antwort auf Frage a)**

R und T waren berechtigt, die Reise zu kündigen, da sämtliche Tatbestandsvoraussetzungen des § 651l BGB erfüllt sind:

- Es liegt ein rechtswirksamer Pauschalreisevertrags gemäß §§ 651a ff., 145 ff. BGB vor;
- es sind Reisemängel gegeben, die die Pauschalreise gemäß § 651i Abs. 2 BGB „erheblich beeinträchtigen", denn die Erheblichkeitsschwelle einer fiktiven Minderungsquote von 30 % dürfte deutlich überschritten sein (Minderungsquote für Baulärm ca. 30 %, Minderungsquote für fehlenden Meerblick und Meeresrauschen ca. 5 %, Minderungsquote für falsches Bett ca. 5 %, kein Bungalow ca. 20 %, insgesamt: ca. 60 %);

- ein erfolgloses Abhilfeverlangen innerhalb einer angemessenen Frist – hier ein Tag – gemäß § 651l Abs. 1 Satz 2 BGB ist ebenfalls gegeben; sowie
- eine Kündigungserklärung ist vorliegend (zumindest konkludent) in dem Rückreiseverlangen zu sehen.

Abwandlung 2 | **Antwort auf Frage b)**

„Hinsichtlich der erbrachten und [...] noch zu erbringenden Reiseleistungen" behält DERTOUR den Anspruch auf den Reisepreis gemäß § 651l Abs. 2 Satz 1 BGB. Im Übrigen verliert DERTOUR nach § 651l Abs. 2 Satz 2 Halbs. 1 BGB den Anspruch „hinsichtlich der nicht mehr zu erbringenden Reiseleistungen" und hat „insoweit bereits geleistete Zahlungen" „dem Reisenden" „zu erstatten". „Ansprüche des Reisenden nach § 651i Absatz 3 Nummer 6 und 7" [Minderung gemäß § 651m BGB sowie Schadensersatz aus § 651n BGB] „bleiben" gemäß § 651l Abs. 2 Satz 2 Halbs. 2 BGB „unberührt". Außerdem ist DERTOUR nach § 651l Abs. 3 BGB „verpflichtet, die infolge der Aufhebung des Vertrags notwendigen Maßnahmen zu treffen", hier die Rückbeförderung in einem gleichwertigen – wie dem vertraglich geschuldeten – Beförderungsmittel gemäß § 651e Abs. 3 Satz 1 BGB sicherzustellen. Die Mehrkosten der Rückbeförderung – hier die zusätzlichen Flugkosten in Höhe von EUR 2.000,- für den Linienflug – sind R von DERTOUR nach § 651l Abs. 3 Satz 2 BGB zu erstatten.

6.3 Schadensersatz

Wissen | **Gesetzliche Regelung zum Schadensersatz**

§ 651n BGB lautet wörtlich:

„(1) Der Reisende kann unbeschadet der Minderung oder der Kündigung Schadensersatz verlangen, es sei denn, der Reisemangel

1. ist vom Reisenden verschuldet,
2. ist von einem Dritten verschuldet, der weder Leistungserbringer ist noch in anderer Weise an der Erbringung der von dem Pauschalreisevertrag umfassten Reiseleistungen beteiligt ist, und war für den Reiseveranstalter nicht vorhersehbar oder nicht vermeidbar oder

3. wurde durch unvermeidbare, außergewöhnliche Umstände verursacht.

(2) Wird die Pauschalreise vereitelt oder erheblich beeinträchtigt, kann der Reisende auch wegen nutzlos aufgewendeter Urlaubszeit eine angemessene Entschädigung in Geld verlangen.

(3) Wenn der Reiseveranstalter zum Schadensersatz verpflichtet ist, hat er unverzüglich zu leisten."

Abwandlung 2 | **Antwort auf Frage c)**

R und T können gemäß § 651n Abs. 2 BGB eine angemessene Entschädigung für nutzlos aufgewendete Urlaubszeit verlangen. Es liegen erhebliche Reisemängel vor (Minderungsquote für Baulärm ca. 30 %, Minderungsquote für fehlenden Meerblick und Meeresrauschen ca. 5 %, Minderungsquote für falsches Bett ca. 5 %, kein Bungalow ca. 20 %, insgesamt: ca. 60 %), die von DERTOUR auch zu vertreten sind, da erkennbar keiner der drei in § 651n Abs. 1 Nr. 1 bis 3 BGB genannten Entlastungsgründe vorliegt. Denn DERTOUR muss sich ein Verschulden ihres Erfüllungsgehilfen SHANTI gemäß §§ 278, 276 BGB zurechnen lassen. Im Übrigen ist die Erheblichkeitsschwelle von ca. 30 % deutlich überschritten. Nach der „Malediven"-Entscheidung des BGH[237] ist für die Berechnung des immateriellen Schadens gemäß § 651n Abs. 2 BGB auf den **Tagesreisepreis** (⟶ travel price per day) abzustellen. Dabei sind für jeden komplett vertanen Tag 100 % des Tagesreisepreises anzusetzen. Inklusive An- und Abreisetag haben R und T sieben Tage (01.07. bis 07.07. d. J.) vertan. Der Tagesreisepreis der beiden beträgt EUR 419,35 (Gesamtreisepreis von EUR 13.000,- geteilt durch 31 Reisetage); also steht ihnen bei sieben vertanen Tagen ein Schadensersatzanspruch für nutzlos aufgewendete Urlaubszeit in Höhe von EUR 2.935,48 zu.

6.4 „Zulässige Haftungsbeschränkung" und „Anrechnung" gemäß § 651p BGB

Wissen | **Gesetzliche Regelung zur Haftungsbeschränkung**

§ 651p BGB lautet wörtlich:

„(1) Der Reiseveranstalter kann durch Vereinbarung mit dem Reisenden seine Haftung für solche Schäden auf den dreifachen Reisepreis beschränken, die

1. keine Körperschäden sind und
2. nicht schuldhaft herbeigeführt werden.

(2) Gelten für eine Reiseleistung internationale Übereinkünfte oder auf solchen beruhende gesetzliche Vorschriften, nach denen ein Anspruch auf Schadensersatz gegen den Leistungserbringer nur unter bestimmten Voraussetzungen oder Beschränkungen entsteht oder geltend gemacht werden kann oder unter bestimmten Voraussetzungen ausgeschlossen ist, so kann sich auch der Reiseveranstalter gegenüber dem Reisenden hierauf berufen.

(3) Hat der Reisende gegen den Reiseveranstalter Anspruch auf Schadensersatz oder auf Erstattung eines infolge einer Minderung zu viel gezahlten Betrages, so muss sich der Reisende den Betrag anrechnen lassen, den er aufgrund desselben Ereignisses als Entschädigung oder als Erstattung infolge einer Minderung nach Maßgabe internationaler Übereinkünfte oder von auf solchen beruhenden gesetzlichen Vorschriften erhalten hat oder nach Maßgabe

1. der Verordnung (EG) Nr. 261/2004 des Europäischen Parlaments und des Rates vom 11. Februar 2004 über eine gemeinsame Regelung für Ausgleichs- und Unterstützungsleistungen für Fluggäste im Fall der Nichtbeförderung und bei Annullierung oder großer Verspätung von Flügen und zur Aufhebung der Verordnung (EWG) Nr. 295/91 (ABl. L 46 vom 17.2.2004, S. 1),
2. der Verordnung (EG) Nr. 1371/2007 des Europäischen Parlaments und des Rates vom 23. Oktober 2007 über die Rechte und Pflichten der Fahrgäste im Eisenbahnverkehr (ABl. L 315 vom 3.12.2007, S. 14),

3. der Verordnung (EG) Nr. 392/2009 des Europäischen Parlaments und des Rates vom 23. April 2009 über die Unfallhaftung von Beförderern von Reisenden auf See (ABl. L 131 vom 28.5.2009, S. 24),
4. der Verordnung (EU) Nr. 1177/2010 des Europäischen Parlaments und des Rates vom 24. November 2010 über die Fahrgastrechte im See- und Binnenschiffsverkehr und zur Änderung der Verordnung (EG) Nr. 2006/2004 (ABl. L 334 vom 17.12.2010, S. 1) oder
5. der Verordnung (EU) Nr. 181/2011 des Europäischen Parlaments und des Rates vom 16. Februar 2011 über die Fahrgastrechte im Kraftomnibusverkehr und zur Änderung der Verordnung (EG) Nr. 2006/2004 (ABl. L 55 vom 28.2.2011, S. 1).

Hat der Reisende vom Reiseveranstalter bereits Schadensersatz erhalten oder ist ihm infolge einer Minderung vom Reiseveranstalter bereits ein Betrag erstattet worden, so muss er sich den erhaltenen Betrag auf dasjenige anrechnen lassen, was ihm aufgrund desselben Ereignisses als Entschädigung oder als Erstattung infolge einer Minderung nach Maßgabe internationaler Übereinkünfte oder von auf solchen beruhenden gesetzlichen Vorschriften oder nach Maßgabe der in Satz 1 genannten Verordnungen geschuldet ist."

6.5 „Beistandspflicht des Reiseveranstalters" gemäß § 651q BGB

Wissen | **Gesetzliche Regelung zur Beistandspflicht des Reiseveranstalters**

§ 651q BGB lautet wörtlich:

„(1) Befindet sich der Reisende im Fall des § 651k Absatz 4 oder aus anderen Gründen in Schwierigkeiten, hat der Reiseveranstalter ihm unverzüglich in angemessener Weise Beistand zu gewähren, insbesondere durch

1. Bereitstellung geeigneter Informationen über Gesundheitsdienste, Behörden vor Ort und konsularische Unterstützung,
2. Unterstützung bei der Herstellung von Fernkommunikationsverbindungen und

3. Unterstützung bei der Suche nach anderen Reisemöglichkeiten; § 651k Absatz 3 bleibt unberührt.

(2) Hat der Reisende die den Beistand erfordernden Umstände schuldhaft selbst herbeigeführt, kann der Reiseveranstalter Ersatz seiner Aufwendungen verlangen, wenn und soweit diese angemessen und ihm tatsächlich entstanden sind."

✻ Kurzrepetitorium

- Die Rechte des Reisenden bei Reisemängeln sind in § 651i Abs. 3 Nr. 1 bis 7 BGB geregelt.
- Eine verschuldensunabhängige Haftung des Reiseveranstalters für Reisemängel besteht in Bezug auf die nachfolgenden Gewährleistungsrechte: Abhilfe (§ 651k Abs. 1 bis 5 BGB), Kündigung (§ 651l BGB) und Minderung (§ 651m BGB).
- Eine verschuldensabhängige Haftung mit Entlastungsmöglichkeit besteht in den nachfolgend genannten drei Fällen in Bezug auf Schadensersatz wegen Nichterfüllung (§ 651 n Abs. 1 BGB) und nutzlos aufgewendeter Urlaubszeit (§ 651n Abs. 2 BGB): Verschulden des Reisenden (§ 651n Abs. 1 Nr. 1 BGB), Verschulden eines Dritten (§ 651n Abs. 1 Nr. 2 BGB) oder „unvermeidbare, außergewöhnliche Umstände“ (§ 651n Abs. 1 Nr. 3 BGB). Liegt ein Schadensersatzanspruch vor, so hat der Reiseveranstalter gemäß § 651n Abs. 3 BGB „unverzüglich zu leisten“.
- Zulässige Haftungsbeschränkungen und Anrechnung von Schadensersatzansprüchen aus völker- und EU-rechtlichen Rechtsquellen ergeben sich aus § 651p BGB. Die „Beistandspflicht des Reiseveranstalters“ im Fall der Rückbeförderung folgt aus § 651q BGB.

✳ Wissenscheck zur Prüfungsvorbereitung

1. Welche Rechte hat der Reisende bei Reisemängeln der Pauschalreise?
2. Benennen Sie die Tatbestandvoraussetzungen der Minderung nach § 651m BGB.
3. Entwickeln Sie ein Berechnungsschema, mit dem die Höhe der Minderungsquote berechnet werden kann.
4. Welche Tabellen geben Ihnen Aufschluss über angemessene Minderungsquoten bei Vorliegen von Reisemängeln?
5. Benennen Sie die Tatbestandsvoraussetzungen für eine Kündigung nach § 651l BGB.
6. Benennen Sie die Tatbestandsvoraussetzungen für einen Schadensersatzanspruch gemäß § 651n BGB.
7. Welche Haftungsbeschränkungen und Anrechnung von Schadensersatzansprüchen aus völker- und EU-rechtlichen Rechtsquellen kann der Reiseveranstalter zulässiger Weise mit dem Reisenden vereinbaren?
8. Erklären Sie die Vorschrift des § 651q BGB.

✻ Weiterführende Quellen

I. Literatur für Lehre und Praxis

Bergmann, Stefanie in: *Tonner/Bergmann/Blankenburg* (2018): Reiserecht. Beförderungsrecht. Hotelrecht/Reiseversicherungsrecht/Lauterkeitsrecht/ Internationales Privatrecht. Baden-Baden: Nomos. § 2, Rz. 303–462

II. Aktuelle Rechtsprechung

1. BGH, Urteil vom 16.1.2018 – X ZR 44/17 – zum Kündigungsrecht und zur Erstattung des Reisepreises bei Änderung einer wesentlichen Reiseleistung. *RRa* 2018, 163. Online abrufbar unter *http://juris.bundesgerichtshof.de/cgi-bin/rechtsprechung/document.py?Gericht=bgh&Art=en&nr=81276&pos=0&anz=1* (abgerufen am 23.3.2019)
2. BGH, Urteil vom 6.12.2016 – X ZR 117/15 – zur Erstattung des Reisepreises bei unverschuldetem Unfall. *NJW* 2017, 958. Online abrufbar unter *http://juris.bundesgerichtshof.de/cgi-bin/rechtsprechung/document.py?Gericht=bgh&Art=en&nr=77324&pos=0&anz=1* (abgerufen am 23.3.2019).
3. BGH, Urteil vom 14.5.2013 – X ZR 15/11 – zur Reisepreisminderung bei einer Kreuzfahrt und zur Erheblichkeitsschwelle. *NJW* 2013, 3170. Online abrufbar unter *http://juris.bundesgerichtshof.de/cgi-bin/rechtsprechung/document.py?Gericht=bgh&Art=en&nr=64915&pos=0&anz=1* (abgerufen am 23.3.2019).

7 Lerneinheit: „Rücktritt vor Reisebeginn", „unvermeidbare, außergewöhnliche Umstände", Insolvenzsicherung, Vorauszahlungen und abweichende Vereinbarungen (§§ 651h, r–t, y BGB)

„Sorg, aber sorge nicht zu viel, es geschiet doch alles wie Gott es will."[238]

Julius Wilhelm Zincgref, deutscher Lyriker des Frühbarock (1591–1635)

Lernziele

In dieser Lerneinheit

- lernen Sie den Rücktritt des Reisenden nach § 651h Abs. 1 bis 3 BGB sowie des Reiseveranstalters gemäß § 651h Abs. 4 bis 5 BGB kennen;
- erfahren Sie, ob und in welcher Höhe Stornogebühren bei Rücktritt des Reisenden vor Reisebeginn zulässig sind; sowie
- erhalten Sie einen Überblick über die Insolvenzsicherung bei Pauschalreisen.

Empfohlener Gesamtarbeitsaufwand | **270 Minuten (4,5 Zeitstunden)**

a) Vorlesungszeit/Kontaktstunden: 90 Minuten.
b) Lesen des Textes der Lerneinheit 7 sowie Nacharbeiten von Fall 7: 90 Minuten.
c) Lesen der empfohlenen weiterführenden Quellen sowie Durcharbeiten der Fragen im Wissenscheck zur Prüfungsvorbereitung: 90 Minuten.

Fall 7 | **Die Stornierung**
(Quelle: Eigene Darstellung)

Sachverhalt wie in Fall 6 in der Abwandlung, dass die Hochschule Heilbronn, an der T das Fach Tourismusmanagement studiert, diesem mit Schreiben vom 15.5. d. J. mitteilt, er müsse in der Zeit vom 1.7. bis 31.7. d. J. vier Prüfungen ablegen, sonst werde er exmatrikuliert.
Kann R am 19.6. d. J. – also zwölf Tage vor Reiseantritt – kostenfrei von der Reise zurücktreten, wenn anzunehmen ist, dass nach den AGB von

DERTOUR (die sich an den ARB orientieren) für Flugpauschalreisen eine Stornopauschale in Höhe von 50 % des Reisepreises ab dem 14. bis 7. Tag vor Reisebeginn fällig ist? Bitte prüfen Sie § 651h Abs. 2 BGB.

Abwandlung 1

Wie wäre die Rechtslage, wenn das Auswärtige Amt am 16.6. d. J. eine Reisewarnung für Yucatán/Mexiko wegen revolutionärer Unruhen, die bereits fünf deutschen Touristen das Leben gekostet haben, für die Reisezeit vom 1.7. bis 31.7. d. J. ausspricht und dabei Yucatán zum Krisengebiet mit erhöhtem Sicherheitsrisiko erklärt? R teilt DERTOUR daraufhin mit Schreiben vom 17.6. d. J. mit, dass sie unter diesen Umständen von der Reise nach Yucatán Abstand nehmen wolle. Gehen Sie davon aus, dass R den vollständig bezahlten Reisepreis von DERTOUR zurückverlangt und DERTOUR lediglich 50 % zurückerstattet. Zur Begründung verweist DERTOUR auf ihre AGB, wonach ihrerseits ein Entschädigungsanspruch in Höhe von 50 % bestehen würde. Bitte prüfen Sie § 651h Abs. 2 und Abs. 3 BGB.

Abwandlung 2

Sachverhalt wie in Fall 6 in der Abwandlung, dass der Tsunami bereits am 16.6. d. J. das Hotel und den Privatstrand größtenteils zerstört und der Hotelbetrieb voraussichtlich bis zum 31.7. d. J. zum Erliegen kommt.

a) Sind R und T berechtigt, vor Reisebeginn vom Vertrag zurückzutreten?
b) Welche Rechte haben R und T bei Rücktritt vor Reisebeginn?
c) Ist DERTOUR unter diesen Umständen berechtigt, vor Reisebeginn vom Vertrag mit R zurückzutreten?
d) Innerhalb welcher Frist muss DERTOUR den Reisepreis zurückerstatten?

Abwandlung 3

Sachverhalt wie in Fall 6 in der Abwandlung, dass die Charterfluggesellschaft, mit der R und T am 31.07. d. J. nach Deutschland zurückfliegen wollen, insolvent ist. Um aus Mexiko wegzukommen, müssen R und T zusätzlich Rückreisekosten in Höhe von EUR 1.500,- aufbringen.

a) R und T verlangen Erstattung dieser Kosten von dem auf dem Sicherungsschein gemäß § 651r BGB ausgewiesenen Kundengeldabsicherer. Zu Recht?

b) Oder können R und T zumindest von DERTOUR Erstattung der zusätzlich aufgebrachten Rückreisekosten in Höhe von EUR 1.500,- verlangen?

7.1 „Rücktritt vor Reisebeginn" gemäß § 651h BGB

7.1.1 Begriff und gesetzliche Regelung

Der **„Rücktritt vor Reisebeginn"** (→ cancellation before departure date) wird auch als **Stornierung** (→ cancellation) bezeichnet und ist in § 651h BGB geregelt. Der „Rücktritt vor Reisebeginn" steht dem Reisenden jederzeit ohne Nennung von Rücktrittsgründen zu. Die Stornierung kann formlos, auch durch konkludentes Unterlassen – also **Nichterscheinen zur Abreise** (→ no show) – erfolgen und wird nach § 130 BGB mit **Zugang** (→ service upon recipient) beim Reiseveranstalter oder Reisevermittler wirksam.

Wissen | **Gesetzliche Regelung zum Rücktritt**

§ 651h BGB lautet wörtlich:

„(1) Vor Reisebeginn kann der Reisende jederzeit vom Vertrag zurücktreten. Tritt der Reisende vom Vertrag zurück, verliert der Reiseveranstalter den Anspruch auf den vereinbarten Reisepreis. Der Reiseveranstalter kann jedoch eine angemessene Entschädigung verlangen.

(2) Im Vertrag können, auch durch vorformulierte Vertragsbedingungen, angemessene Entschädigungspauschalen festgelegt werden, die sich nach Folgendem bemessen:

1. Zeitraum zwischen der Rücktrittserklärung und dem Reisebeginn,
2. zu erwartende Ersparnis von Aufwendungen des Reiseveranstalters und
3. zu erwartender Erwerb durch anderweitige Verwendung der Reiseleistungen.

Werden im Vertrag keine Entschädigungspauschalen festgelegt, bestimmt sich die Höhe der Entschädigung nach dem Reisepreis abzüglich des Werts der vom Reiseveranstalter ersparten Aufwendungen sowie abzüglich dessen, was er durch anderweitige Verwendung der Reiseleistungen erwirbt. Der Reiseveranstalter ist auf Verlangen des Reisenden verpflichtet, die Höhe der Entschädigung zu begründen.

(3) Abweichend von Absatz 1 Satz 3 kann der Reiseveranstalter keine Entschädigung verlangen, wenn am Bestimmungsort oder in dessen unmittelbarer Nähe unvermeidbare, außergewöhnliche Umstände auftreten, die die Durchführung der Pauschalreise oder die Beförderung von Personen an den Bestimmungsort erheblich beeinträchtigen. Umstände sind unvermeidbar und außergewöhnlich im Sinne dieses Untertitels, wenn sie nicht der Kontrolle der Partei unterliegen, die sich hierauf beruft, und sich ihre Folgen auch dann nicht hätten vermeiden lassen, wenn alle zumutbaren Vorkehrungen getroffen worden wären.

(4) Der Reiseveranstalter kann vor Reisebeginn in den folgenden Fällen vom Vertrag zurücktreten:

1. Für die Pauschalreise haben sich weniger Personen als die im Vertrag angegebene Mindestteilnehmerzahl angemeldet; in diesem Fall hat der Reiseveranstalter den Rücktritt innerhalb der im Vertrag bestimmten Frist zu erklären, jedoch spätestens
   a) 20 Tage vor Reisebeginn bei einer Reisedauer von mehr als sechs Tagen,
   b) sieben Tage vor Reisebeginn bei einer Reisedauer von mindestens zwei und höchstens sechs Tagen,
   c) 48 Stunden vor Reisebeginn bei einer Reisedauer von weniger als zwei Tagen.
2. Der Reiseveranstalter ist aufgrund unvermeidbarer, außergewöhnlicher Umstände an der Erfüllung des Vertrags gehindert; in diesem Fall hat er den Rücktritt unverzüglich nach Kenntnis von dem Rücktrittsgrund zu erklären.

Tritt der Reiseveranstalter vom Vertrag zurück, verliert er den Anspruch auf den vereinbarten Reisepreis.

(5) Wenn der Reiseveranstalter infolge eines Rücktritts zur Rückerstattung des Reisepreises verpflichtet ist, hat er unverzüglich, auf jeden Fall aber innerhalb von 14 Tagen nach dem Rücktritt zu leisten."

Der „Rücktritt vor Reisebeginn" bietet dem Reisenden einseitig die Möglichkeit, den Pauschalreisevertrag vor Reiseantritt ohne Nennung von Gründen aufzuheben. Diese Form des Rücktritts löst i. d. R. – außer es liegen „unvermeidbaren, außergewöhnlichen Umständen" gemäß § 651h Abs. 3 Satz 1 und 2 BGB vor – eine vom Reisenden zu zahlende **Stornopauschale** (→ cancellation flat rate) nach §§ 651h Abs. 1 Satz 3, Abs. 2 Satz 1 Nr. 1

bis 3 BGB oder eine **konkrete Stornoentschädigung** (⟶ specific cancellation fee) gemäß §§ 651h Abs. 1 Satz 3, Abs. 2 Satz 2 und 3 BGB aus.

7.1.2 Stornopauschalen

Wegen der Schwierigkeiten, eine konkrete Stornoentschädigung gemäß § 651h Abs. 2 Satz 2 und 3 BGB konkret berechnen und „begründen" zu können, verwenden Reiseveranstalter i. d. R. Stornopauschalen i. S. d. § 651h Abs. 2 Satz 1 Nr. 1 bis 3 BGB, die gemäß § 305 Abs. 2 BGB rechtswirksam in den Pauschalreisevertrag einzubeziehen sind. Dabei sind für Flugpauschalreisen die nachfolgend genannten „Stornopauschalen bei Rücktritt vor Reisebeginn als angemessen angesehen worden:

- bis 30 Tage: 20 %
- ab 29. bis 22. Tag: 30 %
- ab 21. bis 15. Tag: 40 %
- ab 14. bis 7. Tag: 50 %
- ab 6. Tag: 55 %
- ab Nichtantritt: 75 %."[239]

Werden vom Reiseveranstalter Stornopauschalen verlangt, die über die o. g. Prozentsätze hinausgehen, so sind diese gemäß § 651y Satz 1 BGB unwirksam, da von den verbraucherfreundlichen Vorschriften der §§ 651a bis 651x BGB grundsätzlich nicht zum Nachteil des Reisenden abgewichen werden darf; es handelt sich hierbei um sog. „halbstrenges Recht"[240]. Bei einer zu hoch veranschlagten Stornopauschalen, z. B. 100 %, wird das Gericht den konkreten Ausfallschaden i. d. R. schätzen.[241] Im Übrigen ist der Reiseveranstalter gemäß § 309 Nr. 5b BGB hinweispflichtig: Er muss dem Reisenden den Nachweis gestatten, „ein Schaden oder eine Wertminderung sei überhaupt nicht entstanden oder wesentlich niedriger als die Pauschale". Insoweit spricht man vom **Gegenbeweis** (⟶ counter-evidence, ⟶ proof of the contrary).

Praxistipp | **Gegenbeweis**

Führich[242] empfiehlt dem Reisenden in diesen Fällen, über eine(n) Bekannte(n) beim Reiseveranstalter anfragen zu lassen, ob noch Plätze für den Termin der vom Reisenden stornierten Pauschalreise erhältlich sind. Erklärt der Reiseveranstalter daraufhin, dass der besagte Termin ausgebucht sei, so ist klar, dass er die stornierte Pauschalreise anderweitig verkaufen konnte. Insoweit könnte der Reisende dann darauf bestehen, dass ihm lediglich ein Umbuchungsentgelt berechnet wird. Geht der Reiseveranstalter darauf nicht ein, müsste er den Reisenden auf Zahlung der Stornopauschale verklagen. Der Reisende könnte dann im Prozess den/die Bekannte(n) als Zeugen benennen und hätte (bei glaubhafter Beantwortung der Beweisfrage(n) und Glaubwürdigkeit des Zeugen/der Zeugin) gute Chancen, den Richter davon zu überzeugen, dass dem Reiseveranstalter kein Schaden durch die Stornierung entstanden ist.

Im Übrigen müssen Stornopauschalen der strengen AGB-Inhaltskontrolle, insbesondere nach § 308 Nr. 5 und Nr. 7 BGB, standhalten.

Fall 7 | **Antwort**

Vorliegend ist nicht ersichtlich, dass R einen Rücktritt ohne Stornoentschädigung geltend machen kann. Vorliegend steht ein Rücktritt zwölf Tage vor Reisebeginn mit Stornoentschädigung gemäß § 651h Abs. 2 Satz 1 Nr. 1 bis 3 BGB in Rede. Die von DERTOUR in ihren AGB verlangte Stornopauschale (die sich an den ARB orientieren) in Höhe von 50 % des Reisepreises ab dem 14. bis 7. Tag vor Reisebeginn entspricht den Regelwerten und ist zulässig, insbesondere im Hinblick auf § 651h Abs. 2 Satz 1 Nr. 1 bis 3 BGB; dies allerdings nur, sofern – wovon hier auszugehen ist – die AGB von DERTOUR den Hinweis nach § 309 Nr. 5b BGB enthalten, der R den Nachweis keines oder eines geringeren Schadens gestattet.

7.1.3 Hinweis auf Reiserücktrittskostenversicherung

Außerdem ist der Reiseveranstalter gemäß Art. 250 § 3 Nr. 8 BGB verpflichtet, den Reisenden in seinen AGB „auf den möglichen Abschluss einer Reiserücktrittskostenversicherung oder einer Versicherung zur Deckung der Kosten einer Unterstützung, einschließlich einer Rückbeförderung bei Unfall, Krankheit oder Tod“ hinzuweisen. Vergisst er diesen Hinweis, so macht er sich ggf. schadensersatzpflichtig wegen Pflichtverletzung „aus dem Schuldverhältnis“ (positive Vertragsverletzung) nach §§ 280, 651a Abs. 1 Satz 1, 241 Abs. 2 BGB.

7.2 „Rücktritt vor Reisebeginn“ wegen „unvermeidbarer, außergewöhnlicher Umstände“ nach § 651h Abs. 3 BGB

Der Begriff der **höheren Gewalt** (→ force majeure, → act of god), der in § 651f Abs. 1 BGB a. F. verwendet wurde, ist in Art. 3 Nr. 12 RL (EU) 2015/2302 durch den – aus den EU-Passagierrechten bereits bekannten –

Begriff **„unvermeidbare und außergewöhnliche Umstände"** (→ ‚unavoidable and extraordinary circumstances'), der in § 651h Abs. 3 Satz 1 und 2 BGB n. F. Aufnahme gefunden hat, ersetzt worden. Art. 3 Nr. 12 RL (EU) 2015/2302 definiert „unvermeidbare und außergewöhnliche Umstände" als „eine Situation außerhalb der Kontrolle der Partei, die eine solche Situation geltend macht, deren Folgen sich auch dann nicht hätten vermeiden lassen, wenn alle zumutbaren Vorkehrungen getroffen worden wären." Der deutsche Gesetzgeber hat Art. 3 Nr. 12 RL (EU) 2015/2302 – aufgrund der Vollharmonisierung des Pauschalreiserechts – *quasi* wortgleich in § 651h Abs. 3 Satz 2 BGB umgesetzt: „Umstände sind unvermeidbar und außergwöhnlich [...], wenn sie nicht der Kontrolle der Partei unterliegen, die sich hierauf beruft, und sich ihre Folgen auch dann nicht hätten vermeiden lassen, wenn alle zumutbaren Vorkehrungen getroffen worden wären."

Praxistipp | **Gegenbeweis**

Beispiele für „unvermeidbare und außergewöhnliche Umstände"
Naturkatastrophen, Terroranschläge (11.9.2001), Krieg, ansteckende Krankheiten, Streik Dritter (z. B. Fluglotsen), nicht jedoch „Unwirtschaftlichkeit der Reise" oder Ereignisse, die dem allgemeinen Lebensrisiko zuzuordnen sind (z. B. schlechtes Wetter).[243]
Indizien für „unvermeidbare und außergewöhnliche Umstände" sind u. a. **Reisewarnungen** (→ travel warnings) des Auswärtigen Amtes[244], die für bestimmte Regionen ein „erhöhtes Sicherheitsrisiko" und dieses zum „Krisengebiet" erklären können.

Abwandlung 1 | **Antwort**

DERTOUR hätte grundsätzlich einen Anspruch auf eine „angemessene Entschädigung" gemäß § 651h Abs. 1 Satz 3 BGB, da R vor Reisebeginn zurückgetreten ist. Allerdings spricht die Reisewarnung des Auswärtigen Amtes vor Reisebeginn – anders als in dem vom Landgericht Bonn zu entscheidenden Fall[245] – dafür, vorliegend von „unvermeidbaren und außergewöhnlichen Umständen" nach § 651h Abs. 3 Satz 2 BGB auszugehen. Rechtsfolge ist, dass der Reiseveranstalter gemäß § 651 Abs. 3 Satz 1 BGB – „abweichend von" § 651h Abs. 1 Satz 3 BGB – vorliegend keine Entschädigung gemäß § 651h Abs. 1 Satz 3 BGB verlangen kann.

Abwandlung 2 | **Antwort auf Frage a)**

Ein Tsunami ist eine Naturkatastrophe und stellt „unvermeidbare und außergewöhnlichen Umstände" dar, die weder in die Risikosphäre des Reiseveranstalters noch in die des Reisenden fallen. Durch den Tsunami wurden hier u. a. große Teile des SHANTI zerstört und der Hotelbetrieb (jedenfalls bis zum 31.7.2013) kam zum Erliegen. Da sich der Tsunami bereits am 16.6. d. J. – also vor Reisebeginn ereignete – können R und T vor Reisebeginn nach § 651h Abs. 1 Satz 1 BGB zurücktreten.

Abwandlung 2 | **Antwort auf Frage b)**

Sie haben Anspruch auf Rückerstattung des gezahlten Reisepreises aus §§ 651h Abs. 1 Satz 1, 812 Abs. 1 Satz 1 BGB. Ein Entschädigungsanspruch gegenüber DERTOUR entfällt aufgrund des Vorliegens „unvermeidbarer und außergewöhnlicher Umstände" nach § 651h Abs. 3 Satz 1 BGB.

7.3 Absage der Pauschalreise durch den Reiseveranstalter „Rücktritt vor Reisebeginn" gemäß § 651h Abs. 4 BGB

Wissen | **Rücktrittsgründe des Reiseveranstalters vor Reisebeginn**

Der Reiseveranstalter ist lediglich in zwei Szenarien berechtigt, die Pauschalreise „vor Reisebeginn" gemäß § 651h Abs. 4 Satz 1 BGB abzusagen:

„1. Für die Pauschalreise haben sich weniger Personen als die im Vertrag angegebene Mindestteilnehmerzahl angemeldet; in diesem Fall hat der Reiseveranstalter den Rücktritt innerhalb der im Vertrag bestimmten Frist zu erklären, jedoch spätestens
   a) 20 Tage vor Reisebeginn bei einer Reisedauer von mehr als sechs Tagen,
   b) sieben Tage vor Reisebeginn bei einer Reisedauer von mindestens zwei und höchstens sechs Tagen,
   c) 48 Stunden vor Reisebeginn bei einer Reisedauer von weniger als zwei Tagen,

2. Der Reiseveranstalter ist aufgrund unvermeidbarer, außergewöhnlicher Umstände an der Erfüllung des Vertrags gehindert; in diesem Fall hat er den Rücktritt unverzüglich nach Kenntnis von dem Rücktrittsgrund zu erklären."

Abwandlung 2 | **Antwort auf Frage c)**

DERTOUR ist wegen des Tsunamis gemäß § 651h Abs. 4 Satz 1 Nr. 2 BGB „aufgrund unvermeidbarer, außergewöhnlicher Umstände“ gehindert, den Vertrag zu erfüllen und daher „vor Reisebeginn“ berechtigt, „unverzüglich nach Kenntnis von dem Rücktrittsgrund“ „vom Vertrag zurückzutreten“.

Abwandlung 2 | **Antwort auf Frage d)**

Bei Rücktritt muss DERTOUR die Rückerstattung des Reisepreises an R gemäß § 651h Abs. 5 BGB „unverzüglich, auf jeden Fall innerhalb von 14 Tagen nach dem Rücktritt“ leisten.

7.4 Insolvenzsicherung

7.4.1 Allgemeine Grundsätze

Nachdem bei (Flug-)Pauschalreisen i. d. R. eine Anzahlung in Höhe von 20 % auf den Reisepreis sowie Restzahlung bis zu vier Wochen vor Reisebeginn[246] an den Reiseveranstalter durch AGB vereinbart wird, besteht aus Verbraucherschutzgesichtspunkten ein dringendes Bedürfnis, den gezahlten Reisepreis gegen die **Insolvenz** (⟶ insolvency) des Reiseveranstalters, d. h. dessen (drohende) Zahlungsunfähigkeit oder Überschuldung, abzusichern. Dieses Schutzbedürfnis hat der Gesetzgeber gesehen und macht gemäß § 651r Abs. 4 Satz 1 BGB die Zulässigkeit von „Vorauszahlungen“ „vor Beendigung der Pauschalreise“ (§ 651t BGB) u. a. von der Aushändigung eines Sicherungsscheins i. S. d. Anlage 18 zu Art. 252 EGBGB abhängig.

Wissen | **Gesetzliche Regelung**

§ 651t BGB lautet wörtlich:

„Der Reiseveranstalter darf Zahlungen des Reisenden auf den Reisepreis

vor Beendigung der Pauschalreise nur fordern oder annehmen, wenn

1. ein wirksamer Kundengeldabsicherungsvertrag besteht oder, in den Fällen des § 651s, der Reiseveranstalter nach § 651s Sicherheit leistet und

2. dem Reisenden klar, verständlich und in hervorgehobener Weise Name und Kontaktdaten des Kundengeldabsicherers oder, in den Fällen des § 651s, Name und Kontaktdaten der Einrichtung, die den Insolvenzschutz bietet, sowie gegebenenfalls der Name und die Kontaktdaten der von dem betreffenden Staat benannten zuständigen Behörde zur Verfügung gestellt wurden."

Dabei ist zu beachten, dass Verstöße gegen die §§ 651r–t BGB gewerberechtliche (Bußgeld), zivilrechtliche (Schadensersatz wegen Pflichtverletzung des Vermittlervertrages) und wettbewerbsrechtliche Konsequenzen (Abmahnung, einstweilige Verfügung und/oder Klage) nach sich ziehen können.

7.4.2 Insolvenzsicherung

Die Insolvenzsicherung und der Sicherungsschein sind in den §§ 651r–t BGB sowie Art. 252 EGBGB geregelt. Das „Muster für den Sicherungsschein" ist in Anlage 18 zu Art. 252 Abs. 1 BGB niedergelegt.

Wissen | **Gesetzliche Regelung**

§ 651r BGB lautet wörtlich:

„(1) Der Reiseveranstalter hat sicherzustellen, dass dem Reisenden der gezahlte Reisepreis erstattet wird, soweit im Fall der Zahlungsunfähigkeit des Reiseveranstalters

1. Reiseleistungen ausfallen oder
2. der Reisende im Hinblick auf erbrachte Reiseleistungen Zahlungsaufforderungen von Leistungserbringern nachkommt, deren Entgeltforderungen der Reiseveranstalter nicht erfüllt hat.

Umfasst der Vertrag auch die Beförderung des Reisenden, hat der Reiseveranstalter zudem die vereinbarte Rückbeförderung und die Beherbergung bis zum Zeitpunkt der Rückbeförderung sicherzustellen. Der Zahlungsunfähigkeit stehen die Eröffnung des Insolvenzverfahrens über das Vermögen des Reiseveranstalters und die Abweisung eines Eröffnungsantrags mangels Masse gleich.

(2) Die Verpflichtungen nach Absatz 1 kann der Reiseveranstalter nur erfüllen

1. durch eine Versicherung bei einem im Geltungsbereich dieses Gesetzes zum Geschäftsbetrieb befugten Versicherungsunternehmen oder
2. durch ein Zahlungsversprechen eines im Geltungsbereich dieses Gesetzes zum Geschäftsbetrieb befugten Kreditinstituts.

Der Reiseveranstalter muss ohne Rücksicht auf den Wohnsitz des Reisenden, den Ort der Abreise und den Ort des Vertragsschlusses Sicherheit leisten.

(3) Der Versicherer oder das Kreditinstitut (Kundengeldabsicherer) kann dem Reisenden die Fortsetzung der Pauschalreise anbieten. Verlangt der Reisende eine Erstattung nach Absatz 1, hat der Kundengeldabsicherer den Anspruch unverzüglich zu erfüllen. Er kann seine Haftung für die von ihm in einem Geschäftsjahr insgesamt nach diesem Gesetz zu erstattenden Beträge auf 110 Millionen Euro begrenzen. Übersteigen die in einem Geschäftsjahr von einem Kundengeldabsicherer insgesamt nach diesem Gesetz zu erstattenden Beträge den in Satz 3 genannten Höchstbetrag, so verringern sich die einzelnen Erstattungsansprüche in dem Verhältnis, in dem ihr Gesamtbetrag zum Höchstbetrag steht.

(4) Zur Erfüllung seiner Verpflichtungen nach Absatz 1 hat der Reiseveranstalter dem Reisenden einen unmittelbaren Anspruch gegen den Kundengeldabsicherer zu verschaffen und durch eine von diesem oder auf dessen Veranlassung gemäß Artikel 252 des Einführungsgesetzes zum Bürgerlichen Gesetzbuche ausgestellte Bestätigung (Sicherungsschein) nachzuweisen. Der im Vertrag gemäß Artikel 250 § 6 Absatz 2 Nummer 3 des Einführungsgesetzes zum Bürgerlichen Gesetzbuch genannte Kundengeldabsicherer kann sich gegenüber dem Reisenden weder auf Einwendungen aus dem Kundengeldabsicherungsvertrag noch auf dessen Beendigung berufen, wenn die Beendigung nach Abschluss des Pauschalreisevertrags erfolgt ist. In den Fällen des Satzes 2 geht der Anspruch des Reisenden gegen den Reiseveranstalter auf den Kundengeldabsicherer über, soweit dieser den Reisenden befriedigt."

7.4.3 Sicherungsschein

In Anlage 18 zu Art. 252 Abs. 1 EGBGB[247] ist das „Muster für den Sicherungsschein" wörtlich – wie folgt – abgedruckt:

„Muster für den Sicherungsschein

(gegebenenfalls einsetzen Sicherungsscheinnummer)

Sicherungsschein für
❶ Pauschalreisen

gemäß ❷ § 651r des Bürgerlichen Gesetzbuchs

für ....

(einsetzen: Namen des Reisenden, die Wörter „den umseitig bezeichneten Reisenden" oder die Buchungsnummer) ❸

(gegebenenfalls einsetzen: Geltungsdauer des Sicherungsscheins) ❹

Dem Reisenden steht im Fall der Insolvenz ❺ gegenüber dem unten angegebenen Kundengeldabsicherer unter den gesetzlichen Voraussetzungen ein unmittelbarer Anspruch im Sinne des § 651r Absatz 4 des Bürgerlichen Gesetzbuchs zu.

Die Haftung des Kundengeldabsicherers ist begrenzt. Er haftet für alle durch ihn in einem Geschäftsjahr insgesamt zu erstattenden Beträge nur bis zu einem Betrag von 110 Mio. Euro. Sollte diese Summe nicht für alle Reisenden ausreichen, so verringert sich der Erstattungsbetrag in dem Verhältnis, in dem ihr Gesamtbetrag zum Höchstbetrag steht. ❻

Bei Rückfragen wenden Sie sich an: (mindestens einsetzen: Namen, Anschrift und Telefonnummer der anzusprechenden Stelle; falls diese nicht für die Schadensabwicklung zuständig ist, auch Namen, Anschrift und Telefonnummer der dafür zuständigen Stelle).

(einsetzen: Namen, ladungsfähige Anschrift des Kundengeldabsicherers)

Kundengeldabsicherer

Gestaltungshinweise:

❶ Hier ist bei einer Vermittlung verbundener Reiseleistungen (§ 651w des Bürgerlichen Gesetzbuchs) anstelle des nachfolgenden Wortes „Pauschalreisen" Folgendes einzufügen: „verbundene Reiseleistungen".

❷ Hier ist bei einer Vermittlung verbundener Reiseleistungen (§ 651w des Bürgerlichen Gesetzbuchs) anstelle der nachfolgenden Angabe „§ 651r" Folgendes einzufügen: „den §§ 651r und 651w".

❸ Diese Angaben können entfallen. In diesem Falle ist folgender Satz einzufügen: „Dieser Sicherungsschein gilt für den Buchenden und alle Reiseteilnehmer."

❹ Falls der Sicherungsschein befristet ist, muss die Frist mindestens den Zeitraum vom Vertragsschluss bis zur Beendigung der Reise umfassen.

❺ Hier ist einzufügen:

a) wenn ein Pauschalreisevertrag vorliegt: entweder die Wörter „des umseitig bezeichneten Reiseveranstalters" oder „der"/„des" und sodann Firma/Name und Anschrift des Reiseveranstalters,

b) wenn eine Vermittlung verbundener Reiseleistungen (§ 651w des Bürgerlichen Gesetzbuchs) vorliegt: „der"/„des" und sodann Firma/Name und Anschrift des Vermittlers verbundener Reiseleistungen.

❻ Dieser Absatz entfällt bei Kundengeldabsicherungen, bei denen die Haftungsbeschränkung nach § 651r Absatz 3 des Bürgerlichen Gesetzbuchs nicht vereinbart wird."

Abwandlung 3 | **Antwort auf Frage a)**

§ 651r Abs. 1 Satz 1 BGB lautet wörtlich: „Der Reiseveranstalter hat sicherzustellen, dass dem Reisenden der gezahlte Reisepreis [...] im Fall der Zahlungsunfähigkeit des Reiseveranstalters“ erstattet wird. Daraus folgt, dass der Sicherungsschein lediglich die Insolvenz des Reiseveranstalters, nicht jedoch die Insolvenz des Leistungsträgers – hier der Charterfluggesellschaft – oder des Reisevermittlers (Reisebüros) absichert. Insoweit können sich R und T vorliegend nicht unmittelbar an den Kundengeldabsicherer halten.

Abwandlung 3 | **Antwort auf Frage b)**

Gleichwohl stellt der im Pauschalreisepaket enthaltene und (aufgrund der Insolvenz der Charterfluggesellschaft) nicht stattgefundene Rückflug einen Reisemangel dar, der verschuldensunabhängig zur Reisepreisminderung gemäß § 651m BGB und zur Kündigung gemäß § 651l BGB berechtigt, wenn man davon ausgeht, dass der Ausfall des Rückflugs einen Reisemangel darstellt, der die Pauschalreise gemäß § 651l Abs. 1 Satz 1 BGB „erheblich beeinträchtigt“. Nach § 651l Abs. 1 Satz 2 Halbs. 1 BGB ist die Kündigung „erst zulässig, wenn der Reiseveranstalter eine ihm vom Reisenden bestimmte Frist hat verstreichen lassen, ohne Abhilfe zu leisten“. Der Fristsetzung zur Abhilfe bedarf es gemäß §§ 651l Abs. 1 Satz 2 Halbs. 2 i. V. m. 651k Abs. 2 Satz 2 BGB allerdings nicht, „wenn die Abhilfe vom Reiseveranstalter verweigert wird“, „oder wenn sofortige Abhilfe notwendig ist.“ Aus § 651l Abs. 3 Satz 2 BGB folgt, dass die „Mehrkosten für die Rückbeförderung“ (hier die gezahlten EUR 1.500,-) „dem Reiseveranstalter zur Last“ fallen. Schadensersatzansprüche wegen Nichterfüllung (§ 651n Abs. 1 BGB) und nutzlos aufgewendeter Urlaubszeit (§ 651n Abs. 2 BGB) scheiden nur dann aus, wenn anzunehmen ist, dass die Insolvenz der Fluggesellschaft „für den Reiseveranstalter nicht vorhersehbar oder nicht vermeidbar“ war.

7.4.4 Aktuelle Rechtsprechung zur Kundengeldabsicherung

Der EuGH hat im Jahr 2012 klargestellt, dass „Art. 7 der Richtlinie 90/314/EWG des Rates vom 13. Juni 1990 über Pauschalreisen“ dahin auszulegen ist, „dass ein Sachverhalt, bei dem die Zahlungsunfähigkeit des Reiseveranstalters auf dessen betrügerisches Verhalten zurückzuführen ist, in den Geltungsbereich dieses Artikels fällt“[248]. Daher ist der Kundengeldabsicherer, also das Versicherungsunternehmen, auch zur Zahlung an den Kunden/Reisenden aus dem Sicherungsschein verpflichtet, wenn es zum Reiseausfall aufgrund von Betrug des Reiseveranstalters gekommen ist.

7.5 Abweichende Vereinbarungen

Wissen | **Gesetzliche Regelung zu abweichenden Vereinbarungen**

§ 651y BGB lautet wörtlich:

„Von den Vorschriften dieses Untertitels darf, soweit nichts anderes bestimmt ist, nicht zum Nachteil des Reisenden abgewichen werden. Die Vorschriften dieses Untertitels finden, soweit nichts anderes bestimmt ist, auch Anwendung, wenn sie durch anderweitige Gestaltungen umgangen werden."

Bei § 651y BGB handelt es sich um sog. „halbstrenges Recht"[249], von dem nicht zu Ungunsten des Verbrauchers abgewichen werden darf.

✻ Kurzrepetitorium

- Der Rücktritt des Reisenden vor Reisebeginn ist gesetzlich in § 651h Abs. 1 bis 3 BGB, der Rücktritt des Reiseveranstalters vor Reisebeginn in § 651h Abs. 4 bis 5 BGB geregelt.
- Der Reiseveranstalter ist berechtigt, vor Reisebeginn nach § 651h Abs. 4 Satz 1 BGB zurückzutreten, wenn „die im Vertrag angegebene Mindestteilnehmerzahl“ nicht erreicht wird (§ 651h Abs. 4 Satz 1 Nr. 1 lit a bis c BGB) oder er durch „unvermeidbare, außergewöhnliche Umstände an der Erfüllung des Vertrags gehindert“ wird (§ 651h Abs. 4 Satz 1 Nr. 2 BGB).
- Der Reisende kann grundsätzlich – ohne Angabe von Gründen – vom Pauschalreisevertrag vor Reisebeginn zurücktreten, muss dann jedoch mit Stornokosten gemäß § 651h Abs. 2 Satz 1 Nr. 1 bis Nr. 3 BGB (Stornopauschale) oder nach § 651h Abs. 2 Satz 2 und 3 BGB (konkrete Entschädigung) rechnen. Üblicherweise werden bei Flugpauschalreisen folgende Entschädigungs-/Stornopauschalen durch AGB in den Pauschalreisevertrag gemäß § 305 Abs. 2 BGB einbezogen: Rücktritt bis 30 Tage vor Reisebeginn: 20 %; ab. 29. bis 22 Tag: 30 %; ab 21. bis 15. Tag: 40 %; ab 14. bis 7. Tag: 50 %; ab 6. Tag: 55 %; sowie ab Nichtantritt: 75 %. Die Wirksamkeit der Stornopauschalen in AGB sind – der Höhe nach – im Einzelfall (insbesondere bei Pauschalreisen, die keine Flugpauschalreisen sind) anhand einschlägiger Rechtsprechung zu überprüfen.
- Die Insolvenzsicherung bei der Pauschalreise folgt aus §§ 651r–t BGB sowie Art. 252 EGBGB i. V. m. Anlage 18 (dem abgedruckten „Muster für den Sicherungsschein“).

✻ Wissenscheck zur Prüfungsvorbereitung

1. Recherchieren Sie Reisewarnungen des Auswärtigen Amtes aus jüngster Zeit.
2. Erklären Sie, welche Entschädigungs-/Stornopauschalen – abhängig vom Zeitpunkt vor Reisebeginn – bei Flugpauschalreisen nach der Rechtsprechung für wirksam erachtet werden.
3. Bennen Sie mindestens drei Beispielsfälle für „unvermeidbare, außergewöhnliche Umstände".
5. Benennen Sie Fälle, die keine Kündigung wegen „unvermeidbarer, außergewöhnlicher Umstände" rechtfertigen.
6. Erläutern Sie die Haftung des Kundengeldabsicherers im Fall der Insolvenz (a) des Reiseveranstalters; sowie (b) eines Leistungsträgers des Reiseveranstalters (z. B. Hotel oder Fluggesellschaft).

✻ Weiterführende Quellen

I. Literatur für Lehre und Praxis

1. Bergmann, Stefanie (2018): Das neue Reiserecht. 1. Aufl. München: C. H. Beck. Kapitel 3, Rz. 190–210. Kapitel 4, Rz. 256–260.
2. Risse, Stefanie (2018): Das neue Reiserecht 2018. Pauschalreise – Fluggastrechte – Gastschulaufenthalte. Bonn: Deutscher Anwaltverlag. § 2, Rz. 135–147 und Rz. 200–212.

II. Aktuelle Rechtsprechung

1. EuGH, Urteil vom 16.2.2012 – C-134/11 (HanseMerkur) – zur Zahlungsunfähigkeit des Pauschalreiseveranstalters bei betrügerischer Absicht, Rz. 26. Online abrufbar unter *http://curia.europa.eu/juris/document/document.jsf?text=&docid=119507&pageIndex=0&doclang=DE&mode=req&dir=&occ=first&part=1* (abgerufen am 22.3.2019).
2. BGH, Urteil vom 20.6.2006 – X ZR 59/05 – zur zulässigen Höhe der Anzahlung bei einer Pauschalreise. *NJW* 2006, 3134. Online abrufbar unter *http://juris.bundesgerichtshof.de/cgi-bin/rechtsprechung/document.py?Gericht=bgh&Art=en&nr=37456&pos=0&anz=1* (abgerufen am 22.3.2019)

8 Lerneinheit: Gastschulaufenthalte (§ 651u BGB) und Geltendmachung reiserechtlicher Ansprüche

„Travel, in the younger sort, is a part of education, in the elder, a part of experience. "

Francis Bacon, The Viscount St. Albans (1561–1626) in: The Essays and Counsels, Civil and Moral, Of Travel[250]

Lernziele

In dieser Lerneinheit

- lernen Sie die Anwendbarkeit pauschalreisevertraglicher Vorschriften nach §§ 651a ff. BGB auf Gastschulaufenthalte gemäß § 651u BGB kennen;
- machen Sie sich mit den Rechten und Pflichten des Reiseveranstalters, des Reisenden und des Gastschülers bei Gastschulaufenthalten vertraut;
- lernen Sie die allgemeinen und besonderen Kündigungs- und Rücktrittsrechte bei Gastschulaufenthalten kennen; sowie
- werden Sie mit den Grundzügen der außergerichtlichen sowie gerichtlichen Geltendmachung reiserechtlicher Ansprüche vertraut gemacht.

Empfohlener Gesamtarbeitsaufwand | **270 Minuten (4,5 Zeitstunden)**

a) Vorlesungszeit/Kontaktstunden: 90 Minuten.
b) Lesen des Textes der Lerneinheit 8 sowie Nacharbeiten von Fall 8: 90 Minuten.
c) Lesen der empfohlenen weiterführenden Quellen sowie Durcharbeiten der Fragen im Wissenscheck zur Prüfungsvorbereitung: 90 Minuten.

Fall 8 | **Das Schuljahr in Panama**
(Quelle: Eigene Darstellung)

Die 16-jährige Gymnasiastin Dorothea Dröge (**D**) will ein Schuljahr (zehn Monate) in Panama bei einer Gastfamilie mit Besuch der dortigen Highschool verbringen. Die Eltern von D buchen über den Reiseveranstalter „Austauschreisen für Schüler leicht gemacht"-GmbH (**A-GmbH**) für sie den Aufenthalt in Panama City. Gegenstand des Vertrages sind der Hin- und Rückflug von Frankfurt am Main nach Panama City, Unterbringung mit Verpflegung und Betreuung bei einer einheimischen Familie mit Kindern in ähnlichem Alter wie D sowie Schulbesuch zum Gesamtpreis von EUR 15.000,-.

a) Was für einen Vertrag haben die Eltern von D mit der A-GmbH geschlossen?
b) Benennen Sie die Vertragsparteien im Einzelnen.
c) Welche vertraglichen Pflichten bestehen zwischen Reiseveranstalter, Reisendem und Gastschüler bei Gastschulaufenthalten gemäß § 651u BGB?

Abwandlung 1 | **Kündigung des Gastschulaufenthalts nach Reisebeginn**

(Quelle: Eigene Darstellung in Anlehnung an Führich (2018), Kapitel 12, Fall 12, Frage 3 (vor Rz. 214))

D ist von ihrem Aufenthalt in Panama enttäuscht, da sie keinen Latino-Freund fand und ihr die Kinder der Gastfamilie unsympathisch waren. Sie bricht daher ihren Aufenthalt nach drei Monaten ab und reist vorzeitig nach Deutschland zurück.

a) Haben die Eltern von D Anspruch auf Rückzahlung des Reisepreises?
b) Wenn ja, in welcher Höhe?

Abwandlung 2 | **Geltendmachung reiserechtlicher Ansprüche**

(Quelle: Eigene Dartellung in Anlehnung an LG Berlin, Urteil vom 19.4.2004, RRa 2005, 227)

D wird nicht – wie vertraglich vereinbart – bei einer Familie mit Kindern in ähnlichem Alter, sondern bei einem allein lebenden Mann in Panama City untergebracht. Der Mann ist beruflich viel unterwegs und D bleibt sich die meiste Zeit selbst überlassen. Außerdem wird D zunächst der Schulbesuch in der örtlichen Highschool mehrere Wochen verweigert.

a) Liegen Reisemängel vor? Begründen Sie Ihre Antwort.
b) Welche Rechte stehen den Eltern von D zu, wenn man von Reisemängeln ausgeht?
c) Welche Möglichkeiten haben die Eltern von D, etwaige Reisemängelansprüche außergerichtlich oder gerichtlich durchzusetzen?

8.1 Gastschulaufenthalte

Der deutsche Gesetzgeber entschied sich mit § 651u BGB dazu, auf **Gastschulaufenthalte** (→ temporary school stays (abroad)) grundsätzlich das Pauschalreisevertragsrecht der §§ 651a-y BGB anzuwenden, obwohl beim Gastschulaufenthalt lediglich die Beförderung eine Reiseleistung gemäß § 651a Abs. 3 Nr. 1 BGB darstellt. Es fehlt an einer zweiten Reiseleistung, da Auswahl und Unterbringung in einer Gastfamilie sowie Schulbesuch nicht als „Reiseleistungen im Sinne dieses Gesetzes" in § 651a Abs. 3 BGB aufgeführt sind.

8.1.1 Anwendungsbereich des § 651u BGB

Der Anwendungsbereich des § 651u BGB ist eröffnet, wenn dessen tatbestandlichen Voraussetzungen erfüllt sind.

Diese sind das Vorliegen eines nach §§ 145 ff. BGB wirksam zustande gekommenen Vertrages, der einen Gastschulaufenthalt gemäß § 651u Abs. 1 Satz 1 BGB zum Gegenstand haben muss.

Dabei erfordert ein Gastschulaufenthalt einen „mindestens drei Monate andauernden und mit dem geregelten Besuch einer Schule verbundenen Aufenthalt des Gastschülers bei einer Gastfamilie in einem anderen Staat (Aufnahmeland)". Im Übrigen besteht gemäß § 651u Abs. 1 Satz 2 BGB die Möglichkeit, dass die Parteien die Regeln über Pauschalreiseverträge nach §§ 651a ff. BGB auch auf Gastschulaufenthalte oder Praktika mit einem Aufenthalt in einer Gastfamilie von weniger als drei Monaten freiwillig vereinbaren können. Sprachreisen hingegen fallen nicht in den Anwendungsbereich des § 651u BGB, sondern qualifizieren sich als Pauschalreisen mit der Reiseleistung „Beherbergung" (§ 651a Abs. 3 Nr. 2 BGB) sowie einer sonstigen touristischen Leistung (§ 651a Abs. 3 Nr. 4 BGB) in Form eines Sprachkurses, der i. d. R. einen erheblichen Anteil von mehr als 25 % des Gesamtwertes der Reise (§ 651a Abs. 4 Satz 1 Nr. 1 und Satz 2 BGB) ausmachen dürfte.

Fall 8 | **Antwort auf Frage a)**

Die Eltern von D haben mit der A-GmbH einen Vertrag nach §§ 145 ff. BGB geschlossen, der einen Gastschulaufenthalt gemäß § 651u BGB zum Gegenstand hat: Es handelt sich um einen „mindestens drei Monate andauernden Aufenthalt" (hier zehn Monate) „in einem anderen Staat", dem sog. Aufnahmeland (hier Panama), der Gastschülerin D „bei einer Gastfamilie", wobei der Aufenthalt mit „dem geregelten Besuch einer Schule" geschuldet ist.

8.1.2 Die Beteiligten

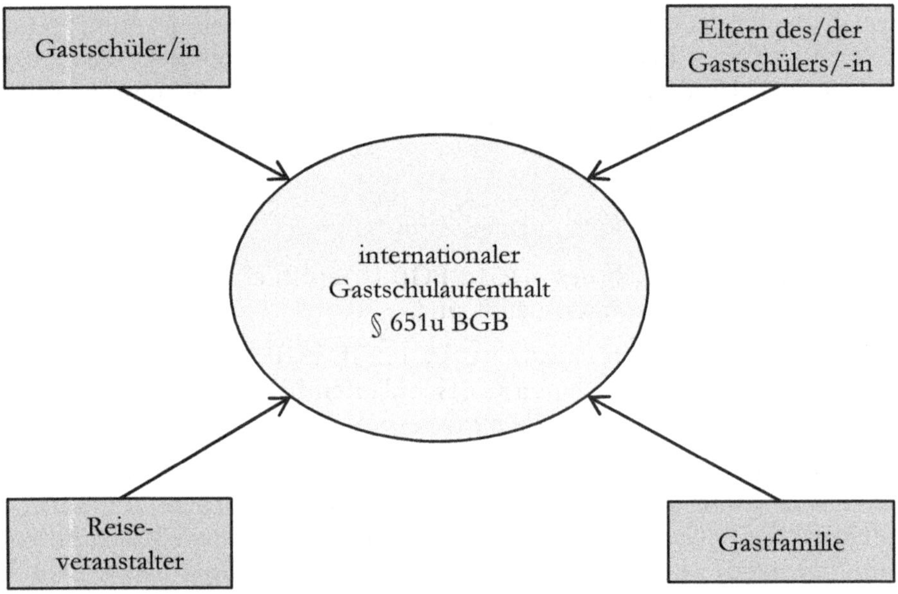

Abb. 8: Beteiligte beim Gastschulaufenthalt gemäß § 651u BGB
(Quelle: Eigene Darstellung)

Fall 8 | **Antwort auf Frage b)**

Parteien gemäß § 651u BGB sind einerseits die Eltern von D als „Reisende", D als (drittbegünstigte) Gastschülerin, die A-GmbH als Reiseveranstalter sowie die Gasteltern als Erfüllungsgehilfen des Reiseveranstalters gemäß §§ 278, 276 BGB.

8.1.3 Besondere Pflichten des Reiseveranstalters bei Gastschulaufenthalten

Abgesehen von den für jeden Pauschalreisevertrag geltenden allgemeinen vorvertraglichen Informations- und Nachweispflichten des Reiseveranstalters gemäß Art. 250 EGBGB über Form und Zeitpunkt der vorvertraglichen Unterrichtung (§§ 1 und 3), Gestaltung des Vertrags (§ 5), Abschrift oder Bestätigung des Vertrags (§ 6) sowie zu den Reiseunterlagen (§ 7), treffen den Reiseveranstalter beim Gastschulaufenthalt zusätzliche Pflichten. Diese lassen sich in **Organisationspflichten** (→ duties of organization) sowie **zusätzliche Informationspflichten** (→ duties regarding additional information requirements) einteilen.

8.1.3.1 Organisationspflichten

Zu den Organisationspflichten gehören die **Unterbringung des Gastschülers bei einer Gastfamilie** (→ guest student's lodging with a host familiy) sowie die **Organisation eines geregelten Schulbesuchs** (→ organization of regular school attendance) für den Gastschüler.

8.1.3.2 Unterkunft des Gastschülers in einer Gastfamilie

Gemäß § 651u Abs. 2 Nr. 1 BGB hat der Reiseveranstalter „für eine nach den Verhältnissen des Aufnahmelands angemessene Unterkunft, Beaufsichtigung und Betreuung des Gastschülers in einer Gastfamilie zu sorgen".

Insoweit können in Ländern der Dritten Welt oder Schwellenländern nicht *per se* die gleichen Unterbringungs-, Beaufsichtigungs- und Betreuungsstandards erwartet werden wie in industrialisierten Ländern. Dies gilt jedoch nicht, wenn der Reiseveranstalter bestimmte Standards, z. B. Unterbringung im Einzelzimmer, vertraglich zugesichert hat. Bei der Auslegung des unbestimmten Rechtsbegriffs[251] der „Angemessenheit" sind also die landesüblichen Gegebenheiten maßgeblich.

So wurde die Unterbringung eines Gastschülers in einem Township in Südafrika als angemessen beurteilt und ein Reisemangel entsprechend abgelehnt.[252]

Andererseits wurde eine unangemessene Unterbringung von der Rechtsprechung z. B. in folgenden Fällen angenommen: Unterbringung eines Gastschülers – ohne entsprechenden Sicherheitshinweis des Reiseveranstalters – in einem Malaria-Risikogebiet in Südafrika[253]; Unterbringung in einem Schweinemastbetrieb in Frankreich, der dreimal so weit von der für die Gastschülerin ausgewählten Schule entfernt lag, wie im Reisekatalog ausgewiesen[254] sowie Unterbringung nicht bei einer Familie, sondern bei einem berufstätigen alleinstehenden Mann, so dass der Gastschüler sich im Wesentlichen selbst überlassen blieb[255].

8.1.3.3 Geregelter Schulbesuch

Ferner trifft den Reiseveranstalter gemäß § 651l Abs. 2 Nr. 2 BGB die Organisationspflicht, „die Voraussetzungen für einen geregelten Schulbesuch des Gastschülers im Aufnahmeland zu schaffen".

Bedient sich der Reiseveranstalter für die Organisation des Schulbesuchs örtlicher Agenturen, die also seine **Erfüllungsgehilfen** (→ assistants employed by the debtor in the performance of his obligation, → vicarious agents) sind, so wird ihm ein etwaiges **Verschulden** derselben wie eigenes Verschulden gemäß §§ 278, 276 BGB **zugerechnet** (→ attribution of blame, → vicarious liability).

So nahm die Rechtsprechung einen Reisemangel in einem Fall an, in dem der Gastschüler lediglich reduziert am Schulunterricht wegen einer Prüfungsphase teilnehmen durfte.[256]

8.1.3.4 Rechtsfolgen bei Verletzung der Organisationspflichten

Verletzt der Reiseveranstalter seine Organisationspflichten, so kommt für den Reisenden (hier die Eltern) die Geltendmachung der Rechte bei Reisemängeln nach § 651i Abs. 3 BGB in Betracht:

Abhilfe (§ 651k Abs. 1 BGB), Selbstabhilfe (§ 651k Abs. 2 BGB), Abhilfe durch Ersatzleistungen (§ 651k Abs. 3 BGB), Kostentragung für eine notwendige anderweitige Beherbergung (§ 651k Abs. 4 und 5 BGB), Vertragskündigung (§ 651l BGB), Minderung des Reisepreises (§ 651m BGB) sowie Schadensersatz wegen Nichterfüllung (§ 651n Abs. 1 BGB). Indes scheidet ein Anspruch auf Schadensersatz wegen nutzlos aufgewendeter Urlaubszeit (§ 651n Abs. 2 BGB) aus, da Gastschulaufenthalte nicht als Urlaubs-, sondern als Ausbildungszeit beurteilt werden.[257]

8.1.4 Zusätzliche Informationspflichten

Die zusätzlichen Informationspflichten des Reiseveranstalters ergeben sich insbesondere aus Art. 250 § 2 Abs. 2 EGBGB, wonach bei Verträgen über Gastschulaufenthalte (§ 651u BGB) „anstelle des Formblatts gemäß dem in Anlage 11 erhaltenen Muster das zutreffend ausgefüllte Formblatt gemäß dem in Anlage 12 enthaltenen Muster zu verwenden" ist. Weitere besondere Informationspflichten folgen aus § 651u Abs. 3 BGB und Art. 250 Abs. 9 EGBGB ist. Der Reiseveranstalter hat den Reisenden nach § 651u Abs. 3 BGB angemessen vorzubereiten „und spätestens zwei Wochen vor Antritt der Reise über Folgendes" zu informieren:

„1. Namen und Anschrift der für den Gastschüler nach Ankunft bestimmten Gastfamilie und

2. Namen und Erreichbarkeit eines Ansprechpartners im Aufnahmeland, bei dem auch Abhilfe verlangt werden kann“.

Verletzt der Reiseveranstalter die vorgenannten besonderen Informationspflichten, so kann der Reisende kostenfrei vom Vertrag gemäß § 651u Abs. 3 BGB zurücktreten. Der Reiseveranstalter verliert in diesen Fällen seinen Entschädigungsanspruch, da dann § 651h Abs. 1 Satz 3, Abs. 2 BGB keine Anwendung finden.

8.1.5 Pflichten des Reisenden (Eltern)

Gemäß § 651a Abs. 1 Satz 2 BGB ist der Reisende „verpflichtet, dem Reiseveranstalter den vereinbarten Reisepreis zu zahlen“. Bei einem minderjährigen Gastschüler trifft dessen Eltern – als gesetzliche Vertreter – die Pflicht, im Rahmen ihres Erziehungsauftrags positiv auf den Gastschüler einzuwirken und ihn zur „Mitwirkung“ für das Gelingen des Gastschulaufenthalts nach § 651u Abs. 2 Halbs. 1 BGB zu motivieren und zu unterstützen.

8.1.6 Mitwirkungspflicht des Gastschülers gemäß § 651u Abs. 2 Halbs. 1 BGB

Bei der **Mitwirkungspflicht** oder **Mitwirkungsobliegenheit** (⟶ obligation to co-operate) des Gastschülers gemäß § 651u Abs. 2 Halbs. 1 BGB handelt es sich um eine **nicht einklagbare gesetzliche Obliegenheit** (⟶ non-actionable statutory obligation), die jedoch im Interesse des Gastschülers und seiner Eltern liegen sollte. Das Gelingen des Gastschulaufenthalts fällt eben nicht ausschließlich in die Sphäre des Reiseveranstalters, der Gastfamilie und örtlichen Schule, sondern hängt maßgeblich auch von dem auf die neue Kultur und Umgebung positiv eingestellten Gastschüler und dessen Mitwirkung während des Gastschulaufenthalts ab.[258]

> Fall 8 | **Antwort auf Frage c)**
>
> Die vertraglichen Pflichten des Reiseveranstalters beim Gastschulaufenthalt folgen aus § 651u Abs. 2 bis 4 BGB, Art. 250 § 9 EGBGB sowie Art. 250 § 2 Abs. 2 EGBGB. Insbesondere hat der Reiseveranstalter dem Reisenden vor Vertragsschluss „das zutreffend ausgefüllte Formblatt gemäß dem in Anlage 12“ zu Art. 250 § 2 Abs. 2 EGBGB enthaltenen Muster zur Verfügung zu stellen. Zu den vertraglichen Hauptpflichten zählen die Einhaltung der vertraglich vereinbarten Zusicherungen (z. B. zum Auf-

nahmeland), gemäß § 651u Abs. 2 Nr. 1 BGB „eine nach den Verhältnissen des Aufnahmelands angemessenen Unterkunft, Beaufsichtigung und Betreuung des Gastschülers in einer Gastfamilie", nach § 651l Abs. 2 Nr. 2 BGB die Schaffung der „Voraussetzungen für einen geregelten Schulbesuch des Gastschülers im Aufnahmeland", gemäß § 651u Abs. 3 BGB die Mitteilung bis zwei Wochen vor Reiseantritt über „Namen und Anschrift der für den Gastschüler nach Ankunft bestimmten Gastfamilie" (Nr. 1) sowie „Namen und Erreichbarkeit eines Ansprechpartners im Aufnahmeland, bei dem auch Abhilfe verlangt werden kann" (Nr. 2). Die Gastschülerin D trifft gemäß § 651u Abs. 2 Halbs. 1 BGB die Verpflichtung, an dem Gelingen des Gastschulaufenthalts mitzuwirken; man spricht hier von einer Mitwirkungsobliegenheit. Die Eltern von D (als Reisende) schulden die Zahlung des vereinbarten Reisepreises und sollten D – die noch minderjährig ist – im Hinblick auf deren Mitwirkungspflicht zum Gelingen des Gastschulaufenthalts pädagogisch motivieren und unterstützen.

8.1.7 Die Kündigung eines Gastschulaufenthalts

Das **allgemeine Kündigungsrecht** (⟶ general right to termination) ergibt sich für Gastschulaufenthalte aus § 651u Abs. 4 Satz 1 BGB. Hiernach kann der Reisende „den Vertrag bis zur Beendigung der Reise jederzeit" ohne Angabe von Gründen[259] kündigen.

Die Kündigung hat durch den Reisenden (Eltern) gegenüber dem Reiseveranstalter (als unmittelbarem Vertragspartner) zu erfolgen. Eine Kündigung gegenüber der Gastfamilie oder dem Ansprechpartner des Reiseveranstalters im Aufnahmeland ist nur dann wirksam, wenn diese zur Entgegennahme von Willenserklärungen für den Reiseveranstalter ermächtigt sind. Im Fall der Kündigung durch den Reisenden nach § 651u Abs. 4 Satz 1 BGB kann der Reiseveranstalter „den vereinbarten Reisepreis abzüglich der ersparten Aufwendungen" (§ 651u Abs. 4 Satz 2 BGB) verlangen und muss notwendige Maßnahmen – wie die Rückbeförderung des Gastschülers – veranlassen (§ 651u Abs. 4 Satz 3 BGB). Etwaige Mehrkosten dieser notwendigen Maßnahmen „fallen dem Reisenden zur Last" (§ 651u Abs. 4 Satz 4 BGB). Für die Berechnung der ersparten Aufwendungen hat der Reiseveranstalter grundsätzlich seine Kalkulationsgrundlage offenzulegen.[260]

Spezielle Kündigungsrechte, die dem allgemeinen Kündigungsrecht nach § 651u Abs. 4 BGB vorgehen (vgl. § 651u Abs. 4 S. 5 BGB), können sich bei erheblichen Reisemängeln aus § 651l BGB – z. B. bei Unterbringung des Gastschülers in einem Malariagebiet in Südafrika[261] – ergeben.

Abwandlung 1 | **Antwort auf Frage a)**

Dass D von ihrem Aufenthalt in Panama enttäuscht ist, weil sie keinen Latino-Freund fand und ihr die Kinder der Gastfamilie unsympathisch waren, stellt keinen Reisemangel dar. Dies sind Umstände, die außerhalb der Sphäre des Reiseveranstalters liegen und vertraglich nicht geschuldet sind. Daher kommt eine Kündigung wegen eines erheblichen Reisemangels nach § 651l BGB nicht in Betracht. D's Eltern könnten den Vertrag aufgrund des vorzeitigen Reiseabbruchs ihrer Tochter jedoch gemäß § 651u Abs. 4 S. 1 BGB kündigen.

Abwandlung 1 | **Antwort auf Frage b)**

Die Rechtsfolgen einer solchen Kündigung folgen aus § 651u Abs. 4 Sätze 2 bis 4 BGB. Hiernach „ist der Reiseveranstalter berechtigt, den vereinbarten Reisepreis abzüglich der ersparten Aufwendungen zu verlangen" (§ 651u Abs. 4 Satz 2 BGB) und hat die „infolge der Kündigung notwendigen Maßnahmen zu treffen", inbesondere für die Rückbeförderung des Gastschülers zu sorgen (§ 651u Abs. 4 Satz 3 BGB). Etwaige „Mehrkosten fallen dem Reisenden zur Last" (§ 651u Abs. 4 Satz 4 BGB), wobei der Reiseveranstalter die Kalkulationsgrundlage dieser Mehrkosten offenlegen muss. Vorliegend haben die Eltern von D keinen Anspruch auf Rückzahlung des gesamten Reisepreises. Sie haben lediglich Anspruch – unter Anrechnung etwaiger von ihnen zu tragenden Mehrkosten für den vorzeitigen Rücktransport – auf Erstattung der Aufwendungen, die sich der Reiseveranstalter erspart hat.

8.1.7.1 Gestaltungsrechte des Reiseveranstalters

Dem Reiseveranstalter stehen nur sehr eingeschränkte Kündiungsrechte bei Gastschulaufenthalten zu. So sieht § 651l BGB kein allgemeines Kündigungsrecht des Reiseveranstalters vor. Er ist lediglich berechtigt, vor Reisebeginn vom Vertrag gemäß § 651h Abs. 4 Satz 1 BGB bei Nichterreichen der im Vertrag angegebenen Mindestteilnehmerzahl (§ 651h Abs. 4 Satz 1 Nr. 1 BGB) oder bei Vorliegen „unvermeidbarer, außergewöhnlicher Umstände" (§ 651h Abs. 3 Satz 2 BGB), die ihn an der Erfüllung des Vertrags hindern (§ 651h Abs. 4 Satz 1 Nr. 2 BGB) – beides angemessene Rücktrittsvorbehalte i. S. d. § 308 Nr. 3 BGB – zurückzutreten oder „aus wichtigem Grund" gemäß § 314 BGB zu kündigen. Als wichtige (außerordentliche) Kündigungsgründe kommen z. B. strafbare Handlungen des Gastschülers – etwa Diebstahl, Handeln mit Pornoseiten[262] oder Drogenkonsum[263] – in Betracht.

8.2 Geltendmachung reiserechtlicher Ansprüche

Grundsätzlich besteht für den Reisenden die Möglichkeit, den **nicht streitigen Weg** (→ non-contentious approach) und/oder den **streitigen Weg** (→ contentious approach), letzteren über einen **Gerichtsprozess** (→ lawsuit) nach erfolglosem **gerichtlichen Mahnverfahren** (→ judicial dunning proceedings), zu beschreiten.

Der nicht streitige Weg endet typischerweise mit einer außergerichtlichen Einigung, z. B. indem der Reisende einen vom Reiseveranstalter angebotenen Reisegutschein oder eine Ersatzreise akzeptiert. Dies kann formlos – z. B. per E-Mail-Korrespondenz – oder mittels eines förmlichen **außergerichtlichen Vergleichs** (→ out-of-court-settlement) geschehen.

Ein **außergerichtliches Schlichtungsverfahren** (→ out-of-court-arbitration process) gemäß § 15a EGZPO kommt kaum in Betracht, zumal nur einige Bundesländer von der Einrichtung solcher Gütestellen in unterschiedlichem Umfang Gebrauch gemacht haben.[264] Ebenso dürfte die Anrufung der **Schlichtungsstelle für den Öffentlichen Personenverkehr (söp)**[265] i. d. R. ausscheiden, denn deren Zuständigkeit kommt bei Pauschalreisen allenfalls dann in Frage, wenn die Parteien über Beförderungsmängel oder solche Schäden, die im Personenverkehr verursacht wurden, streiten. Ob und ggf. in welchem Umfang söp zukünftig auch im Pauschalreisevertragsrecht tätig sein wird, bleibt abzuwarten.

Auch ein **Mediationsverfahren** (→ mediation) oder **Schiedsverfahren** (→ arbitration), letzteres vor einer von den Parteien zu bestimmenden **Schiedsstelle** oder einem **Schiedsgericht** (→ arbitration tribunal), sei es ein Ad-hoc-Schiedsgericht oder ein institutionalisiertes Schiedsgericht, z. B. über die **Deutsche Institution für Schiedsgerichtsbarkeit (DIS)**[266] (→ German Institution of Arbitration), kommt wegen der meist niedrigen Streitwerte bei Reiserechtsstreitigkeiten aus Kostengründen kaum in Betracht.

8.2.1 Vorbereitung der Anspruchsdurchsetzung

Nach neuer Rechtslage ist die einmonatige **Ausschlussfrist** (→ cut-off period, → preclusion period) für die Anmeldung pauschalreiserechtlicher Ansprüche nach § 651g Abs. 1 a. F. für ab dem 1.7.2018 geschlossene Pauschalreiseverträge entfallen.

Gemäß § 651p Abs. 2 BGB kann sich „der Reiseveranstalter gegenüber dem Reisenden" jedoch auf andere Ausschlussfristen aus internationalen Übereinkünften berufen. Solche Ausschlussfristen erscheinen sachgerecht im Hinblick auf die **Beweissicherung** (→ preservation of evidence).

Im Fall der Flugbeförderung muss der Empfänger bei Gepäckschäden nach Art. 31 Abs. 2 Satz 1 MÜ „unverzüglich nach Entdeckung des Schadens, bei aufgegebenem Reisegepäck jedenfalls binnen sieben und bei Gütern binnen vierzehn Tagen nach der Annahme, dem Luftfrachtführer Anzeige erstatten." Im Fall einer Gepäckverspätung gilt Art. 31 Abs. 2 Satz 2 MÜ. Hiernach „muss die Anzeige binnen einundzwanzig Tagen, nachdem das Reisegepäck oder die Güter dem Empfänger zur Verfügung gestellt worden sind, erfolgen."

Bei der Beförderung von Reisenden und ihrem Gepäck auf See gilt die Ausschlussfrist des Art. 15 AÜ. Hiernach sind erkennbare Gepäckschäden unverzüglich, andernfalls 15 Tage ab Aushändigung des Gepäcks anzuzeigen.

Bei Auftreten von Reisemängeln sollten diese bereits während der Reise gegenüber der örtlichen Reiseleitung, dem sonstigen lokalen Ansprechpartner oder dem Reiseveranstalter zwecks Abhilfe vor Ort angezeigt werden. Empfehlenswert ist die unverzügliche Erstellung eines substantiierten Mängelprotokolls.[267]

Abwandlung 2 | **Antwort auf Frage a)**

Es liegt ein Reisemangel i. S. d. Fehlens der vereinbarten Beschaffenheit gemäß § 651i Abs. 2 Satz 1 BGB vor, da mit dem Reiseveranstalter vertraglich vereinbart war, dass D bei einer Familie mit Kindern im selben Alter untergebracht werden sollte. Der Reiseveranstalter schuldet eben diese Unterbringung in einer Gastfamilie und ist dieser Verpflichtung durch die Unterbringung bei einem allein lebenden Mann, der wegen seiner beruflichen Tätigkeit kaum zu Hause war und sich nicht in angemessenem Umfang um D kümmern konnte, nicht nachgekommen. Ebenso war der Schulbesuch geschuldet; der mehrwöchige Ausfall des Schulbesuchs stellt ebenfalls einen Reisemangel dar, dem jedoch nach mehreren Wochen abgeholfen werden konnte.

Abwandlung 2 | **Antwort auf Frage b)**

Den Eltern von D stehen grundsätzlich die Rechte aus §§ 651i Abs. 3 BGB zu. Zunächst sollten Ds Eltern vom Reiseveranstalter Abhilfe – in Form anderweitiger Unterbringung ihrer Tochter bei einer geeigneten Familie mit Kindern sowie der Ermöglichung des Schulbesuchs – verlangen. Wird ihrem Abhilfeverlangen nicht innerhalb einer angemessenen Frist nachgekommen, so können sie selbst Abhilfe schaffen und eine Reisepreisminderung nach § 651m BGB für den Zeitraum der mangelhaften Unterbringung sowie den Ausfall des mehrwöchigen Schulbesuchs verlangen. Können sie selbst nicht abhelfen, so können sie am Vertrag festhalten und eine Reisepreisminderung für die mangelhafte Unterbringung während der Gesamtdauer des Gastschulaufenthalts sowie für die Dauer des verweigerten Schulbesuchs verlangen. Ob die Erheblichkeitsschwelle von ca. 30 % wegen der mangelhaften Unterbringung bei einem alleinstehenden Mann erreicht ist – dies würde zur Kündigung gemäß § 651l BGB berechtigen – muss m. E. bejaht werden. So ist vorliegend die Unterbringung bei einer Familie mit gleichaltrigen Kindern als vereinbarte Beschaffenheit geschuldet. Hauptzweck des Gastschulaufenthalts ist neben dem Schulbesuch gerade die Unterbringung in der Gastfamilie. Hier verbringt die Schülerin den Großteil ihrer Zeit im Ausland und soll durch das tagtägliche Miteinander mit den Eltern und Kindern der Gastfamilie ihre Sprachkenntnisse sowie ihr soziokulturelles Verständnis erweitern. Der Reiseveranstalter hat ein Verschulden seiner Erfüllungsgehilfen – hier des Leistungsträgers Schule und der Gastfamilie bzw. der Agentur, die die Gastfamilie organisiert hat – wie eigenes Verschulden nach §§ 276, 278 BGB zu vertreten. Insoweit können die Eltern von D zusätzlich Schadensersatz wegen Nichterfüllung nach § 651n Abs. 1 BGB verlangen. Ein immaterieller Schadensersatzanspruch für nutzlos aufgewendete Urlaubszeit gemäß § 651n Abs. 2 BGB scheidet aus, da Gastschulaufenthalte keine Erholungsreisen darstellen.

8.2.2 Verjährung gemäß § 651j BGB

Im Übrigen verjähren „die in § 651i Abs. 3 bezeichneten Ansprüche des Reisenden" gemäß § 651j Satz 1 BGB „in zwei Jahren". Dabei beginnt nach § 651j Satz 2 BGB die Verjährungsfrist „mit dem Tag, an dem die Pauschalreise dem Vertrag nach enden sollte." Wie sich aus § 651y BGB ergibt, kann die Verjährungsfrist nicht mehr – so wie nach alter Rechtslage vor dem 1.7.2018 – auf ein Jahr durch AGB verkürzt werden.

Sonderverjährungsfristen (⟶ special statutory periods of limitation) aus internationalen Übereinkünften (§ 651p Abs. 2 BGB) sowie Anspruchsgrundlagen außerhalb des Pauschalreisevertragsrechts bleiben von der zweijährigen Verjährungsfrist des § 651j BGB unberührt.

So muss vor der Anwendung des § 651j BGB im Einzelfall geprüft werden, ob Sonderverjährungsfristen, z. B. die zweijährige Verjährungsfrist für Flugschäden bei internationaler Flugbeförderung gemäß Art. 35 MÜ, oder die **regelmäßige Verjährungsfrist** (→ general statotury period of limitation) von drei Jahren nach § 195 BGB einschlägig sind.

Bei **Schadensersatzansprüchen aus unerlaubter Handlung** (claims for damages based on → tort, → delict), z. B. wegen **Verletzung von Verkehrssicherungspflichten** (→ violation of duties of care to maintain safety) durch den Reiseveranstalter, ist die maßgebliche **Anspruchsgrundlage** (→ legal basis for claim) § 823 BGB. Für solche Ansprüche gilt die regelmäßige Verjährungsfrist von drei Jahren aus § 195 BGB.

Bei der Berechnung von Verjährungsfristen ist inbesondere eine **Verjährungshemmung** (→ suspension of the limitation period) zu berücksichtigen. Hier wird die „Verjährungsuhr" angehalten, z. B. bei schwebenden Verhandlungen zwischen Schuldner und Gläubiger „über den Anspruch oder die den Anspruch begründenden Umstände" gemäß § 203 Satz 1 BGB oder bei Klageerhebung nach § 204 Abs. 1 Nr. 1 BGB oder „Zustellung des Mahnbescheids im Mahnverfahren" gemäß § 204 Abs. 1 Nr. 3 BGB.

Für die Fristberechnung gelten die allgemeinen Fristberechnungsgrundsätze aus § 187 (Fristbeginn), § 188 (Fristende) sowie § 193 BGB (kein Fristende an einem Samstag, Sonn- oder Feiertag).

8.3 Neuere Entwicklungen zu außergerichtlichen Schlichtungsmöglichkeiten

Für die Durchsetzung tourismusrechtlicher Ansprüche sind die neueren Entwicklungen bei außergerichtlichen Schlichtungsmöglichkeiten zu berücksichtigen.

8.3.1 Internationale Schiedsgerichtsbarkeit auf der B2B-Ebene

Die Durchsetzung tourismusrechtlicher Ansprüche über ein **internationales Schiedsgericht** (→ international arbitration tribunal), z. B. nach den **Schiedsregeln der Internationalen Handelskammer** (→ ICC Rules of Arbitration) in der Fassung vom 1. März 2017[268] oder nach der Schiedsgerichtsordnung 2018 der Deutschen Institution für Schiedsgerichtsbarkeit (DIS)[269], spielt im Tourismusrecht – jedenfalls auf der B2C-Ebene – keine praxisrelevante Rolle. Grund hierfür ist, dass – jedenfalls bei Streitigkeiten, an denen ein Verbraucher (Reisender) beteiligt ist – i. d. R. ein Gerichtsstand im Heimatland des Verbrauchers begründet ist und sich der Verbraucher daher im gewohnten Rechtskreis vor einer ihm bekannten staatlichen Gerichtsbarkeit bewegt.

Hingegen kommen – wie bisher – für tourismusrechtliche Streitigkeiten auf der B2B-Ebene, z. B. zwischen Reiseveranstalter und Erbringer von Reiseleistungen, die in verschiedenen Ländern ihren Verwaltungssitz haben, **internationale Schiedsverfahren** (→ international commercial arbitration) in Betracht. Wenn dies gewollt ist, so ist den beteiligten Tourismusunternehmen zu empfehlen, dies über eine **Schiedsklausel** (→ arbitration clause)[270] untereinander entsprechend zu vereinbaren.

8.3.2 Alternative Streitbeilegung auf der B2C-Ebene

Allerdings besteht für Verbraucher seit einiger Zeit außergerichtlich die Möglichkeit, spezialgesetzlich geschaffene alternative Streitbeilegungsmechanismen anzustrengen. Hier ist zu unterscheiden zwischen der klassischen Verbraucherstreitbeilegung, Schlichtungen im Luftverkehr und – verkehrsträgerübergreifend – Schlichtungen über die Schlichtungsstelle für den öffentlichen Personenverkehr e. V. (**söp**)[271].

8.3.2.1 Verbraucherstreitbeilegung

Verbraucher können nach dem seit 1.4.2016 geltenden Verbraucherstreitbeilegungsgesetz[272] (**VSBG**), welches die Richtlinie 2013/11/EU des Europäischen Parlaments und des Rates vom 21. Mai 2013 über die alternative Beilegung verbraucherrechtlicher Streitigkeiten und zur Änderung der Verordnung (EG) Nr. 2006/2004 und der Richtlinie 2009/22/EG[273] (**RL 2013/11/EU**) umsetzt, vor eine gesetzlich anerkannte oder behördliche Verbraucherschlichtungsstelle ziehen. Flankiert wird die RL 2013/11/EU durch die Verordnung (EU) Nr. 524/2013 des Europäischen Parlaments und des Rates vom 21. Mai 2013 über die Online-Beilegung verbraucherrechtlicher Streitigkeiten und zur Änderung der Verordnung (EG) Nr. 2006/2004 und der Richtlinie 2009/22/EG[274] (**VO 524/2013/EU**). Hiernach können Streitigkeiten außergerichtlich über eine interaktive Online-Plattform geschlichtet werden.

Auf die vorgenannten alternativen Streitbeilegungsmöglichkeiten muss der Reiseveranstalter den Reisenden zwingend in der Reisebestätigung und im zu verwendenden Formblatt gemäß Art. 250 § 6 Abs. 2 Nr. 7 EGBGB hinweisen.

8.3.2.2 Schlichtungen im Luftverkehr

Durch das in Kraft getretene Gesetz zur Schlichtung im Luftverkehr vom 11. Juni 2013[275] wurde das **Luftverkehrsgesetz** (**LuftVG**) (→ Air Traffic Act) novelliert. Dadurch werden privatrechtlich organisierte Schlichtungsstellen ermöglicht (§ 57 LuftVG) und es wurde – über das Bundesamt für Justiz – die Errichtung einer behördlichen Schlichtungsstelle (§ 57a LuftVG) angeordnet. Solche Schlichtungsstellen können von Fluggästen bei Geltendmachung von Fluggastrechten nach der Verordnung (EG) Nr. 261/2004 (Fluggastrechte), Pflichtverletzungen gegenüber behinderten Menschen und Personen mit eingeschränkter Mobilität sowie Gepäckschäden nach dem MÜ angerufen werden.

8.3.2.3 Schlichtungen über söp

Verkehrsträgerübergreifend – also sowohl für Beförderungsunternehmen des Luft-, Eisenbahn-, Bus-, Öffentlichen Personennahverkehrs (ÖPNV) sowie Schiffsverkehrs – besteht die Möglichkeit einer – für Verbraucher kostenfreien – außergerichtlichen Schlichtung über söp, sofern die Unternehmen Mitglieder im söp-Trägerverein sind.[276] Die „Online Dispute Resolution“-Plattform der Europäischen Kommission[277] sowie die Bundesregierung erkennt söp als privatrechtlich organisierte Schlichtungstelle i. S. d. VSBG an.

8.4 Durchsetzung reiserechtlicher Ansprüche über die staatliche Gerichtsbarkeit

Als gerichtliches Verfahren kommen für die Durchsetzung reiserechtlicher Gewährleistungsansprüche das gerichtliche Mahnverfahren und/oder das Klageverfahren über die staatliche Gerichtsbarkeit, konkret die ordentliche Gerichtsbarkeit, in Frage.

8.4.1 Zuständigkeit des Gerichts

Beim gerichtlichen Mahnverfahren ist gemäß § 689 Abs. 2 Satz 1 ZPO ausschließlich das Amtsgericht sachlich und örtlich zuständig, „bei dem der Antragsteller seinen allgemeinen Gerichtsstand hat. „Hat der Antragsteller im Inland keinen allgemeinen Gerichtsstand“, so ist gemäß § 689 Abs. 2 Satz 2 ZPO „das Amtsgericht Wedding in Berlin ausschließlich zuständig.“

Im Falle eines Klageverfahrens ist gemäß § 23 GVG das Amtsgericht (bei Streitwerten von bis zu EUR 5.000,-) oder Landgericht nach §§ 71 Abs. 1, 23 GVG (bei Streitwerten von mehr als EUR 5.000,-) sachlich zuständig. Die örtliche Zuständigkeit des Amts- bzw. Landgerichts am Firmen-/Geschäftssitz des Reiseveranstalters folgt aus §§ 12, 17, 21 ZPO.

Beim Klageverfahren vor den Landgerichten ist zu beachten, dass hier eine anwaltliche Vertretung gemäß § 78 ZPO zwingend geboten ist (Anwaltszwang), während sich die Parteien vor dem Amtsgericht selber vertreten können.

Ist ein Reiseveranstalter mit Sitz im Ausland Beklagter, so **kommt ein inländischer Gerichtsstand** (⟶ domestic venue of jurisdiction) in Betracht, wenn der Reiseveranstalter über eine **Niederlassung in Deutschland** (⟶ branch office in Germany) verfügt. Da Reisende bei Pauschalreisen **Verbraucher** (⟶ consumer(s)) sind, kommt ein **Wahlgerichtsstand** (⟶ choice of jurisdiction venue, ⟶ forum shopping) gemäß Art. 17, 18 EuGVVO in Betracht, wenn der Reiseveranstalter keinen Sitz im Inland hat. In diesem Fall hat der Verbraucher die Wahl, entweder an seinem Wohnsitz oder am Sitz des Reiseveranstalters im EU-Ausland Klage zu erheben.

8.4.2 Aktivlegitimation des Klägers

Klageberechtigt ist nur, wer **aktivlegitimiert** (⟶ capacity to act as claimant in a lawsuit, ⟶ having the right to sue) ist. Dies bedeutet, dass der Kläger Inhaber des materiell-rechtlichen Anspruches sein muss, um ihn prozessual geltend machen zu können.

Insoweit ist im Reiserecht – neben der Klageerhebung durch den/die Betroffenen – ggf. auch eine **Verbandsklage der Verbraucherzentrale Bundesverband (VZBV)** (⟶ representative action by the Federation of German Consumer Organizations) in Betracht zu ziehen.[278]

Nach einem rechtskräftig gewordenen Urteil des Amtsgerichts Nürnberg, sind Fluggäste von Ryanair – trotz gegenteilig lautender AGB von Ryanair – sogar berechtigt, ihre Erstattungsansprüche an Flugrechtsportale, wie z. B. EUflight.de, abzutreten.[279] Diese können dann aus eigenem Recht – aktivlegitimiert – Klage gegen gegen das Flugunternehmen erheben.

Wollen die Betroffenen selbst klagen, so können Probleme bei **Familienreisen** (⟶ family trips) oder **Gruppenreisen** (⟶ group trips) auftreten. Hier stellt sich die Frage, wer berechtigt ist, Gewährleistungsrechte im Reiseprozess geltend machen zu dürfen.

Grundsätzlich ist der Buchende der Reise aktivlegitimiert. Bei der Familienreise stellt sich der Pauschalreisevertrag für die anderen Familienangehörigen, die nicht selbst gebucht haben, als **Vertrag zugunsten Dritter** (⟶ contract for the benefit of a third party) dar. Aufgrund des besonderen, dem Reiseveranstalter erkennbaren **Näheverhältnisses** (⟶ proximate relationship), gilt der Buchende hier als berechtigt, alle Gewährleistungsansprüche gemäß § 651i Abs. 3 BGB – mit Ausnahme von **höchstpersönlichen Schadensersatzansprüchen** (⟶ personal claims for damages) nach

§ 651n BGB[280] – für die Familienmitglieder im Reiseprozess geltend machen zu dürfen.[281] Lediglich höchstpersönliche Schadensersatzansprüche der anderen Familienmitglieder müssen von diesen an den Buchenden gemäß § 398 BGB **abgetreten** (→ assigned) werden, damit sie der Vorgenannte geltend machen kann.

Bei der Gruppenreise ist – ausgehend von einer Offenlegung der Vertretung und Benennung der einzelnen Gruppenmitglieder – eine Abtretung sämtlicher reiserechtlicher Ansprüche an den Anmelder der Reise erforderlich, damit der Anmelder deren Ansprüche im Reiseprozess geltend machen kann.

Die Vereinbarung eines **vertraglichen Abtretungsverbots** (→ contracutal prohibition of assignment) ist gemäß § 399 BGB grundsätzlich zulässig. Indes ist ein Abtretungsverbot in den **Allgemeinen Geschäftsbedingungen** (→ General Terms and Conditions, → G's and T's) des Reiseveranstalters unwirksam gemäß §§ 305c, 307 Abs. 2 Nr. 1 i. V. m. § 164 Abs. 2 BGB, wenn es sich auf Familienmitglieder (bei einer Familienreise) oder Mitreisende (bei einer Gruppenreise) oder nach § 309 Nr. 11 lit. a BGB auf die dem Abschlussvertreter (Anmeldenden) auferlegte Erklärung über die „eigene Haftung oder Einstandspflicht" bezieht.

8.4.3 Passivlegitimation des Beklagten

Bei der Formulierung der **Klageschrift** (→ statement of claim, → writ) ist darauf zu achten, dass die Klage gegen den/die richtigen **Beklagten** (→ defendant(s)) erhoben wird. Der Beklagte muss **passivlegitimiert** (→ capacity to be defendant in a lawsuit) sein. Im Reiseprozess ist die Klage gegen den Reiseveranstalter zu richten; werden Ansprüche auch auf **unerlaubte Handlung** (→ tort, → delict) gestützt, so muss seitens des Reiseveranstalters die Verletzung zumindest einer **Verkehrssicherungspflicht** (→ violation of a duty of care to maintain safety) vorliegen.

Bei in zulässiger Weise **vermittelten Fremdleistungen** (→ mediated external services) ist die Klage direkt gegen den **Leistungsträger** (→ service provider) zu erheben, sofern dieser aus **vertraglichen und/oder gesetzlichen Ansprüchen** (→ contractual and/or statutory claims) haftet.

Das **Reisebüro** (→ travel agency) kommt als richtige Beklagte allenfalls in Betracht, wenn es z. B. seine **Verkehrssicherungs-/Aufklärungspflichten** (→ duty of care, → duty to furnish information) aus dem **Geschäftsbesorgungsvertrag** (→ agency agreement, → business management contract) verletzt hat und dadurch dem Reisenden ein Schaden entstanden ist.

8.4.4 Klageschrift

In der **Klageschrift** (→ statement of claim, → writ) muss der Kläger die klagebegründenden Tatsachen dergestalt vortragen, dass sie die Tatbestandsvoraussetzungen der geltend gemachten Ansprüche tragen. Insoweit ist ein **substantiierter Klagevortrag** (→ substantiated submission of claim) zwingend erforderlich.

8.4.4.1 Beweislastfragen

Der Reisende muss bei Geltendmachung von reiserechtlichen Gewährleistungsansprüchen gemäß § 651i Abs. 3 BGB nach dem sog. **Günstigkeitsprinzip** (→ principle whereby the claimant has the burden of proof for the facts underpinning his legal claim, → benefit-of-the-doubt-principle) die anspruchsbegründenden Tatsachen darlegen und beweisen. Kann er dies nicht, so kommt es zur **Klageabweisung** (→ dismissal of action). Daher ist ein **substantiierter Klagevortrag** (→ substantiated submission of claim) entscheidend für den Ausgang des Reiseprozesses. Die Rüge bloßer **Unannehmlichkeiten** (→ inconveniences), z. B. eine dreistündige Verspätung des Hin- oder Rückflugs im Rahmen einer Pauschalreise[282], oder wertende Bemerkungen wie „unmögliche Zustände“, „schlechtes Essen“ etc. sind nicht konkret genug für die Beurteilung des Gerichts, ob die gesetzlichen Tatbestandsvoraussetzungen für das Vorliegen von Reisemängeln erfüllt sind oder nicht.[283]

8.4.4.2 Rechtsmittel

Gemäß § 511 Abs. 2 ZPO ist die Berufung zum Landgericht „nur zulässig, wenn 1. der Wert des Beschwerdegegenstandes EUR 600,- übersteigt oder 2. das Gericht des ersten Rechtszuges die Berufung im Urteil zugelassen hat“.

Bei einem **Streitwert** (→ value in dispute) von weniger als EUR 600,- ist die Berufung zum Landgericht i. d. R. nicht zulässig, außer wenn die **Berufung** (→ appeal on questions of fact and law) durch das Amtsgericht nach § 511 Abs. 4 Nr. 1 ZPO wegen „grundsätzlicher Bedeutung“ oder „Fortbildung des Rechts“ oder zur „Sicherung einer einheitlichen Rechtsprechung zugelassen wird“. Bei einem Streitwert von mehr als EUR 600,- ist die Berufung zum Landgericht gemäß §§ 511 Abs. 2 Nr. 1 ZPO, 72 Abs. 1 GVG zulässig.

Bei erstinstanzlichen Verfahren vor den Landgerichten kommt die Berufung zum Oberlandesgericht, dessen Zuständigkeit nach § 119 Abs. 1 Nr. 2 GVG begründet ist, in Betracht. Gegen Entscheidungen des Oberlandesgerichts wiederum kommt – bei entsprechender Zulassung – die **Revision**

(→ appeal on points of law) zum BGH, dessen Zuständigkeit aus § 133 GVG folgt, in Frage.

Abwandlung 2 | **Antwort auf Frage c)**

Die Eltern von D sollten die Reisemängel möglichst zeitnah (ab dem Bekanntwerden, unbedingt noch während des Gastschulaufenthalts!) in einem **Mängelprotokoll** (→ list of travel deficits) zusammenfassen und der örtlichen Reiseleitung oder dem sonstigen Ansprechpartner des Reiseveranstalters zur Unterschrift vorlegen. Unterzeichnet die Reiseleitung oder der sonstige Ansprechpartner des Reiseveranstalters das Mängelprotokoll, so kann dies als Anerkenntnis gewertet werden. Im Übrigen ist es sinnvoll, weitere Belege (hier über den ausgefallenen Schulbesuch etc.) zu sammeln, um Reisemängel im etwaigen Reiseprozess darlegen und beweisen zu können. Außerdem sollte das Mängelprotokoll mit einem Abhilfeverlangen verbunden werden. Im Reiseprozess können die Eltern von D dann eine angemessene Reisepreisminderung gemäß § 651m BGB (sofern sie am Vertrag weiter festhalten) zzgl. Schadensersatz wegen Nichterfüllung aus § 651n Abs. 1 BGB verlangen, falls eine außergerichtliche Einigung mit dem Reiseveranstalter scheitern sollte.

❋ Kurzrepetitorium

- § 651u BGB regelt das Pauschalreisevertragsrecht in Bezug auf Gastschulaufenthalte mit einer Mindestdauer von drei Monaten.
- Die wesentlichen (zusätzlichen) Pflichten des Reiseveranstalters ergeben sich aus § 651u Abs. 2 und 3 BGB, Art. 250 § 2 Abs. 2 EGBGB (Formblatt 12) sowie Art. 250 § 9 EGBGB (weitere Informationspflichten bei Verträgen über Gastschulaufenthalte).
- Die tatbestandlichen Voraussetzungen für das kostenfreie Rücktrittsrecht des Reisenden folgen aus § 651u Abs. 3 BGB, das allgemeine Kündigungsrecht des Reisenden aus § 651u Abs. 4 BGB.
- Das Rücktrittsrecht des Reiseveranstalters vor Reisebeginn ergibt sich aus § 651h Abs. 4 Nr. 1 BGB (Nichterreichen der Mindestteilnehmerzahl) oder § 651h Abs. 4 Nr. 2 BGB (unvermeidbare, außergewöhnliche Umstände). Das außerordentliche Kündigungsrecht folgt aus § 314 BGB.
- Reiserechtliche Gewährleistungsansprüche nach § 651i Abs. 3 BGB verjähren gemäß § 651j Satz 1 BGB „in zwei Jahren". Nach § 651j Satz 2 BGB beginnt die Verjährungsfrist „mit dem Tag, an dem die Pauschalreise dem Vertrag nach enden sollte".
- Außergerichtlich besteht die Möglichkeit, sich mit dem Reiseveranstalter zu einigen. Hier ist insbesondere an Schlichtungsmöglichkeiten durch söp sowie solche nach dem VSBG zu denken.
- Als gerichtliches Verfahren kommen für die Durchsetzung reiserechtlicher Gewährleistungsansprüche das gerichtliche Mahn-/ und/oder anschließende Klageverfahren in Betracht. Beim gerichtlichen Mahnverfahren ist das Amtsgericht/zentrale Mahngericht am Wohnsitz des Reisenden sachlich und örtlich zuständig. Im Falle eines Klageverfahrens ist gemäß § 23 GVG das Amtsgericht (bei Streitwerten von bis zu EUR 5.000,-) oder Landgericht (bei Streitwerten von mehr als EUR 5.000,-) sachlich zuständig. Die örtliche Zuständigkeit des Amts- bzw. Landgerichts am Firmen-/Geschäftssitz des Reiseveranstalters folgt aus §§ 12, 17, 21 ZPO.
- Beim Klageverfahren vor den Landgerichten ist zu beachten, dass hier eine anwaltliche Vertretung gemäß § 78 ZPO zwingend geboten ist (Anwaltszwang), während sich die Parteien vor dem Amtsgericht selber vertreten können.

✻ Wissenscheck zur Prüfungsvorbereitung

1. Recherchieren Sie Reisemängel bei Gastschulaufenthalten, in denen die Rechtsprechung auf Reisepreisminderungen erkannt hat.
2. Wie sieht die Begründung der Gerichte in diesen Fällen aus?
3. Welche Pflichten treffen den Reiseveranstalter bei Gastschulaufenthalten?
4. Erklären Sie die Kündigungs- und Rücktrittsrechte des Reisenden bei Gastschulaufenthalten.
5. Erklären Sie die Voraussetzungen, unter denen der Reiseveranstalter bei Gastschulaufenthalten den Pauschalreisevertrag kündigen oder von ihm zurücktreten kann.
6. Wie können reiserechtliche Gewährleistungsansprüche außergerichtlich und gerichtlich durchgesetzt werden?
7. Erläutern Sie den Instanzenzug im Reiseprozess.
8. Was ist bei der Klageschrift im Reiseprozess zu beachten?

✻ Weiterführende Quellen

I. Literatur für Lehre und Praxis

1. Führich, Ernst (2018): Basiswissen Reiserecht. Grundriss des Pauschal- und Individualreiserecht. 4. Aufl. München: C. H. Beck. § 14, Rz. 235–241 (Durchsetzung von Reiseansprüchen).
2. Risse, Stefanie (2018): Das neue Reiserecht 2018. Pauschalreisen – Fluggastrechte – Gastschulaufenthalte. Bonn: Deutscher Answaltverlag. § 4, Rz. 1–44 .

II. Aktuelle Rechtsprechung

OLG Frankfurt am Main, Urteil vom 4.6.2013 – 16 U 231/12 – zur fristlosen Kündigung eines Gastschulvertrages bei Drogenbesitz des Gastschülers. *NJW-RR* 2013, 1272. Online abrufbar unter
http://www.lareda.hessenrecht.hessen.de/lexsoft/default/hessenrecht_lareda.html#docid:5780285 (abgerufen am 25.3.2019).

9 Lerneinheit: Die „Vermittlung verbundener Reiseleistungen" (§ 651w BGB)

„Füher zeichnete man auf Reisen, um sich erinnern zu können, wo man war. Heute filmt man auf Reisen, um zu erfahren, wo man gewesen ist."[284]

Albert Camus, französischer Schriftsteller (1913–1960)

Lernziele

In dieser Lerneinheit

- lernen Sie die gesetzlichen Grundlagen der neuen Reisekategorie „Vermittlung verbundener Reiseleistungen" gemäß § 651w BGB kennen;
- werden Sie mit der Legaldefinition, den Adressaten der neuen Reisekategorie und den beiden Fallgruppen vertraut gemacht, die den Anwendungsbereich des § 651w BGB eröffnen;
- erfahren Sie, welche Rechtsfolgen sich bei Vorliegen der tatbestandlichen Voraussetzungen des § 651w BGB ergeben; und
- werden Sie mit den Sanktionen bei Nichtbeachtung der gesetzlichen Informationspflichten und/oder fehlender Insolvenzsicherung bei Vermittlung verbundener Reiseleistungen vertraut gemacht.

Empfohlener Gesamtarbeitsaufwand | **270 Minuten (4,5 Zeitstunden)**

a) Vorlesungszeit/Kontaktstunden: 90 Minuten.

b) Lesen des Textes der Lerneinheit 9 sowie Nacharbeiten von Fall 9: 90 Minuten.

c) Lesen der empfohlenen Literaturangaben sowie Durcharbeiten der Fragen im Wissenscheck zur Prüfungsvorbereitung: 90 Minuten.

Fall 9 | **Die Online-Buchung von verschiedenen Reiseleistungen**
(Quelle: Eigene Darstellung)

Richie Rich (**R**) bucht auf der Website der Aer Lingus (**AL**) einen Hin- und Rückflug von Frankfurt am Main nach Dublin mit folgenden Reisedaten: Hinflug am 26.9.2018 und Rückflug am 3.10.2018 zum Gesamtpreis von EUR 300,- (inklusive aller Flughafengebühren und sonstiger Abgaben).

Nach der Buchung erscheint auf der AL-Website ein Pop-up-Werbebanner des Oscar Wilde Hotels (**OWH**) in Dublin mit dem Weblink des OWH. Als R auf diesen Weblink klickt, wird er mit seinem Namen, dem Reiseziel Dublin und seinen Reisedaten (26.9.-3.10.2018) auf die Website des OWH weitergeleitet. R wählt alsdann über das Dropdown-Menü des OWH-Online-Buchungsformulars das gewünschte Einzelzimmer „Oscar" aus. Dieses hat einen Blick auf das Oscar-Wilde-Denkmal am Merrion Square und ist zu einem Preis von EUR 500,- in der Zeit vom 26.9.–3.10.2018 verfügbar. R akzeptiert die OWH-AGB durch ein Häkchen, bestätigt die Zahlung per Kreditkarte am Abreisetag gegegenüber OWH und bucht per Mausklick das „Oscar" zu den genannten Bedingungen. Für die gebuchten Reiseleistungen erhält R zwei getrennte Reisebestätigungen von AL und OWH an seine E-Mail-Adresse, die er im Rahmen der beiden Buchungen jeweils separat angeben musste. Die von AL ausgestellte Rechnung über EUR 300,- ist nach den AL-AGB im Wege der Vorauskasse zu bezahlen. Insoweit belastet AL die Kreditkarte von R unverzüglich mit EUR 300,-. Die Rechnung des OWH über EUR 500,- begleicht R am Abreisetag (3.10.2018) mit seiner Kreditkarte.

a) Liegt eine „Vermittlung verbundener Reiseleistungen" gemäß § 651w BGB vor?
b) Wer ist „Vermittler", wer „anderer Unternehmer" i. S. d. § 651w Abs. 1 BGB?
c) Würde sich die Beurteilung der Rechtslage ändern, wenn lediglich das Pop-up-Werbebanner des OWH auf der AL-Website erschienen wäre und der Name des R, sein Reiseziel und seine Reisedaten nicht an OWH weitergeleitet worden wären und R trotzdem bei OWH innerhalb von 24 Stunden ein Zimmer gebucht hätte?
d) Welche Informationspflichten treffen den „Vermittler", welche den „anderen Unternehmer"?
e) Ist der „Vermittler" im vorliegenden Fall zur Insolvenzsicherung verpflichtet? Falls ja, für welche Reiseleistungen?

9.1 Gesetzgeberischer Hintergrund

Der Gesetzgeber hat mit der **Vermittlung verbundener Reiseleistungen** (⟶ trading of linked travel arrangement) eine neue Reisekategorie in § 651w BGB geschaffen, die selbstständig neben die Pauschalreise tritt. Bei der „Vermittlung verbundener Reiseleistungen" gemäß § 651w BGB handelt es sich um ein „neues Rechtsinstitut"[285] mit reiserechtlichem Basisschutz in

Bezug auf „Insolvenzschutz und Informationspflichten“ i. S. d. Art. 19 RL (EU) 2015/2302. Dieser Basisschutz stellt ein deutliches Minus zur umfassenen pauschalreisevertraglichen Haftung der §§ 651a ff. BGB dar.

Art. 3 Nr. 5 Satz 1 RL EU/2015/2302 definiert „verbundene Reiseleistungen“ unter bestimmten Tatbestandsvoraussetzungen als „mindestens zwei verschiedene Arten von Reiseleistungen, die für den Zweck derselben Reise erworben werden, bei der es sich nicht um eine Pauschalreise handelt, die zu dem Abschluss von separaten Verträgen mit den jeweiligen Erbringern der Reiseleistungen führen, [...]“.

Wissen | **Verbundene Reiseleistungen**

Die *ratio* der verbundenen Reiseleistungen wird in **ErwGr. 13 und 14 der RL EU 2015/2302** wie folgt wörtlich zusammengefasst:

„(13) Es sollten besondere Bestimmungen für Unternehmer mit einer physischen und Unternehmer mit einer Online-Vertriebsstelle festgelegt werden, mit deren Hilfe Reisende anlässlich eines einzigen Besuchs in der Vertriebsstelle oder eines einzigen Kontakts mit der Vertriebsstelle separate Verträge mit einzelnen Leistungserbringern schließen, sowie für Unternehmer mit einer Online-Vertriebsstelle, die beispielsweise über verbundene Online-Buchungsverfahren den Erwerb zumindest einer zusätzlichen Reiseleistung von einem anderen Unternehmer gezielt vermitteln, wenn ein Vertrag spätestens 24 Stunden nach Bestätigung der Buchung der ersten Reiseleistung geschlossen wird. Eine solche Vermittlung wird sich oftmals auf einen kommerziellen Link stützen und ein Entgelt zwischen dem Unternehmer, der den Erwerb zusätzlicher Reiseleistungen vermittelt, und dem anderen Unternehmer beinhalten, ungeachtet der hierzu verwendeten Abrechnungsmethode, die sich beispielsweise auf die Anzahl der Klicks oder auf den Umsatz stützen kann. Diese Bestimmungen würden beispielsweise dann Anwendung finden, wenn ein Reisender bei der Bestätigung der Buchung der ersten Reiseleistung wie Flug oder Bahnfahrt zusammen mit einem elektronischen Link zum Buchungsportal eines anderen Leistungserbringers oder Reisevermittlers eine Aufforderung erhält, am Bestimmungsort eine zusätzliche Reiseleistung wie Hotelunterkunft zu buchen. Solche Reiseleistungen sollten zwar keine Pauschalreise im Sinne dieser Richtlinie darstellen, bei der ein Reiseveranstalter für die ordnungsgemäße Durchführung aller

Reiseleistungen haftet, jedoch sind solche verbundenen Reiseleistungen ein alternatives Geschäftsmodell, das häufig in enger Konkurrenz zu Pauschalreisen steht.

(14) Die Verpflichtung, einen ausreichenden Nachweis dafür zu erbringen, dass im Fall einer Insolvenz die Erstattung von Zahlungen und die Rückbeförderung der Reisenden gewährleistet sind, sollte auch für verbundene Reiseleistungen gelten, damit fairer Wettbewerb und der Schutz der Reisenden gewährleistet werden."

9.2 Gesetzliche Regelung

Wissen | **Gesetzliche Regelung**

§ 651w BGB regelt die „Vermittlung verbundener Reiseleistungen" und lautet wörtlich:

„(1) Ein Unternehmer ist Vermittler verbundener Reiseleistungen, wenn er für den Zweck derselben Reise, die keine Pauschalreise ist,

1. dem Reisenden anlässlich eines einzigen Besuchs in seiner Vertriebsstelle oder eines einzigen Kontakts mit seiner Vertriebsstelle Verträge mit anderen Unternehmern über mindestens zwei verschiedene Arten von Reiseleistungen vermittelt und der Reisende diese Leistungen getrennt auswählt und

   a) getrennt bezahlt oder

   b) sich bezüglich jeder Leistung getrennt zur Zahlung verpflichtet

   oder

2. dem Reisenden, mit dem er einen Vertrag über eine Reiseleistung geschlossen hat oder dem er einen solchen Vertrag vermittelt hat, in gezielter Weise mindestens einen Vertrag mit einem anderen Unternehmer über eine andere Art von Reiseleistung vermittelt und der weitere Vertrag spätestens 24 Stunden nach der Bestätigung des Vertragsschlusses über die erste Reiseleistung geschlossen wird.

Eine Vermittlung in gezielter Weise im Sinne des Satzes 1 Nummer 2 liegt insbesondere dann nicht vor, wenn der Unternehmer den Reisenden lediglich mit einem anderen Unternehmer in Kontakt bringt. Im Übrigen findet auf Satz 1 § 651a Absatz 4 Satz 1 Nummer 1, Satz 2 und Absatz 5 Nummer 1 und 3 entsprechende Anwendung. § 651a Absatz 5 Nummer 2 ist unabhängig von der Höhe des Reisepreises entsprechend anzuwenden.

(2) Der Vermittler verbundener Reiseleistungen ist verpflichtet, den Reisenden nach Maßgabe des Artikels 251 des Einführungsgesetzes zum Bürgerlichen Gesetzbuche zu informieren.

(3) Nimmt der Vermittler verbundener Reiseleistungen Zahlungen des Reisenden auf Vergütungen für Reiseleistungen entgegen, hat er sicherzustellen, dass diese dem Reisenden erstattet werden, soweit Reiseleistungen von dem Vermittler verbundener Reiseleistungen selbst zu erbringen sind oder Entgeltforderungen anderer Unternehmer im Sinne des Absatzes 1 Satz 1 noch zu erfüllen sind und im Fall der Zahlungsunfähigkeit des Vermittlers verbundener Reiseleistungen

1. Reiseleistungen ausfallen oder
2. der Reisende im Hinblick auf erbrachte Reiseleistungen Zahlungsaufforderungen nicht befriedigter anderer Unternehmer im Sinne des Absatzes 1 Satz 1 nachkommt.

Hat sich der Vermittler verbundener Reiseleistungen selbst zur Beförderung des Reisenden verpflichtet, hat er zudem die vereinbarte Rückbeförderung und die Beherbergung bis zum Zeitpunkt der Rückbeförderung sicherzustellen. Der Zahlungsunfähigkeit stehen die Eröffnung des Insolvenzverfahrens über das Vermögen des Vermittlers verbundener Reiseleistungen und die Abweisung eines Eröffnungsantrags mangels Masse gleich. § 651r Absatz 2 bis 4 sowie die §§ 651s und 651t sind entsprechend anzuwenden.

(4) Erfüllt der Vermittler verbundener Reiseleistungen seine Pflichten aus den Absätzen 2 und 3 nicht, finden auf das Rechtsverhältnis zwischen ihm und dem Reisenden § 312 Absatz 7 Satz 2 sowie die §§ 651e, 651h bis 651q und 651v Absatz 4 entsprechende Anwendung.

(5) Kommen infolge der Vermittlung nach Absatz 1 ein oder mehrere Verträge über Reiseleistungen mit dem Reisenden zustande, hat der jeweilige andere Unternehmer den Vermittler verbundener Reiseleistungen über den Umstand des Vertragsschlusses zu unterrichten. Die Pflicht nach Satz 1 besteht nicht, wenn der Vermittler verbundener Reiseleistungen den Vertrag als Vertreter des anderen Unternehmers geschlossen hat."

9.3 Fallgruppe des § 651w Abs. 1 Satz 1 Nr. 1 BGB

Entscheidet sich der Reisende gegen die Buchung einer Pauschalreise, so kann der Vermittler dem Reisenden „für den Zweck derselben Reise [...] mindestens zwei verschiedene Arten von Reiseleistungen" bei getrennter Auswahl und Bezahlung (§ 651w Abs. 1 Satz 1 Nr. 1 lit. a BGB) oder getrennter Zahlungsverpflichtung für jede Leistung (§ 651w Abs. 1 Satz 1 Nr. 1 lit. b BGB) in derselben Vertriebsstelle anlässlich eines einzigen Besuchs oder Kontakts (z. B. online/über die Website oder telefonisch etc.) vermitteln. „Wird die getrennte Zahlungsverpflichtung genügend deutlich dokumentiert, so dürfte eine einmalige Zahlung mit EC- oder Kreditkarte beider verbundener Reiseleistungen nicht zur Annahme einer Pauschalreise führen."[286]

Beispiel

Getrennte Buchung von „zwei verschiedenen Arten von Reiseleistungen" – z. B. Flug und Unterkunft – beim stationären Reisebüro Reiselust (**RL**). RL übermittelt zwei separate Reisebestätigungen und Rechnungen im Namen und für die Rechnung des jeweiligen Leistungserbringers, die der Reisende getrennt bezahlt. RL ist in diesem Fall Vermittler verbundener Reiseleistungen nach § 651w Abs. 1 Satz 1 Nr. 1 BGB. Andere Unternehmer i. S. d. § 651w Abs. 1 Satz 1 Nr. 1 BGB sind die Erbringer der verschiedenen Arten von Reiseleistungen, hier Fluggesellschaft und Hotel.

9.4 Fallgruppe des § 651w Abs. 1 Satz 1 Nr. 2 BGB

Eine „Vermittlung verbundener Reiseleistungen“ liegt ebenfalls vor, wenn die Reiseleistung eines anderen Unternehmers gemäß § 651w Abs. 1 Satz 1 Nr. 2 BGB „in gezielter Weise“ vermittelt wird und „der weitere Vertrag spätestens 24 Stunden nach der Bestätigung des Vertragsschlusses über die erste Reiseleistung geschlossen wird“. Die „Vermittlung in gezielter Weise“ wird dabei im Wege der Negativabgrenzung in § 651w Abs. 1 Satz 2 BGB konkretisiert. Hiernach liegt „eine Vermittlung in gezielter Weise“ „insbesondere dann nicht vor, wenn der Unternehmer den Reisenden lediglich mit einem anderen Unternehmer in Kontakt bringt“.

Fall 9 | **Antwort auf Frage a)**

Es liegt eine „Vermittlung verbundener Reiseleistungen“ gemäß § 651w Abs. 1 Satz 1 Nr. 2 BGB vor. Sämtliche Tatbestandsvoraussetzungen sind erfüllt:
R bucht keine Pauschalreise, sondern zwei verschiedene Reiseleistungen, Beförderung/Flug (§ 651 Abs. 3 Satz 1 Nr. 1 BGB) und Beherbergung/Zimmer (§ 651 Abs. 3 Satz 1 Nr. 2 BGB). Die Beförderung bucht er online bei AL. Die Reisedaten von R gibt AL an OWH weiter. Der zweite Vertragsabschluss zwischen R und OWH kommt unverzüglich – also in deutlich unter 24 Stunden – nach der Buchung des Fluges bei AL zustande.

Fall 9 | **Antwort auf Frage b)**

AL ist „Vermittler“ (§ 651w Abs. 1 Satz 1 BGB) und OWH „anderer Unternehmer“ (§ 651w Abs. 1 Satz 2 BGB).

Fall 9 | **Antwort auf Frage c)**

In diesem Fall liegt keine Vermittlung „in gezielter Weise“ vor. Insoweit dürfte das bloße Aufmerksammachen und Inkontaktbringen mit einem anderen Unternehmer – hier OWH – durch ein Pop-up-Werbebanner nicht ausreichend sein, um die Vermittlung einer verbundenen Reiseleistung zu begründen. Für diese Auslegung spricht der klare Wortlaut in § 651w Abs. 1 Satz 2 BGB.[287]

9.5 Rechtsfolgen des § 651w BGB

Die Rechtsfolgen, die sich für den Vermittler und anderen Unternehmer bei Vorliegen der Tatbestandsvoraussetzungen des § 651w Abs. 1 BGB ergeben, folgen aus § 651w Abs. 2 bis 5 BGB.

9.5.1 Vorvertragliche Informationenspflichten

Die vorvertraglichen Informationspflichten sind für den Vermittler in § 651w Abs. 2 BGB sowie Art. 251 EGBGB i. V. m. den Anlagen 14–17 geregelt.

Ist der Vermittler Beförderer und liegt eine Vermittlung nach § 651w Abs. 1 Satz 1 Nr. 1 BGB aufgrund „eines einzigen Besuchs" oder Kontakts „in seiner Vertriebsstelle" vor, so kommt das in Anlage 14 zu Art. 251 § 2 Satz 1 Nr. 1 lit. a EGBGB abgedruckte Formblatt zur Anwendung.

Liegt eine Vermittlung gemäß § 651w Abs. 1 Satz 1 Nr. 2 BGB aufgrund einer Vermittlung „in gezielter Weise" durch einen Beförderer mit Vertragsschluss der zweiten Buchung innerhalb von 24 Stunden vor, so hat der Vermittler den Reisenden mit dem korrekt ausgefüllten Musterformular gemäß Anlage 15 zu Art. 251 § 2 Satz 1 Nr. 1 lit. b EGBGB zu informieren.

Ist der Vermittler kein Beförderer und liegt eine Vermittlung nach § 651w Abs. 1 Satz 1 Nr. 1 BGB vor, so ist das Formblatt gemäß Anlage 16 zu Art. 251 § 2 Satz 1 Nr. 2 lit. a EGBGB zu verwenden.

Liegt eine Vermittlung nach § 651w Abs. 1 Satz 1 Nr. 2 BGB durch einen Vermittler vor, der kein Beförderer ist, so kommt das Formblatt gemäß Anlage 17 zur Artikel 251 § 2 Satz 1 Nr. 2 lit. b EGBGB zur Anwendung.

Praxistipp | **Vermittler**

Es besteht keine gesetzliche Verpflichtung für den Vermittler und/oder Reisenden, das anwendbare Musterformular zu unterzeichnen. Aus Sicht des Vermittlers, den insoweit die Beweislast trifft, ist die durch Unterschriften belegte Empfangsbestätigung jedoch dringend zu empfehlen.[288]

Der „anderer Unternehmer" i. S. d. § 651w Abs. 1 Satz 2 BGB hat „den Vermittler verbundener Reiseleistungen" gemäß § 651w Abs. 5 Satz 1 BGB „über den Umstand des Vertragsschlusses zu unterrichten".

Fall 9 | **Antwort auf Frage d)**

AL ist Vermittler und Beförderer. Ihn treffen gegenüber R die vorvertraglichen Informationspflichten aus § 651w Abs. 2 BGB. Da eine Vermittlung „in gezielter Weise" gemäß § 651w Abs. 1 Satz 1 Nr. 2 BGB vorliegt, ist R von AL mit dem korrekt ausgefüllten Musterformular gemäß Anlage 15 zu Art. 251 § 2 Satz 1 Nr. 1 lit. b EGBGB zu informieren. OWH hat AL gemäß § 651w Abs. 5 Satz 1 „über den Umstand des Vertragsschlusses" zu informieren. Diese Pflicht würde nach § 651w Abs. 5 BGB entfallen, „wenn der Vermittler verbundener Reiseleistungen den Vertrag als Vertreter des Unternehmens geschlossen hat". Dafür gibt es keine Anhaltspunkte im Sachverhalt, denn OWH hat R eine getrennte Rechnung im eigenen Namen ausgestellt.

9.5.2 Insolvenzsicherungspflichten

Darüber hinaus gehört zum Basisschutz der „Vermittlung verbundener Reiseleistungen" die in § 651w Abs. 3 BGB näher konkretisierte Insolvenzsicherungspflicht. Diese wird lediglich relevant, wenn „der Vermittler verbundener Reiseleistungen Zahlungen des Reisenden auf Vergütungen für Reiseleistungen" nach § 651w Abs. 3 Satz 1 BGB entgegennimmt. „In diesem Fall" hat der Vermittler gemäß § 651w Abs. 3 Satz 1 BGB „sicherzustellen, dass diese dem Reisenden erstattet werden, soweit Reiseleistungen von dem Vermittler verbundener Reiseleistungen selbst zu erbringen sind oder Entgeltforderungen anderer Unternehmer im Sinne des Absatzes 1 Satz 1 noch zu erfüllen sind und im Fall der Zahlungsunfähigkeit des Vermittlers verbundener Reiseleistungen

1) Reiseleistungen ausfallen oder
2) der Reisende im Hinblick auf erbrachte Reiseleistungen Zahlungsaufforderungen nicht befriedigter anderer Unternehmer im Sinne des Absatzes 1 Satz 1 nachkommt."

Ist der „Vermittler verbundener Reiseleistungen" selbst Beförderer, so ergibt sich zwingend eine Insolvenzsicherungspflicht bei Vorauszahlungen, um den Reisenden vor dem Ausfall von Reiseleistungen i. S. d. § 651w Abs. 3 Satz 1 Nr. 1 BGB zu schützen. Außerdem ist § 651w Abs. 3 Satz 2 BGB zu beachten, wonach der Vermittler, der gleichzeitig Beförderer ist, „die vereinbarte Rückbeförderung und die Beherbergung bis zum Zeitpunkt der Rückbeförderung sicherzustellen" hat.

Praxistipp | **Vermittler**

Es besteht keine Insolvenzsicherungspflicht, wenn der Vermittler/Beförderer auf Vorauszahlungen verzichtet und der „andere Unternehmer" seine Reiseleistung im eigenen Namen auf eigene Rechnung fakturiert.[289]

Fall 9 | **Antwort auf Frage e)**

AL ist „Vermittler verbundener Reiseleistungen“ und gleichzeitig Beförderer, der für seine Reiseleistungen – Hin- und Rückflug von/ab Frankfurt am Main nach/von Dublin – von R Vorauszahlungen verlangt. Folglich besteht für die von ihm angebotenen Beförderungsleistungen eine Insolvenzsicherungpflicht gemäß § 651w Abs. 3 Satz 1 Nr. 1 BGB. Außerdem hat AL die Rückbeförderung und Beherbergung des R für den Fall seiner Insolvenz nach § 651w Abs. 3 Satz 2 BGB sicherzustellen. In Bezug auf OWH trifft AL keine Insolvenzsicherungspflicht, das OWH im eigenen Namen auf eigene Rechnung gegenüber R fakturiert und sogar auf Vorauszahlungen verzichtet, denn die Hotelrechnung war erst am Abreisetag (3.10.2018) zu begleichen.

9.5.3 Sanktionen bei Pflichtverletzungen

Die Verletzung der vorvertraglichen Informationspflichten und/oder Insolvenzsicherungspflichten ist mit Sanktionen belegt. Hier ist wiederum zwischen der B2C- und der B2A-Ebene zu unterscheiden.

9.5.3.1 B2C-Ebene

Bei unterlassener Information (ohne Formblatt) und/oder ohne erforderlichen Insolvenzschutz ist der Reisende berechtigt, die verbundenen Verträge innerhalb von 14 Tagen gemäß § 651w Abs. 4 i. V. m. §§ 312 Abs. 7 Satz 2, 312g Abs. 1, 355 Abs. 2 Satz 1 BGB gegenüber dem Vermittler zu widerrufen. Außerdem haftet der Vermittler in diesem Fall in ähnlichem Umfang wie ein Reiseveranstalter nach § 651w Abs. 4 in entsprechender Anwendung der §§ 651e, 651h bis 651q und 651v Abs. 4 BGB. Darüber hinaus kann der Reisende die „Rechte des Reisenden bei Reisemängeln“ gemäß § 651i bis § 651q BGB geltend machen.[290]

9.5.3.2 B2A-Ebene

Außerdem kann die „verbotene Annahme von Entgelten“ für verbundene Reiseleistungen mit einem Bußgeld zwischen EUR 5.000,- bis EUR 30.000,- gemäß § 147b GewO sanktioniert werden.

✻ Kurzrepetitorium

- Die „Vermittlung verbundener Reiseleistungen" gemäß § 651w BGB stellt keine Pauschalreise dar, bietet aber dennoch einen Basisschutz durch Informations- und Insolvenzsicherungspflichten.
- § 651w Abs. 1 Satz 1 BGB definiert zwei Fallgruppen als „Vermittlung verbundener Reiseleistungen":
- die Vermittlung „anlässlich eines einzigen Besuchs" oder Kontakts von „mindestens zwei verschiedenen Arten von Reiseleistungen", „die keine Pauschalreise" sind und die der Reisende „getrennt auswählt und

  a) getrennt bezahlt oder

  b) sich bezüglich jeder Leistung zur Zahlung verpflichtet oder"
- die Vermittlung „einer anderen Art von Reiseleistung" „in gezielter Weise" mit Vertragsabschluss innerhalb von 24 Stunden „nach der Bestätigung des Vertragsschlusses über die erste Reiseleistung".
- Den „Vermittler verbundener Reiseleistungen" treffen vorvertragliche Informationspflichten: Er hat den Reisenden mit dem einschlägigen, korrekt auszufüllenden Formblatt (Anlage 14, 15, 16 oder 17 zu § 251 EGBGB) über seine Rechte zu belehren. Außerdem treffen den „Vermittler verbundener Reiseleistungen" Insolvenzsicherungspflichten, wenn an ihn Zahlungen erfolgen. Dies kann bei Direktinkasso durch den „anderen Unternehmer" und/oder Ausschluss von Vorauszahlungen vermieden werden.
- Bei Verletzung von Informations- und/oder Insolvenzsicherungspflichten kann der Reisende die verbundenen Verträge innerhalb von 14 Tagen gemäß § 651w Abs. 4 i. V. m. §§ 312 Abs. 7 Satz 2, 312g Abs. 1, 355 Abs. 2 Satz 1 BGB gegenüber dem Vermittler widerrufen. Außerdem muss der Vermittler mit Bußgeldern durch die Gewerbeaufsicht nach § 147b GewO rechnen.

✻ Wissenscheck zur Prüfungsvorbereitung

1. Erklären Sie, warum der Gesetzgeber die neue Reisekategorie „Vermittlung verbundener Reiseleistungen“ gemäß § 651w BGB eingeführt hat.
2. Erläutern Sie die zwei Fallgruppen in § 651w Abs. 1 Satz 1 Nr. 1 und Nr. 2 BGB.
3. Welche Informationspflichten treffen den „Vermittler“, welche den „anderen Unternehmer“?
4. In welchem Szenario treffen den „Vermittler verbundener Reiseleistungen“ Insolvenzsicherungspflichten? Wie sehen diese aus?
5. Mit welchen Sanktionen muss der „Vermittler verbundener Reiseleistungen“ rechnen, wenn er den Reisenden mangelhaft informiert oder (sofern geboten) keine Insolvenzsicherungsmaßnahmen trifft?

✻ Weiterführende Quellen

I. Literatur für Lehre und Praxis

1. Bergmann, Stefanie (2018): Das neue Reiserecht. 1. Aufl. München: C. H. Beck. Kapitel 2, Rz. 61–62 und Kapitel 6, Rz. 268–272.
2. Staudinger, Ansgar/Ruks, Rudi (2018): Das neue Pauschalreiserecht – Auswirkungen für Veranstalter und Verbrieb. *RRa* 1/2018, 2–14.
3. Stenzel, Uta und Tonner, Klaus in: *Tonner/Bergmann/Blankenburg* (2018): Reiserecht. Baden-Baden: Nomos. § 3, Rz. 122–163.

II. Online-Materialien

Kappuhne/Schreier/Herbote (KSH) (Hrsg.)/Schreier, Björn (o. J.): Pauschalreiserichtlinie – neues Reiserecht ab dem 01.07.2018. Online abrufbar unter *https://www.ksh-recht.de/news/pauschalreiserichtlinie/* (abgerufen am 25.3.2019).

10 Lerneinheit: Das Reisevermittlungsrecht (§§ 651b, 651v BGB, §§ 84 ff., 93 ff. HGB)

„Die Gunst der Frauen gewinnt man durch Worte, die der Männer durch Provision und Prozente.“[291]

Honoré de Balzac (1799–1850)

Lernziele

In dieser Lerneinheit

- machen Sie sich mit den rechtlichen Grundlagen verschiedener Reisebürotätigkeiten vertraut; und
- lernen Sie die Rechte und Pflichten aus dem Reisevermittlungs-/Geschäftsbesorgungsvertrag kennen.

Empfohlener Gesamtarbeitsaufwand | **270 Minuten (4,5 Zeitstunden)**

a) Vorlesungszeit/Kontaktstunden: 90 Minuten.
b) Lesen des Textes der Lerneinheit 10 sowie Nacharbeiten von Fall 10: 90 Minuten.
c) Lesen der empfohlenen weiterführenden Quellen sowie Durcharbeiten der Fragen im Wissenscheck zur Prüfungsvorbereitung: 90 Minuten.

Fall 10 | **Die tückische Reisevermittlung**
(Quelle: Eigene Darstellung)

Sachverhalt wie in Fall 1: Die Gründung.

a) Worauf müssen F und D besonders achten, um sich tatsächlich als Reisevermittler im Rechtssinne zu qualifizieren?
b) Warum ist dies unter haftungsrechtlichen Gesichtspunkten so wichtig?
c) Ist das Reisebüro von F und D Handelsvertreter oder Handelsmakler?

10.1 Gesetzliche Regelung

Das Reisevermittlungsrecht wurde neu in das BGB in die §§ 651b, 651v aufgenommen.

Dabei enthält § 651b BGB Abgrenzungsregeln auf B2B-Ebene zwischen Reiseveranstalter und Reisevermittler.

Wissen | **Gesetzliche Regelung**

§ 651b BGB lautet wörtlich:

„(1) Unbeschadet der §§ 651v und 651w gelten für die Vermittlung von Reiseleistungen die allgemeinen Vorschriften. Ein Unternehmer kann sich jedoch nicht darauf berufen, nur Verträge mit den Personen zu vermitteln, welche alle oder einzelne Reiseleistungen ausführen sollen (Leistungserbringer), wenn dem Reisenden mindestens zwei verschiedene Arten von Reiseleistungen für den Zweck derselben Reise erbracht werden sollen und

1. der Reisende die Reiseleistungen in einer einzigen Vertriebsstelle des Unternehmers im Rahmen desselben Buchungsvorgangs auswählt, bevor er sich zur Zahlung verpflichtet,
2. der Unternehmer die Reiseleistungen zu einem Gesamtpreis anbietet oder zu verschaffen verspricht oder in Rechnung stellt oder
3. der Unternehmer die Reiseleistungen unter der Bezeichnung „Pauschalreise“ oder unter einer ähnlichen Bezeichnung bewirbt oder auf diese Weise zu verschaffen verspricht.

In diesen Fällen ist der Unternehmer Reiseveranstalter. Der Buchungsvorgang im Sinne des Satzes 2 Nummer 1 beginnt noch nicht, wenn der Reisende hinsichtlich seines Reisewunsches befragt wird und zu Reiseangeboten lediglich beraten wird.

(2) Vertriebsstellen im Sinne dieses Gesetzes sind

1. unbewegliche und bewegliche Gewerberäume,
2. Webseiten für den elektronischen Geschäftsverkehr und ähnliche Online-Verkaufsplattformen,
3. Telefondienste.

Wird bei mehreren Webseiten und ähnlichen Online-Verkaufsplattformen nach Satz 1 Nummer 2 der Anschein eines einheitlichen Auftritts begründet, handelt es sich um eine Vertriebsstelle.“

§ 651v BGB enthält die Legaldefinition des Begriffs „Reisevermittler" (§ 651v Abs. 1 Satz 1 BGB) und regelt die Pflichten des Reisevermittlers.

Wissen | **Gesetzliche Regelung**

§ 651v BGB lautet wörtlich:

„(1) Ein Unternehmer, der einem Reisenden einen Pauschalreisevertrag vermittelt (Reisevermittler), ist verpflichtet, den Reisenden nach Maßgabe des Artikels 250 §§ 1 bis 3 des Einführungsgesetzes zum Bürgerlichen Gesetzbuche zu informieren. Er erfüllt damit zugleich die Verpflichtungen des Reiseveranstalters aus § 651d Absatz 1 Satz 1. Der Reisevermittler trägt gegenüber dem Reisenden die Beweislast für die Erfüllung seiner Informationspflichten.

(2) Für die Annahme von Zahlungen auf den Reisepreis durch den Reisevermittler gilt § 651t Nummer 2 entsprechend. Ein Reisevermittler gilt als vom Reiseveranstalter zur Annahme von Zahlungen auf den Reisepreis ermächtigt, wenn er dem Reisenden eine den Anforderungen des Artikels 250 § 6 des Einführungsgesetzes zum Bürgerlichen Gesetzbuche entsprechende Abschrift oder Bestätigung des Vertrags zur Verfügung stellt oder sonstige dem Reiseveranstalter zuzurechnende Umstände ergeben, dass er von diesem damit betraut ist, Pauschalreiseverträge für ihn zu vermitteln. Dies gilt nicht, wenn die Annahme von Zahlungen durch den Reisevermittler in hervorgehobener Form gegenüber dem Reisenden ausgeschlossen ist.

(3) Hat der Reiseveranstalter im Zeitpunkt des Vertragsschlusses seinen Sitz nicht in einem Mitgliedstaat der Europäischen Union oder einem anderen Vertragsstaat des Abkommens über den Europäischen Wirtschaftsraum, treffen den Reisevermittler die sich aus den §§ 651i bis 651t ergebenden Pflichten des Reiseveranstalters, es sei denn, der Reisevermittler weist nach, dass der Reiseveranstalter seine Pflichten nach diesen Vorschriften erfüllt.

(4) Der Reisevermittler gilt als vom Reiseveranstalter bevollmächtigt, Mängelanzeigen sowie andere Erklärungen des Reisenden bezüglich der Erbringung der Reiseleistungen entgegenzunehmen. Der Reisevermittler hat den Reiseveranstalter unverzüglich von solchen Erklärungen des Reisenden in Kenntnis zu setzen."

10.2 Gegenstand des Reisevermittlungsrechts

Gegenstand (⟶ subject matter) des **Reisevermittlungsrechts** (⟶ law on retailers of travel and other tourism services) ist die Beschreibung der rechtlichen Beziehungen – insbesondere der Rechte, Pflichten und Haftungsfragen – zwischen Reisevermittler und Verbraucher (Reisendem) (§ 13 BGB) auf B2C-Ebene sowie zwischen Reisevermittler und Reiseveranstalter (⟶ organiser, ⟶ tour operator) auf B2B-Ebene.

10.3 Begriff des Reisevermittlers

Der Begriff des **Reisevermittlers** (⟶ retailer of packages combined by an organiser) ist legal in Art. 3 Nr. 9 RL (EU) 2015/2302 definiert. „Reisevermittler" bezeichnet hiernach „einen anderen Unternehmer als den Reiseveranstalter, der von einem Reiseveranstalter zusammengestellte Pauschalreisen verkauft oder zum Verkauf anbietet". Die **Reisevermittlung** (⟶ retailing of packages combined by an organiser) ist eine unternehmerische (§ 14 BGB) und zugleich gewerbliche (§ 14 GewO) Tätigkeit, die in der Regel durch Kaufleute gemäß §§ 1 ff. HGB ausgeübt wird. Ein Reisevermittler oder Reisemittler ist i. d. R.

- ein **rechtlich und wirtschaftlich selbstständiges Unternehmen** (⟶ a legally and economically separate entity) (vgl. § 14 BGB),
- welches **in für den Reisekunden erkennbarer Art und Weise** (⟶ in a way transparent to the travel customer),
- **Verträge über fremde Reiseleistungen** (⟶ contracts referring to third party travel services or packages combined by an organiser), also **Reiseleistungen eines Dritten** (⟶ a third party's travel services),
- **in fremdem Namen** (⟶ acting in a third party's name) sowie
- **auf fremde Rechnung** (⟶ for a third party's account)
- **vermittelt** (⟶ contract broking, ⟶ contract procuring).

Dritter bezeichnet dabei den Produzenten der Reiseleistungen, den **Reiseveranstalter** (⟶ organiser). Dieser ist in Art. 3 Nr. 8 RL (EU) 2015/2302 legal wie folgt definiert: ein „Unternehmer, der entweder direkt oder über einen anderen Unternehmer oder gemeinsam mit einem anderen Unternehmer Pauschalreisen zusammenstellt und verkauft oder zum Verkauf anbietet, oder den Unternehmer, der die Daten des Reisenden [...] an einen anderen Unternehmer übermittelt".

Zu vermittelnde Reiseleistungen können – außerhalb des Anwendungsbereichs der §§ 651a ff. BGB – auch individuelle touristische (Einzel-)Leistungen sein, z. B. Beförderung mittels Flugzeug, Bus, Bahn, Schiff, Unterbringung in Hotels, Ferienhäusern, Ferienwohnungen, Eintrittskarten für Kulturveranstaltungen (Oper, Musical, Konzert), Versicherungsleistungen oder Ähnliches.

Der Reisevermittler muss die Vertretung des Leistungsträgers der Reiseleistung(en) gegenüber dem Kunden offenlegen (§§ 651b Abs. 1 Satz 1, 164 Abs. 1 und 2 BGB). Tut er dies nicht hinreichend, liegt ein sog. **Eigengeschäft** (⟶ self-commitment) vor. Beispiele hierfür können der Vertrieb eigener Reiseleistungen sein, z. B. Kundenbeförderung durch ein dem Reisevermittler gehörendes Transportunternehmen, Veräußerung von Flugtickets im eigenen Namen auf eigene Rechnung, die zuvor von einem **Ticket-(zwischen-)händler** (⟶ consolidator) erworben wurden. Weitere Beispiele sind der bewusste Verkauf eigener Pauschalreisen bei den sog. **Veranstaltenden Reisebüros** (⟶ tour operator travel bureaus) oder – z. B. bei Eventreisen – das Anbieten (mittels spezieller Softwarprogramme) **elektronisch zusammengestellter und als Pauschalreise zu einem Gesamtpreis abgerechneter Reisebausteine in Echtzeit** (⟶ dynamic packaging). In den vorgenannten Fallkonstellationen ist das Reisebüro selbst Leistungsträger oder Reiseveranstalter (und eben kein Reisevermittler).

10.4 Betriebswirtschaftliche Überlegungen

Die Reisevermittlung ist ein **Vertriebsgeschäft** (⟶ distribution business), das typischerweise von Voll-Reisebüros mit Verkaufslizenzen (z. B. von Reiseveranstaltern oder der International Air Transport Association (IATA)), touristischen Reisebüros mit ausschließlich Angeboten von Reiseveranstaltern, Buchungsstellen, Spezial-Reisebüros, Firmenreisebüros, Reisestellen, Incoming-Büros in touristischen Destinationen sowie zunehmend von Online-Reisebüros (z. B. Internetportale wie Expedia) betrieben wird.[292] Durch die Explosion der Digitalisierung, die insbesondere auch den Reisemarkt erfasst hat, findet zunehmend mehr **Direktvertrieb** (⟶ direct distribution) – an den Reisevermittlern vorbei – statt. Diese sind daher einem extremen Wettbewerbsdruck ausgesetzt, was das Ende für viele – insbesondere kleinere – Reisebüros bedeutet.

Die am Markt verbleibenden Reisebüros müssen sich Zusatzprodukte überlegen und/oder auf ihre Kernkompetenzen besinnen. **Alleinstellungs-**

merkmal (→ unique selling point) klassischer (stationärer) Reisebüros gegenüber dem Online-Vertrieb ist die **Kundennähe** (→ customer proximity) im persönlichen Gespräch, in der **Sach- und Beratungskompetenz** (→ proper and advisory skills) demonstriert werden können. Wegen eben dieser Sach- und Beratungskompetenz buchen viele Kunden – gerade Pauschalreisen – teilweise immer noch bei stationären Reisebüros. Allerdings lässt sich manch ein potenzieller Kunde kostenlos beraten, um dann doch im Internet direkt zu buchen. Die Erhebung eines Beratungsentgelts dürfte praktisch wiederum dazu führen, dass potenzielle Kunden dadurch abgeschreckt werden und ganz ausbleiben könnten. Andererseits besteht die Möglichkeit, ein Beratungsentgelt – bei tatsächlicher Buchung einer Reise – nicht zu erheben; denn in diesem Fall wird das Reisebüro – als Handelsvertreter nach 84 ff. HGB – über die Provision entgolten.

Fall 10 | **Antwort auf Frage a)**

F und D müssen die Vertretung des vertretenen „Unternehmers“ – hier des Reiseveranstalters DERTOUR oder Meiers – gegenüber ihren Kunden offenlegen (§§ 651b Abs. 1 Satz 1, 164 Abs. 1 und 2 BGB).

Fall 10 | **Antwort auf Frage b)**

Falls F und D „mindestens zwei verschiedene Reiseleistungen für den Zweck derselben Reise“ innerhalb „einer einzigen Vertriebsstelle [...] im Rahmen desselben Buchungsvorgangs“ (§ 651b Abs. 1 Satz 2 Nr. 1 BGB) „zu einem Gesamtpreis“ (§ 651b Abs. 1 Satz 2 Nr. 2 BGB) oder „unter der Bezeichnung „Pauschalreise“ in ihren „Gewerberäumen“ (§ 651b Abs. 2 Nr. 1 BGB), über ihre „Website“ (§ 651b Abs. 2 Nr. 2 BGB) oder „Telefondienste“ (§ 651b Abs. 2 Nr. 3 BGB) anbieten und es zum Vertragsschluss kommt, so haften sie als Reiseveranstalter nach den §§ 651a ff. BGB.

Sofern F und D verbundene Reiseleistungen aufgrund eines einzigen Kundenbesuchs in ihrer Vertriebsstelle (§ 651w Abs. 1 Satz 1 Nr. 1 BGB) oder bei Vermittlung „in gezielter Weise“ (§ 651w Abs. 1 Satz 1 Nr. 2 BGB) anbieten und es zum Vertragsschluss über beide Reiseleistungen bei getrennter Bezahlung (§ 651w Abs. 1 Satz 1 Nr. 1 lit. a BGB), getrennter Zahlungsverpflichtung (§ 651w Abs. 1 Satz 1 Nr. 1 lit. b BGB) oder zum Vertragsschluss „über eine andere Art von Reiseleistung“ innerhalb „von 24 Stunden nach Bestätigung des Vertragsschlusses über die erste Reiseleistung“ (§ 651w Abs. 1 Satz 1 Nr. 2 BGB) kommt, so treffen F und D Informations- und Insolvenzsicherungspflichten nach § 651w Abs. 2 bis Abs. 5 BGB.[293]

10.5 Rechtliche Stellung des Reisevermittlers

Reisevermittler sind i. d. R. Kaufleute nach §§ 1 ff. HGB und haben eine **Doppelfunktion** (→ double function). Sie stehen in zwei vertraglichen Beziehungen:[294]

- auf B2B-Ebene als Vermittler einer Fremdleistung über den sog. **Hauptvertrag** (→ main contract, → main agreement) mit dem Reiseveranstalter oder Erbringer sonstiger touristischer Leistungen in einer **handelsrechtlichen Beziehung** (→ relationship subject to commercial law); sowie
- auf B2C-Ebene in einer **privatrechtlichen Beziehung** (→ relationship subject to private law) zum Reisekunden.

In beiden Fällen ist der Reisevermittler **Erfüllungsgehilfe** (→ vicarious agent) des Reiseveranstalters gemäß § 278 BGB. **Falschberatung** (→ wrong advice) in Erfüllung der Verbindlichkeit (→ acting in fulfillment of a liability) gemäß § 278 BGB muss sich der Reiseveranstalter **zurechnen lassen** (→ are attributable). Die Zurechnung der Falschberatung beginnt jedoch erst in dem Zeitpunkt, in dem sich der Kunde für einen Reiseveranstalter entschieden hat.

Die „Haftung für Buchungsfehler“ ist in § 651x BGB geregelt.

Wissen | **Gesetzliche Regelung**

§ 651x BGB lautet wörtlich:

„Der Reisende hat Anspruch auf Ersatz des Schadens,

1. der ihm durch einen technischen Fehler im Buchungssystem des Reiseveranstalters, Reisevermittlers, Vermittlers verbundener Reiseleistungen oder eines Leistungserbringers entsteht, es sei denn, der jeweilige Unternehmer hat den technischen Fehler nicht zu vertreten,
2. den einer der in Nummer 1 genannten Unternehmer durch einen Fehler während des Buchungsvorgangs verursacht hat, es sei denn, der Fehler ist vom Reisenden verschuldet oder wurde durch unvermeidbare, außergewöhnliche Umstände verursacht.“

10.5.1 B2B-Ebene

Auf B2B-Ebene kann der Reisevermittler Handelsvertreter oder Handelsmakler sein.

10.5.1.1 Handelsvertreter

Wie schon die englische Bezeichnung „travel agency“ – als Übersetzung für „Reisebüro“ nahelegt – können Reisebüros als „agencies“, also „Agenturen“, oder **Handelsvertreter** (⟶ sales agent) eines Reiseveranstalters operieren. In diesen Fällen gelten die Vorschriften der §§ 84 ff. HGB.

> Wissen | **Gesetzliche Regelung in § 84 Abs. 1 HGB**
>
> Gemäß § 84 Abs. 1 HGB ist Handelsvertreter, „wer als selbstständiger Gewerbetreibender ständig damit betraut ist, für einen anderen Unternehmer (Unternehmer) Geschäfte zu vermitteln oder in dessen Namen abzuschließen. Selbstständig ist, wer im Wesentlichen frei seine Tätigkeit gestalten und seine Arbeitszeitbestimmen kann.“

Vertragliche Grundlage zwischen Reiseveranstalter und Reisebüro – als Handelsvertreter – ist in diesem Fall ein sog. Agenturvertrag (⟶ agency agreement).

> Wissen | **Gesetzliche Regelung in § 85 HGB**
>
> Dabei können die Parteien gemäß § 85 HGB verlangen, „dass der Inhalt des Vertrages sowie spätere Vereinbarungen zu dem Vertrag in eine vom anderen Teil unterzeichnete Urkunde aufgenommen werden. Dieser Anspruch kann nicht ausgeschlossen werden.“
>
> Zu den Pflichten des Handelsvertreters gehört u. a. nach § 86 Abs. 1 HGB, dass er „sich um die Vermittlung oder den Abschluss von Geschäften zu bemühen“ hat; „er hat hierbei die Interessen des Unternehmers wahrzunehmen.“

Der Handelsvertreter darf – anders als der **Handelsmakler** (⟶ commercial broker) – vom Kunden kein Service-Entgelt auf B2C-Ebene verlangen. Er hat grundsätzlich einen Anspruch auf die **übliche Provision** (⟶ normal commission rate) auf B2B-Ebene – gegen den Reiseveranstalter – nach §§ 87 Abs. 1 Satz 1, 87b Abs. 1 HGB.

Fälligkeit (→ maturity) des Provisionsanspruchs tritt grundsätzlich erst bei Durchführung der Reise ein (§ 87a Abs. 1 Satz 1 HGB).

So kann der Reiseveranstalter von der Reise – aus von ihm nicht zu vertretenenden Gründen – gemäß § 651h Abs. 4 Satz 1 Nr. 1 BGB (Nichterreichen der Mindestteilnehmerzahl) oder § 651h Abs. 4 Satz 1 Nr. 2 BGB („unvermeidbare, außergewöhnlichen Umstände") zurücktreten. In diesen Fällen hat der Handelsvertreter gemäß § 87 Abs. 3 Satz 3 BGB keinen Anspruch auf Provision, weil die „Nichtausführung" des Geschäfts „auf Umständen beruht, die vom Unternehmer nicht zu vertreten sind". Insoweit schultert der Handelsvertreter das gleiche unternehmerische Ausfallrisiko wie der Reiseveranstalter.

In den nachfolgend genannten Fallkonstellationen wurde ein Provisonsanspruch abgelehnt: Reisestornierung durch den Kunden aus privaten Gründen, Rücktritt des Reiseveranstalters vom Vertrag gemäß § 323 BGB wegen nicht vertragsgemäß erbrachter Leistung (keine Zahlung des Kunden), Nichterreichen der im Reiseprospekt ausgewiesenen Mindestteilnehmerzahl[295], Rücktritt des Kunden vom Vertrag bei zulässiger Leistungsänderung sowie Kündigung wegen höherer Gewalt[296].

Hingegen wurde ein Vertretenmüssen und damit ein Provisionanspruch in folgenden Fällen angenommen: Kündigung durch den Reisenden aus wichtigem Grund wegen Hotelüberbuchung, Kündigung des Reisenden wegen gesetzlich unzumutbarer Leistungsänderung, Insolvenz des Beförderungsunternehmens oder innerbetrieblichen Schwierigkeiten beim Reiseveranstalter.[297]

Strittig ist, ob Handelsvertreter ihren Kunden **Nachlässe** oder **Rückvergütungen** (→ kick-backs) auf den Reisepreis gewähren dürfen, indem sie diese – in der Regel ohne Wissen und Wollen des Reiseveranstalters, teilweise sogar bei einem vertraglich vereinbarten Rabattverbot – intern über den ihrerseits bestehenden Provisonsanspruch „finanzieren". In diesen Fällen muss die einschlägige Rechtsprechung genau studiert werden. Nach einer Entscheidung des EuGH ist das vertragliche Verbot der bloßen Disposition über die Provision und deren (teilweise) Weitergabe an den Endkunden ein Wettbewerbsverstoß[298] gemäß Art. 101 AEUV (vormals Art. 85 EWG-Vertrag). Insoweit kann die bloße Provisionsweitergabe im Einzelfall durchaus zulässig sein.

10.5.1.2 Handelsmakler

Die sog. **freien Reisevermittler** (→ free travel agencies/retailers), die nur gelegentlich Pauschalreisen bestimmter Reiseveranstalter vermitteln, ohne mit diesen über Agenturverträge vertraglich verbunden zu sein, werden handelsrechtlich als Handelsmakler qualifiziert.

Wissen | **Gesetzliche Regelung in § 93 Abs. 1 HGB**

„Die Rechte und Pflichten eines Handelsmaklers“ hat gemäß § 93 Abs. 1 HGB, „wer gewerbsmäßig für andere Personen, ohne von ihnen auf Grund eines Vertragsverhältnisses ständig damit betraut zu sein, die Vermittlung von Verträgen über Anschaffung oder Veräußerung von Waren oder Wertpapieren, über Versicherungen, Güterbeförderungen, Schiffsmiete oder sonstige Gegenstände des Handelsverkehrs übernimmt.“

Dem Handelsmakler steht – anders als dem Handelsvertreter – kein gesetzlicher Provisionsanspruch zu. Er kann jedoch ein sog. **Service-Entgelt** (→ service charge, → service fee) verlangen. Dieses Service-Entgelt muss entsprechend ausgewiesen werden, denn es besteht die Verpflichtung zur **Gesamtpreisangabe** (→ total price indication). Dies ergibt sich u. a. aus der **Preisangabenverordnung (PAngV)** (→ Price Indication Ordinance).

Wissen | **Gesetzliche Regelung in § 1 Abs. 1 Satz 1 PAngV**

Gemäß § 1 Abs. 1 Satz 1 PAngV hat, „wer Verbrauchern gemäß § 13 des Bürgerlichen Gesetzbuches gewerbs- oder geschäftsmäßig oder wer ihnen regelmäßig in sonstiger Weise Waren oder Dienstleistungen anbietet oder als Anbieter von Waren oder Leistungen gegenüber Verbrauchern unter Angabe von Preisen wirbt,“ „die Preise anzugeben, die einschließlich der Umsatzsteuer und sonstiger Preibsbestandteile zu zahlen sind (Gesamtpreise).“

Fall 10 | **Antwort auf Frage c)**

Wenn F und D durch einen Agenturvertrag mit einem Reiseveranstalter (z. B. DERTOUR, Meiers oder TUI) verbunden sind, qualifizieren sie sich als Handelsvertreter gemäß §§ 84 ff. HGB. Bleiben sie „frei“ und vermitteln nur gelegentlich Pauschalreisen bestimmter Reiseveranstalter, sind sie Handelmakler nach §§ 93 ff. HGB.

10.5.2 B2C-Ebene

Zwischen Reisebüro und Reisendem kommt nach h. M. ein **Geschäftsbesorgungsvertrag werkvertraglicher Art** (→ management service contract of a works contract character) gemäß §§ 675, 631 BGB zustande.[299] Dies ist allerdings nicht unstrittig. Mittlerweile geht der BGH[300] zumindest von einem **Vertragsverhältnis** (→ contractual relationship) zwischen Reisevermittler und Kunde(n) aus, wenn er dieses auch nicht als Geschäftsbesorgungsvertrag qualifiziert.

Der Geschäftsbesorgungsvertrag zwischen Reisevermittler und Kunden bedarf keiner bestimmten gesetzlichen Form (z. B. keiner Schriftform). Ferner finden auf ihn die Vorschriften der §§ 651a ff. BGB keine Anwendung, sondern eben die §§ 675, 631 BGB. Der Vertrag ist unentgeltlich für den Fall, dass des Reisevermittler Handelsvertreter nach §§ 84 ff. HGB ist (die Provision des Handelsvertreters wird direkt mit dem Reiseveranstalter abgerechnet). Für den Fall, dass das Reisebüro Handelmakler nach §§ 93 ff. HGB ist, ist der Vertrag entgeltlich; vom Kunden kann ein Service-Entelt verlangt werden.

10.5.2.1 Vertragliche Pflichten des Reisevermittlers

Der Reisevermittler ist verpflichtet, sich um den Abschluss des Hauptvertrages (Pauschalreisevertrag, Beförderungsvertrag, Beherbergungsvertrag etc.) zu bemühen, den Vertrag mit der **Sorgfalt eines ordentlichen Kaufmannes** (→ care of a prudent businessman) bis zum Zeitpunkt des Reiseantritts abzuwickeln (z. B. unverzügliche Weitergabe von Informationen etc.) und den Kunden dabei korrekt zu beraten (Auswahlberatung, Aufklärung).

10.5.3 Vertragliche Pflichten des Reisekunden

Der Reisekunde muss ein Service-Entgelt an den Reisevermittler zahlen, wenn dieses vereinbart war. In Fällen, in denen der Reisevermittler z. B. für die Beschaffung von Visa oder Ähnlichem in Vorlage getreten ist, hat er einen **Aufwendungsersatzanspruch** (→ claim to reimbursement of expenses) gemäß §§ 675, 670, 683 BGB.

10.6 Haftungsfragen

10.6.1 Ansprüche des Reisekunden gegen den Reisevermittler

Eine **Reisevermittlerhaftung** (→ travel intermediary liability) nach §§ 675 Abs. 1, 280 Abs. 1 BGB hat folgende Tatbestandsvoraussetzungen:

- **vertragliches Schuldverhältnis** (→ contractual obligation) (hier: Geschäftsbesorgungsvertrag);
- **objektive Pflichtverletzung** (→ objective breach of a duty of care) bei der Vermittlung des Hauptvertrages, z. B. ein Buchungsfehler (vgl. § 651x BGB als weitere, selbstständige Anspruchsgrundlage);
- **Vertretenmüssen** (→ attribution) durch **Vorsatz** (→ intent, → premeditation) oder **Fahrlässigkeit** (→ negligence) gemäß §§ 280 Abs. 1, 276, 278 BGB;
- **Vermögensschaden** (→ pecuniary loss) nach §§ 249 ff. BGB; sowie
- **Kausalität** (→ causality) zwischen Pflichtverletzung und Vermögensschaden.

Den Reisevermittler trifft keine **verschuldensunabhängige (Garantie-) Haftung** (→(guarantee) liability regardless of fault) wie den Reiseveranstalter gemäß §§ 651a ff. BGB für die **vermittelte Leistung** (→ retailed performance). Er haftet auch nicht **verschuldensabhängig** (→ fault-based) auf **Schadensersatz für nutzlos aufgewendete Urlaubszeit** (→ damages for vacation time spent in vain) gemäß § 651n Abs. 2 BGB.

Insbesondere in den nachfolgend genannten Fallkonstellationen ist nach h. M. von einer Reisevermittlerhaftung auszugehen:

- **unterlassene Mitteilung** (→ failure to report, → absence of notification), z. B. über Buchungsablehnung[301] oder geänderte Abflugs-/Abfertigungszeiten[302];
- **falsche Auskunft** (→ false information) über Pass-/Visumserfordernisse[303] (für die Pauschalreise gemäß Art. 250 § 3 Nr. 6 EGBGB) oder falsche Fahrplanauskünfte[304] (für die Pauschalreise gemäß Art. 250 § 3 Nr. 1 lit. d EGBGB);
- **fehlerhafter Buchung**[305] (→ incorrect booking) (vgl. für die Pauschalreise § 651x BGB);
- **Nichtweiterleitung oder verspätete Weiterleitung von Informationen** (→ information not forwarded or forwarded too late), z. B. die Reiseanmeldung, Sonderwünsche des Kunden, Flugtickets oder sonstige Reiseunterlagen[306];

- **fehlerhafte Preisangaben oder Preisberechnung**[307] (→ incorrect price indication or price calculation) (für die Pauschalreise nach Art. 250 § 3 Nr. 3 EGBGB);
- **unterlassene Aufklärung über Einreisebestimmungen** (→ failure to provide information on entry requirements) (für die Pauschalreise gemäß Art. 250 § 3 Nr. 6 EGBGB);
- **fehlerhaft kontrollierter Sicherungsschein**[308] (→ inaccurately checked risk coverage certificate) (für die Pauschalreise gemäß Art 252 Abs. 4 EGBGB).

Im Übrigen trifft den Reisevermittler grundsätzlich **keine Aufklärungspflicht über die Bonität**[309] (→ no duty to disclose the creditworthiness) des Reiseveranstalters, **unbekannte Gefahren** (→ unknown risks), **außer es besteht ein sachlicher Anlass** (→ unless there is cause for concern) oder **konkrete Verdachtsmomente** (→ specific grounds for suspicion)[310]. Ebensowenig ist der Reisevermittler verpflichtet, auf **allgemeine Lebensrisiken** (→ ordinary risks of life), z. B. die Thrombosegefahr bei Langstreckenflügen[311], oder – ungefragt – über das **preisgünstigste Angebot**[312] (→ cheapest offer) oder auf den möglichen Abschluss von Reiserversicherungen, außer bei **Reiserücktrittskosten- und Rücktransportkostenversicherungen**[313] (→ travel cancellation and return transport cost insurances) (für die Pauschalreise gemäß Art. 250 § 3 Nr. 8 EGBGB), hinzuweisen.

10.6.2 Ansprüche des Reisekunden gegen den Reiseveranstalter

Bei Pflichtverletzungen des Reisevermittlers in Erfüllung der Verbindlichkeit des Reiseveranstalters – also im Zusammenhang mit dem Pauschalreisevertrag – haftet der Reiseveranstalter gemäß §§ 651a ff., 278 BGB, da der Reiververmittler Erfüllungsgehilfe des Reiseveranstalters ist.[314]

10.6.3 Gesamtschuldnerschaft

Bei Pflichtverletzungen des Reisevermittlers ist immer im Einzelfall – anhand der einschlägigen Rechtsprechung – zu prüfen, ob Reiseveranstalter und Reisevermittler als Gesamtschuldner gemäß § 421 BGB haften. Dies ist insbesondere dann prozessual interessant, wenn der Reiseveranstalter insolvent ist. Der Reisekunde wird dann ggf. zumindest (teilweise) mit einer Klage gegen den Reisevermittler Erfolg haben können.

10.7 Verjährung

Die regelmäßige Verjährung für Ansprüche gegen den Reisevermittler beträgt drei Jahre. Dies folgt aus §§ 675, 631, 634a Abs. 1 Nr. 3, 195, 199 Abs. 1 Nr. 1 und 2 BGB. Sie kann in AGB jedoch auf ein Jahr gemäß §§ 202 Abs. 1, 309 Nr. 8 lit. b ff) BGB verkürzt werden.

✻ Kurzrepetitorium

- Reisevermittler operieren typischerweise als Handelsvertreter gemäß §§ 84 ff. HGB oder als Handelsmakler nach §§ 93 ff. HGB.
- Zwischen Reisevermittler und Reisekunde kommt nach h. M. ein Geschäftsbesorgungsvertrag mit werkvertraglichem Charakter gemäß §§ 675, 631 BGB zustande. Agiert der Reisevermittler beim Vertragsschluss als Handelsvertreter des Reiseveranstalters, so entsteht keine direkte Gebühr gegenüber dem Reisenden. Dem Reisevermittler steht in diesem Fall eine Handelsvertreterprovision nach §§ 87 ff. HGB gegen den Reiseveranstalter zu. Agiert der Reiseveranstalter hingegen als Handelsmakler, so entsteht eine Bearbeitungsgebühr, die dem Reisekunden üblicherweise als auszuweisendes Service-Entgelt in Rechnung gestellt wird.
- Den Reisevermittler treffen Sorgfalts- und Informationspflichten (z. B. bei der Beratung). Verletzt der Reisevermittler diese, so haftet er dem Reisenden für den entstandenen Vermögensschaden gemäß §§ 280 Abs. 1, 276, 278, 249 ff. BGB. Daneben haftet der Reiseveranstalter nach §§ 651a ff., 278 BGB ab dem Zeitpunkt, in dem der Reisekunde seine Auswahlentscheidung für eben diesen Reiseveranstalter getroffen hat. Der Reisevermittler ist Erfüllungsgehilfe des Reiseveranstalters. Reiseveranstalter und Reisevermittler sind insoweit Gesamtschuldner gemäß § 421 BGB.
- Geriert sich der Reisevermittler als Reiseveranstalter, indem er z. B. Reiseleistungen auf seinem Briefkopf mit seinem Firmenlogo als „eigenes“ Reiseleistungspaket zusammenstellt, so haftet er wie ein Reiseveranstalter nach §§ 651a ff. BGB.

✻ Wissenscheck zur Prüfungsvorbereitung

1. Recherchieren Sie Fälle aus der Rechtsprechung (z. B. über ☞ *www.beck-online.beck.de* oder ☞ *www. juris.de*), in denen Reisevermittler ihre Sorgfalts- und Informationspflichten verletzt haben.
2. Erstellen Sie eine „Checkliste“, was ein Reisebüro beachten muss, wenn es sich lediglich als Reisevermittler und keinesfalls als Reiseveranstalter betätigen möchte.
3. Welche handelsrechtliche Stellung haben Reisevermittler typischerweise?
4. Beschreiben Sie die vertraglichen Pflichten eines Reisevermittlers.

✻ Weiterführende Quellen

I. Literatur für Lehre und Praxis

Führich (2018): Basiswissen Reiserecht. Grundriss des Pauschal- und Individualreiserechts. 4. Aufl. München: Vahlen. § 15, Rz. 242–251.

II. Aktuelle Rechtsprechung

1. EuGH, Urteil vom 6.7.2017 – C 290/16 – Angabe von Flugnebenkosten und unzulässige Bearbeitungsentgelte bei Flugstornierung. *EuZW* 2017, 766. Online abrufbar unter *http://curia.europa.eu/juris/document/document.jsf?text=&docid=192402&pageIndex=0&doclang=DE&mode=req&dir=&occ=first&part=1* (abgerufen am 25.3.2019).
2. EuGH, Urteil vom 15.1.2015 – C-573/13 – Endpreisangaben im elektronischen Buchungsverkehr. *NJW* 2015, 1081. Online abrufbar unter *http://curia.europa.eu/juris/document/document.jsf?text=&docid=161390&pageIndex=0&doclang=DE&mode=req&dir=&occ=first&part=1* (abgerufen am 25.3.2019).
3. BGH, Urteil vom 23.1.2014 – VII ZR 168/13 – kein Anspruch auf Handelsvertreterprovision bei Absage der Reise wegen Nichterreichens der Mindestteilnehmerzahl. *NJW* 2014, 930. Online abrufbar unter *http://juris.bundesgerichtshof.de/cgi-bin/rechtsprechung/document.py?Gericht=bgh&Art=en&nr=66775&pos=0&anz=1* (abgerufen am 25.3.2019).

11 Lerneinheit: Das Beherbergungsrecht (§§ 535 ff., 701–704 BGB)

„Lieber den Magen verrenkt, als dem Wirt was geschenkt."[315]

Deutsches Sprichwort

Lernziele

In dieser Lerneinheit lernen Sie

- die rechtlichen Grundlagen des Beherbergungsrechts,
- die üblichen Stornierungspauschalen bei Beherbergungsverträgen und
- die Haftung des Gastwirts gemäß §§ 701 ff. BGB kennen;
- den Reservierungsvertrag vom Free-Sale-, Garantie- und On-Request-Vertrag abzugrenzen; sowie
- die Verfallfrist (Ausschlussfrist) und stillschweigend vereinbarte Rücktritts- und Stornorechte beim Reservierungsvertrag kennen.

Empfohlener Gesamtarbeitsaufwand | 270 Minuten (4,5 Zeitstunden)

a) Vorlesungszeit/Kontaktstunden: 90 Minuten.
b) Lesen des Textes der Lerneinheit 11 sowie Nacharbeiten von Fall 11: 90 Minuten.
c) Lesen der empfohlenen weiterführenden Quellen sowie Durcharbeiten der Fragen im Wissenscheck zur Prüfungsvorbereitung: 90 Minuten.

Fall 11 | **Wanderurlaub mit Tücken**
(Quelle: Eigene Darstellung)

Der in Elstree (bei London) lebende englische Edelmann The Rt. Hon. The Lord Edgwarebury KBE (**Lord E**) ist begeisterter Bergwanderer. Er gedenkt seinen diesjährigen Wanderurlaub in Berchtesgaden in der Zeit vom 1.8. bis 15.8. d. J. zu verbringen. Er lässt seinen Butler James Bond (**B**) mit E-Mail vom 1.6. d. J. das Panoramazimmer „Watzmannblick" mit Frühstück zum Preis von EUR 80,- pro Tag im Vier-Sterne-Gasthof zur Post in Berchtesgaden für den genannten Zeitraum buchen. Das Hotel zur Post bestätigte B die Buchung mittels schriftlicher Reservierungsbestätigung vom selben Tage (1.6. d. J.), die Lord E am 3.6. d. J. in Elstree gemeinsam mit den beigefügten Allgemeinen Geschäftsbedingungen (AGB) des Gasthofs zur Post zugeht. In den AGB des Gasthofs ist eine Stornopauschale von 80 % für Übernachtung/Frühstück im Falle einer Stornierung eine Woche vor dem gebuchten Zimmerbezug vorgesehen. Die Auskunft des Wetterdienstes vom 27.7. d. J. ergibt, dass mit Dauerregen, der in den Gebirgslagen in Schnee und Graupelschauern übergeht, in der Zeit vom 1.8. bis 15.8. d. J. zu rechnen ist. Lord E verspürt keine Lust auf einen Wanderurlaub im Regen und bittet B, die Hotelbuchung zu stornieren. Dies tut B wunschgemäß im Namen von Lord E mit E-Mail vom 27.7. d. J., also fünf Tage vor Reiseantritt. Wenige Tage später erreicht Lord E eine Stornorechnung über 80 % des vereinbarten Preises. Zu Recht?

Abwandlung 1

Angenommen, das Hotel zur Post konnte das von B für Lord E gebuchte Zimmer vom 5.8. bis 15.8. d. J. weitervermieten. Wie ist die Rechtslage in diesem Fall?

Abwandlung 2

Angenommen, Lord E ist ein englischer Sportsmann, den die schlechte Wettersituation nicht davon abhält, seinen Urlaub im Hotel zur Post zu verbringen. Während Lord E im hoteleigenen Swimmingpool 2 km schwimmt, wird in sein Zimmer eingebrochen und werden seine goldene Taschenuhr, ein Erbstück seiner verstorbenen Tante, der Duchess of Kent, sowie sein Siegelring gestohlen. Taschenuhr und Siegelring haben einen Zeitwert von ca. EUR 10.000,- (GBP 8.725,-). Wie ist die Rechtslage?

Abwandlung 3

Lord E ist u. a. Inhaber eines Reisebüros, der „Lord E Reisebüro GmbH“ mit Sitz in Frankfurt am Main. Geschäftsführer der Lord E Reisebüro GmbH ist Lord E's treuer Butler B. Dieser hatte – im Namen der Lord E Reisebüro GmbH – bei einem Bonner Hotel, das von der „Bonn Hotel AG“ betrieben wird, für eine Gruppe von 100 Personen jeweils zwei Übernachtungen reserviert, die Reservierung aber fünf Wochen vor dem vorgesehenen Termin annulliert, weil die Gruppe aus Geldmangel nicht reisen konnte. Die Bonner Hotel AG verlangt von der Lord E Reisebüro GmbH den Übernachtungspreis abzüglich ersparter Eigenaufwendungen als Schadensersatz. Zu Recht?

11.1 Beherbergungsrecht

Das **Beherbergungsrecht** (⟶ accommodation law) beschreibt die Rechtsbeziehungen zwischen Unternehmen des **Beherbergungsgewerbes** (⟶ accommodation industry, ⟶ hotel industry) oder **privaten Gastgebern** (⟶ private hosts, ⟶ private landlords) und deren **Geschäfts- und/oder Privatkunden/-gästen** (⟶ business and/or private clients/guests), die individuell – entweder selber oder über ein Reisebüro oder einen Internetvermittler – **Unterkunft/Übernachtung** (⟶ accommodation, ⟶ lodging ⟶ overnight stay(s)) **mit oder ohne Verpflegung** (⟶ with our without board) buchen.

Dabei umfasst das Beherbergungsgewerbe insbesondere „[...] Hotels, [...] Hotels garni, [...] Gasthöfe, [...] Pensionen, [...] Jugendherbergen und Hütten, Campingplätze, Erholungs- und Ferienheime, Ferienzentren, [...] Ferienhäuser, [...] Ferienwohnungen, Privatquartiere, [...] Boarding Houses.“[316]

Vom Beherbergungsgewerbe abzugrenzen sind das **Gaststättengewerbe** (⟶ hospitality industry), also insbesondere „[...] Restaurants mit herkömmlicher Bedienung, Restaurants mit Selbstbedienung, [...] Cafés, Eisdielen, Imbißstuben, Schankwirtschaften, Diskotheken und Tanzlokale, [...] Bars, Vergnügungslokale, [...]“[317], sowie **Caterer** (⟶ caterers) und **Kantinen** (⟶ canteens). Gaststättengewerbe, Caterer und Kantinen, für die das spezielle **Gaststättengesetz** (⟶ Licencing Act) gilt, werden nicht dem Beherbergungsgewerbe zugeordnet; damit fallen sie nicht in den Anwendungsbereich des nachfolgend skizzierten Beherbergungsrechts.

Neben das Beherbergungsgewerbe treten heute zunehmend private Gastgeber, die ihr „Zuhause“ z. B. über den Community-Marktplatz Airbnb[318], das ähnlich einem Computer-Reservierungssystem funktioniert, vermarkten.

11.2 Beherbergungsvertrag

Der Beherbergungsvertrag ist im Gesetz nicht ausdrücklich geregelt.[319]

11.2.1 Begriff und Rechtsgrundlagen

Es handelt sich um einen sog. **typengemischten Vertrag** (⟶ mixed type of contract), der auf Elemente des **Miet-, Dienst-, Kauf- und Verwahrungsvertragsrechts** (⟶ contract laws regarding tenancy, service, purchase and deposit) Bezug nimmt.

Da i. d. R. die Raumüberlassung zwecks Nächtigung im Vordergrund steht – also die Hauptleistung ist, auf die der Großteil des vom Gast zu zahlenden Geldbetrags entfällt – liegt der **rechtliche Schwerpunkt** (→ legal emphasis, → legal focus) im **Mietrecht** (→ tenancy law). Folglich kommt vorrangig kein Dienst-, Kauf- und Verwahrungsvertragsrecht, sondern Mietrecht gemäß §§ 535 ff. BGB – ohne die Vorschriften betreffend Mietverhältnisse über Wohnraum nach §§ 549 ff. BGB – zur Anwendung. Zusätzliche Leistungen, z. B. Zimmerservice, -reinigung, Aufbewahrung von Wertgegenständen im hoteleigenen Safe, Gepäckaufbewahrung etc., begründen keinen Pauschalreisevertrag gemäß §§ 651a ff. BGB, da sie gemäß § 651a Abs. 3 Satz 2 BGB „wesensmäßiger Bestandteil" der Beherbergung sind. Auch eine analoge Anwendung der §§ 651a ff. BGB auf touristische Einzelleistungen (wie die bloße Beherbergung oder Unterbringung in Ferienhäusern/Wohnungen) kommt seit der Umsetzung der RL (EU) 2015/2302 in mitgliedstaatliches Recht am 1.7.2018 – nicht mehr in Betracht.[320]

Im Übrigen besteht **eine verschuldensunabhängige (Garantie-)Haftung** (→ strict liability regardless of negligence or fault, → guarantee liability) des **Gastwirts** (→ landlord) für **eingebrachte Sachen des Gastes** (→ things taken by the guest into the hotel/apartment) nach §§ 701 ff. BGB. Bei **Verletzung von Verkehrssicherungspflichten** (→ violation of duties to maintain safety) ergibt sich die **vertragliche Haftung** (→ contractual liability) des Gastwirts aus **positiver Vertragsverletzung** (→ positive violation of a contractual duty) gemäß §§ 280, 535 ff. BGB sowie die **gesetzliche Haftung** (→ statutory liability) bei **Personenschäden** (→ personal injuries) aus **unerlaubter Handlung** (→ tort, → delict) nach §§ 823 ff. BGB.

11.2.2 Beherbergungsunternehmen als Reiseveranstalter

Nach der seit dem 1.7.2018 geltenden Rechtslage besteht allerdings die Gefahr, dass ein Beherbergungsunternehmen leicht zum Reiseveranstalter werden kann. Dies ist der Fall, wenn das Beherbergungsunternehmen dem Reisenden „eine Gesamtheit von mindestens zwei verschiedenen Arten von Reiseleistungen für den Zweck derselben Reise" nach § 651a Abs. 2 Satz 1 BGB anbietet. Als Reiseleistungen gemäß § 651a Abs. 3 Satz 1 BGB gelten die Beförderung (Nr. 1), Beherbergung (Nr. 2), Vermietung „von vierrädrigen Kraftfahrzeugen" (Nr. 3 lit. a) und „Krafträdern der Fahrerlaubnisklasse A" (Nr. 3 lit. b) sowie „jede touristische Leistung, die nicht Reiseleistung im Sinne der Nummern 1 bis 3 ist" (Nr. 4).

Beispiel

Bucht der Kunde auf der hoteleigenen Website mindestens zwei verschiedene Reiseleistungen – z. B. Anreise mit dem Bus und Beherbergung –, so liegen „zwei verschiedene Arten von Reiseleistungen für den Zweck derselben Reise“ gemäß § 651a Abs. 2 Satz 1 BGB vor und haftet das Hotel als Reiseveranstalter gemäß §§ 651a ff. BGB.

Oftmals bieten Hotels sonstige tourististsche Leistungen i. S. d. § 651a Abs. 3 Satz 1 Nr. 4 BGB (z. B. Wellnessbehandlungen, Skipässe, Ausflüge, Konzertkarten) an.

Geschieht die Buchung der sonstigen touristischen Leistung erst nach Einchecken des Gastes in seinem Zimmer vor Ort, also „erst nach Beginn der Erbringung einer Reiseleistung im Sinnes des Absatzes 3 Satz 1 Nummer 1 bis 3“ (§ 651a Abs. 4 Satz 1 Nr. 2 BGB) – hier der Beherbergung (§ 651a Abs. 3 Satz 1 Nr. 2 BGB) – so besteht keine Haftungsgefahr nach §§ 651a ff. BGB.

Etwas anderes gilt jedoch, wenn das Hotel dem Kunden gemäß § 651a Abs. 2 Satz 1 Nr. 2 BGB „das Recht einräumt, die Auswahl der Reiseleistungen aus seinem Angebot nach Vertragsschluss zu treffen“ und mehr „als 25 Prozent des Gesamtwertes“ (§ 651a Abs. 4 Satz 2 BGB) auf die Zusatzleistung entfallen.

Wird eine sonstige touristische Leistung i. S. d. § 651a Abs. 3 Satz 1 Nr. 4 BGB bei Vertragsschluss gemeinsam mit der Beherbergung angeboten, so besteht für das Hotelunternehmen keine Haftungsgefahr nach §§ 651a ff. BGB, wenn auf die sonstige touristische Leistung gemäß § 651a Abs. 4 Satz 2 BGB „weniger als 25 Prozent des Gesamtwertes“ der Zusammenstellung entfallen und die sonstige touristische Leistung weder als „wesentliches Merkmal der Zusammenstellung“ dargestellt (§ 651a Abs. 4 Satz 1 Nr. 1 Alt. 1 BGB) „noch als solches beworben“ (§ 651a Abs. 4 Satz 1 Nr. 1 Alt. 2 BGB) wurde.

11.2.3 Abschluss des Beherbergungsvertrages

Der Beherbergungsvertrag kommt **formfrei** (⟶ formless) nach den allgemeinen Vorschriften gemäß §§ 145 ff. BGB durch **Antrag** (⟶ offer) und **Annahme** (⟶ acceptance) zustande. Dabei ist die verbindliche (mit Rechtsbindungswillen) getätigte „Reservierung“ des Gastes (z. B. telefonisch, per Internet, Fax oder schriftlich) der Antrag nach § 145 BGB. Eine Reservierung stellt insoweit keine *invitatio ad offerendum*, also Aufforderung zur Angebotsangabe durch den Gastwirt, dar.[321]

Ein unter Anwesenden gemachter Antrag, z. B. eine telefonische Reservierung des Gastes, muss gemäß § 147 Abs. 1 BGB sofort angenommen werden. Bei einem Antrag unter Abwesenden i. S. d. § 147 Abs. 2 BGB, also z. B. bei Postübermittlung, kann der Gast mit einer Annahme innerhalb von sieben Tagen, bei Buchung per E-Mail oder Fax mit einer Annahme innerhalb von vier Tagen rechnen.[322] Nach Ablauf der vorgenannten Annahmefristen ist der Gast nicht mehr an seine „Reservierung" gebunden. Die verspätete Annahme gilt nach § 150 Abs. 1 BGB als neuer Antrag, den der Gast annehmen oder ablehnen kann.

11.2.4 AGB-Einbeziehung

Auch für die Einbeziehung von AGB in den Beherbergungsvertrag gelten keine Besonderheiten. Gemäß §§ 305 Abs. 2, 310 BGB muss der Gast, so er Verbraucher i. S. d. § 13 BGB ist, auf die AGB (deutlich) hingewiesen werden, die zumutbare Möglichkeit der Kenntnisnahme bekommen haben sowie mit den AGB einverstanden sein (Einbeziehungsvereinbarung). Ist der Gast Unternehmer (Geschäftskunde) gemäß § 14 BGB, so muss er mit AGB des Beherbergungsbetriebes nach neuer Rechtsprechung[323] nicht mehr rechnen, sondern es bedarf – wie beim Verbraucher – einer Einbeziehungsvereinbarung.

Die AGB von Beherbergungsbetrieben orientieren sich üblicherweise an den **Muster-AGB für den Hotelaufnahmevertrag** (→ Template G's & T's regarding hotel lodging agreements), sog. **unverbindlichen Konditionenempfehlungen** (→ recommended non-binding template G's & T's) des Deutschen Hotel und Gaststättenverbandes e. V. (DEHOGA)[324] oder des Hotelverbandes Deutschland (IHA) e. V.[325] Über den DEHOGA-Shop können solche Muster-AGB kostenpflichtig heruntergeladen werden.[326]

11.2.5 Fragen des internationalen Privatrechts

Gerade bei Buchungen aus dem Ausland oder Reservierungen durch ausländische Gäste per Telefon wird nicht über das anwendbare (Beherbergungs-)Recht gesprochen.

Nach den EU-Regeln des **Internationalen Privatrechts** (→ private international law) hilft in diesen Fällen das **Prinzip der freien Rechtswahl** (→ free choice of law principle) gemäß Art. 3 Rom I-VO[327] nicht weiter.

Da es sich beim Beherbergungsvertrag um einen typengemischten Vertrag mit Schwerpunkt im Miet- und Dienstleistungsrecht handelt, kommt grundsätzlich gemäß Art. 4 Abs. 1 lit. b Rom I-VO das Recht des Staates zur Anwendung, „in dem der **Dienstleister**" (→ service provider) „seinen **gewöhnlichen Aufenthalt**" (→ habitual residence) hat.

Für bis zu sechs Monate vermietete Immobilien (z. B. ein Ferienhaus) gilt Art. 4 Abs. 1 lit. d Rom I-VO: Hiernach „unterliegt die Miete oder Pacht unbeweglicher Sachen für höchstens sechs aufeinander folgende Monate zum vorübergehenden privaten Gebrauch dem Recht des Staates, in dem der Vermieter oder Verpächter seinen gewöhnlichen Aufenthalt hat, sofern der Mieter oder Pächter eine natürliche Person ist und seinen gewöhnlichen Aufenthalt in demselben Staat hat."

Für Mietverhältnisse, die eine Dauer von sechs Monate überschreiten, gilt hingegen Art. 4 Abs. 1 lit. c Rom I-VO: In diesen Fällen kommt das **„Recht des Staates" zur Anwendung, „in dem die unbewegliche Sache belegen ist"** (→ a tenancy of immovable property shall be governed by the law of the country where the property is situated).

11.2.6 Vertragliche Rechte und Pflichten

Rechte (→ rights) und **Pflichten** (→ duties, → obligations) der **Beherbergungseinrichtung** (→ lodging facility, → accommodation facility), die ein **gewerblicher Gastwirt** (→ commercial landlord) oder **privater Gastgeber** (→ private landlord) sein können, sowie des Gastes, sei er nun geschäftlich oder privat unterwegs, ergeben sich aus dem **Beherbergungsvertrag** (→ accommodation agreement, → lodging agreement) gemäß §§ 535 ff. BGB.

11.2.6.1 Pflichten der Beherbergungseinrichtung

Die **Hauptleistungspflicht** (→ main contractual duty) der Beherbergungseinrichtung besteht gemäß § 535 Abs. 1 Satz 2 BGB in der Zurverfügungstellung und Nutzbarkeit der vertraglich geschuldeten Räumlichkeiten und Raumausstattung ab – üblicherweise – 15 Uhr am Anreisetag bis mittags am Abreisetag.[328] Die Zurverfügungstellung der Räumlichkeiten kann jedoch durch AGB verkürzt oder verlängert werden, wenn eine Einbeziehungsvereinbarung mit dem Gast vorliegt.[329]

Größe und Ausstattung der Räumlichkeiten sowie (unentgeltliche und/oder entgeltliche) Nebenleistungen (Parkplatzbenutzung, Wäsche- und Bügelservice etc.) hängen – abgesehen von ggf. vereinbarten Zusatzabreden (z. B. Kinderbeistellbett etc.) – maßgeblich von der Hotelklassifizierung[330] ab.

Vertragliche Nebenpflichten (→ secondary contractual obligations) bestehen insbesondere in sog. **Verkehrssicherungspflichten** (→ duties to maintain safety), z. B. bei gefährlichen Anlagen wie Balkonen oder Sporteinrichtungen (Schwimmbad, Sauna etc.).

Die vertragliche Hauptpflicht des Gastes besteht gemäß § 535 Abs. 2 BGB in der Zahlung des vereinbarten Miet-/Zimmerpreises. Wird über den Zimmerpreis nicht gesprochen, so ist der übliche Zimmerpreis zu zahlen, der sich (für die jeweilige Saison) aus einem Preisverzeichnis ergeben muss. Vertragliche Nebenpflichten des Gastes sind sog. **Obhutspflichten** (→ duties of care), also insbesondere Rücksichtnahmepflichten i. S. d. § 241 Abs. 2 BGB. Hierzu zählt z. B. der pflegliche Umgang mit den Zimmer-/Hoteleinrichtungsgegenständen.

11.2.6.2 Mängelgewährleistung

Es sind zahlreiche Beherbergungsmängel (in Form von Fehlern oder des Fehlens zugesicherter Eigenschaften) denkbar, die sich z. B. auf die Unterkunft (Unterschreitung von Zimmermindestgrößen, Mindestausstattungen und Hygienestandards etc.), Verpflegung oder sonstige gravierende Servicefehler beziehen können. In diesen Fällen hat der Gast den Mangel grundsätzlich gemäß § 535c BGB anzuzeigen und kann alsdann eine **Minderung des Zimmerpreises** (→ reduction of room price) verlangen.

Im Übrigen kann er von der Beherbergungseinrichtung bei Sach- und Personenschäden **verschuldensabhängig Schadensersatz** (→ damages based on negligence or fault) gemäß § 536a BGB verlangen. Außerdem kommt eine **außerordentliche Kündigung** (→ extraordinary termination) in Betracht, wenn ein **wichtiger Grund** (→ cause) i. S. d. § 543 Abs. 2 Satz 1 BGB vorliegt, also insbesondere bei nicht rechtzeitiger Überlassung des Zimmers (§ 543 Abs. 2 Satz 1 Nr. 1 BGB) oder bei Sicherheitsrisiken (§ 543 Abs. 2 Satz 1 Nr. 2 BGB).

11.2.6.3 Stornierung

Außer in Fällen der objektiven (z. B. Naturkatastrophe) oder betrieblichen Unmöglichkeit (z. B. Hotelbrand), die den Gast von der Zahlungspflicht gemäß § 326 Abs. 1 BGB befreit, haftet der Gast für den vereinbarten (Zimmer-)Preis[331] bei Stornierung (→ cancellation) oder Nichtbenutzung (→ no show) der gebuchten Unterkunft. Es handelt sich hierbei um einen **vertraglichen Erfüllungsanspruch** (→ contractual claim for performance), der sich unmittelbar aus § 535 Abs. 2 BGB ergibt. Allerdings muss sich die Beherbergungseinrichtung die ersparten Aufwendungen gemäß § 537 Abs. 1 Satz 2 BGB anrechnen lassen. So ist das Bemühen der Beherbergungseinrichtung um eine anderweitige Vermietung (Schadensminderungspflicht) aufgrund der vertraglichen Rücksichtnahmepflicht aus § 241 Abs. 2 BGB geboten. Im Übrigen sind – im Fall einer Stornierung ohne Möglichkeit der anderweitigen Vermietung – vom ursprünglich geschuldeten (Zimmer-) Preis die Betriebskosten (z. B. Kosten im Zusammenhang mit der Zurverfügungstellung und Reinigung von Bettwäsche und Handtüchern) abzuziehen.

Von der Rechtsprechung[332] wird der Wert der ersparten Aufwendungen im Falle kurzfristiger Stornierungen

- bei Übernachtung ohne Frühstück pauschal mit 10 %,
- bei Übernachtung mit Frühstück pauschal mit 20 %,
- bei Übernachtung mit Halbpension pauschal mit 30 % sowie
- bei Übernachtung mit Vollpension pauschal mit 40 %

des Preises angesetzt.

Fall 11 | **Antwort**

Der Gasthof zur Post könnte einen Anspruch auf die geforderte Stornopauschale in Höhe von 80 % des Zimmerpreises für den Buchungszeitraum, insgesamt EUR 896,- (EUR 80 · 14 Übernachtungen · 80 %), gegen Lord E haben.

Dann müsste ein wirksamer Beherbergungsvertrag zustande gekommen sein. Dies ist der Fall: Den Antrag hat B im Namen von Lord E gemäß § 145 BGB mit E-Mail vom 1.6. d. J. gegenüber dem Gasthaus zur Post abgegeben. Er enthält sämtliche wesentlichen Vertragsbestandteile (*essentialia negotii*): Vertragsparteien, Buchungsobjekt (Panoramazimmer „Watzmannblick“ mit Frühstück), Preis (EUR 80,- pro Tag) sowie Buchungszeitraum (1.8. bis 15.8. d. J.).

Diesen Antrag hat der Gasthof zur Post gemäß § 147 Abs. 2 BGB mittels schriftlicher Reservierungsbestätigung vom selben Tage (1.6. d. J.), die E innerhalb von drei Tagen, nämlich am 3.6. d. J. in Elstree gemeinsam mit den (beigefügten) Allgemeinen Geschäftsbedingungen (AGB) des Gasthofs zur Post zuging, angenommen. Die AGB wurden damit auch wirksam in den Vertrag gemäß §§ 305 Abs. 2, 310 Abs. 1 BGB einbezogen.

Die Stornopauschale von 80 % für Übernachtung mit Frühstück eine Woche vor dem gebuchten Zimmerbezug, die sich aus den AGB des Gasthofs zur Post ergibt, entspricht dem von der Rechtsprechung festgestellten handelsüblichen Pauschalsatz und orientiert sich an den Konditionenempfehlungen der DEHOGA sowie des Hotelverbandes Deutschland (IHA). Damit sollte die Stornopauschale von 80 % einer gerichtlichen In-

haltskontrolle gemäß §§ 309 Nr. 5 lit. a und b BGB, 307 BGB standhalten können.
Hier erfolgte die Stornierung am 27.7. d. J., also fünf Tage vor dem Buchungszeitraum. Das schlechte Wetter stellt auch keine höhere Gewalt und mithin keine Unmöglichkeit gemäß § 275 BGB dar, die ein Entfallen des Zahlungsanspruchs nach § 326 Abs. 1 BGB zur Folge hätte.
Also hat der Gasthof zur Post grundsätzlich einen Anspruch gegen Lord E in Höhe von 80 % des Zimmerpreises für den Buchungszeitraum, insgesamt EUR 896,- (EUR 80,- · 14 Übernachtungen · 80 %).

Abwandlung 1 | **Antwort**

Die Stornopauschale entfällt oder reduziert sich jedoch, wenn der Gasthof zur Post das von Lord E gebuchte Zimmer anderweitig vermieten kann oder Lord E nachweisen könnte, dass dem Gasthof zur Post ein geringerer Schaden entstanden ist. Vorliegend konnte der Gasthof das für Lord E gebuchte Zimmer vom 5.8. bis 15.8. d. J. anderweitig vermieten. Damit entfällt eine Stornopauschale für die Zeit vom 5.8 bis 15.8. d. J. (zehn Übernachtungen). Eine Stornopauschale ist lediglich für die Zeit vom 1.8 bis 5.8. (vier Übernachtungen) zu zahlen, die sich insgesamt auf EUR 256,- (EUR 80,- · 4 Übernachtungen · 80 %) beläuft.

11.2.7 Haftung des Gastwirts

Die **verschuldensabhängige Haftung des Gastwirts für eingebrachte Sachen des Gastes** (→ landlord's liability regardless of negligence or fault for things brought by the guest) ist in den §§ 701 bis 704 BGB normiert.

Erste Voraussetzung für die Haftung des Gastwirts ist, dass dieser gemäß § 701 Abs. 1 BGB „Fremde gewerbsmäßig zur Beherbergung aufnimmt". **Gewerbsmäßige Gastwirte** (→ commercial landlords) sind insbesondere klassische Inhaber oder Pächter von Beherbergungsbetrieben, nicht jedoch Vermieter, die Zimmer lediglich privat (auf Gelegenheitsbasis) vermieten, Reiseveranstalter oder Gaststättenbetriebe ohne Zimmervermietung.

Zweite Haftungsvoraussetzung ist, dass es sich um eingebrachte Sachen i. S. d. § 701 Abs. 2 BGB handelt.

Wissen | **Gesetzliche Regelung**

§ 701 Abs. 2 Satz 1 BGB lautet wörtlich:

„Als eingebracht gelten

1. Sachen, welche in der Zeit, in der der Gast zur Beherbergung aufgenommen ist, in die Gastwirtschaft oder an einem von dem Gastwirt oder dessen Leuten angewiesenen oder von dem Gastwirt allgemein hierzu bestimmten Ort außerhalb der Gastwirtschaft gebracht oder sonst außerhalb der Gastwirtschaft von dem Gastwirt oder dessen Leuten in Obhut genommen sind,
2. Sachen, welche innerhalb einer angemessenen Frist vor oder nach der Zeit, in der der Gast zur Beherbergung aufgenommen war, von dem Gastwirt oder seinen Leuten in Obhut genommen sind."

Haftungsausschlüsse dem Grunde nach (→ exclusions of liabilities on the merits) folgen aus § 701 Abs. 3 und 4 BGB.

Wissen | **Gesetzliche Regelung**

§ 701 Abs. 3 und 4 BGB lauten wörtlich:

„(3) Die Ersatzpflicht tritt nicht ein, wenn der Verlust, die Zerstörung oder die Beschädigung von dem Gast, einem Begleiter des Gastes oder einer Person, die der Gast bei sich aufgenommen hat, oder durch die Beschaffenheit der Sachen oder durch höhere Gewalt verursacht wird.

(4) Die Ersatzpflicht erstreckt sich nicht auf Fahrzeuge, auf Sachen, die in einem Fahrzeug belassen worden sind, und auf lebende Tiere."

Haftungsbeschränkungen (→ limitations of liabilities) der Höhe nach ergeben sich aus § 702 Abs. 1 BGB, die **unbeschränkte Haftung des Gastwirts** (→ landlord's unlimited liability) aus § 702 Abs. 2 und 3 BGB.

Wissen | **Gesetzliche Regelung**

§ 702 BGB lautet wörtlich:

(1) Der Gastwirt haftet auf Grund des § 701 nur bis zu einem Betrag, der dem Hundertfachen des Beherbergungspreises für einen Tag entspricht, jedoch mindestens bis zu dem Betrag von 600 Euro und höchstens bis zu dem Betrag von 3.500 Euro; für Geld, Wertpapiere und Kostbarkeiten tritt an die Stelle von 3.500 Euro der Betrag von 800 Euro.

(2) Die Haftung des Gastwirts ist unbeschränkt,

1. wenn der Verlust, die Zerstörung oder die Beschädigung von ihm oder seinen Leuten verschuldet ist,
2. wenn es sich um eingebrachte Sachen handelt, die er zur Aufbewahrung übernommen oder deren Übernahme zur Aufbewahrung er entgegen der Vorschrift des Absatzes 3 abgelehnt hat.

(3) Der Gastwirt ist verpflichtet, Geld, Wertpapiere, Kostbarkeiten und andere Wertsachen zur Aufbewahrung zu übernehmen, es sei denn, dass sie im Hinblick auf die Größe oder den Rang der Gastwirtschaft von übermäßigem Wert oder Umfang oder dass sie gefährlich sind. Er kann verlangen, dass sie in einem verschlossenen oder versiegelten Behältnis übergeben werden."

Außer in den Fällen der unbeschränkten Haftung des Gastwirts (§ 702 Abs. 2 und 3 BGB), hat der Gast Verlust, Zerstörung oder Beschädigung der eingebrachten Sache dem Gastwirt ab Kenntnis unverzüglich nach § 703 Satz 1 BGB (also ohne schuldhaftes Zögern i. S. d. § 121 BGB) anzuzeigen. Bei unterlassener Anzeige erlischt der Anspruch aus §§ 701, 702 BGB gemäß § 703 Satz 1 BGB.

Abwandlung 2 | **Antwort**

Es könnte eine Haftung des Gastwirts für die gestohlene Taschenuhr sowie den gestohlenen Siegelring bestehen.
Dann müssten die Tatbestandsvoraussetzungen der §§ 701 ff. BGB erfüllt sein.
Der Gasthof zur Post nimmt „gewerbsmäßig Fremde zur Beherbergung" – hier Lord E – gemäß § 701 Abs. 1 Satz 1 BGB auf. Lord E hat die Taschenuhr und den Siegelring in den Obhutsbereich des Gasthofs zur Post i. S. d. § 701 Abs. 1 Satz 1 BGB „eingebracht". Haftungsausschlüsse gemäß § 701 Abs. 3 BGB wegen Alleinverursachung des Gastes, der Beschaffenheit der Sachen oder höherer Gewalt sind nicht ersichtlich. Auch handelt es sich bei der Taschenuhr und dem Siegelring nicht um Fahrzeuge, Sachen im Fahrzeug oder lebende Tiere nach § 701 Abs. 4 BGB; ein Haftungsausschluss scheidet also auch nach § 701 Abs. 4 BGB aus. Die Taschenuhr und der Siegelring stellen Kostbarkeiten i. S. d. § 702 Abs. 1 Satz 1 Halbs. 2 BGB dar. Die Haftung des Gasthofs zur Post ist insoweit gemäß § 702 Abs. 1 Satz 1 Halbs. 1 und 2 BGB auf mindestens EUR 600,- und maximal EUR 800,- beschränkt. Tough luck for Lord E!

> Praxistipp | **Unbeschränkte Haftung**
>
> Lord E hätte die Taschenuhr und den Siegelring zur Aufbewahrung an der Rezeption des Gasthofs zur Post abgeben sollen; in diesem Fall hätte der Gasthof zur Post unbeschränkt für die Taschenuhr und den Siegelring gemäß § 702 Abs. 2 Nr. 2 BGB gehaftet. Zwar hätte die Rezeption die Übergabe der Taschenuhr und des Siegelrings ggf. in einem verschlossenen Behältnis verlangen (§ 702 Abs. 3 Satz 2 BGB) können; die Aufbewahrung der Taschenuhr und des Siegelrings hätte sie indes aufgrund ihrer 4-Sterne-Klassifizierung wohl nicht ablehnen können.

11.3 Leistungseinkauf durch Reiseunternehmen auf B2B-Ebene

Reiseunternehmen, also Reisebüros (Reisevermittler) und Reiseveranstalter, verfolgen beim Einkauf von Beherbergungsleistungen das primäre Ziel, sich bestimmte Betten-/Zimmerzahlen zu günstigen Konditionen zu sichern.

11.3.1 Reservierungsvertrag

In diesem Zusammenhang werden gerne **Reservierungsverträge** (→ hotel reservation agreements), die auch als **Allotmentverträge** (→ allotment agreements), **Kontingentverträge** (→ allocation agreements) oder **Optionsverträge** (→ option agreements) bezeichnet werden, abgeschlossen. Das Reiseunternehmen handelt vorvertraglich Bettenkontingente und Preise aus. Nicht genutzte Kontingente können vor Ablauf der sog. **Verfallfrist** (→ expiration deadline) i. d. R. kostenlos an die Beherbergungseinrichtung zurückgegeben werden. Der Reservierungsvertrag ist juristisch ein sog. **Vorvertrag** (→ precontract, → letter of intent).[333] Bei Abschluss eines Beherbergungsvertrags werden deshalb i. d. R. (gemäß den AGB der Beherbergungseinrichtung) Stornokosten verlangt, die das Reiseunternehmen an die Beherbergungseinrichtung nach Ablauf der Verfallfrist zahlen muss. Aus Sicht der Beherbergungseinrichtung ist eine kurze Verfallfrist anzustreben, da dann mehr Zeit verbleibt, zurückgegebene Zimmer anderweitig vermieten zu können. Hingegen ist aus Sicht des Reiseunternehmens eine lange Verfallfrist günstig, da in diesen Fällen selbst kurzfristige Buchungen zeitnah realisiert werden können. Ein weiterer Vorteil für das Reiseunternehmen besteht darin, dass das **Auslastungsrisiko** (→ capacity risk) beim Reservierungsvertrag ausschließlich bei der Beherbergungseinrichtung liegt.[334]

11.3.2 Free-Sale-Vertrag

Der sog. Free-Sale-Vertrag ist eine Sonderform des Reservierungsvertrages. Der Free-Sale-Vertrag berechtigt die Beherbergungseinrichtung bereits vor Ablauf der o. g. Rückfallfrist, Zimmer aus dem reservierten Zimmerkontingent des Reiseunternehmens, die dieser bislang noch nicht genutzt hat, anderweitig zu vermieten. Der Free-Sale-Vertrag kommt i. d. R. lediglich für kleinere Reiseveranstalter in Betracht.

11.3.3 Garantievertrag

Wird ein Zimmerkontingent durch das Reiseunternehmen fest angemietet, so übernimmt das Reiseunternehmen insoweit das volle Auslastungsrisiko der Beherbergungseinrichtung. In diesen Fällen spricht man von einem **Garantievertrag** (→ guarantee agreement) oder **verbindlichen Reservierungsvertrag** (→ binding reservation agreement), der als Beherbergungs-/Gastaufnahmevertrag mit dem Recht auf Weiter-/Untervermietung ausgestaltet ist. Das Reiseunternehmen bezahlt den Preis für die Festanmietung von Zimmerkontingenten an die Beherbergungseinrichtung und vermietet die Zimmer im eigenen Namen und auf eigene Rechnung an seine Kunden weiter. Werden Zimmerkontingente nicht mehr benötigt und daher storniert, so ist das Reiseunternehmen i. d. R. zur Regresszahlung gegenüber der Beherbergungseinrichtung vertraglich verpflichtet. Wegen der Verlagerung des Auslastungsrisikos auf das Reiseunternehmen bekommt dieses in solchen Fällen häufig besonders günstige Einkaufskonditionen.

11.3.4 On-Request-Vertrag

Beim sog. On-Request-Vertrag wird kein Zimmerkontingent angemietet. Das Reiseunternehmen/Reiseveranstalter nimmt die Beherbergungseinrichtung lediglich in seine (Pauschreise-)Prospekte auf und bietet Übernachtungen **auf Anfrage** (→ on request) bei der besagten Beherbergungseinrichtung an. Die Beherbergungseinrichtung akzeptiert ihrerseits die **Gutscheine** (→ vouchers) des Reiseunternehmens/Reiseveranstalters. Beim On-Request-Vertrag ist die Beherbergungseinrichtung jedoch nicht verpflichtet, jeden Buchungswunsch zu erfüllen.

Will ein Kunde buchen, so schickt das Reiseunternehmen/Reiseveranstalter eine **verbindliche Anfragebuchung** (→ binding reservation request), also einen Antrag gemäß §§ 145 ff. BGB, an das Beherbergungsunternehmen. Wird dieser gemäß §§ 147 ff. BGB vom Beherbergungsunternehmen – typischer Weise im Wege eine **Buchungsbestätigung** (→ booking confirmation) – angenommen, so sind der Reiseveranstalter bzw. der Kunde des Reiseveranstalters verpflichtet, das gebuchte Zimmer auch abzunehmen. Beim On-Request-Vertrag sind Reiseunternehmen/Reiseveranstalter und Beherbergungsunternehmen – im Vergleich zu den o. g. anderen Vertragstypen – am wenigsten gebunden. Sie laufen jedoch Gefahr, dass Kundenbuchungswünsche – z. B. in besonders beliebten touristischen Regionen während der Hochsaison – unerfüllt bleiben.

11.3.5 Rücktrittsfragen

Die meisten AGB von Beherbergungseinrichtungen sowie Reiseveranstaltern orientieren sich an den (unverbindlichen) Konditionenempfehlungen[335] der International Hotel Association (IHA) sowie der Universal Federation of Travel Association (UFTAA). Danach wird die Aufnahme eines **Rücktrittsvorbehalts** (→ rescission proviso) innerhalb einer angemessenen **Rücktrittsfrist** (→ rescission deadline) in den Vertrag empfohlen. Haben die Parteien kein Rücktrittsrecht vereinbart, so wird von der Rechtsprechung teilweise[336] ein **stillschweigend vereinbartes Rücktrittsrecht** (→ implicitly agreed right to rescission) bis zu sechs Monate vor dem vereinbarten Zeitpunkt der Zimmerbelegung angenommen.

Bei Kaufleuten wird das kostenfreie Stornorecht noch großzügiger gesehen, wenn ein entsprechender **Handelsbrauch** (→ commercial custom, → commercial practice) im maßgeblichen **Zielgebiet** (→ destination area) der Beherbergungseinrichtung besteht. Insoweit wird in Messestädten wie z. B. Frankfurt am Main[337] „ein kostenfreies Stornorecht bis drei Wochen, bei Messen bis vier Wochen vor der vorgesehen Ankunft“[338] angenommen.

Abwandlung 3 | **Antwort**

Vorliegend hat B im Namen der Lord E Reisebüro GmbH einen Reservierungsvertrag, der auch als Allotment-, Kontingent- oder Optionsvertrag bezeichnet wird, mit der Bonner Hotel AG abgeschlossen. Es handelt sich nicht um einen Fall der Festanmietung (Beherbergungsvertrag), sondern lediglich um einen Vorvertrag (Reservierungsvertrag). Das Reisebüro ist dabei auch nicht als Stellvertreter für jedes einzelne Gruppenmitglied aufgetreten. Dazu hätten sämtliche Namen der Reiseteilnehmer gemäß § 164 Abs. 2 BGB gegenüber der Bonner Hotel AG offengelegt werden müssen. Auch ist eine Haftungserklärung seitens des Reisebüros nicht erkennbar. Eine Verfallfrist oder ein Rücktrittsrecht wurden vertraglich nicht vereinbart. Gleichwohl geht die Rechtsprechung teilweise[339] von einem stillschweigend vereinbarten Rücktrittsrecht bis sechs Monate vor dem vereinbarten Zeitpunkt der Zimmerbelegung aus. Hier erfolgte die Stornierung jedoch erst fünf Wochen vor dem Belegungszeitraum. Allerdings billigt die Rechtsprechung Kaufleuten – die Lord E GmbH und die Bonner Hotel AG sind Formkaufleute gemäß § 6 HGB – teilweise[340] „ein kostenfreies Stornorecht bis drei Wochen, bei Messen bis vier Wochen vor der vorgesehenen Ankunft"[341] zu. Bei Anwendung dieser Rechtsprechung hätte die Bonner Hotel AG keinerlei Schadensersatzansprüche gegenüber der Lord E Reisebüro GmbH, da diese fünf Wochen vor dem Belegungszeitraum noch kostenlos hätte stornieren können. Gegen die Anwendung dieser Rechtsprechung spricht allerdings, dass Bonn wohl keine klassische Messestadt wie Frankfurt am Main, Stuttgart, Hamburg oder Dortmund ist. Insoweit könnte eine Entscheidung des LG Bonn durchaus anders ausfallen als die zitierte Entscheidung des OLG Frankfurt am Main.

Praxistipp | **Verfallsfrist oder Rücktrittsrecht**

Auf die Unsicherheiten eines Rechtsstreits („Vor Gericht und auf hoher See ist man in der Hand Gottes."[342]) sollten es die Beteiligten nicht ankommen lassen. Vorsorge ist hier besser als Nachsorge. Bei Reservierung eines Bettenkontingents dieser Größenordnung sollten im Vorfeld vertraglich zwischen den Parteien eine Verfallfrist und/oder ein Rücktrittsrecht vereinbart werden. Aus Beweisgründen sollte dies am besten schriftlich erfolgen.

✱ Kurzrepetitorium

- Der Beherbergungsvertrag ist ein typengemischter Vertrag, der Elemente des Miet-, Kauf, Dienst- und Verwahrungsvertragsrechts enthält.
- Da der Schwerpunkt im Mietrecht liegt, werden die mietrechtlichen Vorschriften der §§ 535 ff. BGB, ohne die Bestimmungen der Wohnraummiete, auf den Beherbergungsvertrag angewandt.
- Ein Beherbergungsvertrag kommt nach den allgemeinen Bestimmungen der §§ 145 ff. BGB durch Antrag und Annahme zustande.
- Für die wirksame Einbeziehung von AGB in den Beherbergungsvertrag gilt § 305 Abs. 2 BGB. Es bedarf einer Einbeziehungsvereinbarung. Dieser Voraussetzung wird bei Online-Buchungen genüge getan, wenn dem Kunden Zugriff auf die AGB verschafft wird und er diesen – vor der verbindlichen Buchung – durch Setzen eines Hakens sowie Mausklick(s) zustimmt.
- Bei den Konditionenempfehlungen der DEHOGA und IHA handelt es sich um unverbindliche Muster-AGB, die jedoch von vielen Beherbergungseinrichtungen als Vorlage verwendet werden. Bei ordnungsgemäßer Einbeziehung derselben in den Beherbergungsvertrag erlangen diese – vorbehaltlich einer etwaigen Inhaltskontrolle im Einzelfall nach §§ 307 ff. BGB – Wirksamkeit.
- Mangels Rechtswahl gilt innerhalb der EU bei Beherbergungsverträgen oder Anmietung von Ferienhäusern, -wohnungen oder Zimmern die Rechtsordnung des Destinationslandes (Art. 4 Abs. 1 lit. b Rom I-VO) oder das Recht des Ortes der belegenen Mietsache (Art. 4 Abs. 1 lit. c oder lit. d Rom I-VO).
- Hauptpflicht des Beherbergungsunternehmens ist die Überlassung des Zimmers im vertraglich geschuldeten Zustand (unter Beachtung von Sterne-Kategorie-Standards) von ca. 15 Uhr am Anreisetag bis mittags am Abreisetag. Vertragliche Nebenpflichten des Beherbergungsunternehmens erstrecken sich insbesondere auf Verkehrssicherungspflichten (z. B. in Bezug auf Sporteinrichtungen, den Aufzug etc.) sowie Obhutspflichten (z. B. bei Aufbewahrung von Gegenständen für den Gast). Hauptpflicht des Gastes ist die Zahlung des Beherbergungspreises. Nebenpflichten sind z. B. Rücksichtnah-

mepflichten in Bezug auf die Hoteleinrichtung sowie nicht störendes Verhalten gegenüber anderen Gästen.

- Bei Hotelmängeln stehen dem Gast Minderungsansprüche im Hinblick auf den Übernachtungspreis gemäß § 536 BGB zu, sofern die Mängel ordnungsgemäß nach § 536c BGB angezeigt wurden. Im Übrigen kommen bei schuldhaft verursachten Personen- und/oder Sachschäden seitens des Beherbergungsunternehmens vertragliche Schadensersatzansprüche nach § 536a BGB (bei der Verletzung von vertraglichen Hauptpflichten) oder gemäß §§ 280, 535 ff. BGB (Pflichtverletzung im Schuldverhältnis/positive Vertragsverletzung), ergänzt um die verschuldensunabhängige (gesetzliche) Gastwirthaftung nach §§ 701 ff. BGB sowie die verschuldensabhängige (gesetzliche) Haftung aus unerlaubter Handlung (Delikt) nach §§ 823 ff. BGB, in Betracht. Abhängig vom Mangel kann außerdem eine außerordentliche Kündigung des Gastes gemäß § 543 BGB erwogen werden.
- Bei kurzfristiger Stornierung eines wirksamen Beherbergungsvertrags können typischerweise bei Übernachtung ohne Frühstück 90 % des Preises, bei Übernachtung mit Frühstück 80 % des Preises, bei Übernachtung mit Halbpension 70 % des Preises oder bei Übernachtung mit Vollpension 60 % des Preises als pauschale Stornoentschädigung verlangt werden.
- Haftungsausschlüsse dem Grunde nach bestehen bei der Haftung des Gastwirts gemäß § 701 Abs. 3 BGB bei Alleinverursachung des Verlusts, der Zerstörung oder der Beschädigung der eingebrachten Sachen durch den Gast, aufgrund der Sachbeschaffenheit oder bei höherer Gewalt. Im Übrigen bestehen gemäß § 701 Abs. 4 BGB weitere Haftungsausschlüsse des Gastwirts dem Grunde nach für das Fahrzeug, Sachen im Fahrzeug sowie für lebende Tiere. Haftungsbeschränkungen der Höhe nach bestehen grundsätzlich bis zum „Hundertfachen des Beherbergungspreises für einen Tag", „für Geld, Wertpapiere und Kostbarkeiten" bis mindestens EUR 600,- und höchstens EUR 800,- und bei anderen Sachen bis mindestens EUR 600,- und höchstens EUR 3.500,-.

- Der Reservierungsvertrag ist ein Vorvertrag. Der Free-Sale-Vertrag erlaubt dem Beherbergungsunternehmen bereits vor Ablauf der Verfallfrist nicht genutzte Zimmerkontingente des Reiseveranstalters anderweitig zu vermieten. Der Garantievertrag ist ein bindender Vertrag über ein Zimmerkontingent, das der Reiseveranstalter im eigenen Namen fest anmietet und alsdann an seine Kunden im eigenen Namen und auf eigene Rechnung weitervermieten kann. Beim On-Request-Vertrag wird kein Zimmerkontingent angemietet. Der Reiseveranstalter nimmt die Beherbergungseinrichtung lediglich in seine (Pauschreise-)Prospekte auf und bietet Übernachtungen auf Anfrage bei der besagten Beherbergungseinrichtung an. Die Beherbergungseinrichtung akzeptiert ihrerseits die Gutscheine des Reiseveranstalters.

✻ Wissenscheck zur Prüfungsvorbereitung

1. Um was für einen Vertragstyp handelt es sich beim Beherbergungsvertrag?
2. Welches Recht wird auf den Beherbergungsvertrag angewandt?
3. Wie kommt ein Beherbergungsvertrag zustande?
4. Wie werden AGB in den Beherbergungsvertrag wirksam einbezogen?
5. Was versteht man unter den Konditionenempfehlungen der DEHOGA und der IHA?
6. Welche Rechtsordnung gilt mangels Rechtswahl innerhalb der EU
   a) bei Abschluss eines Beherbergungsvertrags;
   b) bei Anmietung einer Ferienwohnung nach der Rom I-VO?
7. Welche vertraglichen Haupt- und Nebenpflichten ergeben sich aus dem Beherbergungsvertrag
   a) für das Beherbergungsunternehmen sowie
   b) den Gast?
8. Welche Rechte hat der Gast bei Beherbergungsmängeln?
9. Welche Stornopauschalsätze können Beherbergungsunternehmen vom Gast bei kurzfristiger Stornierung der Unterkunft verlangen?
10. Beschreiben Sie die Haftungsausschlüsse dem Grunde nach sowie Haftungsbeschränkungen der Höhe nach bei der Gastwirtshaftung gemäß § 701 ff. BGB.
11. Grenzen Sie den Reservierungsvertrag vom Free-Sale-, Garantie- sowie On-Request-Vertrag ab.

✻ Weiterführende Quellen

I. Literatur für Lehre und Praxis

Stenzel, Uta in: *Tonner/Bergmann/Blankenburg* (Hrsg.) (2018): Reiserecht. Beförderungsrecht/Hotelrecht/Reiseversicherungsrecht/Lauterkeitsrecht/ Internationales Privatrecht. 1. Aufl. Baden-Baden: Nomos. § 6, Rz. 1–159.

II. Aktuelle Rechtsprechung

1. OLG Düsseldorf, Urteil vom 10.3.2011 – I-10 U 72/10 – zum bindenden Zustandekommen eines Hotelreservierungsvertrags bei Einschalten einer Buchungsplattform. *ZMR* 2011, 717. Online abrufbar unter
   http://www.justiz.nrw.de/nrwe/olgs/duesseldorf/j2011/I_10_U_72_10urteil20110310.html (abgerufen am 25.3.2019).
2. OLG Karlsruhe, Urteil vom 27.1.2005 – 12 U 142/04 – zur Hinweispflicht des Gastwirts auf Sicherheitsmängel eines Zimmersafes, „die nicht ohne weiteres für den Gast erkennbar sind". *NJW-RR* 2005, 462. Online abrufbar unter *http://lrbw.juris.de/cgi-bin/laender_rechtsprechung/document.py?Gericht=bw&nr=5031* (abgerufen am 25.3.2019).

12 Lerneinheit: Das Luftbeförderungsrecht (VO (EG) Nr. 261/2004 und MÜ)

„Le but peut-être ne justifie rien, mais l'action délivre de la mort."

Antoine de Saint-Exupéry (1900–1944) in: „Vol de Nuit" (1931)[343]

Lernziele

In dieser Lerneinheit erhalten Sie einen Überblick über

- die rechtlichen Grundlagen des Luftbeförderungsrechts;
- die EU-Fluggastrechte; sowie
- das Schadensersatzrecht bei Personen-, Sach- und Gepäckschäden im Flugverkehr nach dem MÜ.

Empfohlener Gesamtarbeitsaufwand | **270 Minuten (4,5 Zeitstunden)**

a) Vorlesungszeit/Kontaktstunden: 90 Minuten.

b) Lesen des Textes der Lerneinheit 12 sowie Nacharbeiten von Fall 12: 90 Minuten.

c) Lesen der empfohlenen weiterführenden Quellen sowie Durcharbeiten der Fragen im Wissenscheck zur Prüfungsvorbereitung: 90 Minuten.

Fall 12 | **Flugreise mit Pannen**

(Quelle: Eigene Darstellung)

Richie Rich (**R**) bucht online – vier Monate im Voraus – bei der Lufthansa (**LH**) einen Linienflug von Frankfurt am Main nach Kairo, um dort seine Tante, Cousins und Cousinen zu besuchen. R bezahlt – unter Verwendung des Online-Bezahldienstes PayPal – widerwillig den gesamten Flugpreis unmittelbar nach Eingang der Buchungsbestätigung durch LH, die Vorauszahlungen unter Verwendung von PayPal in ihren AGB/ABB zwingend vorschreibt. Der Hinflug soll durch den LH-Star Alliance Partner Egypt Air durchgeführt werden. Der gewünschte Rückflug von Kairo nach Frankfurt am Main ist über die LH möglich. Als R pünktlich zwei Stunden vor Abflug mit seinem bestätigten Flugschein am Check-in-Terminal auftaucht, wird er von einem Egypt Air-Mitarbeiter informiert, dass der Flug überbucht sei. R wird gebeten, am übernächsten Tag (48

Stunden später als ursprünglich geplant) mit einer Egypt Air-Maschine nach Kairo zu fliegen. Zum Ausgleich werde er einen Fluggutschein erhalten.

a) War LH berechtigt, von R den gesamten Flugpreis im Wege der Vorauskasse zu verlangen und dies so in ihren Allgemeinen Beförderungsbedingungen festzulegen?
b) Was für ein Vertragstyp liegt zwischen R und LH und/oder Egypt Air für den Hin- und Rückflug vor? Auf welchen Carrier ist das Flugticket ausgestellt?
c) Ist der Anwendungsbereich der VO (EG) Nr. 261/2004 im vorliegenden Fall beim Hin- und/oder Rückflug eröffnet?
d) Welche Fluggastrechte kann R nach der Verordnung (EG) Nr. 261/2004 geltend machen? Gehen Sie bitte davon aus, dass R den Fluggutschein nicht akzeptiert und erst 48 Stunden später fliegt.
e) Der Rückflug von Kairo nach Frankfurt am Main wird wegen starker politischer Unruhen annulliert. Der Rückflug soll am Folgetag mit der Lufthansa erfolgen. Welche Fluggastrechte kann R geltend machen? Falls ja, wem gegenüber?
f) Wegen eines starken Sandsturms erhält die Lufthansa Maschine am Folgetag erst dreieinhalb Stunden nach dem eigentlichen Abflugtermin eine Startgenehmigung. R verbringt die Zeit wartend im Abflugterminal. Welche Fluggastrechte kann R in diesem Fall geltend machen? Falls ja, wem gegenüber?
g) Wie wäre die Rechtslage, wenn sich der Rückflug von Kairo nach Frankfurt wegen einer Terrorwarnung um 12 Stunden verspätet hätte?
h) Während des Rückflugs von Kairo nach Frankfurt am Main gerät die Lufthansa-Maschine über den Alpen in einen Sturm. Durch auftretende Turbulenzen öffnen sich einige Gepäckfächer im Kabinenraum und vier Gepäckstücke fallen mit voller Wucht auf R herab. R zieht sich eine Gehirnerschütterung und einen gebrochenen Arm zu, die ärztlich behandelt werden müssen. Wie ist die Rechtslage?
i) Zurück in Frankfurt am Main lässt sich – zu allem Überfluss – auch noch der Koffer von R nicht auffinden. Nach einigen Recherchen über den Verbleib des Koffers teilt die Lufthansa dem R mit, dass der Koffer verloren gegangen sei. Der Inhalt des Koffers, der zahlreiche Geschenke für die Familie des R enthielt, hat nachweislich einen Wert von EUR 2.000,-. Hat R gegen die Lufthansa einen Anspruch auf Erstattung von EUR 2.000,- für den Verlust des Koffers?

12.1 Rechtsquellen

Für die Beförderungspraxis relevante Rechtsquellen sind (ohne Anspruch auf Vollständigkeit)

- völkerrechtlich das Montrealer Übereinkommen (MÜ) bei Personen-, Gepäck- und Verspätungsschäden;
- supranational-/EU-rechtlich die Fluggastrechteverordnung VO (EG) Nr. 261/2004 in Fällen der Nichtbeförderung, Flugannullierung und Flugverspätung, die VO (EG) Nr. 2027/97 in der Fassung der Verordnung (EG) Nr. 889/2002[344] und die VO (EG) Nr. 1008/2008[345]; sowie subsidiär
- die nationalen Vorschriften der §§ 631 ff., 305 ff. BGB i. V. m. den Allgemeinen Beförderungsbedingungen (ABB) Flugpassage, das Luftverkehrsgesetz (**LuftVG**) sowie das am 20.6.2013 verabschiedete Gesetz zur Schlichtung im Luftverkehr mit Änderungen der §§ 57 ff. LuftVG.

12.2 Definition, Luftbeförderungsvertrag und ABB

Das **Luftbeförderungsrecht** (→ air transportation law) beschreibt die Rechtsbeziehungen zwischen **Unternehmen des Fluglinienverkehrs** (→ flight line traffic companies) oder **gewerblichen Gelegenheitsverkehrs** (→ commercial charter flight companies) mit deren **Geschäfts- und/oder Privatkunden/Fluggästen** (→ business and/or private clients/airline passengers), die individuell – entweder selber oder über ein Reisebüro oder einen Internetvermittler – die **Beförderung von Personen und/oder Gepäck** (→ transportation of person(s) and/or luggage) vom **Abflugsort** (→ place of departure) zum **Bestimmungsort** (→ destination point) buchen. Der zugrundeliegende Luftbeförderungsvertrag wird nach deutschem Recht als Werkvertrag gemäß §§ 631 ff. BGB qualifiziert. Die „halbstrengen“[346] Vorschriften des Pauschalreisevertragsrechts, die niemals zu Ungunsten des Reisenden abgeändert werden dürfen, gelten grundsätzlich nicht für individuelle Einzelbuchungen von Beförderungsleistungen. Denn in diesen Fällen liegt keine „Gesamtheit von zwei verschiedenen Arten von Reiseleistungen“ i. S. d. § 651a Abs. 2 Satz 1 BGB vor.

> Praxistipp | **Aufpassen bei der Buchung einer Reiseleistung**
>
> Allerdings ist selbst bei Buchung lediglich einer Reiseleistung – jedenfalls aus Unternehmersicht – Vorsicht geboten: Sobald eine weitere Reiseleistung innerhalb von 24 Stunden hinzugebucht wird – sei es im Wege des „click through“ durch verbundene Online-Buchungsverfahren nach

§ 651c BGB oder bei Vermittlung verbundener Reiseleistungen gemäß § 651w BGB – ist vorrangig Pauschalreiserecht und die damit verbundene strenge Haftung der §§ 651a ff. BGB zu prüfen.
Unbeschadet etwaiger pauschalreiserechtlicher Anprüche aus §§ 651a-y BGB (Art. 3 Abs. 6 Satz 1 VO (EG) Nr. 261/2004), ist bei der Flugpauschalreise zu beachten, dass das „ausführende Luftfahrtunternehmen" (Art. 2 lit. b VO (EG) Nr. 261/2004) und nicht der Reiseveranstalter für die Gewährung von Fluggastrechten aus der VO (EG) Nr. 261/2004 haftet. Bei Gewährung von Minderungsansprüchen aus Pauschalreisevertragsrecht (§ 651m BGB), „muss sich der Reisende" nach § 651p Abs. 2 Satz 1 Nr. 1 BGB „den Betrag anrechnen lassen, den er aufgrund desselben Ereignisses" nach Maßgabe der VO (EG) Nr. 261/2004 „als Entschädigung oder Erstattung" erhalten hat. Gemäß Art. 3 Abs. 6 Satz 2 VO (EG) Nr. 261/2004 gilt die VO (EG) Nr. 261/2004 jedoch „nicht für Fälle, in denen eine Pauschalreise aus anderen Gründen als der Annullierung des Fluges annulliert wird."

Beim Beförderungsvertrag gemäß § 631 ff. BGB handelt es sich um dispositives Vertragsrecht, dessen Inhalt von den Vertragsparteien im Rahmen der **Vertragsfreiheit** (→ freedom of contract) nach § 311 BGB – gleichwohl in den Grenzen von Gesetz und Sitte gemäß §§ 134, 138, 826 BGB – frei bestimmt und verhandelt werden kann. Die Vorschriften der §§ 631 ff. BGB werden jedoch durch spezialgesetzliche Regelungen des Völkerrechts (z. B. das MÜ) oder unmittelbar geltendes EU-Recht ganz oder (zumindest) teilweise verdrängt.

Ergänzt wird der Luftbeförderungsvertrag in den meisten Fällen durch Allgemeine Geschäftsbedingungen, die sog. **Allgemeinen Beförderungsbedingungen (ABB) Flugpassage** (→ General Terms and Conditions of Carriage, → General Terms and Conditions for Flight Passages). Bei den ABB Flugpassage handelt es sich um **unverbindliche Konditionenempfehlungen** (→ non-binding recommended General Terms and Conditions) der International Air Transport Association[347]. Die ABB Flugpassage werden z. B. von der Lufthansa AG verwendet.[348] Bei Verwendung durch Luftfahrtunternehmen werden die ABB bei ordnungsgemäßer Einbeziehung in den Vertrag rechtsverbindlich, unterliegen jedoch der üblichen AGB-Inhaltskontrolle gemäß §§ 307 ff. BGB.

ABB enthalten vielfach Klauseln, welche die **Vorauszahlung** (→ advance payment) des gesamten Flugpreises verlangen. Der BGH[349] hat in einem – von der Literatur scharf kritisierten[350] – Urteil entschieden, dass die Vorauszahlung „nicht wesentlichen Grundgedanken des Rechts des Personenbeförderungsvertrags“ (Leitsatz lit. a) widerspreche und „keine unangemessene Benachteiligung des Fluggastes“ (Leitsatz lit. b) darstelle. Dem wird von der Literatur entgegengehalten, dass die Vorauskasse bei der Flugbeförderung – ohne Insolvenzschutz – der *ratio* des § 641 Abs. 1 Satz 1 BGB sowie dem in § 320 BGB verankerten „Zug-um-Zug-Prinzip“ widerspreche. Der BGH argumentiert hingegen, dass die Interessenabwägung aufgrund „der Besonderheiten des Personenbeförderungsvertrags und vor dem Hintergrund des Unionsrechts“[351] im zu entscheidenden Fall zugunsten des Lufbeförderungsunternehmens ausfallen müsse. Ferner führt der BGH wörtlich aus: „Anders als im Reisevertragsrecht besteht jedoch bei Luftbeförderungsverträgen im Anwendungsbereich der Fluggastrechteverordnung aufgrund der darin gewährten unabdingbaren Mindestrechte der Fluggäste im Falle der Nichtbeförderung, Annullierung oder großen Verspätung, namentlich des pauschalen Ausgleichsanspruchs nach Art. 7, ein unionsrechtlicher Mechanismus, der unabhängig von einem individuellen Leistungsverweigerungsrecht präventiv auf die Luftfahrtunternehmen einwirkt und diese zur Einhaltung der Flugplanung und Erbringung der vertraglichen Beförderungsleistung anhält.“[352]

Fall 12 | **Antwort auf Frage a)**

Die Vorauskasse ist nach dem oben besprochenen Urteil des BGH höchstrichterlich erlaubt und darf in ABB (AGB) geregelt werden.

In einem weiteren Urteil[353] setzt der BGH seine flugunternehmerfreundliche Rechtsprechung zur AGB-Inhaltskontrolle fort: „Eine Klausel in den Beförderungsbedingungen eines Luftverkehrsunternehmens, die für den in einem bestimmten Tarif gebuchten Personenbeförderungsvertrag das freie Kündigungsrecht ausschließt, benachteiligt den Fluggast nicht entgegen den Geboten von Treu und Glauben unangemessen und ist daher wirksam.“[354]

Auch das Luftbeförderungsrecht spielt sich, jedenfalls wenn die Beförderung von Personen und Reisegepäck in Rede steht, auf der B2C-Ebene ab.

12.3 Fluggastrechte nach der VO (EG) Nr. 261/2004 im Überblick

Die VO (EG) Nr. 261/2004 legt „Mindestrechte für Fluggäste“ bei „Nichtbeförderung gegen ihren Willen“, „Annullierung des Flugs“ sowie „Verspätung des Flugs“ fest (Art. 1 Abs. 1). Gemäß Art. 12 Abs. 1 Satz 1 und 2 VO Nr. 261/2004 gilt die Verordnung „unbeschadet eines weitergehenden Schadensersatzanspruchs des Fluggastes“, wobei die „nach dieser Verordnung gewährte Ausgleichsleistung“ auf einen weitergehenden „Schadensersatzanspruch angerechnet werden“ kann. Für die Praxis von großer Bedeutung ist die Bekanntmachung der EU-Kommission über unverbindliche „Leitlinien für die Auslegung der Verordnung (EG) Nr. 261/2004 des Europäischen Parlaments und des Rates über eine gemeinsame Regelung für Ausgleichs- und Unterstützungsleistungen für Fluggäste im Fall der Nichtbeförderung und bei Annullierung oder großer Verspätung von Flügen und der Verordnung (EG) Nr. 2027/97 des Rates über die Haftung von Luftfahrtunternehmen bei Unfällen in der Fassung der Verordnung (EG) Nr. 889/2002 des Europäischen Parlaments und des Rates“[355].

12.3.1 Anwendungsbereich

Die VO (EG) Nr. 261/2004 definiert in Art. 2 Begriffe, z. B. „Luftfahrtunternehmen“ (Art. 2 lit. a), „ausführendes Luftunternehmen“ (Art. 2 lit. b) und „Luftfahrtunternehmen der Gemeinschaft“ (Art. 2 lit. c). Anspruchsgegner des Fluggastes für die Geltendmachung von Fluggastrechten aus der VO (EG) Nr. 261/2004 ist grundsätzlich das „ausführende Luftfahrtunternehmen“ (Art. 2 lit. b), z. B. im Rahmen von Code-Share-Flügen, sofern auf „das ausführende Luftunternehmen“ durch den Zusatz „operated by [Name des ausführenden Luftfahrtunternehmens]“ hingewiesen wird. Mietet das vertragliche „Luftfahrtunternehmen“ (Art. 2 lit. a) das Flugzeug und die Besatzung an, so ist es zugleich auch „ausführendes Luftfahrtunternehmen“ (Art. 2 lit. b). Der BGH führt hierzu wörtlich aus: „Das Luftfahrtunternehmen, bei dem der Fluggast einen bestimmten Flug gebucht hat, führt diesen Flug im Sinne der Fluggastrechteverordnung auch dann selbst durch, wenn es sich hierzu eines Flugzeugs bedient, das ihm im Rahmen einer vertraglichen Vereinbarung („Wet Lease“) nebst Besatzung von einem anderen Luftfahrtunternehmen (Vermieter) überlassen worden ist.“[356]

> Fall 12 | **Antwort auf Frage b)**
>
> Es handelt sich um einen Luftbeförderungsvertrag nach § 631 BGB. Beim Hinflug ist LH das vertragliche „Luftfahrtunternehmen“ (Art. 2 lit. a VO (EG) Nr. 261/2004) und der Star Alliance Partner Egypt Air das „ausführende Luftfahrtunternehmen“ (Art. 2 lit. b VO (EG) Nr. 261/2004). Beim Rückflug ist LH sowohl vertragliches „Luftfahrtunternehmen“ als auch „ausführendes Luftfahrtunternehmen“.

Art. 3 VO (EG) Nr. 261/2005 regelt den räumlichen Anwendungsbereich der Verordnung. Diese gilt gemäß Art. 3 Abs. 1 VO (EG) Nr. 261/2005:

„a) für Fluggäste, die auf Flughäfen im Gebiet eines Mitgliedstaats, das den Bestimmungen des Vertrags unterliegt, einen Flug antreten;

b) sofern das ausführende Luftfahrtunternehmen ein Luftfahrtunternehmen der Gemeinschaft ist, für Fluggäste, die von einem Flughafen in einem Drittstaat einen Flug zu einem Flughafen im Gebiet eines Mitgliedstaats, das den Bestimmungen des Vertrags unterliegt, antreten, es sei denn, sie haben in diesem Drittstaat Gegen- oder Ausgleichs- und Unterstützungsleistungen erhalten."

Fall 12 | **Antwort auf Frage c)**

Beim Hinflug ist der Anwendungsbereich der VO (EG) Nr. 261/2004 gemäß Art. 3 Abs. 1 lit a eröffnet, da der Flug vom Flughafen Frankfurt am Main, also von einem Flughafen im Gebiet eines Mitgliedstaats, angetreten wurde. Für den Rückflug ist der Anwendungsbereich der VO (EG) Nr. 261/2004 gemäß Art. 3 Abs. 1 lit. b eröffnet, da das ausführende Luftunternehmen ein Luftfahrtunternehmen der Gemeinschaft (Art. 2 lit. c VO (EG) Nr. 261/2004) und Zielflughafen Frankfurt am Main ist.

12.3.2 Nichtbeförderung

Art. 4 VO (EG) Nr. 261/2004 regelt die Fluggastrechte bei Nichtbeförderung.

Wissen | **Gesetzliche Regelung**

Art. 4 VO (EG) Nr. 261/2004 lautet wörtlich:

„(1) Ist für ein ausführendes Luftfahrtunternehmen nach vernünftigem Ermessen absehbar, dass Fluggästen die Beförderung zu verweigern ist, so versucht es zunächst, Fluggäste gegen eine entsprechende Gegenleistung unter Bedingungen, die zwischen dem betreffenden Fluggast und dem ausführenden Luftfahrtunternehmen zu vereinbaren sind, zum freiwilligen Verzicht auf ihre Buchungen zu bewegen. Die Freiwilligen sind gemäß Artikel 8 zu unterstützen, wobei die Unterstützungsleistungen zusätzlich zu dem in diesem Absatz genannten Ausgleich zu gewähren sind.

(2) Finden sich nicht genügend Freiwillige, um die Beförderung der verbleibenden Fluggäste mit Buchungen mit dem betreffenden Flug zu ermöglichen, so kann das ausführende Luftfahrtunternehmen Fluggästen gegen ihren Willen die Beförderung verweigern.

(3) Wird Fluggästen gegen ihren Willen die Beförderung verweigert, so erbringt das ausführende Luftfahrtunternehmen diesen unverzüglich die Ausgleichsleistungen gemäß Artikel 7 und die Unterstützungsleistungen gemäß den Artikeln 8 und 9.

„Finden sich nicht genügend Freiwillige" (Art. 4 Abs. 2 VO (EG) Nr. 261/2004), so hat „das ausführende Luftfahrtunternehmen" den willentlich nicht beförderten Fluggästen unverzügliche folgende Leistungen zu gewähren: Ausgleichsleistungen (Art. 7 VO (EG) Nr. 261/2004) sowie Unterstützungs- (Art. 8 VO (EG) Nr. 261/2004) und Betreuungsleistungen (Art. 9 VO (EG) Nr. 261/2004).

12.3.2.1 Ausgleichsleistungen nach Art. 7 VO (EG) Nr. 261/2004

Ausgleichsansprüche in Form von Ausgleichszahlungen oder anderweitiger Beförderung zzgl. ggf. um 50 % kürzbarer Ausgleichszahlungen sind in Art. 7 VO (EG) Nr. 261/2004 geregelt.

Wissen | **Gesetzliche Regelung**

Art. 7 VO (EG) Nr. 261/2004 lautet wörtlich:

„(1) Wird auf diesen Artikel Bezug genommen, so erhalten die Fluggäste Ausgleichszahlungen in folgender Höhe:

a) 250 EUR bei allen Flügen über eine Entfernung von 1 500 km oder weniger,

b) 400 EUR bei allen innergemeinschaftlichen Flügen über eine Entfernung von mehr als 1 500 km und bei allen anderen Flügen über eine Entfernung zwischen 1 500 km und 3 500 km,

c) 600 EUR bei allen nicht unter Buchstabe a) oder b) fallenden Flügen.

Bei der Ermittlung der Entfernung wird der letzte Zielort zugrunde gelegt, an dem der Fluggast infolge der Nichtbeförderung oder der Annullierung später als zur planmäßigen Ankunftszeit ankommt.

(2) Wird Fluggästen gemäß Artikel 8 eine anderweitige Beförderung zu ihrem Endziel mit einem Alternativflug angeboten, dessen Ankunftszeit

a) bei allen Flügen über eine Entfernung von 1 500 km oder weniger nicht später als zwei Stunden oder

b) bei allen innergemeinschaftlichen Flügen über eine Entfernung von mehr als 1 500 km und bei allen anderen Flügen über eine Entfernung zwischen 1 500 und 3 500 km nicht später als drei Stunden oder

c) bei allen nicht unter Buchstabe a) oder b) fallenden Flügen nicht später als vier Stunden nach der planmäßigen Ankunftszeit des ursprünglich gebuchten Fluges liegt, so kann das ausführende Luftfahrtunternehmen die Ausgleichszahlungen nach Absatz 1 um 50 % kürzen.

(3) Die Ausgleichszahlungen nach Absatz 1 erfolgen durch Barzahlung, durch elektronische oder gewöhnliche Überweisung, durch Scheck oder, mit schriftlichem Einverständnis des Fluggasts, in Form von Reisegutscheinen und/oder anderen Dienstleistungen.

(4) Die in den Absätzen 1 und 2 genannten Entfernungen werden nach der Methode der Großkreisentfernung ermittelt."

12.3.2.2 Unterstützungsleistungen nach Art. 8 VO (EG) Nr. 261/2004

Art. 8 VO (EG) Nr. 261/2004 normiert den „Anspruch auf Erstattung oder anderweitige Beförderung".

Wissen | **Gesetzliche Regelung**

Art. 8 VO (EG) Nr. 261/2004 lautet wörtlich:

„(1) Wird auf diesen Artikel Bezug genommen, so können Fluggäste wählen zwischen

a) – der binnen sieben Tagen zu leistenden vollständigen Erstattung der Flugscheinkosten nach den in Artikel 7 Absatz 3 genannten Modalitäten zu dem Preis, zu dem der Flugschein erworben wurde, für nicht zurückgelegte Reiseabschnitte sowie für bereits zurückgelegte Reiseabschnitte, wenn der Flug im Hinblick auf den ursprünglichen Reiseplan des Fluggastes zwecklos geworden ist, gegebenenfalls in Verbindung mit

– einem Rückflug zum ersten Abflugort zum frühestmöglichen Zeitpunkt,

b) anderweitiger Beförderung zum Endziel unter vergleichbaren Reisebedingungen zum frühestmöglichen Zeitpunkt oder

c) anderweitiger Beförderung zum Endziel unter vergleichbaren Reisebedingungen zu einem späteren Zeitpunkt nach Wunsch des Fluggastes, vorbehaltlich verfügbarer Plätze.

(2) Absatz 1 Buchstabe a) gilt auch für Fluggäste, deren Flüge Bestandteil einer Pauschalreise sind, mit Ausnahme des Anspruchs auf Erstattung, sofern dieser sich aus der Richtlinie 90/314/EWG ergibt.

(3) Befinden sich an einem Ort, in einer Stadt oder Region mehrere Flughäfen und bietet ein ausführendes Luftfahrtunternehmen einem Fluggast einen Flug zu einem anderen als dem in der ursprünglichen Buchung vorgesehenen Zielflughafen an, so trägt das ausführende Luftfahrtunternehmen die Kosten für die Beförderung des Fluggastes von dem anderen Flughafen entweder zu dem in der ursprünglichen Buchung vorgesehenen Zielflughafen oder zu einem sonstigen nahe gelegenen, mit dem Fluggast vereinbarten Zielort."

12.3.2.3 Betreuungsleistungen nach Art. 9 VO (EG) Nr. 261/2004

Art. 9 VO (EG) Nr. 261/2004 regelt den Umfang des Anspruchs auf Betreuungsleistungen.

Wissen | **Gesetzliche Regelung**

Art. 9 VO (EG) Nr. 261/2004 lautet wörtlich:

„(1) Wird auf diesen Artikel Bezug genommen, so sind Fluggästen folgende Leistungen unentgeltlich anzubieten:

a) Mahlzeiten und Erfrischungen in angemessenem Verhältnis zur Wartezeit,

b) Hotelunterbringung, falls

   - ein Aufenthalt von einer Nacht oder mehreren Nächten notwendig ist oder
   - ein Aufenthalt zusätzlich zu dem vom Fluggast beabsichtigten Aufenthalt notwendig ist,

c) Beförderung zwischen dem Flughafen und dem Ort der Unterbringung (Hotel oder Sonstiges).

(2) Außerdem wird den Fluggästen angeboten, unentgeltlich zwei Telefongespräche zu führen oder zwei Telexe oder Telefaxe oder E-Mails zu versenden.

(3) Bei der Anwendung dieses Artikels hat das ausführende Luftfahrtunternehmen besonders auf die Bedürfnisse von Personen mit eingeschränkter Mobilität und deren Begleitpersonen sowie auf die Bedürfnisse von Kindern ohne Begleitung zu achten."

Fall 12 | **Antwort auf Frage d)**

Es liegt ein Fall der Nichtbeförderung gemäß Art. 4 VO (EG) Nr. 261/2004 vor. Da R keinen Fluggutschein akzeptiert (vgl. Art. 4 Abs. 1 Satz 1 a. E. sowie Abs. 2), ist davon auszugehen, dass ihm die Beförderung gegen seinen Willen verweigert wurde (Fall des Art. 4 Abs. 3 mit Verweis auf Art. 7 (Ausgleichsanspruch), Art. 8 (Anspruch auf Erstattung oder anderweitige Beförderung) sowie Art. 9 (Anspruch auf Betreuungsleistungen)). R steht daher ein nicht zu kürzender Ausgleichsanspruch gegen das ausführende Luftfahrtunternehmen (hier Egypt Air) in Höhe von EUR 400,- (Entfernung (Luftlinie) von Frankfurt am Main nach Kairo nach der Großkreismethode: 2.916,26 km[357]) gemäß Art. 7 Abs. 1 lit. b zu. Ferner hat R Anspruch auf vollständige Erstattung der gezahlten Flugscheinkosten oder wahlweise anderweitige Beförderung zum Endziel zum frühestmöglichen oder zu einem späteren Zeitpunkt gemäß Art. 8 Abs. 1 lit. a-c. Schließlich kann R noch Betreuungsleistungen nach Art. 9 („Mahlzeiten und Erfrischungen in angemessenem Verhältnis zur Wartezeit", ggf. Hotelunterbringung, „Beförderung zwischen dem Flughafen und Ort der Unterbringung", zwei Telefongespräche, zwei Faxe oder E-Mails) in Anspruch nehmen.

12.3.3 Annullierung

Der Tatbestand der Flugannullierung ist in Art. 5 VO (EG) Nr. 261/2004 normiert.

Wissen | **Gesetzliche Regelung**

Art. 5 VO (EG) Nr. 261/2004 lautet wörtlich:

„(1) Bei Annullierung eines Fluges werden den betroffenen Fluggästen

a) vom ausführenden Luftfahrtunternehmen Unterstützungsleistungen gemäß Artikel 8 angeboten,

b) vom ausführenden Luftfahrtunternehmen Unterstützungsleistungen gemäß Artikel 9 Absatz 1 Buchstabe a) und Absatz 2 angeboten und im Fall einer anderweitigen Beförderung, wenn die nach vernünftigem Ermessen zu erwartende Abflugzeit des neuen Fluges erst am Tag nach der planmäßigen Abflugzeit des annullierten Fluges liegt, Unterstützungsleistungen gemäß Artikel 9 Absatz 1 Buchstaben b) und c) angeboten und

c) vom ausführenden Luftfahrtunternehmen ein Anspruch auf Ausgleichsleistungen gemäß Artikel 7 eingeräumt, es sei denn,

  i) sie werden über die Annullierung mindestens zwei Wochen vor der planmäßigen Abflugzeit unterrichtet, oder

  ii) sie werden über die Annullierung in einem Zeitraum zwischen zwei Wochen und sieben Tagen vor der planmäßigen Abflugzeit unterrichtet und erhalten ein Angebot zur anderweitigen Beförderung, das es ihnen ermöglicht, nicht mehr als zwei Stunden vor der planmäßigen Abflugzeit abzufliegen und ihr Endziel höchstens vier Stunden nach der planmäßigen Ankunftszeit zu erreichen, oder

  iii) sie werden über die Annullierung weniger als sieben Tage vor der planmäßigen Abflugzeit unterrichtet und erhalten ein Angebot zur anderweitigen Beförderung, das es ihnen ermöglicht, nicht mehr als eine Stunde vor der planmäßigen Abflugzeit abzufliegen und ihr Endziel höchstens zwei Stunden nach der planmäßigen Ankunftszeit zu erreichen.

(2) Wenn die Fluggäste über die Annullierung unterrichtet werden, erhalten sie Angaben zu einer möglichen anderweitigen Beförderung.

(3) Ein ausführendes Luftfahrtunternehmen ist nicht verpflichtet, Ausgleichszahlungen gemäß Artikel 7 zu leisten, wenn es nachweisen kann, dass die Annullierung auf außergewöhnliche Umstände zurückgeht, die sich auch dann nicht hätten vermeiden lassen, wenn alle zumutbaren Maßnahmen ergriffen worden wären.

(4) Die Beweislast dafür, ob und wann der Fluggast über die Annullierung des Fluges unterrichtet wurde, trägt das ausführende Luftfahrtunternehmen.“

Luftfahrtunternehmen berufen sich bei Annullierungen vielfach auf sog. **„außergewöhnliche Umstände"** (→ extraordinary circumstances) gemäß Art. 5 Abs. 3 VO (EG) Nr. 261/2004, um der Ausgleichszahlungspflicht des Art. 7 VO (EG) Nr. 261/2004 zu entgehen. Da sich Fluggäste regelmäßig gegen die Ablehnung von Ausgleichszahlungen zur Wehr setzen, gibt es eine Vielzahl von Gerichtsentscheidungen zu Art. 5 Abs. 3 VO (EG) Nr. 261/2004.[358]

Erwägungsgrund 14 der VO (EG) Nr. 261/2004 beschreibt die *ratio* des Art. 5 Abs. 3 VO (EG) Nr. 261/2004 wörtlich wie folgt:

„Wie nach dem Übereinkommen von Montreal sollten die Verpflichtungen für ausführende Luftfahrtunternehmen in den Fällen beschränkt oder ausgeschlossen sein, in denen ein Vorkommnis auf außergewöhnliche Umstände zurückgeht, die sich auch dann nicht hätten vermeiden lassen, wenn alle zumutbaren Maßnahmen ergriffen worden wären. Solche Umstände können insbesondere bei politischer Instabilität, mit der Durchführung des betreffenden Fluges nicht zu vereinbarenden Wetterbedingungen, Sicherheitsrisiken, unerwarteten Flugsicherheitsmängeln und den Betrieb eines ausführenden Luftfahrtunternehmens beeinträchtigenden Streiks eintreten."

Fall 12 | **Antwort auf Frage e)**

Es liegt ein Fall der Annullierung wegen „außergewöhnlicher Umstände" (vgl. Art. 5 Abs. 3) – hier politischer Unruhen – vor, die weder in die beherrschbare Risikosphäre des ausführenden Luftfahrtunternehmens noch in die Risikosphäre des Fluggastes fallen. Daher hat R keinen Anspruch auf Ausgleichszahlungen gemäß Art. 7. In Art. 5 Abs. 1 lit. a wird jedoch auf Art. 8 verwiesen: R hat Anspruch auf vollständige Erstattung der (gezahlten) Flugscheinkosten oder anderweitige Beförderung. Ferner wird in Art. 5 Abs. 1 lit. b auf Betreuungsleistungen gemäß Art. 9 verwiesen, also angemessene „Mahlzeiten und Erfrischungen" (Art. 9 Abs. 1 lit. a), bei Beförderungsmöglichkeit am nächsten Tag – wie hier angeboten – auch eine Hotelübernachtung (Art. 9 Abs. 1 lit. b Spiegelstrich 1, 1. Alt.), zwei Telefonate, zwei Faxe oder zwei E-Mails (Art. 9 Abs. 2) sowie Beförderung zwischen Flughafen und „Ort der Unterbringung" (Art. 9 Abs. 1 lit. c).

12.3.4 Verspätung

Art. 6 VO (EG) Nr. 261/2004 regelt die Fluggastrechte bei Verspätung.

Wissen | **Gesetzliche Regelung**

Art. 6 VO (EG) Nr. 261/2004 lautet wörtlich:

Ist für ein ausführendes Luftfahrtunternehmen nach vernünftigem Ermessen absehbar, dass sich der Abflug

a) bei allen Flügen über eine Entfernung von 1 500 km oder weniger um zwei Stunden oder mehr oder

b) bei allen innergemeinschaftlichen Flügen über eine Entfernung von mehr als 1 500 km und bei allen anderen Flügen über eine Entfernung zwischen 1 500 km und 3 500 km um drei Stunden oder mehr oder

c) bei allen nicht unter Buchstabe a) oder b) fallenden Flügen um vier Stunden oder mehr gegenüber der planmäßigen Abflugzeit verzögert, so werden den Fluggästen vom ausführenden Luftfahrtunternehmen

   i) die Unterstützungsleistungen gemäß Artikel 9 Absatz 1 Buchstabe a) und Absatz 2 angeboten,

   ii) wenn die nach vernünftigem Ermessen zu erwartende Abflugzeit erst am Tag nach der zuvor angekündigten Abflugzeit liegt, die Unterstützungsleistungen gemäß Artikel 9 Absatz 1 Buchstaben b) und c) angeboten und,

   iii) wenn die Verspätung mindestens fünf Stunden beträgt, die Unterstützungsleistungen gemäß Artikel 8 Absatz 1 Buchstabe a) angeboten.

(2) Auf jeden Fall müssen die Unterstützungsleistungen innerhalb der vorstehend für die jeweilige Entfernungskategorie vorgesehenen Fristen angeboten werden."

Fall 12 | **Antwort auf Frage f)**

Es handelt sich um einen Fall der Verspätung gemäß Art. 6 Abs. 2 lit. b, da eine relevante Verspätung von mehr als drei Stunden – hier 3 1/2 Stunden – bei einer Flugentfernung zwischen 1.500 km und 3.500 km (Entfernung (Luftlinie) von Frankfurt am Main nach Kairo nach der

Großkreismethode: 2.916,26 km[359]) vorliegt. 6 Abs. 1 (i) verweist auf Art. 9 Abs. 1 lit. a und Abs. 2. Es besteht also Anspruch auf Unterstützungsleistungen in Form von angemessenen „Mahlzeiten und Erfrischungen" (Art. 9 Abs. 1 lit. a) sowie zwei Telefonaten, zwei Faxen oder zwei E-Mails (Art. 9 Abs. 2).

Fall 12 | **Antwort auf Frage g)**

Es liegt ein Fall von Verspätung gemäß Art. 6 Abs. 2 lit. b. vor: Die relevante Verspätung beträgt mehr als drei Stunden – hier 12 Stunden – bei einer Flugentfernung zwischen 1.500 km und 3.500 km. Art. 6 Abs. 1 (i) verweist auf Art. 9 Abs. 1 lit. a und Abs. 2. Es besteht also Anspruch auf Unterstützungsleistungen in Form von „angemessenen Mahlzeiten und Erfrischungen" (Art. 9 Abs. 1 lit. a) sowie zwei Telefonaten, zwei Faxen oder zwei E-Mails (Art. 9 Abs. 2). Im Übrigen verweist Art. 6 Abs. 1 (ii) auf Art. 9 Abs. 1 lit. b (Anspruch auf Hotelübernachtung bei Abflug am nächsten Tag) sowie Art. 9 Abs. 1 lit. c (Anspruch auf Beförderung zwischen Flughafen und „Ort der Unterbringung"). Da außerdem eine Verspätung von mehr als fünf Stunden vorliegt, ist Art. 6 Abs. 1 iii) einschlägig, der auf die anzubietenden Unterstützungsleistungen nach Art. 8 Abs. 1 lit. a verweist. Hiernach kann die vollständige Erstattung der Flugscheinkosten – ggf. in Verbindung mit einem Rückflug zum ersten Abflugort zum frühestmöglichen Zeitpunkt – verlangt werden.

12.3.5 Anspruchsdurchsetzung

Nach einem rechtskräftig gewordenen Urteil des Amtsgerichts Nürnberg, sind Fluggäste von Ryanair – trotz gegenteilig lautender AGB von Ryanair – berechtigt, ihre Erstattungsansprüche an Flugrechtsportale, wie z. B. EUflight.de, abzutreten.[360] Diese können dann aus eigenem Recht – aktivlegitimiert – Klage gegen das Flugunternehmen erheben.

Beschwerde- und Durchsetzungsstelle i. S. d. Art. 16 VO (EG) Nr. 261/2004 ist das Luftfahrtbundesamt[361], allerdings lediglich öffentlich-rechtlich auf B2A-Ebene.

Für eine kostenlose privatrechtliche Schlichtung kommt – auf B2C-Ebene die söp in Betracht.[362] Darüber hinaus erfreuen sich Fluggastrechte-Portale, wie z. B. flightright.de[363] oder EUflight.de[364], die auf Erfolgshonorarbasis arbeiten, großer Beliebtheit bei Verbrauchern. Denn diese Portale dürfen ihre Provision (20–30 % der Entschädigungssumme pro Person zzgl. MwSt) nur im Erfolgsfall vereinnahmen.

12.4 Haftung für Personen- und Gepäckschäden nach dem MÜ

Das MÜ – bzw. die das MÜ innerhalb der EU umsetzende VO (EG) Nr. 2027/97 in der Fassung der Verordnung (EG) Nr. 889/2002 VO – setzen Mindeststandards für die Haftung von (EU-)Luftfahrtunternehmen bei Flugunfällen fest. Diese Haftung ist in die Haftung bei Personenschäden (Art. 17 Abs. 1, 21 MÜ), Reisegepäckschäden (Art. 17 Abs. 2, 22 MÜ) und Verspätung von Personen und Gepäck (Art. 19 MÜ) eingeteilt.

12.4.1 Personenschäden

Bei Tod oder Verletzung eines Reisenden haftet der „Luftfrachtführer" (= Luftfahrtunternehmen) nach Art. 17 Abs. 1 MÜ grundsätzlich unbegrenzt. Für nachgewiesene Personenschäden bis zu einem Höchstbetrag von 113.100 SZR[365] (ca. EUR 135.300[366]) haftet das Luftfahrtunternehmen verschuldensunabhängig nach 21 Abs. 1 MÜ; eine (teilweise) Haftungsbefreiung kommt insoweit lediglich in den engen Grenzen des Art. 20 MÜ bei Allein- oder Mitverschulden des Fluggastes in Betracht. Für Schäden, die 113.100 SZR übersteigen, haftet der Luftfrachtführer verschuldensabhängig; er ist jedoch von dieser Haftung gemäß Art. 20, 21 Abs. 2 MÜ befreit, wenn ihm der Nachweis gelingt, dass weder er noch „seine Leute" den Unfall vorsätzlich oder fahrlässig verursacht haben oder der Unfall auf die vorsätzliche oder fahrlässige Handlung eines Dritten zurückzuführen ist.

Haftungsvoraussetzung ist die Verursachung des Personenschadens durch einen Flugunfall. Art. 17 Abs. 1 MÜ begrenzt den Begriff „Unfall" tatbestandlich auf den Zeitraum „an Bord des Luftfahrzeugs oder beim Ein- und Aussteigen".

Es müssen sich beim Unfall Gefahren mit einem luftverkehrstypischen Bezug verwirklicht haben, die nicht dem **allgemeinen Lebensrisiko** (→ ordinary risks of life) zugeordnet werden können. Als solche **flugbetriebsbedingte Gefahren** (→ flight-related dangers) werden z. B. durch Turbulenzen, heruntergefallenes Handgepäck oder falschen Druckausgleich verursachte Körperschäden beurteilt. Auch der allergische Schock eines Fluggastes durch ein Saunatuch, das ihm kurz vor der Landung zur Erfrischung gereicht worden war, ist von der Rechtsprechung als luftfahrttypische Gefahr eingestuft worden.[367] Hingegen werden dem allgemeinen Lebensrisiko nicht flugtypische Gefahren zugeordnet, z. B. Thrombosen oder Flugzeugentführungen. Stürzt ein Passagier tatsächlich unverschuldet auf einer nassen Passagierbrücke und zieht sich dadurch Verletzungen zu, so ordnet der BGH dies – anders als die Vorinstanzen – nicht als allgemeines Lebensrisiko, sondern als luftfahrttypische Gefahr ein, die eine Haftung nach Art. 17 Abs. 1 MÜ begründen könne.[368]

Schadensart und -höhe ergeben sich bei Personenschäden nicht aus dem MÜ, sondern aus nationalem Recht (in Deutschland den §§ 249 ff. BGB). Zu beachten ist das in Deutschland erst kürzlich eingeführte Hintebliebenengeld nach § 844 Abs. 3 BGB. Im Todesfall von Fluggästen besteht außerdem eine Vorschusspflicht für das Luftfahrtunternehmen von mindestens 16.000 SZR je verstorbenem Fluggast gemäß Art. 28 MÜ bzw. Art. 5 Abs. 2 VO (EG) Nr. 2027/97 in der Fassung der VO (EG) Nr. 889/2002.

Fall 12 | **Antwort auf Frage h)**

Es besteht eine Ersatzpflicht für Personenschäden nach Art. 17 Abs. 1, 21, 22 MÜ (bzw. VO (EG) Nr. 2027/97 in der Fassung der VO (EG) Nr. 889/2002, die das MÜ in EU-Recht inkorporiert), die durch luftfahrttypische Gefahren verursacht werden. Insoweit besteht bei nachgewiesenen Personenschäden ein verschuldensunabhängiger Schadensersatzanspruch bis zu 113.100 SZR (ca. EUR 135.300[369]). Die Arztbehandlungskosten sollten insoweit betragsmäßig abgedeckt sein.

12.4.2 Gepäckschäden

Bei „Zerstörung, Verlust oder Beschädigung" von „aufgegebenem Reisegepäck" besteht nach Art. 17 Abs. 2, 22 MÜ eine verschuldenunbabhängige Haftung bis zu einem Höchstbetrag von 1.131 SZR (= ca. EUR 1.350[370]) je Reisendem. Diese Haftungshöchstgrenze gilt jedoch gemäß Art 22 Abs. 5 MÜ nicht bei Vorsatz oder grober Fahrlässigkeit des Luftfrachtführers „oder seiner Leute". Werden Wertsachen, wie z. B. eine Fotokamera nicht als Handgepäck mit an Bord genommen, sondern im Koffer als Reisegepäck aufgegeben, so liegt – im Falle eines Abhandenkommens – ein erhebliches Mitverschulden des Flugastes vor. Dieses kann den Anspruch der Höhe nach auf null reduzieren und den Luftfrachtführer gemäß Art. 20 MÜ von der Haftung befreien. Gemäß Art. 17 Abs. 2 Satz 3 MÜ besteht die Haftungshöchstgrenze für Handgepäck verschuldensabhängig bis 1.131 SZR. Etwaige Gepäckbeschädigungen sind nach Art. 31 Abs. 2 Satz 1 Alt. 1 und Abs. 3 MÜ dem Luftfrachtführer innerhalb von sieben Tagen nach der Gepäckannahme schriftlich anzuzeigen.[371]

Fall 12 | **Antwort auf Frage i)**

Es geht um die Ersatzpflicht der LH für ein verloren gegangenes Reisegepäckstück des R nach dem MÜ: Hiernach besteht eine verschuldensunabhängige Haftung bis zu einem Betrag von 1.131 SZR (ca. EUR 1.350[372]) gemäß Art. 17 Abs. 2 i. V. m. Art. 22 Abs. 2 MÜ. Hier wird R also nicht die vollen EUR 2.000 erstattet bekommen, sondern auf einem Teil des Schadens (EUR 2.000 – EUR 1.350 = EUR 650) „sitzen bleiben". Ein Anspruch in voller Höhe kommt jedoch dann in Betracht, wenn R gemäß Art. 22 Abs. 5 MÜ der Nachweis gelingt, dass der Gepäckverlust „durch eine Handlung oder Unterlassung des Luftfrachtführers oder seiner Leute verursacht worden ist, die entweder in der Absicht, Schaden herbeizuführen, oder leichtfertig und in dem Bewusstsein begangen wurde, dass wahrscheinlich ein Schaden eintreten wird".

12.4.3 Schäden bei Verspätung von Personen und Reisegepäck

Nach Art 19 Satz 1 MÜ hat der Luftfrachtführer „den Schaden zu ersetzten der durch die Verspätung bei der Luftbeförderung von Reisenden, Reisegepäck und Gütern entsteht". Dabei haftet der Luftfrachtführer gemäß Art. 19 Satz 2 MÜ nicht für Verspätungsschäden, „wenn er nachweist, dass er und seine Leute alle zumutbaren Maßnahmen zur Vermeidung des Schadens getroffen haben oder dass es ihm oder ihnen nicht möglich war, solche Maßnahmen zu ergreifen." Entlastungsgründe i. S. d. Art. 19 Satz 2 MÜ können Terrordrohungen, Wettereinflüsse, Flugsicherungsmaßnahmen oder Ähnliches sein. Hingegen hat das Luftfahrtunternehmen einen technischen Defekt zu vertreten.[373]

In entsprechender Awendung der VO (EG) Nr. 261/2004 ist die Zumutbarkeitsgrenze der Verspätung – als bloße Unannehmlichkeit – ab einer Ankunftsverspätung von „drei Stunden oder mehr" überschritten.[374]

Die Haftungshöchstgrenzen für nachgewiesene Schäden bei Verspätung von Personen liegt bei 4.694 SZR (ca. EUR 5.600[375]) und bei verspätetem Reisegepäck bei 1.131 SZ (ca. EUR 1.350[376]). Nach Art. 12 Abs. 1 Satz 2 VO (EG) Nr. 261/2004 können Ausgleichsleistungen „nach dieser Verordnung" auf einen Schadensersatzanspruch nach dem MÜ für Verspätungsschäden von Personen angerechnet werden.

Etwaige Schäden bei Gepäckverspätung sind nach Art. 31 Abs. 2 Satz 2 und Abs. 3 MÜ dem Luftfrachtführer „binnen einundzwanzig Tagen, nachdem das Reisegepäck oder die Güter dem Empfänger zur Verfügung gestellt worden sind" schriftlich anzuzeigen.

12.4.4 Gerichtsstand

Aus Art. 33 MÜ folgt, dass der Fluggast den Luftfrachtführer an dessen „Hauptniederlassung“ oder „Geschäftsstelle“ (Art. 33 Abs. 1 MÜ) oder – bei Personenschäden – an seinem „ständigen Wohnsitz“ (Art. 33 Abs. 2 MÜ) verklagen kann. Dabei ist die Klage gemäß Art. 35 Abs. 1 MÜ „innerhalb von zwei Jahren“ ab Ankunft am Bestimmungsort zu erheben.

✻ Kurzrepetitorium

- Lufbeförderungsverträge sind grundsätzlich Werkverträge nach §§ 631 ff. BGB: Es wird ein Beförderungserfolg für Personen, Gepäck und/oder Güter geschuldet.
- Wichtige Rechtsquellen sind völkerrechtlich das Montrealer Übereinkommen (MÜ) bei Personen-, Gepäck- und Verspätungsschäden, supranational-/EU-rechtlich die Fluggastrechteverordnung VO (EG) Nr. 261/2004 in Fällen der Nichtbeförderung, Flugannullierung und Flugsverspätung, die VO (EG) Nr. 2027/97 in der Fassung der Verordnung (EG) Nr. 889/2002 sowie nationalrechtlich die Vorschriften der §§ 631 ff., 305 ff. BGB i. V. m. den Allgemeinen Beförderungsbedingungen (ABB) Flugpassage.
- Aus der VO (EG) Nr. 261/2004 ergibt sich, ob Ausgleichs-, Unterstützungs- und/oder Betreuungsleistungen bei Nichtbeförderung, Annullierung oder Verspätung an Fluggäste zu leisten sind.
- Art. 17 ff. MÜ sowie die VO (EG) Nr. 2027/97 in der Fassung der Verordnung (EG) Nr. 889/2002 regeln Schadensersatzansprüche bei Personen-, Reisegepäck- und Verspätungsschäden. Der Luftfrachtführer haftet gemäß Art. 19 Satz 2 MÜ nicht für Verspätungsschäden, „wenn er nachweist, dass er und seine Leute alle zumutbaren Maßnahmen zur Vermeidung des Schadens getroffen haben oder dass es ihm oder ihnen nicht möglich war, solche Maßnahmen zu ergreifen."

✱ Wissenscheck zur Prüfungsvorbereitung

1. Recherchieren Sie Fälle aus der Rechtsprechung (z. B. über *www.beck-online.beck.de* oder *www.juris.de*), die sich mit Fluggastrechten bei Nichtbeförderung, Fluganullierung und Flugverspätung auseinandersetzen.
2. Recherchieren Sie Fälle aus der Rechtsprechung, die Personen-, Gepäck- und Verspätungsschäden bei der Luftbeförderung zum Gegenstand haben.
3. Erstellen Sie eine „Checkliste“, was Fluggäste bei Flugreisen in Fällen der Nichtbeförderung, Fluganullierung und Flugverspätung beachten sollten, um ihre Rechte zu sichern.
4. Erstellen Sie eine „Checkliste“, was Fluggäste bei Flugreisen in Fällen von Personen-, Gepäck- und Verspätungsschäden beachten sollten, um ihre Rechte zu sichern.

✻ Weiterführende Quellen

I. Literatur für Lehre und Praxis

1. Meier-Beck, Peter (2019): Die reise- und personenbeförderungsrechtliche Rechtsprechung des BGH in den Jahren 2017 und 2018. *RRA* 1/2019, 2–9.
2. Schmid, Ronald (Hrsg.)/Maruhn, Jürgen (Bearbeiter) (2018): Fluggastrechte-Verordnung. Kommentar. München: C. H. Beck. Art. 1, Rz. 1–16 (S. 2–8).
3. Tonner, Klaus/Führich, Ernst (2018): Die Nichtbeförderung eines israelischen Staatsbürgers durch eine arabische Fluggesellschaft. *RRA* 2/2018, 58–63.

II. Aktuelle Rechtsprechung

1. EuGH, Urteil vom 4.5.2017 – C-315/15 – Rechtssache Pešková – Vogelschlag als „außergewöhnliche Umstände" i. S. d. Art. 5 Abs. 2 VO (EG) Nr. 261/2004. *NJW* 2017, 2665. Online abrufbar unter *http://curia.europa.eu/juris/document/document.jsf?text=&docid=190327&pageIndex=0&doclang=de&mode=lst&dir=&occ=first&part=1&cid=343336* (abgerufen am 26.3.2019).
2. BGH, Urteil vom 12.6.2014 – X ZR 121/13 – Fluglotsenstreik als „außergewöhnliche Umstände". *NJW* 2014, 3303. Online abrufbar unter *http://juris.bundesgerichtshof.de/cgi-bin/rechtsprechung/document.py?Gericht=bgh&Art=en&nr=68782&pos=0&anz=1* (abgerufen am 26.03.2019).
3. LG Frankfurt am Main, Urteil vom 16.11.2017 – 2-24 O 37/17 – Nichtbeförderung eines israelischen Staatsbürgers durch eine arabische Fluggesellschaft. *RRa* 1/2018, 32. Online abrufbar unter *www.lareda.hessenrecht.hessen.de/lexsoft/default/hessenrecht_lareda.html#docid:7985830* (abgerufen am 26.03.2019).

13 Lerneinheit: Das sonstige Beförderungsrecht der Verkehrsträger Bus, Eisenbahn und Schiff

„Die Welt ist ein Buch. Wer nie reist, sieht nur eine Seite davon."[377]

Aurelius Augustinus, lateinischer Kirchenlehrer und Philosoph (354–430 n. Chr.)

Lernziele

In dieser Lerneinheit lernen Sie

- die rechtlichen Grundlagen der Personenbeförderung mittels der Verkehrsträger Bus-, Eisenbahn und Schiff kennen;
- dazu gehört insbesondere das Schadensersatzrecht bei Personen- und Sach-/Gepäckschäden im Bus-, Eisenbahn- und Schifffahrtsverkehr sowie die entsprechenden Fahrgastrechte bei Verspätung, Nichtbeförderung oder Annullierung.

Empfohlener Gesamtarbeitsaufwand | **270 Minuten (4,5 Zeitstunden)**

a) Vorlesungszeit/Kontaktstunden: 90 Minuten.

b) Lesen des Textes der Lerneinheit 13 sowie Nacharbeiten von Fall 13: 90 Minuten.

c) Lesen der empfohlenen Quellen zur Vertiefung des Lernstoffes sowie Durcharbeiten der Fragen im Wissenscheck zur Prüfungsvorbereitung: 90 Minuten.

Fall 13 | **In 80 Tagen um die Welt**

(Quelle: Eigene Darstellung; der Titel des Falls ist eine Anlehnung an den gleichnamigen Roman des französischen Autors *Jules Verne* (1828 – 1905))

Inspiriert durch die Namen der Inhaber des Reisebüros aus Fall 1 (Die Gründung) plant der (in Berlin lebende) Alexander von Humboldt (**H**), in 80 Tagen um die Welt zu reisen. Aufgrund seiner Flugangst kommen für ihn als Beförderungsmittel lediglich Bus, Eisenbahn und Schiff in Betracht.

a) Während der ersten Reiseetappe, einer Linienbusfahrt von Frankfurt am Main nach Ancona, die einmal täglich angeboten wird und die H beim Busunternehmer Boris Bus (**B**) buchte, verzögert sich die Abfahrtszeit des Busses wegen eines Motorschadens um drei Stunden. Selbst als die Abfahrtszeitverspätung absehbar ist, wird B hingehalten und bietet B dem H weder die Erstattung des Fahrpreises noch die Fortsetzung der Fahrt zum frühestmöglichen Zeitpunkt (ohne Aufpreis und unter vergleichbaren Bedingungen wie im Beförderungsvertrag) an. H wartet verärgert und fährt im gebuchten Bus, nachdem dieser repariert worden ist, mit einer Verspätung von drei Stunden in Richtung Ancona ab. Welche Fahrgastrechte kann H gegen B geltend machen?

b) Während der bei der Reederei Schlampig (**S**) gebuchten Seebeförderung von Ancona nach Patras kommt es zu einer Gasexplosion auf dem Fährschiff. Diese wurde durch Gasaustritt aus einem undichten Lüftungsschacht des Schiffes verursacht, der nicht regelmäßig gewartet worden war. Passe-Partout (**P**), der Reisegefährte des H, kommt durch die Gasexplosion ums Leben und sein Kabinengepäck vebrennt. Zudem wird die Rolex-Uhr des P, die dieser dem Schatzmeister des Schiffes zur sicheren Aufbewahrung übergeben hatte, gestohlen. Tristan (**T**), der einzige Sohn und lebende Angehörige von P, fragt den rechtskundigen H, welche Ansprüche er (T) gegen S habe.

c) Während der beim Betreiber Greek Trains (**GT**) gebuchten Eisenbahnbeförderung von Patras nach Sofia kommt es zu einer Verspätung von sechs Stunden, weil sich ein Dritter vor den Zug warf und Suizid beging. H verlangt von GT eine Fahrpreisentschädigung. Diese wird von GT mit Verweis auf ihre Allgemeinen Beförderungsbedingungen (**ABB**) abgelehnt, die eine Klausel enthalten, wonach GT von der Pflicht zur Fahrpreisentschädigung in Fällen höherer Gewalt befreit sein soll. Ist die Haftungsbefreiung in den ABB von GT wirksam?

13.1 Busbeförderung

Bei der Busbeförderung ist zwischen der Einzelbeförderung ohne Öffentlichen Personennahverkehr (**ÖPNV**) (→ public transportation), der Beförderung im Linienverkehr mit ÖPNV sowie dem Fernverkehr mit/ohne Linienverkehr auf Strecken über 250 km zu unterscheiden.

13.1.1 B2A-Ebene

Einschlägige Rechtsquellen gewerberechtlicher Natur sind insbesondere das Personenbeförderungsgesetz (PBefG)[378], das u. a. Vorschriften zum Genehmigungsverfahren (§§ 9–25 PBefG), Sonderbestimmungen für die einzelnen Verkehrsarten (§§ 28–51a PBefG), Regelungen zum Auslandsverkehr (§§ 52–53 PBefG), der Aufsicht und Prüfungsbefugnisse (§§ 54–54c PBefG) und zum Rechtsbehelfsverfahren (§§ 55–56 PBefG) enthält, die Verordnung über den Betrieb von Kraftunternehmen im Personenverkehr (**BOKraft**)[379], die Betriebsleitung (§§ 3–6 BOKraft), den Fahrdienst (§§ 7–11 BOKraft), Fahrgäste (§§ 12–15 BOKraft) sowie die Ausrüstung und Beschaffenheit der Fahrzeuge (§§ 16–31 BOKraft) etc. regelt, die Verordnung (EG) Nr. 11/98 des Rates vom 11. Dezember 1997 zur Änderung der Verordnung (EWG) Nr. 684/92 zur Einführung gemeinsamer Regeln für den grenzüberschreitenden Personenverkehr mit Kraftomnibussen[380] sowie die Verordnung (EG) Nr. 2121/98 der Kommission vom 2. Oktober 1998 mit Durchführungsvorschriften zu den Verordnungen (EWG) Nr. 684/92 und (EG) Nr. 12/98 des Rates hinsichtlich der Beförderungsdokumente für den Personenverkehr mit Kraftomnibussen[381].

13.1.2 B2C-Ebene

Einzelbeförderung ohne ÖPNV

Für die Einzelbeförderung ohne ÖPNV gilt Werkvertragsrecht gemäß §§ 631 ff. BGB i. V. m. den **Allgemeinen Beförderungsbedingungen (ABB)** (⟶ General Terms and Conditions of Carriage) des jeweiligen Busunternehmens. Denn der der Busbeförderung zugrunde liegende Vertrag wird als Werkvertrag qualifiziert; es wird ein Beförderungserfolg geschuldet. Allerdings wird die strenge Haftung der §§ 631 ff. BGB in der Praxis durch ABB stark eingeschränkt. ABB stellen AGB dar und müssen daher nach § 305 Abs. 2 BGB wirksam in den Vertrag einbezogen werden.

Praxistipp | **ABB richtig formulieren**

ABB von Busunternehmen halten oftmals nicht der gerichtlichen Inhaltskontrolle gemäß §§ 307 ff. BGB stand.[382] Daher ist es jedenfalls für Verkehrsträger, die nicht dem ÖPNV angehören, empfehlenswert, sich sachkundigen Rechtsrat für die Formulierung ihrer ABB einzuholen und nicht darauf zu warten, dass viele ihrer ABB im Streitfall mit großer Wahrscheinlichkeit durch die Gerichte für unwirksam erklärt werden könnten.

Beförderung im Linienverkehr mit ÖPNV

Bei der Beförderung im ÖPNV-Linienverkehr bedarf es für das vertragliche Wirksamwerden der im Linienverkehr geltenden ABB gegenüber dem Fahrgast keiner ausdrücklichen Einbeziehungsvereinbarung. Dies ergibt sich aus § 305a Nr. 1 BGB i. V. m. § 1 der Verordnung über die Allgemeinen Beförderungsbedingungen für den Straßenbahn- und Obusverkehr sowie den Linienverkehr mit Kraftfahrzeugen[383] (**BefBedV**).

Fahrgastrechte im Kraftomnibusverkehr nach der VO (EU) Nr. 181/2011

Die Fahrgastrechte im Kraftomnibusverkehr sind in der VO (EU) Nr. 181/2011 geregelt. Gemäß Art. 2 Abs. 1 VO (EU) Nr. 181/2001 gilt diese „für Fahrgäste von Linienverkehrsdiensten [...], bei denen der Abfahrts- oder der Ankunftsort des Fahrgastes im Hoheitsgebiet eines Mitgliedstaats liegt und bei denen die planmäßige Wegstrecke 250 km oder mehr beträgt." Nach Art. 2 Abs. 2 VO (EU) 181/2011 gelten die Fahrgastrechte auf planmäßigen Wegstrecken von weniger als 250 km nur eingschränkt. Einen praxisorientierten Überblick über die Fahrgastrechte im Kraftomnibusverkehr verschafft eine Veröffentlichung des RDA Internationalen Bustouristikverbandes.[384]

Art. 7 und 8 VO (EU) Nr. 181/2011 regeln die (Mindest-)Entschädigung und Hilfeleistung bei Unfällen, durch die der Tod oder die Körperverletzung von Fahrgästen verursacht wird und/oder das Gepäck verloren und/oder beschädigt wird. Art. 7 Abs. 2 Satz 1 und 2 VO (EU) Nr. 181/2011 lautet wörtlich: „Die Höhe der Entschädigung wird gemäß den geltenden nationalen Rechtsvorschriften berechnet. Darin vorgesehene Höchstgrenzen für die Entschädigung bei Tod oder Körperverletzung sowie bei Verlust oder Beschädigung von Gepäck dürfen pro Schadensfall nicht weniger betragen als a) 220.000 EUR je Fahrgast; b) 1.200 EUR je Gepäckstück."

Gegenüber behinderten Menschen und Menschen mit eingeschränkter Mobilität gelten besondere Beförderungs- (Art. 9), Informationspflichten (Art. 11) sowie kostenlose Hilfeleistungen an Busbahnhöfen (Art. 13 und 14 VO (EU) Nr. 181/2011).

Die Fahrgastrechte bei Annullierung oder Verspätung sind in den Art. 19 ff. VO (EU) 181/2011 geregelt. Zeichnet sich – aus Sicht des Beförderers – vernünftigerweise ab, dass „die Abfahrt eines Linienverkehrsdienstes von einem Busbahnhof annulliert wird oder sich um mehr als 120 Minuten verzögert, oder im Fall einer Überbuchung", so muss der Beförderer dem Fahrgast Folgendes anbieten: Fahrpreiserstattung und „gegebenenfalls zum frühest möglichen Zeitpunkt kostenlose Rückfahrt mit dem Bus zum im Beförderungsvertrag festgelegten Abfahrtsort" (Art. 19 Abs. 1 lit. b) oder „zum frühest möglichen Zeitpunkt Fortsetzung der Fahrt oder Weiterreise mit geänderter Streckenführung zum im Beförderungsvertrag festgelegten Zielort ohne Aufpreis und unter vergleichbaren Bedingungen wie im Beförderungsvertrag angegeben" (Art. 19 Abs. 1 lit. a).

Wurde dem Fahrgast die vorgenannte Auswahl nicht angeboten, so ist zusätzlich zur Erstattung des Fahrpreises „eine Entschädigung in Höhe von 50 % des Fahrpreises" (Art. 19 Abs. 2 Satz 1) – „innerhalb eines Monats nach Einreichung des Antrags auf Entschädigung" (Art. 19 Abs. 2 Satz 2) – zu zahlen.

Dies gilt gemäß Art. 19 Abs. 4 VO (EU) Nr. 181/2011 auch bei tatsächlich eingetretenen Annullierungen oder Abfahrtsverzögerungen von mehr als 120 Minuten.

Die Informationspflichten bei Annullierungen oder Abfahrtsverszögerungen ergeben sich aus Art. 20 VO (EU) Nr. 181/2011. Hilfeleistungen bei Annullierung oder Abfahrtsverzögerung folgen aus Art. 21–23 VO (EU) Nr. 181/2011.

Wissen | **Gesetzliche Regelung**

Art. 21 VO (EU) Nr. 181/2011 lautet wörtlich:

„Bei Annullierung einer Fahrt sowie bei einer Verzögerung der Abfahrt von einem Busbahnhof von mehr als 90 Minuten bei Fahrten mit einer planmäßigen Dauer von über drei Stunden bietet der Beförderer den Fahrgästen kostenlos Folgendes an:

a) Imbisse, Mahlzeiten oder Erfrischungen in angemessenem Verhältnis zur Wartezeit oder Verspätung, sofern sie im Bus oder im Busbahnhof verfügbar oder in zumutbarer Weise zu beschaffen sind;

b) ein Hotelzimmer oder eine andere Unterbringungsmöglichkeit sowie Beistand bei der Organisation der Beförderung zwischen dem Busbahnhof und dem Ort der Unterbringung, sofern ein Aufenthalt von einer Nacht oder mehr erforderlich ist.

Der Beförderer kann die Gesamtkosten der Unterbringung – ohne die Kosten der Beförderung zwischen dem Busbahnhof und der Unterkunft – je Fahrgast auf 80 EUR pro Nacht und auf höchstens zwei Nächte beschränken. Bei der Anwendung dieses Artikels richtet der Beförderer besonderes Augenmerk auf die Bedürfnisse von behinderten Menschen und Personen mit eingeschränkter Mobilität und etwaigen Begleitpersonen."

Gemäß Art. 23 EU (VO) Nr. 181/2011 gelten die in den Art. 19 und 21 genannten Fahrgastrechte nicht „für Fahrgäste mit Fahrscheinen mit offenen Reisedaten, solange keine Abfahrtszeit festgelegt ist, [...]. Ferner muss keine kostenlose Unterbringung gemäß Art. 21 angeboten werden, „wenn der Beförderer nachweist, dass die Annullierung oder Verspätung durch widrige Wetterbedingungen oder schwere Naturkatastrophen, die den sicheren Betrieb des Busverkehrsdienstes beeinträchtigen, verursacht wurde."

Durchsetzungsstelle für Fahrgastrechte nach der VO (EU) Nr. 181/2011 ist das **Eisenbahnbundesamt (EBA)**[385] (→ Federal Railway Authority), welches ein Beschwerdeformular zur Verfügung stellt.[386] Allerdings ist die Beschwerde (zunächst) unmittelbar beim Beförderer – als dem Vertragspartner – einzureichen. Kommt es zu keiner Einigung, ist es empfehlenswert, sich an die kostenlose Schlichtungsstelle söp[387] zu wenden.

Fall 13 | **Antwort auf Frage a)**

Da H ein Fahrgast im (Kraftomnibus-)Linienverkehr innerhalb der EU auf einer Strecke von über 250 km ist, findet die VO (EU) Nr. 181/2011 Anwendung (Art. 2 Abs. 1). H hat gegen B einen Anspruch auf Unterstützungsleistungen in Form von „Imbissen, Mahlzeiten oder Erfrischungen in angemessenem Verhältnis zur Wartezeit oder Verspätung, sofern sie im Bus oder im Busbahnhof verfügbar oder in zumutbarer Weise zu beschaffen sind" (Art. 21 lit. a), da – aus Sicht des Beförderers B – eine Abfahrtszeitverzögerung von mehr als 90 Minuten angenommen werden musste. Ein Anspruch auf eine Hotelübernachtung (Art. 21 lit. b) kommt nicht in Betracht, da diese im vorliegenden Fall nicht erforderlich ist. Da sich zudem – aus Sicht von B – eine Abfahrtszeitverzögerung von mehr als 120 Minuten abzeichnete, hat H ferner einen Anspruch auf Fahrpreiserstattung (Art. 19 Abs. 1 lit. b) oder „zum frühest möglichen Zeitpunkt Fortsetzung der Fahrt oder Weiterreise mit geänderter Streckenführung zum im Beförderungsvertrag festgelegten Zielort ohne Aufpreis und unter vergleichbaren Bedingungen wie im Beförderungsvertrag angegeben" (Art. 19 Abs. 1 lit. a). Da sich H – wenn auch verärgert – auf die um drei Stunden verspätete Abfahrt einlässt, jedoch über seine Auswahlrechte gemäß Art. 19 Abs. 1 lit. a und lit. b von B nicht aufgeklärt wurde, hat er „einen Anspruch auf Entschädigung in Höhe von 50 % des Fahrpreises" (Art. 19 Abs. 2 Satz 1), der „innerhalb eines Monats nach Einreichung des Antrags auf Entschädigung" (Art. 19 Abs. 2 Satz 2) von B – als dem Beförderer – zu zahlen ist. Die vorgenannten Ansprüche gelten gemäß Art. 19 Abs. 4 VO (EU) Nr. 181/2011 auch – was vorliegend gerade der Fall ist – für tatsächlich eingetretene Abfahrtszeitverzögerungen von mehr als

120 Minuten (hier 180 Minuten). Außerdem stehen H gegen B Informationsrechte über die Abfahrtsverspätung zu (Art. 20).

13.2 Schiffsbeförderung

Bei der Schiffsbeförderung von Passagieren und Gepäck ist zwischen Binnengewässern und internationalen (See-)Gewässern zu unterscheiden. Einschlägige nationale Rechtsquellen für die Binnenschifffahrtsbeförderung sind in Deutschland das BinSchG i. V. m. §§ 536 ff. HGB sowie subsidiär die §§ 631 ff. BGB i. V. m. den Beförderungsbedingungen (AGB) der Reederei.

Auf internationaler Ebene ist die Beförderung auf See (in internationalen Gewässern) durch das AÜ 2002 geregelt, dessen rechtliche Inkorporierung durch die EU beschlossen[388] und das inhaltlich nahezu vollständig in den Anhang der Verordnung (EG) Nr. 392/2009 des Europäischen Parlaments und des Rates vom 23. April 2009 über die Unfallhaftung von Beförderern von Reisenden auf See[389] eingefügt wurde und insoweit seit dem 31.12.2012 auch EU-weit gilt. Die Regelungen des AÜ werden – innerhalb der EU – ergänzt durch die VO (EU) Nr. 1177/2010 sowie das EU-Fahrgastrechte-Schifffahrt-Gesetz (**EU-FahrgRSchG**)[390], welches gemäß § 1 EU-FahrgRSchG „der Durchführung der VO (EU) Nr. 1177/2010“ dient. Bei der klassischen Kreuzfahrt liegt eine Pauschalreise vor, auf die grundsätzlich die VO Nr. 1177/2010 gemäß Art. 2 Abs. 1 lit. c ebenfalls Awendung findet. Im Übrigen gelten für die Haftung des Reiseveranstalters – hier i. d. R. der Reederei – die §§ 651a–y BGB. Wegen § 651p Abs. 2 BGB, der Bezug auf „internationale Übereinkünfte nimmt“, kommen lediglich die Haftungshöchstgrenzen des AÜ 2002 zur Anwendung. Internetplattformen oder Reisebüros agieren i. d. R. als Vermittler von Kreuzfahrten.

Das AÜ 2002 und die VO (EU) Nr. 1177/2010 enthalten (überwiegend) verbraucherschutzrechtliche Aspekte und betreffen daher im Wesentlichen die B2C-Ebene.

13.2.1 Haftung für Personen- und Gepäckschäden nach dem AÜ 2002

Die Haftung des Beförderers für Personenschäden ist im AÜ 2002 grundsätzlich als **verschuldensunabhängige Haftung für Schifffahrtsereignisse** (→ strict liability regardless of negligence or fault in case of ship-related incidents, → guarantee liability in case of ship-related incidents) ausgestaltet. Im Hinblick auf Haftungsobergrenzen (Art. 3 Nr. 1 Satz 2 i. V.

m. Art. 7 oder Art. 8 AÜ 2002), die Haftung für Gepäck sowie die Haftung „aufgrund eines anderen als eines Schifffahrtsereignisses" (Art. 3 Nr. 2 AÜ 2002) wird dann allerdings zwischen verschuldensunabhängigen und verschuldensabhängigen Tatbeständen differenziert.

Tatbestandliche Anknüpfungspunkte einer Haftung sind u. a. die Begriffe „Schifffahrtsereignis" in Art. 3 Nr. 5 lit. a AÜ 2002 sowie „Verschulden des Beförderers" gemäß Art. 3 Nr. 5 lit. b AÜ 2002.

Art. 3 Nr. 5 lit. a AÜ 2002 definiert ein Schifffahrtsereignis als „Schiffbruch, Kentern, Zusammenstoß oder Strandung des Schiffs, Explosion oder Feuer im Schiff oder einen Mangel des Schiffs". Hingegen erstreckt sich ein „Verschulden des Beförderers" gemäß Art. 3 Nr. 5 lit. b AÜ 2002 auf „ein Verschulden der Bediensteten des Beförderers in Ausübung ihrer Tätigkeit."

Wissen | **Haftungsobergrenzen bei Schifffahrtsereignissen**

Bei Tod oder Körperverletzung besteht eine verschuldensunabhängige Haftungsobergrenze von 250.000 SZR[391] (Art. 3 Nr. 1 Satz 1 AÜ 2002) je Vorfall, bei Verschulden des Beförderers hingegen eine Haftungsobergrenze von 400.000 SZR[392] (Art. 3 Nr. 1 Satz 2 i. V. m. Art. 7 Nr. 1 Satz 2 AÜ 2002). Bei Verlust oder Beschädigung von Kabinengepäck besteht ein verschuldensabhängiger Schadensersatzanspruch (Art. 3 Nr. 2 Satz 1 AÜ 2002), wobei im Falle eines „Schifffahrtsereignisses" gemäß Art. 3 Nr. 2 Satz 2 AÜ 2002 „ein Verschulden des Beförderers vermutet" wird. Die Haftungsobergrenze für verlustig gegangenes oder beschädigtes Kabinengepäck ist auf 2.250 SZR[393] (Art. 8 Nr. 1 AÜ 2002), bei Fahrzeugen inklusive darin oder darauf befindlichem Gepäck auf 12.700 SZR[394] (Art. 8 Nr. 2 AÜ 2002) und bei anderem Gepäck (Art. 8 Nr. 3 AÜ 2002), u. a. auch Wertsachen[395], sofern dieses dem Beförderer zur sicheren Aufbewahrung übergeben wurde (Art. 5 AÜ), auf 3.375 SZR[396] festgelegt. Im Übrigen können der Beförderer und der Reisende gemäß Art. 8 Nr. 4 AÜ 2002 einen Selbstbehalt von 330 SZR[397] bei Beschädigung des Fahrzeugs sowie von 149 SZR[398] „bei Verlust oder Beschädigung anderen Gepäcks" je Reisenden vereinbaren, wobei dieser Betrag „von der Schadensumme abgezogen" wird.

Ein **Haftungsausschluss** (→ exemption from liability) für Personenschäden bei Schifffahrtsereignissen besteht jedoch, wenn der Beförderer nachweist, dass das Ereignis auf Kriegshandlungen, Feindseligkeiten, Bürgerkrieg, Aufstand oder Verursachung durch ein außergewöhnliches, unvermeidliches und unabwendbares Naturereignis (Art. 3 Nr. 1 lit. a AÜ 2002) zurückzuführen ist oder „durch eine Handlung oder Unterlassung verursacht wurde, die von einem Dritten in der Absicht, das Ereignis zu verursachen, begangen wurde" (Art. 3 Nr. 1 lit. b AÜ 2002). Gemäß Art. 13 Abs. 1 AÜ 2002 verliert der Beförderer außerdem „den Anspruch auf Haftungsbeschränkung nach den Art. 7 und 8 und Art. 10 Abs. 1, wenn nachgewiesen wird, dass der Schaden auf eine Handlung oder Unterlassung des Beförderers zurückzuführen ist, die von ihm selbst entweder in der Absicht, einen solchen Schaden herbeizuführen, oder leichtfertig und in dem Bewusstsein begangen wurde, dass ein solcher Schaden mit Wahrscheinlichkeit eintreten werde." Außerdem verliert nach Art. 13 Abs. 2 AÜ 2002 „der für den Beförderer oder den ausführenden Beförderer handelnde Bedienstete oder Beauftragte" seinen „Anspruch auf Haftungsbeschränkung, wenn nachgewiesen wird, dass der Schaden auf eine Handlung oder Unterlassung des Betreffenden zurückzuführen ist, die von ihm selbst entweder in der Absicht, einen solchen Schaden herbeizuführen, oder leichtfertig und in dem Bewusstsein begangen wurde, dass ein solcher Schaden mit Wahrscheinlichkeit eintreten werde."

„Für den Schaden, der durch den Tod oder die Körperverletzung eines Reisenden aufgrund eines anderen als eines Schifffahrtsereignisses entstanden ist, haftet der Beförderer" nach Art. 3 Nr. 2 AÜ 2002, „wenn das den Schaden verursachende Ereignis auf ein Verschulden des Beförderers zurückzuführen ist. Die Beweislast für das Verschulden liegt beim Kläger." Der Anspruch erstreckt sich bei Tod auch auf die Beerdigungskosten nach § 844 Abs. 1 BGB und den in Deutschland erst 2017 eingeführten Anspruch auf Hinterbliebenengeld gemäß § 844 Abs. 2 BGB[399]. Im Übrigen kommt bei Körperverletzung ein Schmerzensgeldanspruch nach § 253 Abs. 2 BGB[400] in Betracht.

Die Geltendmachung von Personen- und Gepäckschäden nach dem AÜ 2002 richtet sich nach Art. 14 und 15 AÜ 2002. Derartige Ansprüche verjähren gemäß Art. 16 AÜ 2002 in zwei Jahren. Auf die Binnenschifffahrtsbeförderung in Deutschland findet die dreijährige Verjährungsfrist des § 195 BGB Anwendung.

Zuständiges Gericht ist gemäß Art. 17 Nr. 1 lit. b AÜ 2002 i. d. R. das Gericht „des in dem Beförderungsvertrag bestimmten" Abgangs- oder Bestimmungsortes. Als Schlichtungsstelle i. S. d. § 6 EU-FahrgRSchG kommt die söp in Betracht.[401]

Fall 13 | **Antwort auf Frage b)**

H wird T folgende Rechtsauskunft geben: Etwaige Ansprüche des verstorbenen P gegen S gehen im Wege der Universalsukzession gemäß § 1922 Abs. 1 BGB auf T – als Alleinerben des P – über. Der Tod des P ist vorliegend durch eine Gasexplosion – ein Schifffahrtsergeignis i. S. d. Art. 3 Nr. 5 lit. a AÜ 2002 – schuldhaft verursacht worden, da die Gasexplosion durch Gasaustritt aus einem undichten Lüftungsschacht des Schiffes verursacht wurde, der nicht regelmäßig gewartet worden war. Insoweit haftet S gegenüber T für den Tod des B, wobei nicht die verschuldensunabhängige Haftungsobergrenze von 250.000 SZR (Art. 3 Nr. 1 Satz 1 AÜ 2002) je Vorfall, sondern die verschuldensabhängige Haftungsobgergrenze von 400.000 SZR für durch Schifffahrtsereignisse verursachte Personenschäden (Art. 3 Nr. 1 Satz 2 i. V. m. Art. 7 Nr. 1 Satz 2 AÜ 2002) Anwendung findet. Auch hat T einen auf ihn übergegangenen Schadensersatzanspruch für das verbrannte Kabinengepäck des P gemäß Art. 3 Nr. 2 Satz 1 AÜ 2002. Da der Verlust des Kabinengepäcks durch ein Schifffahrtsereignis verursacht wurde, wird gemäß Art. 3 Nr. 2 Satz 2 AÜ 2002 „ein Verschulden des Beförderers vermutet". Die Haftungsobergrenze für verlustig gegangenes oder beschädigtes Kabinengepäck ist auf 2.250 SZR[402] festgelegt. Die dem Schiffschatzmeister zur Aufbewahrung (Art. 5 AÜ) überlassene Rolex-Uhr des P stellt – als Wertsache – anderes Gepäck gemäß Art. 8 Nr. 3 AÜ 2002 dar, für das eine Haftungsobergrenze von 3.375 SZR besteht. T hat gegen S keinen zusätzlichen Anspruch auf ein Hinterbliebenengeld, es sei denn P wäre – vor seinem Tod – dem T gegenüber unterhaltspflichtig gewesen (vgl. § 844 Abs. 2 BGB). Im Übrigen würde sich ein solches Hinterbliebenengeld nach nationalem Recht – hier ggf. italienischem oder griechischem Recht (je nachdem wo die Reederei ihren Hauptverwaltungssitz hat) – richten und müsste das anwendbare nationale Recht ein solches Hinterbliebenengeld überhaupt kennen und geregelt haben. So wurde z. B. der Anspruch auf Hinterbliebenengeld in Deutschland erst 2017 eingeführt.[403]

13.2.2 Die Fahrgastrechte der VO (EU) Nr. 1177/2010 im Überblick

Neben den „Rechten von behinderten Menschen und Menschen mit eingeschränkter Mobilität" in Kapitel II (Art. 7–15), regelt die VO (EU) Nr. 1177/2010 in Kapitel III (Art. 16–21) die „Pflichten der Beförderer und Terminalbetreiber bei Reiseunterbrechung".

Art. 16 VO (EU) Nr. 1177/2010 normiert den Umfang der Informationspflichten „bei Annullierung oder Verspätung einer Abfahrt eines Personenverkehrsdienstes oder einer Kreuzfahrt“ (Art. 16 Abs. 1 Satz 1).

Art. 17 VO (EU) Nr. 1177/2010 konkretisiert die Hilfeleistungen bei Annullierung oder Abfahrtsverzögerung um mehr als 90 Minuten.

Wissen | **Gesetzliche Regelung**

Art. 17 VO (EU) Nr. 1177/2010 lautet wörtlich:

„(1) Muss ein Beförderer vernünftigerweise davon ausgehen, dass die Abfahrt eines Personenverkehrsdienstes oder einer Kreuzfahrt annulliert wird oder sich um mehr als 90 Minuten über die fahrplanmäßige Abfahrtszeit hinaus verzögert, so sind den Fahrgästen in Hafenterminals kostenlos Imbisse, Mahlzeiten oder Erfrischungen in angemessenem Verhältnis zur Wartezeit anzubieten, sofern diese verfügbar oder in zumutbarer Weise zu beschaffen sind.

(2) Bei Annullierung oder Verspätung einer Abfahrt, die einen Aufenthalt von einer oder mehreren Nächten oder eine Verlängerung des von den Fahrgästen geplanten Aufenthalts notwendig machen, bietet der Beförderer, sofern dies praktisch durchführbar ist, den Fahrgästen in Hafenterminals zusätzlich zu den Imbissen, Mahlzeiten oder Erfrischungen gemäß Absatz 1 kostenlos eine angemessene Unterbringung an Bord oder an Land sowie die Beförderung zwischen dem Hafenterminal und der Unterkunft an. Der Beförderer kann die Gesamtkosten der Unterbringung an Land – ohne die Kosten der Beförderung zwischen dem Hafenterminal und der Unterkunft – auf 80 EUR je Fahrgast und Nacht für höchstens drei Nächte beschränken.

(3) Bei der Anwendung der Absätze 1 und 2 trägt der Beförderer den Bedürfnissen von behinderten Menschen und Personen mit eingeschränkter Mobilität und etwaigen Begleitpersonen besonders Rechnung.“

Bei – aus Sicht des Beförderers – sich abzeichnenden Annullierungen der Abfahrten oder Abfahrtsverzögerungen von mehr als 90 Minuten muss der Beförderer den Fahrgästen gemäß Art. 18 Abs. 1 VO (EU) Nr. 1177/2010 unverzüglich Folgendes anbieten:

„a) zum frühestmöglichen Zeitpunkt und ohne Aufpreis anderweitige Beförderung zum im Beförderungsvertrag festgelegten Endziel unter vergleichbaren Bedingungen;

b) Erstattung des Fahrpreises und gegebenenfalls zum frühestmöglichen Zeitpunkt kostenlose Rückfahrt zum im Beförderungsvertrag festgelegten Abfahrtsort."

Das o. g. Wahlrecht gilt gemäß Art. 18 Abs. 2 VO (EU) Nr. 1177/2010 auch für tatsächlich erfolgte Annullierungen oder Abfahrtsverzögerungen. Die genauen Modalitäten der Fahrpreiserstattung innerhalb von sieben Tagen sind in Art. 18 Abs. 3 VO (EU) Nr. 1177/2010 geregelt.

Wissen | **Fahrpreisnachlass bei Ankunftsverspätung**

Art. 19 Abs. 1 Satz 2 und 3 VO (EU) Nr. 1177/2010 gewährt eine Entschädigung in Form eines Fahrpreisnachlasses von mindestens 25 % bei einer verspäteten Ankunft von mindestens

„a) einer Stunde bei einer planmäßigen Fahrtdauer von bis zu vier Stunden,
b) zwei Stunden bei einer planmäßigen Fahrtdauer von mehr als vier bis zu acht Stunden,
c) drei Stunden bei einer planmäßigen Fahrtdauer von mehr als acht bis zu 24 Stunden oder
d) sechs Stunden bei einer planmäßigen Fahrtdauer von mehr als 24 Stunden.

Beträgt die Verspätung mehr als das Doppelte der in den Buchstaben a bis d angegebenen Zeiten, so beträgt die Entschädigung 50 % des Fahrpreises."

Die Modalitäten der Entschädigungszahlung sind in Art. 19 Abs. 5 und 6 VO (EU) Nr. 1177/2010 geregelt, die wörtlich lauten:

„(5) Die Zahlung der Entschädigung muss innerhalb eines Monats nach Einreichung des Antrags auf Entschädigung erfolgen. Die Entschädigung kann in Form von Gutscheinen und/oder anderen Leistungen erfolgen, sofern deren Bedingungen, insbesondere bezüglich des Gültigkeitszeitraums und des Zielorts, flexibel sind. Auf Verlangen des Fahrgastes erfolgt die Entschädigung in Form eines Geldbetrags.

(6) Der Entschädigungsbetrag darf nicht um Kosten der Finanztransaktion wie Gebühren, Telefonkosten oder Porti gekürzt werden. Die Beförderer dürfen Mindestbeträge festlegen, unterhalb deren keine Entschädigungszahlungen vorgenommen werden. Dieser Mindestbetrag darf höchstens 6 EUR betragen."

Wissen | **Entlastungsmöglichkeiten**

Art. 20 VO (EU) Nr. 1177/2010 enthält diverse Entlastungsmöglichkeiten, die eine Haftung des Beförderers ausschließen (können). Diese betreffen insbesondere auch Wetterbedingungen. In Art. 20 VO (EU) Nr. 1177/2010 heißt es wörtlich:

„(1) Die Artikel 17, 18 und 19 gelten nicht für Fahrgäste mit Fahrscheinen mit offenen Reisedaten, solange keine Abfahrtszeit festgelegt ist, mit Ausnahme von Fahrgästen, die eine Zeitfahrkarte besitzen.

(2) Die Artikel 17 und 19 kommen nicht zur Anwendung, wenn der Fahrgast vor dem Kauf des Fahrscheins über die Annullierung oder Verspätung informiert wird oder wenn die Annullierung oder Verspätung auf das Verschulden des Fahrgasts zurückgeht.

(3) Artikel 17 Absatz 2 kommt nicht zur Anwendung, wenn der Beförderer nachweist, dass die Annullierung oder Verspätung durch Wetterbedingungen, die den sicheren Betrieb des Schiffes beeinträchtigen, verursacht wurde.

(4) Artikel 19 kommt nicht zur Anwendung, wenn der Beförderer nachweist, dass die Annullierung oder Verspätung durch Wetterbedingungen, die den sicheren Betrieb des Schiffes beeinträchtigen, oder durch außergewöhnliche Umstände verursacht wurde, die die Erbringung des Personenverkehrsdienstes behindern und die auch dann nicht hätten vermieden werden können, wenn alle zumutbaren Maßnahmen getroffen worden wären."

Die Geltendmachung weitergehender Ansprüche nach nationalen Rechtsvorschriften bleibt gemäß Art. 21 VO (EU) Nr. 1177/2010 unberührt.

Als Schlichtungsstelle kommt wiederum die söp in Betracht.[404]

13.3 Eisenbahnbeförderung

Bei der Eisenbahnbeförderung ist zwischen Nah- und Fernverkehr zu unterscheiden. Einschlägige spezialgesetzliche Rechtsquellen sind für den Nahverkehr die **Eisenbahn-Verkehrsordnung**[405] **(EVO)** (→ Railway Traffic Regulations) i. V. m. den jeweiligen Bahntarifen. Für den Fernverkehr ist hingegen die VO (EU) Nr. 1371/2007 einschlägig.

Subsidiär gelten die werkvertraglichen Regeln nach §§ 631 ff. BGB, da der Bahnbeförderungsvertrag als Werkvertrag qualifiziert wird.

Fragen der Unfallhaftung für Personen- und Sachschäden richten sich auf nationaler Strecke – verschuldensunabhängig – nach dem HaftPflG sowie – verschuldensabhängig – insbesondere nach dem Deliktsrecht gemäß §§ 823 ff. BGB. Auf internationalen Strecken gilt die CIV.

Mit Erwerb einer Bahnfahrkarte schließt der Reisende mit der Bahn einen Beförderungsvertrag nach §§ 631 ff. BGB ab. Bahnspezifische Haftungsfragen und Fahrgastrechte bei Annullierung, Nichtbeförderung und Verspätung sind jedoch dem Haftungssystem des BGB entzogen und spezialgesetzlich für den Nahverkehr in der EVO und den (EU-)Fernverkehr in der VO (EG) Nr. 1371/2007 geregelt.

Die vorgenannten gesetzlichen Regelungen betreffen im Wesentlichen verbraucherschutzrechtliche Aspekte und sind damit der B2C-Ebene zuzuordnen.

13.3.1 Haftung für Personen- und Sachschäden bei Beförderung im Inland

§ 1 Abs. 1 HPflG sieht eine verschuldensunabhängige Haftung des „Betriebsunternehmers" für Unfälle „beim Betrieb einer Schienenbahn" vor, durch die „ein Mensch getötet, der Körper oder die Gesundheit eines Menschen verletzt oder eine Sache beschädigt" wird. Die Tatbestandsvoraussetzung „beim Betrieb einer Schienenbahn" setzt einen sog. **Betriebsunfall** (→ operational accident) voraus, bei dem sich bahntypische Gefahren verwirklicht haben müssen, die in unmittelbarem Zusammenhang mit dem Betrieb der Bahn stehen. Typische Beispiele sind das Entgleisen eines Zuges oder auch Stürze beim Ein- und Aussteigen oder Herauslehnen aus dem Bahnabteil. Hierbei ist ggf. ein Mitverschulden des Fahrgastes gemäß § 254 BGB anspruchsmindernd zu prüfen.

Nach § 1 Abs. 2 HPflG ist die Ersatzpflicht „ausgeschlossen, wenn der Unfall durch höhere Gewalt verursacht ist." Beispiele dafür sind z. B. Sprengstoffattentate oder (Umwelt-)Katastrophen.

Wird eine Haftung bejaht, sind die Haftungshöchstgrenzen nach dem HPflG zu berücksichtigen. Nach § 9 HPflG haftet der „Unternehmer oder der [...] Inhaber der Anlage" im „Falle der Tötung oder Verletzung eines Menschen für jede Person bis zu einem Kapitalbetrag von 600.000 Euro oder bis zu einem Rentenbetrag von jährlich 36.000 Euro". Auf Sachschäden finden die Haftungsbeschränkungen des § 10 HPflG Anwendung. Nach § 10 Abs. 1 und

2 HPflG sind die für Sachschäden nach dem HPflG zu leistende(n) Maximalentschädigung(en) pro (Unfall-)Ereignis auf EUR 300.000,- beschränkt.

Im Übrigen ist – neben der verschuldensunabhängigen Haftung nach dem HPflG – immer auch eine verschuldensabhängige Haftung, z. B. aus Delikt gemäß § 823 Abs. 1 BGB, in Betracht zu ziehen. Denn i. d. R. werden Betriebsunfälle aufgrund der Verletzung von Verkehrssicherungspflichten (Auswahl-/Überwachungsverschulden) verursacht. So sollten Ansprüche, die über die Haftungsgrenzen des HPflG hinausgehen – inklusive Schmerzensgeldansprüche nach § 253 Abs. 2 BGB – sinnvollerweise dann geltend gemacht werden, wenn der Bahn ein Verschulden nachgewiesen werden kann.

Gemäß Art. 11 VO (EG) Nr. 1371/2007 i. V. m. Anhang I Titel IV[406] (= Art. 30 Abs. 2 Satz 2 = Art. 30 § 2 Satz 2 CIV) bestehen fahrgastspezifische Schadensersatzansprüche bei Tötung oder Verletzung verschuldensunabhängig, sind jedoch auf maximal 175.000 SZR begrenzt. Indes verweist Art. 11 VO (EG) Nr. 1371/2007 ausdrücklich auf nationale Rechtsvorschriften, „die Fahrgästen weitergehenden Schadensersatz gewähren". Insoweit kommt der VO 1371/2007 keine große praktische Bedeutung für die Geltendmachung von Personenschäden im inländischen Bahnverkehr zu, weil die nationalen Haftungsbeschränkungen höher (EUR 600.000,-) angesetzt und damit für den Fahrgast günstiger sind.

13.3.2 Haftung für Personenschäden auf innernationaler Strecke

COTIF/CIV enthalten wichtige Vorschriften, u. a. über Form und Höhe des Schadensersatzes bei Tötung und Verletzung im internationalen Bahnverkehr. Gemäß Art. 30 § 2 Satz 2 CIV wird für Personenschäden bei Bahnreisen ein Haftungsmindestbetrag von 175.000 SZR[407] pro Reisenden festgelegt.

13.3.3 Fahrgastrechte im Nahverkehr nach der EVO

Für die Praxis relevant ist vor allem die Haftung für Verspätungsschäden im Schienenpersonennahverkehr. Hier gelten – neben den Fahrgastrechten aus VO (EU) Nr. 1371/2007 – die zusätzlichen in § 17 Abs. 1 Nr. 1 und Nr. 2 EVO normierten Rechte:

„1. Der Reisende kann die Fahrt zum vertragsgemäßen Zielort mit einem anderen Zug durchführen, sofern vernünftigerweise davon ausgegangen werden muss, dass der Reisende mindestens 20 Minuten verspätet am Zielort ankommen wird. Der Reisende kann die Benutzung des anderen Zuges jedoch nicht verlangen, wenn für diesen eine Reservierungspflicht besteht oder der Zug eine Sonderfahrt durchführt.

2. Der Reisende kann die Fahrt zum vertragsgemäßen Zielort mit einem anderen Verkehrsmittel durchführen, sofern die vertragsgemäße Ankunftszeit in den Zeitraum zwischen 0.00 Uhr und 5.00 Uhr fällt und vernünftigerweise davon ausgegangen werden muss, dass der Reisende mindestens 60 Minuten verspätet am Zielort ankommen wird, oder sofern es sich bei dem vom Reisenden gewählten Zug um die letzte fahrplanmäßige Verbindung des Tages handelt und der Reisende wegen des Ausfalls dieses Zuges den vertragsgemäßen Zielort ohne die Nutzung des anderen Verkehrsmittels nicht mehr bis um 24.00 Uhr erreichen kann."

Gemäß § 17 Abs. 2 EVO richtet sich ein etwaiger Aufwendungsersatzanspruch des Reisenden für die Benutzung eines anderen Zugs gegen denjenigen, „mit dem er den Beförderungsvertrag geschlossen hat". Macht der Reisende von der Wahlmöglichkeit des § 17 Abs. 1 Nr. 2 EVO Gebrauch – z. B. in dem er ein Taxi für die Heimfahrt zwischen 0.00 Uhr und 5.00 Uhr beansprucht – besteht ein Aufwendungsersatzanspruch „bis zu einem Höchstbetrag von 80 Euro".

13.3.4 Fahrgastrechte im Fernverkehr nach der VO (EG) Nr. 1371/2007

Gemäß Art. 2 Abs. 1 VO (EG) Nr. 1371/2007 gilt die „Verordnung gemeinschaftsweit für alle Eisenbahnfahrten und -dienstleistungen, die von einem oder mehreren nach der Richtlinie 95/18/EG des Rates vom 19. Juni 1995 über die Erteilung von Genehmigungen an Eisenbahnunternehmen[408] genehmigten Eisenbahnunternehmen erbracht werden". Damit findet die VO (EG) Nr. 1371/2007 gemeinschaftsweit auf den Eisenbahnfernverkehr Anwendung, für die Eisenbahnunternehmen eben eine europarechtliche Genehmigung benötigen.

Der Umfang der gegenüber Fahrgästen bestehenden Informationspflichten – auch im Falle eines Bahnstreiks[409] – ist in den Art. 7 ff. VO (EG) Nr. 1371/2007 normiert.

Kapitel IV (Art. 15–18) VO (EG) Nr. 1371/2007 regelt die Haftung für „Verspätungen, verpasste Anschlüsse und Zugausfälle".

Wissen | **Fahrgastrechte bei Zugverspätung von mehr als 60 Minuten**

Gemäß Art. 16 VO (EG) Nr. 1371/2007 hat der Fahrgast bei einer sich abzeichnenden Verspätung von „mehr als 60 Minuten" „unverzüglich die Wahl zwischen

a) der Erstattung des vollen Fahrpreises unter den Bedingungen, zu denen er entrichtet wurde, für den Teil oder die Teile der Fahrt, die nicht durchgeführt wurden, und für den Teil oder die Teile, die bereits durchgeführt wurden, wenn die Fahrt nach den ursprünglichen Reiseplänen des Fahrgasts sinnlos geworden ist, gegebenenfalls zusammen mit einer Rückfahrt zum ersten Ausgangspunkt bei nächster Gelegenheit. Die Erstattung erfolgt unter denselben Bedingungen wie die Entschädigung nach Artikel 17;

b) der Fortsetzung der Fahrt oder der Weiterreise mit geänderter Streckenführung unter vergleichbaren Beförderungsbedingungen bis zum Zielort bei nächster Gelegenheit; oder

c) der Fortsetzung der Fahrt oder der Weiterreise mit geänderter Streckenführung unter vergleichbaren Beförderungsbedingungen bis zum Zielort zu einem späteren Zeitpunkt nach Wahl des Fahrgasts."

Art. 17 VO (EG) Nr. 1371/2007 gewährt eine verschuldensunabhängige Fahrpreisentschädigung. Art. 17 Abs. 1 Satz 1 und 2 VO (EG) Nr. 1371/2007 lautet wörtlich:

„Ohne das Recht auf Beförderung zu verlieren, kann ein Fahrgast bei Verspätungen vom Eisenbahnunternehmen eine Fahrpreisentschädigung verlangen, wenn er zwischen dem auf der Fahrkarte angegebenen Abfahrts- und Zielort eine Verspätung erleidet, für die keine Fahrpreiserstattung nach Artikel 16 erfolgt ist. Die Mindestentschädigung bei Verspätungen beträgt a) 25 % des Preises der Fahrkarte bei einer Verspätung von 60 bis 119 Minuten; b) 50 % des Preises der Fahrkarte ab einer Verspätung von 120 Minuten."

Für Zeitfahrkarten gilt die Sonderregelung des Art. 17 Abs. 1 Satz 3 VO (EG) Nr. 1371/2007, wonach bei wiederholtem Auftreten von Verspätungen oder Zugausfällen „während der Gültigkeitsdauer" der Zeitfahrkarte eine „angemessene Entschädigung gemäß den Entschädigungsbedingungen des Eisenbahnunternehmens" verlangt werden kann.

Die Modalitäten der Entschädigungszahlung – u. a. der Anspruch auf Barzahlung und EUR 4,- als Mindestentschädigungsgrenze – sind in Art. 17 Abs. 2 und 3 VO (EG) Nr. 1371/2007 normiert.

Wissen | **Hilfeleistungen bei verspäteter Abfahrt oder Ankunft**

Diese sind in Art. 18 VO (EG) Nr. 1371/2007 geregelt, der wörtlich lautet:

„(1) Bei einer Verspätung bei der Abfahrt oder der Ankunft sind die Fahrgäste durch das Eisenbahnunternehmen oder den Bahnhofsbetreiber über die Situation und die geschätzte Abfahrts- und Ankunftszeit zu unterrichten, sobald diese Informationen zur Verfügung stehen.

(2) Bei einer Verspätung nach Absatz 1 von mehr als 60 Minuten ist den Fahrgästen Folgendes kostenlos anzubieten:

a) Mahlzeiten und Erfrischungen in angemessenem Verhältnis zur Wartezeit, sofern sie im Zug oder im Bahnhof verfügbar oder vernünftigerweise lieferbar sind;
b) die Unterbringung in einem Hotel oder einer anderweitigen Unterkunft und die Beförderung zwischen dem Bahnhof und der Unterkunft in Fällen, in denen ein Aufenthalt von einer oder mehreren Nächten notwendig wird oder ein zusätzlicher Aufenthalt notwendig wird, sofern dies praktisch durchführbar ist;
c) ist der Zug auf der Strecke blockiert, die Beförderung vom Zug zum Bahnhof, zu einem alternativen Abfahrtsort oder zum Zielort des Verkehrsdienstes, sofern dies praktisch durchführbar ist.

(3) Besteht keine Möglichkeit zur Fortsetzung eines Verkehrsdienstes mehr, so organisiert das Eisenbahnunternehmen so rasch wie möglich einen alternativen Beförderungsdienst für die Fahrgäste.

(4) Die Eisenbahnunternehmen haben auf Anfrage des Fahrgasts auf der Fahrkarte im jeweiligen Fall zu bestätigen, dass der Verkehrsdienst verspätet war, zum Verpassen eines Anschlusses geführt hat oder ausgefallen ist.

(5) Bei der Anwendung der Absätze 1, 2 und 3 richten die Eisenbahnunternehmen besonderes Augenmerk auf die Bedürfnisse von Personen mit Behinderungen und Personen mit eingeschränkter Mobilität sowie etwaigen Begleitpersonen.“

Im Übrigen spielen sog. **Haftungsbefreiungsklauseln** (→ waiver of liability clauses) in der Praxis eine große Rolle. Bahnunternehmen schließen regelmäßig Fahrpreisentschädigungen bei höherer Gewalt in ihren ABB aus. Solche Klauseln sind jedoch nach der maßgeblichen Rechtsprechung des EuGH unwirksam: „Art. 17 der Verordnung Nr. 1371/2007 ist dahin auszulegen, dass ein Eisenbahnunternehmen nicht berechtigt ist, in seine Allgemeinen Beförderungsbedingungen eine Klausel aufzunehmen, wonach es von seiner Pflicht zur Fahrpreisentschädigung bei Verspätungen befreit ist, wenn die Verspätung auf höherer Gewalt oder einem der in Art. 32 Abs. 2 der Einheitlichen Rechtsvorschriften für den Vertrag über die internationale Eisenbahnbeförderung von Personen und Gepäck zum Übereinkommen über den Internationalen Eisenbahnverkehr vom 9. Mai 1980 in der Fassung des Änderungsprotokolls von Vilnius vom 3. Juni 1999 angeführten Gründe beruht."[410]

Die o. g. Entscheidung des EuGH wird scharf kritisiert, weil dadurch ein „Patchwork-System" der Fahrgastrechte entstehe.[411] Je nachdem, um welchen Verkehrsträger (Flugzeug, Bus, Schiff oder Eisenbahn) es geht, ist der Umfang der Fahrgastrechte teilweise sehr unterschiedlich. Denn warum soll ein Eisenbahnunternehmen eine Fahrpreisentschädigung bei höherer Gewalt gewähren müssen, wohingegen eine Fluggesellschaft bei „außergewöhnlichen und unvermeidbaren Umständen" (Art. 5 Abs. 3 (EG) VO Nr. 261/2004) oder ein Schifffahrtsunternehmen bei „Wetterbedingungen, die den sicheren Betrieb des Schiffes beeinträchtigen" oder „außergewöhnlichen Umständen" (Art. 20 Abs. 4 (EU) VO Nr. 1177/2010) zu keiner Fahrpreisentschädigung verpflichtet sind? Um dieses Dilemma zu beseitigen und die Fahrgastrechte zwischen den verschiedenen Verkehrsträgern zu harmonisieren, legte die EU-Kommission den Vorschlag für eine novellierte Verordnung des Europäischen Parlaments und des Rates über die Rechte und Pflichten der Fahrgäste im Eisenbahnverkehr[412] vor. Es bleibt abzuwarten, ob sich der Vorschlag der EU-Kommission politisch und gesetzlich durchsetzen wird.

Fall 13 | **Antwort auf Frage c)**

Die Haftungsbefreiungsklausel in den ABB von GT ist nach der maßgeblichen Rechtsprechung des EuGH unwirksam: „Art. 17 der Verordnung Nr. 1371/2007 ist dahin auszulegen, dass ein Eisenbahnunternehmen nicht berechtigt ist, in seine Allgemeinen Beförderungsbedingungen eine Klausel aufzunehmen, wonach es von seiner Pflicht zur Fahrpreisentschädigung bei Verspätungen befreit ist, wenn die Verspätung auf höherer Gewalt oder einem der in Art. 32 Abs. 2 der Einheitlichen Rechtsvor-

> schriften für den Vertrag über die internationale Eisenbahnbeförderung von Personen und Gepäck zum Übereinkommen über den Internationalen Eisenbahnverkehr vom 9. Mai 1980 in der Fassung des Änderungsprotokolls von Vilnius vom 3. Juni 1999 angeführten Gründe beruht."[413]

Gemäß Art. 27 Abs. 2 Satz 2 VO (EG) Nr. 1371/2001 hat das Bahnunternehmen die Beschwerde eines Fahrgasts grundsätzlich „innerhalb eines Monats" zu bearbeiten und „eine mit Gründen versehene Antwort" zu übermitteln oder dem Fahrgast mitzuteilen, „wann innerhalb eines Zeitraums von höchstens drei Monaten ab dem Tag, an dem die Beschwerde vorgebracht wurde, mit einer Antwort zu rechnen ist".

Als Schlichtungsstelle kommt abermals – wie bei den übrigen Verkehrsträgern – die söp in Betracht.[414]

✻ Kurzrepetitorium

- Der Beförderungsvertrag ist ein Werkvertrag gemäß §§ 631 ff. BGB i. V. m. den (Allgemeinen) Beförderungsbedingungen des jeweiligen Verkehrsträgers.
- Bei der Busbeförderung ist zwischen der Einzelbeförderung ohne ÖPNV, der Beförderung im Linienverkehr mit ÖPNV sowie dem Fernverkehr mit/ohne Linienverkehr auf Strecken über 250 km zu unterscheiden. Einschlägige Rechtsquellen sind – auf B2A-Ebene – gewerberechtlicher (PBefG, BoKraft, EU-Verordnungen für den grenzüberschreitenden (Kraftomnibus)-Verkehr) und – auf B2C-Ebene – privatrechtlicher Natur (§§ 631 ff. BGB, BefBedV, AGB nach §§ 305 ff. BGB, §§ 651a-y BGB bei Busfahrt mit Übernachtung(en) als Pauschalreise sowie Regeln zu den Fahrgastrechten gemäß VO (EU) Nr. 181/2011).
- Bei der Schiffsbeförderung ist zwischen Binnenschifffahrts- und Seebeförderung zu unterscheiden. Einschlägige Rechtsquellen für die Binnenschifffahrtsbeförderung sind das BinSchG i. V. m §§ 536 ff. HGB sowie subsidiär die §§ 631 ff. BGB i.V.m. den AGB (Beförderungsbedingungen) des Reeders. Auf die Seebeförderung ist das AÜ 2002, die VO (EU) Nr. 1177/2010 sowie das EU-FahrgRSchG anzuwenden. Bei der klassischen Kreuzfahrt liegt eine Pauschalreise gemäß § 651a BGB vor. Es gelten die §§ 651a–y BGB sowie gemäß § 651p Abs. 2 BGB das AÜ 2002.
- Bei der Eisenbahnbeförderung ist zwischen Nah- und Fernverkehr zu unterscheiden. Einschlägige spezialgesetzliche Rechtsquellen sind für den Fernverkehr die VO (EU) Nr. 1371/2007, für den Nahverkehr die EVO. Bei Verspätung und Zugausfall gibt es insoweit nur beschränkte Fahrpreiserstattungen: Im Fernverkehr 25 % bei einer Verspätung am Zielort von 60–119 Minuten oder 50 % bei einer Verspätung von mindestens 120 Minuten. Im Nahverkehr ist § 17 EVO zusätzlich zu berücksichtigen. Fragen der Unfallhaftung richten sich – auf internationaler Strecke – nach der CIV sowie – streckenunabhängig – nach dem HaftPflG (letzteres mit einer verschuldensunabhängigen Haftungshöchstgrenze von bis zu EUR 600.000,-).

- Als Schlichtungsstelle für Streitigkeiten zwischen Fahrgast und Verkehrsträgern kommt die söp in Betracht.

✻ Wissenscheck zur Prüfungsvorbereitung

1. Welche Rechtsvorschriften muss ein Busbeförderungsunternehmen auf B2C- und B2A-Ebene beachten?
2. Welche Rechtsgrundlagen sind bei der Eisenbahnbeförderung im Nah- und Fernverkehr auf B2C-Ebene zu beachten?
3. Welche Rechtsgrundlagen sind bei der Schiffsbeförderung auf B2C-Ebene zu beachten? Unterscheiden Sie insoweit zwischen Binnenschifffahrts- und Seebeförderung sowie der klassischen Kreuzfahrt.

✻ Weiterführende Quellen

I. Literatur für Lehre und Praxis

1. Eufinger, Alexander/Vogler, Ralf (2017): Aus Postbus wird Flixbus – Zur Abgrenzung des relevanten Marktes im Verkehrswesen. *TranspR* 2017, (1), 16–22.
2. Kolba, Peter/Steurer, Mirjam (2018): Praxishandbuch Reiserecht. 1. Aufl. Wien: Linde. 3.1. (S. 96–99), 3.2 (S. 99–102) und 3.3 (S. 102–104).

II. Weblink für Lehre und Praxis

Bundesministerium der Justiz und für Verbrauchersschutz (BMJV) (o. J.): Verbraucherschutz. Ausfälle, Annullierungen und Verspätungen. Online abrufbar unter
https://www.bmjv.de/DE/Verbraucherportal/UrlaubReisen/Verspaetungen/Verspaetungen_node.html [mit Unterordnern nach Verkehrsträgern geordnet] (abgerufen am 27.3.2019).

III. Aktuelle Rechtsprechung

1. EuGH, Urteil vom 26.9.2013 – C-509/11 – Rechtssache ÖBB, Fahrpreisentschädigung bei Bahnverspätung durch höhere Gewalt. *NJW* 2013, 3429. Online abrufbar unter
http://curia.europa.eu/juris/document/document.jsf?text=&docid=142215&pageIndex=0&doclang=DE&mode=req&dir=&occ=first&part=1 (abgerufen am 27.3.2019).
2. OLG Rostock, Urteil vom 11.2.2011 – 5 U 40/10 – Haftung des Reiseveranstalters bei einer Kreuzfahrt, Ausschluss konkurrierender vertraglicher oder deliktischer Schadensersatzansprüche. *TranspR* 2011, 189. Online abrufbar unter *http://www.landesrecht-mv.de/jportal/portal/page/bsmvprod.psml;jsessionid=0.jp35?showdoccase=1&doc.id=KORE205132011&st=ent* (abgerufen am 27.3.2019).
3. LG Frankfurt am Main, Urteil vom 13.3.2015 – 2–24/O 192/14 – (zur Unzulässigkeit von Beförderungsbedingungen bei Fernbusunternehmen). *RRa* 2015, 203. Online abrufbar unter
https://www.verbraucherzentrale.nrw/urteilsdatenbank/reise-mobilitaet/zahlreiche-klauseln-eines-fernbusunternehmens-die-vor-allem-haftungsausschluesse-oder-beschraenkungen-vorsehen-bzw-dazu-fuehren-sind-unwirksam-14045 (abgerufen am 27.3.2019).

14 Lerneinheit: Das Reiseversicherungsrecht

„Die Versicherung ist ein Lotto, in dem man nur gewinnt, wenn man Pech hat.“[415]

*Wolfram Weidner, Journalist (*1925)*

Lernziele

In dieser Lerneinheit

- werden Ihnen einige Grundlagen des Reiseversicherungs-, Reiserücktritts- und Reiseabbruchversicherungs-, Reisegepäckversicherungs-, Reisekranken-, Reiseunfall- und Krankenrücktransportversicherungsrechts vorgestellt;
- lernen Sie die Reiseversicherungsbedingungen AT-Reise 2008, VB-Reiserücktritt 2008/2018, VB-Reiseabbruch 2008/2018 und VB-Reisegepäck 2008/2018 kennen; sowie
- lösen Sie vier Fälle aus dem Reiseversicherungsrecht.

Empfohlener Gesamtarbeitsaufwand | **270 Minuten (4,5 Zeitstunden)**

a) Vorlesungszeit/Kontaktstunden: 90 Minuten.
b) Lesen des Textes der Lerneinheit 14 sowie Nacharbeiten der Fälle 14–14c: 90 Minuten.
c) Lesen der empfohlenen Quellenangaben sowie Durcharbeiten der Fragen im Wissenscheck zur Prüfungsvorbereitung: 90 Minuten.

Fall 14 | **Der epileptische Anfall zum Reiserücktrittsversicherungsrecht**

(Quelle: Eigene Darstellung in Anlehnung an Amtsgericht München, Urteil vom 1.7.2010 – 281 C 8091/10 – zur Stornierungsobliegenheit bei epileptischem Anfall[416])

Rudi Reiselustig (**R**) buchte für sich und seine Ehefrau Elfriede (**E**) beim Reiseveranstalter Russian Vintage (**RV**) im Juli 2018 eine 10-tägige Pauschalreise nach Moskau, die im Dezember 2018 stattfinden sollte. Die erforderlichen Reisevisa besorgte RV namens und im Auftrag von R und E beim Generalkonsulat der Russischen Föderation in Frankfurt am Main. Die Visakosten wurden RV von R im Vorfeld erstattet. Auf Empfehlung des RV schloss R für sich und E auch eine Reiserücktrittskostenversicherung mit einem namhaften Versicherungsunternehmen (**V**) ab. Dies geschah auf Grundlage der vom Gesamtverband der Versicherungswirtschaft **(GDV)** für diese Fälle empfohlenen Musterbedingungen, bestehend aus dem Allgemeinen Teil der Versicherungsbedingungen für die Reiseversicherung 2008 **(AT-Reise 2008)**[417] sowie den Besonderen Bedingungen für die Reiserücktrittskostenversicherung **(VB-Reiserücktritt 2008/2018)**[418]. Im August 2018 erlitt R einen schweren epileptischen Anfall und wurde knapp zwei Wochen in einem Frankfurter Krankenhaus stationär behandelt. Am Abreisetag im Dezember 2018 erlitt R einen erneuten epileptischen Anfall und stornierte alsdann die Reise nach Moskau unverzüglich. RV verlangt von R eine Stornopauschale i. S. d. § 651h Abs. 2 Satz 1 BGB in Höhe von 80 % des Reisepreises, die R auch beglich. R verlangt nun seinerseits von V Ersatz der Stornokosten in Höhe von 80 % zzgl. der entstandenen Visakosten. V erklärt sich lediglich bereit, die Stornokosten zu erstatten, die angefallen wären, wenn R die Reise direkt nach dem ersten epileptischen Anfall storniert hätte.

a) Hat R einen Anspruch gegen V auf Erstattung der Visakosten?
b) Hat R einen Anspruch gegen V auf Erstattung der Stornokosten in Höhe von 80 % des Reisepreises?

Fall 14a | **Der wegen Krankheit nicht in Anspruch genommene Rückflug zum Reiseabbruchversicherungsrecht**

(Quelle: Eigene Darstellung in Anlehnung an AG München, Urteil vom 14.10.2011 – 2C 16294/11 – zur Nichterstattung von Rückflugskosten bei Reisepause[419])

Maria Müller **(M)** ist Mutter von Sebastian **(S)**, der einen längeren Zeitraum als Austauschschüler in Mexico City verbrachte. Sie buchte im Juli 2018 für S Hin- und Rückflug nach Mexico City über ein Reisebüro **(R)**. In diesem Zusammenhang schloss sie auch eine Reiserücktritts- sowie Reiseabbruchversicherung mit einem namhaften Versicherungsunternehmen **(V)** ab. S flog im August 2018 nach Mexiko City. Der gebuchte Rückflugtermin war der 12.12.2018. Wegen einer starken Magen-Darm-Grippe wurde S ärztlich die Reise- und Fluguntauglichkeit für den 12.12.2018 attestiert. S nahm daraufhin den Rückflug nicht wahr. M war eine kostenlose Umbuchung des Rückflugs nicht möglich. Gemäß § 1 Ziff. 1.4 lit. a und b der AGB von R, die sich im Wesentlichen an den vom GDV empfohlenen Musterbedingungen AT-Reise 2008[420], VB-Reiserücktritt 2008/2018[421] sowie den Besonderen Versicherungsbedingungen für die Reiseabbruchversicherung 2008/2018 **(VB-Reiseabbruch 2008/2018)**[422] orientieren, werden bei Abbruch der Reise nur nachweislich entstandene zusätzliche Reisekosten (§ 1 Ziff. 1.4 lit. a) sowie nur zusätzliche und nachgewiesene Aufwendungen (§ 1 Ziff. 1.4 Ziff. b) ersetzt, sofern die Rückreise mitgebucht und mitversichert worden ist. M verlangt von V Erstattung der Kosten für den von S nicht wahrgenommen Rückflug in Höhe von EUR 781,79. Zu Recht?

Fall 14b | Der gestohlene Schmuck zum Reisegepäckversicherungsrecht

(Quelle: Eigene Darstellung in Anlehnung an BGH, Urteil vom 17.12.2008 - IV ZR 9/08 - zur Unwirksamkeit einer Versicherungsausschlussklausel bei gestohlenem Schmuck[423])

Edwin Edelstein (**E**) betreibt ein lukratives Geschäft als Schmuckhersteller mit siebenstelligem Umsatz und 30 festen Mitarbeitern. Im Dezember 2018 wurde ihm während einer Geschäftsreise zu den niederländischen Antillen, wo er auf einer Schmuckmesse seine neuen Kollektionen vorzustellen und zu verkaufen beabsichtigte, ein mitgeführtes verschlossenes Behältnis mit 156 Schmuckstücken im Wert von insgesamt EUR 113.464,- gestohlen. Dies geschah in den Geschäftsräumen des Autovermieters Anton Achleitner (**A**) in Sankt Maarten (auf den niederländischen Antillen), während E dort einen Mietwagen-Vertrag unterzeichnete. E hatte das Behältnis mit dem Schmuck zuvor ca. 50 Zentimeter neben seinen Beinen abgestellt und – ablenkt durch die Vertragsunterzeichnung – es unterlassen, während der Vertragsunterzeichnung Körper- und Blickkontakt zu dem Schmuckbehältnis zu halten. Diesen Moment hatte der in der Schlange hinter ihm stehende Dieb genutzt, das Schmuckbehältnis zu ergreifen und damit wegzulaufen. Die gestohlene Schmuckkollektion hatte E vor Reiseantritt bei einem namhaften Versicherungsunternehmen (**V**) im Rahmen eines Transport-, Reise- und Warenlagervertrags versichert. Die von V wirksam in den Transport-, Reise- und Warenlagervertrag einbezogenen AGB orientieren sich im Wesentlichen an den an den vom GDV empfohlenen Musterbedingungen AT-Reise 2008[424] sowie den Besonderen Versicherungsbedingungen für die Reisegepäckversicherung 2008/2018 **(VB-Reisegepäck 2008/2018)**[425]. Gemäß Ziff. 3.1.7.2 Satz 2 VB-Reisegepäck 2008/2018 „ist der Versicherer berechtigt, seine Leistung in einem der Schwere des Verschuldens des Versicherungsnehmers entsprechenden Verhältnis zu kürzen“, wenn „der Versicherungsnehmer den Versicherungsfall grob fahrlässig“ herbeiführt. Nach Ziff. 3.2.1 Satz 2 VB-Reisegepäck 2008/2018 sind „Schmucksachen und Kostbarkeiten“ „nur dann versichert, wenn sie in einem ortsfesten, verschlossenen Behältnis (z. B. Safe) eingeschlossen oder im persönlichen Gewahrsam sicher verwahrt mitgeführt werden“. Im Übrigen enthält Ziff. 7 der AGB von V „Allgemeine Vertragliche Bestimmungen“. Ziff. 7 AGB lautet wörtlich:

„Allgemeine Pflichten
Der Versicherungsnehmer hat bei allen Handlungen die Sorgfalt eines ordentlichen Kaufmanns des Schmuckherstellergewerbes wahrzunehmen". G verlangt von V eine Entschädigung für den gestohlenen Schmuck in Höhe von EUR 113.464,-. V verweigert die Zahlung mit der Begründung, es bestehe kein Versicherungsschutz, da G grob fahrlässig gehandelt habe und den Dieb hinter sich habe erkennen müssen. Hilfsweise bestehe auch im Hinblick auf Ziff. 7 AGB kein Versicherungsschutz, da Ziff. 7 AGB so auszulegen sei, dass bei Kaufleuten bereits bei leichter Fahrlässigkeit kein Versicherungsschutz bestehe.
Hat G gegen V einen Anspruch auf Entschädigung für den gestohlenen Schmuck?

Fall 14c | Die beschwerliche Rückreise zum Reiserücktransportversicherungsrecht

(Quelle: Eigene Darstellung in Anlehnung an Landgericht München I, Urteil vom 9.11.2007 – 6 S 20960/06 – zum Schmerzensgeldanspruch bei verweigertem Krankenrücktransport[426])

Der mit dem HIV-Virus infizierte Hilbert Hillinger (**H**) schloss im Zusammenhang mit einer USA-Reise bei einem namhaften Versicherungsunternehmen (**V**) Ende 2017 eine Reiseunfall-/Krankenversicherung inklusive Krankenrücktransportversicherung ab. Dabei gab er im Versicherungsformular ordnungsgemäß seine HIV-Infizierung an. Gemäß § 12 ihrer Versicherungsbedingungen ist V verpflichtet, „im Falle einer akuten unerwarteten Erkrankung" den Versicherungsnehmer „auf einer Reise diesen bei Transportfähigkeit in ein Krankenhaus am Wohnsitz des Versicherungsnehmers zu transportieren". Voraussetzung für einen Rücktransport ist nach § 12 Ziff. 5 der Versicherungsbedingungen von V die Vorlage einer ärztlichen Transportfähigkeitsbescheinigung, wobei in diesem Fall Einvernehmen zwischen dem behandelnden Arzt und dem Vertrauensarzt von V bestehen soll. Letzterer soll den Transport gemäß § 12 Ziff. 2 der Versicherungsbedingungen ebenfalls „medizinisch für sinnvoll und vertretbar erachten". Im Mai 2018 erkrankte H während seiner USA-Reise an hohem Fieber und permanentem Reizhusten; er verlangte von V den unverzüglichen Rücktransport an seinen Heimatort. V verwies H zunächst an das örtliche Krankenhaus. Am Folgetag, einem Samstag, faxte H eine Transportfähigkeitsbescheinigung an V. Diese war von einem am Destinationsort niedergelassenen Arzt ausgestellt worden. V lehnte jedoch weiterhin die sofortige Rückholung von V ab und führte zur Begründung an, sie könne die Mietwagenfirma, bei der H ein Fahrzeug angemietet habe, an einem Samstag nicht erreichen. Daraufhin organisierte sich H die Rückreise an seinen Heimatort selbst. Die Rückreise entpuppte

sich für H – insbesondere in Anbetracht seines hohen Fiebers und permanenten Reizhustens – als wahre „Odyssee“: „Er musste die Rückreise von seinem Aufenthaltsort nach Reno (= Rückgabeort des Leihfahrzeugs) auf der Rückbank eines Abschleppwagens verbringen, da er selbst nicht fahren konnte, sein Gepäck selbst in das Auto bringen, gegenüber der Leihwagenfirma selbst erklären, dass nicht das Leihfahrzeug beschädigt ist (weil dieses abgeschleppt wurde), sondern der Fahrer erkrankt ist, obwohl [...] [H] krankheitsbedingt kaum sprechen konnte. Weiter musste er sein Gepäck selbst in die Flughafenabfertigungshalle in Reno bringen, wo ihm lediglich die letzten 100 m ein Mitarbeiter der Leihwagenfirma half. In San Francisco war er gezwungen, sein Gepäck selbst vom Flughafen zum Hotel und am nächsten Tag vom Hotel zum Flughafen zu bringen, am Flughafen in San Francisco in einer langen Warteschlange zu warten, wo er erst nach einiger Wartezeit bevorzugt behandelt wurde und auch dann erst einen Rollstuhl erhielt. In Frankfurt am Main musste [...] [H] ohne Hilfe in das Flugzeug nach Berlin wechseln. Nach Verlust seiner Koffer in Berlin musste [...] [H] durch den gesamten Flughafen zur Gepäckermittlungsstelle ohne Rollstuhl. Danach musste er ebenfalls ohne Rollstahl bis zum Taxi.“[427]
H verlangt für die erlittenen Unannehmlichkeiten von V ein Schmerzensgeld in Höhe von EUR 2.000,-. Zu Recht?

14.1 Einführung in das Reiseversicherungsrecht

Bei der Buchung von Individual- oder Pauschalreisen werden oftmals vom Reisenden selbst oder über ein Reisebüro (als Versicherungsvermittler) Versicherungen abgeschlossen, die der Absicherung bestimmter Reiserisiken dienen sollen. Bei diesen Versicherungen handelt es sich insbesondere um **Reiserücktrittsversicherungen** (→ insurances regarding travel cancellation until the departure date), **Reiseabbruchversicherungen** (→ insurances regarding travel cancellation during the booked holiday period), **Reisegepäckversicherungen** (→ travel luggage insurances), **Reiseunfall-** (→ travel accident insurances), **Reisekranken-** (→ travel health insurances) oder **Reiserücktransportversicherungen** (→ travel return transport insurances).

Das Reiseschutzvermittlungsrecht ist kürzlich novelliert worden[428], wodurch vor allem Reiseveranstalter und/oder Reisebüros betroffen sind, die „gewerbsmäßig“ „den Abschluss von Versicherungsverträgen oder

Rückversicherungsverträgen" als Versicherungsvermittler oder Versicherungsmakler gemäß § 34d Abs. 1 GewO vermitteln wollen. Diese bedürfen nach § 34d Abs. 1 Satz 1 GewO „der Erlaubnis der zuständigen Industrie- und Handelskammer".

Wesentliche Rechtsquellen des Reiseversicherungsrechts sind das BGB, das **Versicherungsvertragsgesetz (VVG)** (→ Insurance Contract Act), die **Versicherungsvermittlerverordnung (VersVermV)** (→ Legal Ordinance on Insurance Salesmen), die **Informationsverordnung zum VVG (VVG-InfoV)** (→ Legal Ordinance on VVG-Related Information) sowie die jeweiligen in den **Versicherungsvertrag** (→ insurance contract) einbezogenen **Versicherungsbedingungen** (→ insurance terms and conditions). Meist werden **Versicherungsunternehmen** (→ insurance companies) ihre Versicherungsbedingungen auf Grundlage der **unverbindlichen Musterbedingungen** (→ non-binding template terms and conditions) entsprechender **Versicherungsverbände** (→ insurance associations, → underwriting associations), z. B. des **Gesamtverbands der Versicherungswirtschaft (GDV)**, erstellen. Die Bedingungen des jeweiligen Versicherungsunternehmens stellen AGB dar und werden bei wirksamer Einbeziehung in den Versicherungsvertrag gemäß § 305 Abs. 2 BGB zwischen den Parteien (*inter partes*)[429] **rechtswirksam** (→ legally binding).

Die für das Reiseversicherungsrecht relevantesten Musterbedingungen des GDV bestehen u. a. aus dem **Allgemeinen Teil der Versicherungsbedingungen für die Reiseversicherung 2008 (AT-Reise 2008)**[430] (→ General Terms and Conditions for Traveling 2008), den **Allgemeinen Bedingungen für Reiserücktrittskostenversicherungen 2002/2018 (ARBV 2002/2018)**[431] (→ General Terms and Conditions for Travel Cancellation until the Departure Date) sowie aus besonderen Reiseversicherungsbedingungen (→ specific terms and conditions of travel insurances). Letztere umfassen insbesondere die **Besonderen Bedingungen für die Reiserücktrittskostenversicherung (VB-Reiserücktritt 2008/2018)**[432] (→ Specific Conditions for Travel Cancellation until the Departure Date), die **Besonderen Versicherungsbedingungen für die Reiseabbruchversicherung (VB-Reiseabbruch 2008/2018)**[433] (→ Specific Conditions for Travel Cancellation during the Booked Holiday Period) sowie die **Besonderen Versicherungsbedingungen für die Reisegepäckversicherung (VB-Reisegepäck 2008/2018)**[434] (→ Specific Luggage Insurance Conditions). Für das Unfallversicherungsrecht empfiehlt der GDV die **Allgemeinen Unfallversicherungsbedingungen (AUB 2014)**[435] (→ General Accident Inurance Conditions).

Aus Sicht des Versicherungsvermittlers – hier also des Reiseveranstalters oder Reisebüros bei gewerbsmäßiger Vermittlung von Reiseversicherungen – ist die Beachtung der **Informationspflichten** (→ duties of information) aus § 7 VVG i. V. m. §§ 1 und 4 VVG-InfoV von haftungsrechtlicher Bedeutung. Zu diesen gehören die Übergabe allgemeiner Informationen zum Versicherungsschutz inklusive Vertragsbestimmungen und -bedingungen, einem **Versicherungsinformationsblatt (VIB)** (→ insurance information leaflet) mit Auskünften zum Versicherer sowie ein **Produktinformationsblatt (PIB)** (→ product information leaflet) mit Auskünften zum Versicherungsvertrag sowie zu den Pflichten (Obliegenheiten) des Versicherungsnehmers. Der Versicherungsvermittler – Reiseveranstalter oder Reisebüro – hat die Informationspflichten gemäß § 7 VVG i. V. m. §§ 1 und 4 VVG-InfoV zu beachten. Dazu gehören die Übergabe allgemeiner Informationen zum Versicherungsschutz inklusive Vertragsbestimmungen und -bedingungen, ein Versicherungsinformationsblatt (VIB) sowie ein Produktinformationsblatt (PIB).

Der Reiseveranstalter ist gemäß § 651d Abs. 1 Satz 1 BGB und das Reisebüro nach § 651v Abs. 1 Satz 1 BGB nach Maßgabe des Art. 250 EGBGB § 3 Nr. 8 BGB verpflichtet, „auf den möglichen Abschluss einer Reiserücktrittskostenversicherung oder einer Versicherung zur Deckung der Kosten einer Unterstützung einschließlich einer Rückbeförderung bei Unfall, Krankheit oder Tod“ hinzuweisen. Eine Unterlassung der Hinweispflicht kann ggf. Schadensersatzansprüche auslösen.

Da es sich beim Katalog der vorvertraglichen Unterrichtungspflichten in Art. 250 EGBGB nicht um Regelbeispiele, sondern um eine abschließende Liste handelt, dürfte die bisherige Rechtsprechung des BGH zu den Hinweis- und Beratungpflichten in Bezug auf Versicherungen für die neue Rechtslage ab 1.7.2018 weitergelten. Hiernach werden die Erweiterung der Hinweis- und Beratungspflicht auf eine Reise-Abbruchversicherung zum Nachteil des Versicherungsvermittlers verneint.[436]

In der Praxis gibt es verschiedene Möglichkeiten, wie **Versicherungsverträge** (→ insurance contract) geschlossen werden können: **Kollektivverträge** (→ collective agreements) zwischen Reiseveranstalter und Versicherer als **Verträge zugunsten Dritter** (→ contracts for the benefit of a third party), also des Reisenden; Abschluss des Versicherungsvertrages zwischen Versicherer und Reisendem durch **Vermittlung** (→ by way of agency, → reselling) des Reiseveranstalters oder des Reisebüros, z. B. über Computerreservierungssysteme; Vertragsabschluss zwischen Reisendem und Versicherer über das Internet, durch **Einzelvertrag mit Überweisungspolice**

(→ individual contract with prepayment insurance policy) oder über Kreditkarten, bei denen Reiseversicherungsleistungen eingeschlossen sein können (sofern die Reise i .d. R. mit der besagten Kreditkarte bezahlt wird).

14.2 AT-Reise 2008

Der AT-Reise 2008 wird – ähnlich wie der Allgemeine Teil des BGB – gleichsam „vor die Klammer gezogen"; auf sie kann zurückgegriffen werden, wenn sich aus den jeweiligen Besonderen Reiseversicherungsbedingungen keine speziellere Regelung ergibt. Der AT Reise 2008 enthält Regelungen zu den versicherten Personen und zum Versicherungsnehmer (Ziff. 1), zum Geltungsbereich (Ziff. 2), zur Prämienzahlung und zu den „Folgen verspäteter Zahlung" (Ziff. 3), zum „Beginn und Ende des Versicherungsschutzes" (Ziff. 4), zu den Versicherungsausschlüssen (Ziff. 5), zu den Obliegenheiten des Versicherungsnehmers „nach Eintritt des Versicherungsfalles" (Ziff. 6), zum Übergang von Ersatzansprüchen gegen Dritte auf den Versicherungsnehmer (Ziff. 7), zu den Zahlungsmodalitäten der Entschädigung (Ziff. 8), zur Verjährung (Ziff. 9), zum Gerichtsstand und anwendbaren Recht (Ziff. 10) sowie zum Textformerfordernis bei „Anzeigen und Willenserklärungen" (Ziff. 11).

14.3 VB-Reiserücktritt 2008/2018

Die VB-Reiserücktritt 2008/2018 definieren den „Gegenstand der Versicherung" (Ziff. 1), die versicherten „Ereignisse und Risikopersonen" (Ziff. 2), Versicherungsausschlüsse (Ziff. 3), die besonderen „Obliegenheiten" [des Versicherungsnehmers] „nach Eintritt des Versicherungsfalls" (Ziff. 4), die Rechtsfolgen „bei Verletzungen von Obliegenheiten" des Versicherungsnehmers (Ziff. 5) und machen Ausführungen zum Selbstbehalt (Ziff. 6) sowie zum Versicherungswert und zur Unterversicherung (Ziff. 7).

Gemäß Ziff. 1.1 VB-Reiserücktritt 2008/2018 sind Gegenstand der Versicherung lediglich „die vertraglich geschuldeten Stornokosten aus dem vereinbarten Reisearrangement" zzgl. des nach Ziff. 1.2 VB-Reiserücktritt 2008/2018 allgemein üblichen und angemessenen Vermittlungsentgelts.

Gemäß Ziff. 2.1 Satz 1 VB-Reiserücktritt 2008/2018 besteht Versicherungsschutz bei „einem der nachstehenden Ereignisse": Tod (1. Spiegelstrich), schwere Unfallverletzung (2. Spiegelstrich), „unerwartete schwere Krankheit" (3. Spiegelstrich), Impfunverträglichkeit (4. Spiegelstrich), Schwangerschaft (5. Spiegelstrich), „Schaden am Eigentum der versicherten Person" z. B. durch „Feuer, Explosion, Elementarereignisse oder vorsätzliche Straftat eines Dritten" (6. Spiegelstrich), „Verlust des Arbeitsplatzes" (7. Spiegelstrich) sowie bei unerwarteter „Aufnahme eines Arbeitsverhältnisses durch die versicherte Person oder eine mitreisende Risikoperson, sofern diese Person bei der Reisebuchung arbeitslos gemeldet war" (8. Spiegelstrich).

Eine „unerwartete schwere Erkrankung" (3. Spiegelstrich) ist nach Ziff. 2.1 VB-Reiserücktritt 2008/2018 anzunehmen, „wenn die planmäßige Durchführung der Reise nicht zumutbar ist, weil die versicherte Person selbst oder eine Risikoperson während der Dauer des Versicherungsschutzes" davon betroffen wird. Beispiele für versicherungsrechlich relevante „unerwartet schwere Erkrankungen" sind z. B. eine Lungenentzündung, ein schwerer grippaler Infekt, Herzinfarkt, Hörsturz etc.[437]

Als nicht „unerwartete schwere plötzliche Erkrankung" i. S. d. Ziff. 2.1, 3. Spiegelstrich VB-Reiserücktritt 2008/2018 gelten z. B. chronische Erkrankungen, „die sich durch plötzliche Schübe auszeichnen"[438] können, z. B. Diabetes, Bluthochdruck, Krebs, Epilepsie etc.[439]

Gemäß Ziff. 3.2 VB-Reiserücktritt 2008/2018 besteht – unter Verweis auf die in Ziff. 5 AT-Reise 2008 genannten Gefahren – kein Versicherungsschutz u. a. bei Kriegsgefahren, Streik, terroristischen oder politischen Gewalthandlungen, Einsatz von biochemischen Waffen sowie Kernenergiekatastrophen. Weitere Versicherungsausschlussgründe sind „Ereignisse, mit denen zur Zeit der Buchung zu rechnen war" (Ziff. 3.2 VB-Reiserücktritt 2008/2018), Krankheiten als „psychische Reaktion auf einen Terrorakt" (Ziff. 3.3 VB-Reiserücktritt 2008/2018) etc. sowie „bei Schub einer chronischen oder psychischen Erkrankung (Ziff. 3.4 VB-Reiserücktritt 2008/2018).

Im Versicherungsfall treffen den Versicherungsnehmer besondere Obliegenheiten (vgl. Ziff. 4 VB-Reiserücktritt 2008/2018). Dies ist insbesondere die Verpflichtung, „die Rückreisekosten möglichst gering zu halten" (Ziff. 4.1 VB-Reiserücktritt 2008/2018). Die Rechtsfolgen bei Verletzungen von Obliegenheiten ergeben sich aus § 5 VB-Reiserücktritt, der im Wege der **Rechtsgrundverweisung** (→ referal not merely to the legal consequence but also to the legal grounds in another legal provision) auf Ziff. 6.2 AT-Reise verweist. Im Falle einer vorsätzlichen Obliegenheitsverletzung des Versicherungsnehmers entfällt die Verpflichtung des Versicherers zur Leistung (Ziff. 6.2.1 AT-Reise 2008). Bei einer grob fährlässigen Obliegenheitsverletzung „ist der Versicherer berechtigt, seine Leistung in dem Verhältnis zu kürzen, das der Schwere des Verschuldens des Versicherungsnehmers/der versicherten Person entspricht" (Ziff. 6.2.2 Satz 1 AT-Reise 2008), wobei die Beweislast für das Nichtvorliegen einer groben Fahrlässigkeit den Versicherungsnehmer trifft (Ziff. 6.2.2 Satz 2 AT-Reise 2008).

Praxistipp | **Cave assecurantiam!**[440]

Im Versicherungsfall ist die „Gretchenfrage" die des möglichen Versicherungsausschlusses oder der Leistungskürzung (z. B. bei Obliegenheitsverletzungen des Versicherungsnehmers). Das Versicherungsunternehmen wird sich darauf i. d. R. immer berufen, wenn eine Zahlung an den Versicherungsnehmer ausgeschlossen oder der Höhe nach gekürzt werden kann. Daher sollten sich Reisende genau überlegen, ob sich der Abschluss einer Versicherung überhaupt lohnt. Dafür ist es wichtig, die Versicherungsbedingungen der in Betracht kommenden Versicherung(en) genau zu studieren und sich über den Versicherungsgegenstand, Versicherungsausschlussgründe sowie Versicherungsbeschränkungen im Klaren zu sein. Im Falle einer Buchung über einen Versicherungsvermittler (z. B. Reisebüro oder Reiseveranstalter) bieten das von diesem vorzulegende Versicherungsinformationsblatt (VIB) sowie das Produktinformationsblatt (PIB) eine erste Hilfestellung.

Fall 14 | **Antwort auf Frage a)**

R könnte gegen V Anspruch auf Erstattung der Visakosten haben.
Dann müssten Visakosten vom Versicherungsschutz umfasst sein.
Gemäß Ziff. 1.1 VB-Reiserücktritt 2008/2018 sind Gegenstand der Versicherung lediglich „die vertraglich geschuldeten Stornokosten aus dem vereinbarten Reisearrangement" zzgl. des nach Ziff. 1.2 VB-Reiserücktritt 2008/2018 allgemein üblichen und angemessenen Vermittlungsentgelts. Die dem RV geschuldeten Rücktrittskosten könnten daher grundsätzlich erstattungsfähig sein, nicht jedoch die Visakosten. Denn diese stellen zusätzliche Kosten dar, die nicht zum (Pauschal-)Reisepreis gehören.
Also hat R gegen V keinen Anspruch auf Erstattung der Visakosten.

Fall 14 | **Antwort auf Frage b)**

R könnte gegen V Anspruch auf Erstattung der Stornokosten in Höhe von 80 % des Reisepreises haben.
Dann müssten Stornokosten Gegenstand der Versicherung nach Ziff. 1.1 VB-Reiserücktritt 2008/2018 sein. Dies ist der Fall.[441] Außerdem müsste der Versicherungsfall eingetreten sein und es dürfte kein Versicherungsausschluss- oder Versicherungseinschränkungsgrund bestehen.
Gemäß Ziff. 2.1 Satz 1 VB-Reiserücktritt 2008/2018 besteht bei „unerwarteter schwerer Krankheit" (3. Spiegelstrich) Versicherungsschutz, „wenn die planmäßige Durchführung der Reise nicht zumutbar ist, weil die ver-

sicherte Person selbst oder eine Risikoperson während der Dauer des Versicherungsschutzes" davon betroffen wird. Als nicht unerwartet gelten „chronische Erkrankungen [...], die sich durch plötzliche Schübe auszeichnen können [...]"[442]. Dazu werden Krankheiten wie Diabetes, Bluthochdruck, Krebs oder Epilepsie gezählt. Demzufolge ist der erste epileptische Anfall des R im August 2018 als unerwartetes Ereignis und damit als versicherter Rücktrittsgrund zu werten. Der zweite Anfall am Abreisetag im Dezember 2018 ist jedoch nicht unerwartet und folglich kein (weiterer) versicherter Rücktrittsgrund, weil es sich offensichtlich um eine Folgeerkrankung und nicht um eine erneute Grunderkrankung handelt. Nach Ziff. 3.2 VB-Reiserücktritt 2008/2018 besteht kein Versicherungsschutz „für Ereignisse, mit denen zur Zeit der Buchung zu rechnen war". In Anbetracht der Tatsache, dass die Grunderkrankung Epilepsie bereits ausgebrochen war, musste R nach seinem ersten epileptischen Anfall stets mit Folgeerkrankungen, also weiteren unvorhersehbaren epileptischen Anfällen, rechnen. Gemäß Ziff. 6.1.1 AT-Reise 2008 trifft den Versicherungsnehmer nach Eintritt des Versicherungsfalles die allgemeine Obliegenheit, d. h. Pflicht, „den Schaden möglichst gering zu halten und unnötige Kosten zu vermeiden" sowie nach Ziff. 4.1. VB-Reiserücktritt 2008/2018 die besondere Obliegenheit, „die Reise unverzüglich nach Eintritt des versicherten Rücktrittsgrundes zu stornieren, um die Stornokosten möglichst gering zu halten." Folglich hätte R die Reise bereits im August 2018 (und nicht erst am Abreisetag) stornieren müssen. Die Tatsache, dass er dies unterlassen hat, stellt eine Obliegenheitsverletzung dar. Die Rechtsfolgen bei Verletzungen von Obliegenheiten ergeben sich aus Ziff. 5 VB-Reiserücktritt 2008/2018 i. V. m. einer Rechtsgrundverweisung auf Ziff. 6.2 AT-Reise 2008. Eine vorsätzliche Obliegenheitsverletzung des R nach Ziff. 6.2.1 AT-Reise 2008 ist nicht ersichtlich. Jedoch liegt aus den o. g. Gründen eine grobe Außerachtlassung der im Verkehr erforderlich Sorgfalt i. S. d. § 276 BGB, also eine grob fahrlässige Obliegenheitsverletzung, vor. Gemäß Ziff. 6.2.2 Satz 1 AT-Reise 2008 ist der Versicherer in diesen Fällen „berechtigt, seine Leistung in dem Verhältnis zu kürzen, das der Schwere des Verschuldens des Versicherungsnehmers/der versicherten Person entspricht". Im Übrigen trägt R für die Entkräftung des Vorwurfs einer grob fahrlässigen Obliegenheitsverletzung die Beweislast gemäß Ziff. 6.2.2 Satz 2 AT-Reise 2008. Ausweislich des Sachverhalts liegen keinerlei Anhaltspunkte vor, dass R beispielsweise eine ärztliche Zusicherung gegeben wurde, er sei bis zum Reisebeginn vollständig von der Grunderkrankung Epilepsie geheilt. Die Hoffnung auf die rechtzeitige Wiedergenesung bis zum Reisebeginn ist jedoch nach Rechtsprechung des LG München[443] nicht von der Versiche-

rungsallgemeinheit zu tragen, sondern fällt allein in die Risikosphäre des Versicherungsnehmers. Insoweit ist V hier zur Leistungskürzung berechtigt.
Also hat R gegen V lediglich Anspruch auf Ersatz der Stornokosten, die bei einer Stornierung im August 2018 angefallen wären, nicht jedoch in Höhe der ihm tatsächlich gegenüber RV entstandenen Stornierungskosten von 80 % des Reisepreises.

14.4 VB-Reiseabbruch 2008/2018

Die VB-Reiseabbruch 2008/2018 definieren den „Gegenstand der Versicherung" (Ziff. 1), „Versicherte Ereignisse und Risikopersonen", Versicherungsausschlüsse (Ziff. 3), „besondere Obliegenheiten nach Eintritt des Versicherungsfalls" (Ziff. 4), „Rechtsfolgen bei Verletzungen von Obliegenheiten" mit Rechtsgrundverweisung auf Ziff. 6.2 AT-Reise (Ziff. 5) und machen Ausführungen zum Selbstbehalt (Ziff. 6) sowie zum „Versicherungswert und zur Unterversicherung" (Ziff. 7).

Fall 14a | **Antwort**

M könnte gegen V einen Anspruch auf Entschädigung in Höhe von EUR 781,79 wegen des von S im Dezember 2018 nicht in Anspruch genommenen Rückflugs haben.
Dann müsste die Entschädigung für einen aufgrund von Krankheit nicht in Anspruch genommenen Rückflug Gegenstand der abgeschlossenen Reiserücktritts- oder Reiseabbruchversicherung sein und dürfte kein Versicherungsausschluss- oder Versicherungseinschränkungsgrund bestehen.
Ein Fall des Reiserücktritts liegt erkennbar nicht vor, weil S die Reise im August 2018 angetreten hat.
Fraglich ist außerdem, ob die Nichtinanspruchnahme eines Rückflugs wegen Krankheit überhaupt als Reiseabbruch gewürdigt werden kann, wenn dies – wie im vorliegenden Fall – zu einer längeren Verweildauer des Reisenden (als geplant) im Gastland führt. Im Übrigen spricht der eindeutige Wortlaut in § 1.4 Ziff. a) und b) der AGB von V dagegen, solche Fälle in den Versicherungsschutz mit einzubeziehen, denn hiernach werden bei Abbruch der Reise nur nachweislich entstandene zusätzliche Reisekosten (§ 1.4 Ziff. lit. a) sowie nur zusätzliche und nachgewiesene Aufwendungen (§ 1.4 Ziff. lit. b) ersetzt, sofern die Rückreise mitgebucht und mitversichert worden ist. Die Rückreise wurde vorliegend mitge-

bucht und mitversichert. Die Kosten für den nicht in Anspruch genommenen Rückflug stellen aber keine zusätzlich entstandenen Kosten oder Aufwendungen dar. Sie entstehen unabhängig davon, ob der Reisende den Rückflug in Anspruch nimmt oder nicht.

§ 1.4 Ziff. lit. a und lit. b der AGB von V halten auch einer Inhaltskontrolle gemäß §§ 305 ff. BGB stand. Es liegt kein Fall einer unangemessenen Benachteiligung gemäß § 307 Abs. 1 BGB vor: Die Beschränkung der Haftung auf lediglich zusätzlich entstehende Reisekosten und Aufwendungen ist auch aus Sicht des (*per se* schutzwürdigen) Verbrauchers sachgerecht, da genügend Fallkonstellationen denkbar sind, in denen der Versicherungsschutz trotz der Beschränkungen von § 1.4 Ziff. lit. a und lit. b AGB eingreift und den Reisenden vor ungeplanten höheren Reiseabbruchkosten schützt. Aus den o. g. Erwägungen ist § 1.4 Ziff. lit. a und lit. b auch nicht als überraschende und/oder mehrdeutige Klausel i. S. d. § 305c BGB zu bewerten. Folglich besteht kein Versicherungsschutz.

Also hat M keinen Anspruch gegen V auf Erstattung der Kosten für den von S nicht in Anspruch genommenen Rückflug in Höhe von EUR 781,79.

14.5 VB-Reisegepäck 2008/2018

Die VB-Reisegepäck 2008/2018 definieren die „Versicherten Sachen" (Ziff. 1), den „Gegenstand der Versicherung" (Ziff. 2), „Ausschlüsse und Einschränkungen" des Versicherungsschutzes (Ziff. 3), die „Höhe der Entschädigung" (Ziff. 4), „Obliegenheiten nach Eintritt des Versicherungsfalles" (Ziff. 5), die „Rechtsfolgen bei Verletzungen von Obliegenheiten" mit Rechtsgrundverweisung auf Ziff. 6.2 AT-Reise (Ziff. 6) und machen Ausführungen zum Selbstbehalt (Ziff. 7) sowie zum „Versicherungswert und zur Unterversicherung" (Ziff. 8).

Gemäß Ziff. 3.1.7.2 Satz 2 VB-Reisegepäck 2008/2018 „ist der Versicherer berechtigt, seine Leistung in einem der Schwere des Verschuldens des Versicherungsnehmers entsprechenden Verhältnis zu kürzen", wenn „der Versicherungsnehmer den Versicherungsfall grob fahrlässig" herbeiführt. Nach Ziff. 3.2.1 Satz 2 VB-Reisegepäck 2008/2018 sind „Schmucksachen und Kostbarkeiten" „nur dann versichert, wenn sie in einem ortsfesten, verschlossenen Behältnis (z. B. Safe) eingeschlossen oder im persönlichen Gewahrsam sicher verwahrt mitgeführt werden".

Fall 14b | **Antwort**

G könnte gegen V einen Anspruch auf Entschädigung für den gestohlenen Schmuck in Höhe von EUR 113.464,- haben.
Dann müsste ein Versicherungsfall vorliegen und dürfte kein Versicherungsausschluss- oder Versicherungseinschränkungsgrund bestehen. Nach Ziff. 3.2.1 Satz 2 VB-Reisegepäck 2008/2018 besteht für Schmucksachen und Kostbarkeiten nur eingeschränkter Versicherungsschutz. Schmucksachen sind „nur dann versichert, wenn sie in einem ortsfesten, verschlossenen Behältnis (z. B. Safe) eingeschlossen oder im persönlichen Gewahrsam sicher verwahrt mitgeführt werden".
Vorliegend hat E den Schmuck in einem verschlossenen Behältnis aufbewahrt und dieses bei seiner Geschäftsreise mitgeführt.
Allerdings könnte V gemäß Ziff. 3.1.7.2 Satz 2 VB-Reisegepäck 2008/2018 berechtigt sein, „seine Leistung in einem der Schwere des Verschuldens des Versicherungsnehmers entsprechenden Verhältnis zu kürzen", wenn E „den Versicherungsfall grob fahrlässig" herbeigeführt hätte. Grobe Fahrlässigkeit setzt eine Außerachtlassung der im Verkehr erforderlichen Sorgfalt i. S. d. § 276 BGB „nach den gesamten Umständen des Einzelfalls in ungewöhnlich hohem Maße" voraus, wobei „einfachste, ganz nahe liegende Überlegungen nicht angestellt und so in hohem Grade außer Acht" gelassen werden, das dies „jedem hätte einleuchten müssen."[444] Der kurzzeitig unterlassene Blick- und/oder Körperkontakt zum – neben seinen Beinen abgestellten) Schmuckbehältnis während der Unterzeichnung des Automietvertrags in den Geschäftsräumen von A dürfte als leichte Fahrlässigkeit zu werten sein. Denn der Publikumsverkehr in den Geschäftsräumen des A ist nicht vergleichbar mit dem starken Publikumsverkehr an öffentlichen Plätzen (Bahnhöfen). So dürfte es den üblichen Gepflogenheiten entsprechen und daher nicht als grobfahrlässig zu würdigen sein, wenn ein Kunde in den Geschäftsräumen einer Autovermietung keinen permanenten Blick- und/oder Körperkontakt zu einem neben den Beinen abgestellten Schmuckbehältnis hat; dies hätten wohl die meisten Menschen in einer vergleichbaren Situation unterlassen.[445]
Der Versicherungsschutz könnte jedoch gemäß Ziff. 7 AGB ausgeschlossen sein. Dann müsste diese Klausel so ausgelegt werden, dass auch leichte Sorgfaltspflichtverletzungen bei Kaufleuten des Schmuckherstellergewerbes zum Ausschluss des Versicherungsschutzes führen. E betreibt ein lukratives Geschäft als Schmuckhersteller mit siebenstelligem Jahresumsatz und 30 Mitarbeitern. Er ist Istkaufmann gemäß § 1 Abs. 1 HGB. Insoweit gelten für E grundsätzlich die strengen Anforderungen an kaufmännischen Sorgfaltspflichten. Allerdings würde eine weite Ausle-

gung von Ziff. 7 AGB (im Sinne einer Erstreckung auch auf Fälle der leichten Fahrlässigkeit) den Versicherungsschutz vorliegend in nahezu allen Fällen ausschließen. Der Wortlaut von Ziff. 7 AGB gibt eine solche Auslegung nicht her. Gegen eine solche Auslegung spricht auch die Unklarheitsregelung gemäß § 305c Abs. 2 BGB sowie das Transparenzgebot nach §§ 307 Abs. 1 i.V.m. 310 Abs. 1 BGB. „Allgemeine Versicherungsbedingungen" sind „so auszulegen, wie ein durchschnittlicher Versicherungsnehmer sie bei verständiger Würdigung, aufmerksamer Durchsicht und Berücksichtigung des erkennbaren Sinnzusammenhangs verstehen muss. Dabei kommt es auf die Verständnismöglichkeiten eines Versicherungsnehmers ohne versicherungsrechtliche Spezialkenntnisse und damit – auch – auf sein Interesse an. Das Interesse des Versicherungsnehmers führt bei Risikoausschlussklauseln in der Regel dahin, dass der Versicherungsschutz nicht weiter verkürzt wird, als der erkennbare Zweck der Klausel dies gebietet. Der durchschnittliche Versicherungsnehmer braucht nicht damit zu rechnen, dass er Lücken im Versicherungsschutz hat, ohne dass die Klausel ihm dies hinreichend verdeutlicht. Deshalb sind Risikoausschlussklauseln nach ständiger Rechtsprechung des Senats eng und nicht weiter auszulegen, als es ihr Sinn unter Beachtung ihres wirtschaftlichen Zwecks und der gewählten Ausdrucksweise erfordert".[446] Folglich ist Ziff. 7 AGB eng auszulegen und führt zu keinem Versicherungsausschluss.
Also hat E gegen V Anspruch auf Ersatz der 156 gestohlenen Schmuckstücke im Wert von EUR 113.464,-.

14.6 Reisekranken-, Reiseunfall- und Krankenrücktransportversicherungsrecht

Für das Unfallversicherungsrecht empfiehlt der GDV die **Allgemeinen Unfallversicherungsbedingungen (AUB 2014)**[447] (→ General Accident Inurance Conditions 2014). Im Übrigen sind im Einzelfall immer die jeweilig anwendbaren Versicherungsbedingungen zu prüfen.

Fall 14c | **Antwort**

H könnte gegen V einen Anspruch auf Schmerzensgeld in Höhe von EUR 2.000,- gemäß §§ 280 Abs. 1, 253 Abs. 2 BGB haben.
Dann müsste zunächst ein Anspruch dem Grunde nach bestehen.
§ 280 BGB setzt die Verletzung einer Pflicht aus dem Schuldverhältnis voraus.

Ein Schuldverhältnis ist vorliegend der Ende 2018 abgeschlossene Krankenrücktransportversicherungsvertrag.
Eine Pflichtverletzung könnte darin bestehen, dass V ihre Rückholpflicht aus dem Krankenrücktransportversicherungsvertrag verletzt haben könnte.
Die Versicherungsbedingungen von V stellen Allgemeine Geschäftsbedingungen (AGB) dar. Mangels gegenteiliger Hinweise im Sachverhalt ist davon auszugehen, dass diese AGB gemäß § 305 Abs. 2 BGB ordnungsgemäß in den Vertrag einbezogen wurden. Gemäß § 12 der Versicherungsbedingungen war V verpflichtet, „im Falle einer akuten unerwarteten Erkrankung" des V „auf einer Reise diesen bei Transportfähigkeit in ein Krankenhaus am Wohnsitz des Versicherungsnehmers zu transportieren".
Die Erkrankung von H an hohem Fieber sowie permanentem Reizhusten ist als akute Erkrankung zu bewerten; daran ändert auch die (chronische) HIV-Infizierung nichts, da H diese bei Versicherungsabschluss ordnungsgemäß angegeben hatte und ggf. damit im Zusammenhang stehende (akute) Folgeerkrankungen ausdrücklich nicht vom Versicherungsschutz ausgeschlossen wurden (weder individuell noch in den Versicherungsbedingungen/AGB).
Der Verweis an das Krankenhaus kann noch nicht als Pflichtverletzung gewürdigt werden, da H zu diesem Zeitpunkt noch keine ärztliche Transportfähigkeitsbescheinigung vorgelegt hatte.
Die nach § 12 Ziff. 5 der Versicherungsbedingungen erforderliche Transportfähigkeitsbescheinigung wurde von H jedoch am Folgetag vorgelegt. Ab diesem Zeitpunkt bestand die Rückholverpflichtung.
„Dies wurde offensichtlich auch von [...] [V] zum damaligen Zeitpunkt so gesehen, da [...] [V] [...] sofortige Maßnahmen zur Rückholung des [...] [H] mit der Begründung ablehnte, die Mietwagenfirma, von der [...] H ein Fahrzeug angemietet hatte, am Samstag [...] nicht erreichen zu können." V schien damals also grundsätzlich zu einer Rückholung von H bereit zu sein.
Eine konkrete Auseinandersetzung mit der Diagnose des behandelnden Arztes, der die Transportfähigkeitsbescheinigung ausgestellt hatte, fand durch den Vertrauensarzt von V offenbar nicht statt. Diese Auseinandersetzung wird im Sinne eines „Einvernehmens" in § 12 Ziff. 2 der Versicherungsbedingungen als Sollvorschrift verlangt, fällt jedoch in den Einflussbereich und die Risikosphäre von V. Unterlässt der Vertrauensarzt von V die Kontaktaufnahme mit dem behandelnden Arzt und verlangt keine weiteren Unterlagen, die über die bloße Transportfähigkeitsbescheinigung hinausgehen, so handelt er seinerseits pflichtwidrig i. S. d.

Versicherungsbedingungen. Diese Pflichtwidrigkeit ist ihrerseits V wie eigenes Verschulden über § 278 BGB zuzurechnen. Außerdem setzt § 253 Abs. 2 BGB u. a. eine Körper-, Gesundheits- oder Freiheitsverletzung voraus.
Durch die Untätigkeit von V hatte H eine besonders beschwerliche Rückreise, deren Einzelheiten oben im Sachverhalt geschildert sind. Aufgrund seiner akuten Fieber- und Hustenerkrankung erlitt H dadurch „erhebliche, außergewöhnliche Strapazen"[448], die einen Anspruch auf Schmerzensgeld dem Grunde nach rechtfertigen.
Der Anspruch müsste auch der Höhe nach bestehen.
§ 253 Abs. 2 BGB spricht von einer „billigen Entschädigung in Geld".
Die Gerichte orientieren sich i. d. R. an „Schmerzensgeldtabellen", die synoptisch die Rechtsprechung zur Höhe von Schmerzensgeld anhand von Fallgruppen zusammenfassen. Häufig verwendet wird z. B. die Celler Schmerzensgeldtabelle.[449]
In Anbetracht der zusätzlichen Strapazen sowie der leichtfertigen Verweigerung von V, H zurückzutransportieren, erscheint ein Schmerzensgeld in Höhe von EUR 2.000,- als angemessen. Dabei ist einerseits zu würdigen, dass die zusätzlichen Reisestrapazen lediglich wenige Tage andauerten. Andererseits ist zu berücksichtigen, das H HIV-infiziert ist und die vorliegend akute Erkrankung besonders intensive medizinische Betreuung erforderte. Deshalb fühlte sich H offensichtlich von V in besonderem Maße im Stich gelassen.
Folglich besteht der Anspruch auch der Höhe nach.
Also hat H gegen V einen Anspruch auf Schmerzensgeld in Höhe von EUR 2.000,- gemäß §§ 280 Abs. 1, 253 Abs. 2 BGB.

✻ Kurzrepetitorium

- Die wichtigsten Reiseversicherungen sind Reiserücktritts-, Reiseabbruch-, Reisegepäck-, Reiseunfall-, Reisekranken- und Reiserücktransportversicherungen. Wesentliche Rechtsquellen des Reiseversicherungsrechts sind das BGB, das Versicherungsvertragsgesetz (VVG), die Informationsverordnung zum VVG (VVG-InfoV) sowie die jeweiligen in den Versicherungsvertrag als AGB einbezogenen Versicherungsbedingungen.
- Meist verwenden Versicherungsunternehmen die vom Gesamtverband der Versicherungswirtschaft (GDV) empfohlenen Musterbedingungen als AGB. Bei ordnungsgemäßer Einbeziehung in den Versicherungsvertrag nach § 305 Abs. 2 BGB werden diese zwischen Versicherungsunternehmen und Versicherungsnehmer wirksam.
- Die für das Reiseversicherungsrecht wichtigsten Musterbedingungen des GDV bestehen aus dem Allgemeinen Teil der Versicherungsbedingungen für die Reiseversicherung 2008 (AT-Reise 2008) sowie aus besonderen Reiseversicherungsbedingungen. Letztere sind z. B. die Besonderen Bedingungen für die Reiserücktrittskostenversicherung (VB-Reiserücktritt 2008/2018), die Besonderen Versicherungsbedingungen für die Reiseabbruchversicherung (VB-Reiseabbruch 2008/2018) sowie die Besonderen Versicherungsbedingungen für die Reisegepäckversicherung (VB-Reisegepäck 2008/2018).
- Für das Unfallversicherungsrecht empfiehlt der GDV die Allgemeinen Unfallversicherungsbedingungen (AUB 2014).
- Der Versicherungsvermittler (Reisebüro oder Reiseveranstalter) hat die Informationspflichten gemäß § 7 VVG i. V. m. §§ 1 und 4 VVG-InfoV zu beachten. Dazu gehören die Übergabe allgemeiner Informationen zum Versicherungsschutz inklusive Vertragsbestimmungen und -bedingungen, ein Versicherungsinformationsblatt (VIB) sowie ein Produktinformationsblatt (PIB). Der Reiseveranstalter ist gemäß § 651d Abs. 1 Satz 1 BGB und das Reisebüro nach § 651v Abs. 1 Satz 1 BGB nach Maßgabe des Art. 250 EGBGB § 3 Nr. 8 BGB verpflichtet, „auf den möglichen Abschluss einer Reiserücktrittskostenversicherung oder einer Versicherung zur Deckung der Kosten einer Unterstützung einschließlich einer Rückbeförderung bei Unfall, Krankheit oder Tod" hinzuweisen. Eine Unterlassung der Hinweispflicht kann ggf. Schadensersatzansprüche auslösen.

- Um feststellen zu können, ob Versicherungsschutz dem Grunde und der Höhe nach besteht, sind der Gegenstand der betroffenen Versicherung, die Versicherungsausschlussgründe und Einschränkungen sowie die Obliegenheiten des Versicherungsnehmers nach Eintritt des Versicherungsfalls genau zu prüfen. Diese unterliegen – als AGB – der strengen Inhaltskontrolle der §§ 307 ff. BGB.

✻ Wissenscheck zur Prüfungsvorbereitung

1. Warum sollten Versicherungsvermittler (Reisebüro, Reiseveranstalter) ihre Kunden auf die Möglichkeit des Abschlusses bestimmter Reiseversicherungen hinweisen?
2. Wie sind die vertraglichen Verhältnisse beim Abschluss einer Reiseversicherung zwischen dem Reisenden, dem Reisebüro/Reiseveranstalter und der Versicherung?
3. Wie werden Reiseversicherungsbedingungen Bestandteil des Vertrages mit dem Reisenden?
4. Was ist im Versicherungs-/Schadensfall, insbesondere bei der Schadensmeldung, zu beachten?
5. Benennen Sie die wichtigsten (unverbindlichen) Musterbedingungen des GDV.
6. Erläutern Sie die wichtigsten Versicherungsausschlussgründe und Einschränkungen des Versicherungsschutzes am Beispiel des AT-Reise 2008 sowie der VB-Reiserücktritt 2008/2018, VB-Reiseabbruch 2008/2018 und VB-Gepäck 2008/2018.

✻ Weiterführende Quellen

I. Literatur für Lehre und Praxis

Roth, Katharina in: *Tonner/Bergmann/Blankenburg* (2018): Reiserecht. Beförderungsrecht/Hotelrecht/Reiseversicherungsrecht/Lauterkeitsrecht/Internationales Privatrecht. 1. Aufl. Baden-Baden: Nomos. § 7, Rz. 1–99.

II. Aktuelle Rechtsprechung

1. Eine Rechtsprechungsübersicht zum Reiseversicherungsrecht ist online abrufbar unter *https://www.travelprotect.de/Reiserecht.html* (abgerufen am 27.3.2019).
2. BGH, Urteil vom 17.12.2008 – IV ZR 9/08 – zur Unwirksamkeit einer Versicherungsausschlussklausel bei gestohlenem Schmuck. *NJW* 2009, 1147. Online abrufbar unter *http://juris.bundesgerichtshof.de/cgi-bin/rechtsprechung/document.py?Gericht=bgh&Art=en&nr=46810&pos=0&anz=1* (abgerufen am 27.3.2019).
3. Landgericht München I, Urteil vom 9.11.2007 – 6 S 20960/06 – zum Schmerzensgeldanspruch bei verweigertem Krankenrücktransport. *RRa* 2008, 148. Eine Kurzzusammenfassung des Urteils [hier wird unter dem gleichen Az. als Datum der 16.5.2008 genannt] ist online abrufbar unter *https://www.kostenlose-urteile.de/LG-Muenchen-I_6-S-2096006_Versicherung-muss-wegen-verweigertem-Krankenruecktransport-aus-dem-Ausland-2000-EUR-Schmerzensgeld-zahlen.news5127.htm* (abgerufen am 27.3.2019).
4. AG München, Urteil vom 14.10.2011 – 2 C 16294/11 – zur Nichterstattung von Rückflugskosten bei Reisepause. Eine Kurzzusammenfassung des Urteils ist online *https://www.kostenlose-urteile.de/AG-Muenchen_242-C-1629411_Kosten-fuer-Rueckflug-muessen-bei-Reisepause-nicht-zwingend-erstattet-werden.news13035.htm* (abgerufen am 27.3.2019).
5. Amtsgericht München, Urteil vom 1.7.2010 – 281 C 8091/10 – zur Stornierungsobliegenheit bei epileptischem Anfall. Online abrufbar unter *https://openjur.de/u/164895.html* (abgerufen am 27.3.2019).

15 Lerneinheit: Aktuelle Rechtsfragen für Tourismus- und Verkehrsträgerindustrie auf B2B-Ebene

„Business is people.“[450]

Konosuke Matsushita, Gründer von Panasonic (1894–1989)

Lernziele

In dieser Lerneinheit

- lernen Sie das Problem der Bestpreisklauseln kennen und diese kartellrechtlich zu beurteilen;
- werden Sie mit Kundenbindungssystemen wie Miles & More sowie erheblichen Preiserhöhungen bei Verkehrsträgern und deren wettbewerbsrechtlicher Bewertung vertraut gemacht; sowie
- erwerben Sie Basiswissen zur Wettbewerbsaufsicht durch das Bundeskartellamt, zur wettbewerbsrechtlichen Beurteilung der Digitalgiganten und zum Datenschutz.

Empfohlener Gesamtarbeitsaufwand | **270 Minuten (4,5 Zeitstunden)**

a) Vorlesungszeit/Kontaktstunden: 90 Minuten.

b) Lesen des Textes der Lerneinheit 15 sowie Nacharbeiten des Falles 15: 90 Minuten.

c) Lesen der empfohlenen Quellenangaben sowie Durcharbeiten der Fragen im Wissenscheck zur Prüfungsvorbereitung: 90 Minuten.

Fall 15 | **Die Bestpreisklauseln**

(Quelle: Eigene Darstellung in Anlehnung an BKartA, Beschluss vom 20.12.2013 - B9-66/10 - sowie BKartA, Beschluss vom 22.12.2015 - B9-121/13 -)

Die Geschäftsbesorgungsverträge zwischen der Internetplattform Best-Price-Booking (**BPB**) und den BPB-Hotelpartnern enthalten eine wortgleiche Klausel, die die BPB-Hotelpartner vepflichtet, jedenfalls auch über BPB den jeweils niedrigsten Hotelpreis, die höchstmögliche Zimmerverfügbarkeit und die jeweils günstigsten Buchungs- und Stornierungskonditionen im Internet anzubieten.

a) Um was für eine Klausel handelt es sich in den jeweiligen Geschäftsbesorgungsverträgen zwischen BPB und den BPB-Hotelpartnern?
b) Ist diese Klausel rechtlich zulässig?
c) Ändert sich etwas an der rechtlichen Beurteilung, wenn die Klausel wie folgt formuliert wird: „Diese Klausel verpflichtet die auf dem Buchungsportal von BPB vertretenen Hotels dazu, ihre Zimmer auf keinem anderen Online-Vertriebskanal – mit Ausnahme von Angeboten über andere Hotelportale – günstiger als bei BPB anzubieten.

In den vorangegangenen Lerneinheiten wurden überwiegend tourismusrechtliche Fragen auf der B2C-Ebene erläutert. Dies ist der zentralen verbraucherschutzrechtlichen Orientierung des Tourismusrechts, insbesondere des Pauschalreiserechts durch die RL 2015/2302/EU, geschuldet. Aber auch im Individualreiserecht, d. h. im Beförderungsrecht der Verkehrsträger Flugzeug, Bus, Eisenbahn und Schiff sowie im Beherberungsrecht, spielt sich der ganz überwiegende Teil rechtlicher Fragestellungen auf der B2C-Ebene ab, also zwischen Unternehmen (Beförderungs-/Beherbergungsunternehmen) und Kunden (Beförderungs-, Beherbergungsgast). Gleichwohl kommt es immer wieder zu rechtlichen Konflikten zwischen Tourismus-, Beförderungsunternehmen und/oder Abmahn-/Verbraucherschutzvereinen auf der B2B-Ebene. Derartige Streitigkeiten haben in vielen Fällen einen wettbewerbsrechtlichen Hintergrund im gewerblichen Rechtsschutz oder Kartellrecht. Aber auch Rechtsstreitigkeiten auf B2C-Ebene – etwa, wenn es auf die Inhaltskontrolle von AGB ankommt – haben Auswirkungen auf das Verhalten der Wettbewerber untereinander. Verteidigen sich Unternehmen rechtlich gegen Maßnahmen und/oder Entscheidungen der zuständigen Aufsichtsbehörde, so ist die B2A-Ebene betroffen.

Nachfolgend werden – ohne Anspruch auf Vollständigkeit – einige aktuelle Rechtsfragen erörtert, deren Auswirkungen auf B2B-Ebene für die Tourismus- und Verkehrsträgerindustrie erheblich sind, selbst wenn deren juristische Initialzündung teilweise auf B2A- oder B2C-Ebene ausgelöst wurde.

15.1 Das Problem der Bestpreisklauseln

Hotelleriebetriebe nehmen für ihre Zimmervermittlung üblicherweise Vermittlungsdienstleistungen von Online-Hotelportalen in Anspruch. Gleichzeitig werden die Zimmer auch auf den hoteleigenen Websites zur Vermietung angeboten. Die wohl bekanntesten Online-Hotelportale werden über die Hotel Reservation Service Group (**HRS**), Booking.com B. V. (**Booking**) und die Expedia Group (**Expedia**) betrieben. Eine sog. **Bestpreisklausel** (→ ‚best price' clause) in den AGB des Online-Portals untersagt es den Hotels, Zimmer direkt über deren Website zu einem günstigeren Preis anzubieten als das Online-Portal.

15.1.1 Aufsichtsbehörde für Touristik und Verkehr

Das **Bundeskartellamt (BKartA)** (→ German Federal Cartel Office) übt u. a. die **Wettbewerbsaufsicht** (→ competition control) für die Industriesektoren Touristik und Verkehr aus. Die Wettbewerbsaufsicht erfolgt über vier „Säulen", im Wege der **Fusionskontrolle** (→ merger contol), des **Kartellverbots** (→ ban on cartels), der **Missbrauchsaufsicht** (→ abuse control) sowie der Prüfung der **Vergabe öffentlicher Aufträge** (→ public procurement). Maßgebliche gesetzliche Grundlage ist u. a. das **Gesetz gegen Wettbewerbsbeschränkungen** (**GWB**) (→ Act against Restraints of Competition, → Competition Act).

15.1.2 Kartellrechtliche Beurteilung der Bestpreisklausel von HRS

Die kartellrechtliche Beurteilung von Bestpreisklauseln gehört systematisch zur zweiten Säule, also zum Kartellverbot gemäß § 1 GWB (und Art. 101 AEUV).

Die Verträge zwischen der Internetplattform HRS und den HRS-Hotelpartnern enthielten „weite Bestpreisklauseln". Hiernach wurden die Hotels verpflichtet, „jedenfalls auch über HRS den jeweils niedrigsten Hotelpreis, die höchstmögliche Zimmerverfügbarkeit und die jeweils günstigsten Buchungs- und Stornierungskonditionen im Internet anzubieten"[451]. Seit März 2012 duften die HRS-Hotelpartner den „Reisenden selbst dann keine besseren Konditionen anbieten, wenn diese direkt an der Rezeption des Hotels eine Buchung"[452] vorgenommen hatten.

> Fall 15 | **Antwort auf Frage a)**
>
> Bei der von BPB verwendeten Klausel handelt es sich um eine sog. weite Bestpreisklausel, da die Angabe der „besten Preise" jedenfalls auch für BPB gilt.

Das BKartA untersagte HRS mit Beschluss vom 20.12.2013[453] die weitere Verwendung ihrer Bestpreisklausel und gab HRS auf, „die Klausel bis zum 1. März 2014 aus den Verträgen und den Allgemeinen Geschäftsbedingungen zu entfernen, soweit sie Hotels in Deutschland betreffen"[454].

Andreas Mundt, Präsident des Bundeskartellamtes, äußerte sich wörtlich zu dem Beschluss wie folgt: „Bestpreisklauseln bei Buchungsportalen im Internet sind nur auf den ersten Blick vorteilhaft für den Verbraucher. Letztlich verhindern die Klauseln, dass an anderer Stelle niedrigere Hotelpreise angeboten werden können. Damit beeinträchtigen Bestpreisklauseln den Wettbewerb zwischen bestehenden Portalen. Zudem wird der Marktzutritt neuer Plattformanbieter erheblich erschwert, weil diese aufgrund der Bestpreisklausel Hotelzimmer nicht günstiger anbieten können. Aus diesen Gründen haben wir jetzt auch Verfahren wegen vergleichbarer Bestpreisklauseln in Hotelverträgen gegen die Hotelportale Booking und Expedia eingeleitet."[455]

Gegen den Beschluss legte HRS Beschwerde beim Oberlandesgericht Düsseldorf ein, welches die Beschwerde zurückwies.[456]

> Fall 15 | **Antwort auf Frage b)**
>
> Weite Bestpreisklauseln wurden bislang von der Rechtsprechung als wettbewerbswidrig eingestuft und galten daher – aus den von *Andreas Mundt* o. g. Gründen – als rechtswidrig.

15.1.3 Kartellrechtliche Beurteilung der Bestpreisklausel von Booking

Auch die AGB von Booking (Fassung vom 1. Juli 2015), die sog. „enge" Bestpreisklauseln enthalten, standen auf dem kartellrechtlichen Prüfstand. „Diese Klauseln verpflichten die auf dem Buchungsportal von Booking vertretenen Hotels dazu, ihre Zimmer auf keinem anderen online-Vertriebskanal – mit Ausnahme von Angeboten über andere Hotelportale – günstiger als bei Booking anzubieten; [...]."[457] Die betroffenen Hotels dürfen gemäß dieser Klausel – insbesondere auf ihrer eigenen Website – Zimmer nicht günstiger anbieten als bei Booking. Das BKartA untersagte Booking mit Beschluss vom 22. Dezember 2015[458] die Durchführung der vorgenannten engen Bestpreisklauseln und gab Booking auf, „die Klauseln bis zum 31. Januar 2016 aus seinen Verträgen und seinen AGB zu entfernen, soweit sie Hotels und andere Unterkünfte in Deutschland betreffen. Der Beschluss ist sofort vollziehbar. Gegen den Beschluss hat Booking am 22. Januar 2016 Beschwerde eingelegt und am 1. Februar 2016 beim OLG Düsseldorf einen Antrag auf Anordnung der aufschiebenden Wirkung der Beschwerde gestellt."[459] Die Beschwerde vor dem OLG Düsseldorf blieb erfolglos.[460]

> Fall 15 | **Antwort auf Frage c)**
>
> Auch enge Bestpreisklauseln wurden bislang als wettbewerbswidrig und damit als rechtswidrig beurteilt.

15.1.4 Schlussfolgerungen für Buchungsportale und Hotellerie

Allerdings ist das letzte juristische Wort zu den Bestpreisklauseln noch nicht gesprochen worden, da Buchungsportale die Bestpreisformulierungen in ihren AGB lediglich umformulieren und damit einen neuen Lebenssachverhalt schaffen können, der wiederum – bei entsprechenden Abmahnungen, Klagen von Wettberwerbern (B2B) oder Ermittlungen und ggf. Untersagungen durch das BKartA (B2A) – gerichtlich überprüft werden kann.

> Fall 15 | **Antwort auf Frage c) [Fortsetzung]**
>
> Derzeit scheint sich in der Rechtsprechung eine Wende bei der juristischen Beurteilung von Bestpreisklauseln abzuzeichnen. So äußerte das OLG Düsseldorf kürzlich Zweifel am Verbot der neuen (weicher formulierten) Bestpreisklauseln bei Booking[461]. Das LG Köln hält Bestpreisklauseln bei Expedia – wegen deren Anteilen im Markt für Hotelbuchungsportale von weniger als 30 % – sogar für nach der Vertikal-GVO[462] freistellungsfähig[463].

Der Vorsitzende Richter des Ersten Kartellsenats des OLG Düsseldorf, *Jürgen Kühnen*, erklärte zu der neuen Bestpreisklausel von Booking, dass das Gericht prüfe, „ob es sich bei der Bestpreisklausel nicht um eine notwendige Nebenabrede in den Vereinbarungen mit den Hotelpartnern handele, um eine „illoyale Ausnutzung" der Vermittlungsleistung von Booking.com durch die Partnerhotels zu verhindern. Ohne eine solche Regelung könnten Hotels quasi als Trittbrettfahrer die Online-Plattform nutzen, um von den Zimmersuchenden wahrgenommen zu werden – dann jedoch die Gäste zur Buchung mit günstigeren Preisen auf die eigene Website locken, [...]."[464]

Die Hotellerie hofft aufgrund ihrer Interessenlage, den Online-Direktvertrieb der Hotelbetreiber stärken zu wollen, dass sich das Verbot von Bestpreisklauseln langfristig durchsetzen wird. Es bleibt abzuwarten, ob dies tatsächlich geschehen wird. Derzeit sieht es eher nicht so aus.

> Praxistipp | **Bestpreisklauseln und Marktmacht**
>
> Nach eingehender rechtlicher Beratung kann aber ein Vorgehen gegen Bestpreisklauseln weiterhin wirtschaftlich und juristisch sinnvoll sein, insbesondere dann, wenn die Vertragspartner der Hotels Buchungsportale mit erheblicher Marktmacht (also Anteilen am Markt für Hotelbuchungsportale von mindestens 30 %) sind.

15.2 Wettbewerbsrechtliche Beurteilung von Kundenbindungsprogrammen

Kundenbindungsprogramme (⟶ loyalty programmes) spielen – so wie in nahezu sämtlichen Industriesektoren – auch für die Tourismus- und Verkehrsträgerindustrie eine große Rolle. Vielfliegerprogramme, wie z. B. Miles & More, sind grundsätzlich erlaubt.[465] Allerdings ist bei der Formulierung von Kundenbindungsklauseln – überlicherweise in den AGB des Verwenders – Vorsicht geboten. So ist unbedingt darauf zu achten, dass etwaige Bonusleistungen des Kundenbindungsprogramms für den Kunden transparent sind, damit gemäß § 5 Abs. 1 Satz 1 des **Gesetzes gegen den Unlauteren Wettbewerb (UWG)** (⟶ Act against Unfair Competition) keine abmahnfähige „irreführende geschäftliche Handlung" in Betracht kommt, „die geeignet ist, den Verbraucher oder sonstigen Marktteilnehmer zu einer geschäftlichen Entscheidung zu veranlassen, die er andernfalls nicht getroffen hätte."

Das OLG Köln hielt die Einschränkungen über Änderungen der Prämienpreise in den Teilnahmebedingungen von Miles & More für rechtmäßig.[466]

Der BGH entschied, dass eine andere Klausel in den Miles & More-Teilnahmebedingungen, die den Verkauf, Tausch, „das Anbieten zur Versteigerung oder die sonstige Weitergabe von Prämiendokumenten" (z. B. Prämientickets an Dritte) grundsätzlich untersagt, „eine im Rahmen eines Kundenbindungsprogramms zulässige Bestimmung der vom Anbieter versprochenen Leistung" darstelle und damit „nicht der Inhaltskontrolle"[467] gemäß § 307 BGB unterliege.

Seit der Insolvenzanmeldung von Air Berlin stellt sich außerdem die interessante Frage, wie mit den – im Rahmen ihres Kundenbindungssystems – gutgeschriebenen Flugmeilen von Air Berlin umgegangen werden soll. Hierzu mutmaßt der Journalist *Alexander Koenig* wörtlich: „Das wohl mit Abstand wahrscheinlichste Szenario wäre, dass die Meilen noch einmal für einen kurzen klar definierten Zeitraum freigeschaltet werden und dann ein Run auf Flugprämienbuchungen einsetzt. Dabei ist zu beachten: Sobald Air Berlin den Flugbetrieb einstellt und von der IATA[468] suspendiert wird, sollten auch Prämienbuchungen bei Oneworld-Partnern ihre Gültigkeit verlieren."[469]

15.3 Wettbewerbsrechtliche Beurteilung der Preiserhöhungen bei Lufthansa seit der Air Berlin-Insolvenz

Seit der Insolvenz von Air Berlin erreichten das Bundeskartellamt zahlreiche Beschwerden zu den Preiserhöhungen bei Lufthansa. Dazu äußerte sich *Andreas Mundt*, Präsident des Bundeskartellamtes, wörtlich: „Die Lufthansa Tickets waren nach der Insolvenz von Air Berlin im Vergleich zum Vorjahr durchschnittlich um 25–30 % teurer. In Einzelfällen gab es auch deutlich höhere Preisanhebungen. Dieser Preisanstieg ist zwar erheblich, rechtfertigt aber nicht die Einleitung eines Missbrauchsverfahrens. Konsequente Fusionskontrolle hat den raschen Markteintritt von easyJet ermöglicht. Im Anschluss fielen die Preise auf den entsprechenden Strecken wieder umgehend. Die Entwicklung der Flugpreise wäre bestimmt nicht so günstig verlaufen, wenn die Lufthansa dauerhaft Monopolist auf diesen Strecken geworden wäre. [...] Das Bundeskartellamt wird die Entwicklungen auf den innerdeutschen Flugmärkten weiterhin intensiv beobachten. Bei etwaigen Hinweisen auf missbräuchlich überhöhte Preise, wird das Amt erneut eine Verfahrenseinleitung prüfen.“[470]

15.4 Wettbewerbsrechtliche Beurteilung der Geschäftsmodelle von Digitalgiganten

Wichtig für die Tourismus- und Verkehrsträgerindustrie ist zudem die wettbewerbsrechtliche Überwachung der Geschäftsmodelle von Datensammelstellen wie Facebook, Google und Amazon. In diesem Zusammenhang relevant sind vor allem Online-Preisvergleichssysteme (wie z. B. Check 24 oder Verivox), die durch Digitalgiganten gesteuert werden (können). Hier entsteht der Eindruck, dass beispielsweise klassische Reisebüros gegenüber Online-Plattformen benachteiligt werden. Das BKartA hat – wie *Andreas Mundt* nachfolgend in einem Interview gegenüber der fvw im März 2018 bestätigte – seit Mitte 2017 Sektoruntersuchungen „zu Vergleichsportalen aus den Bereichen Reise, Versicherungen, Finanzdienstleistungen, Telekommunikation und Energie eingeleitet. [...] Wie sie wirklich funktionieren und arbeiten, ist heute weitgehend noch nicht bekannt.“[471]

Die letzte Aussage von *Mundt* ist nicht gerade ermutigend. Allerdings dürfte diese unbekannte Grauzone auch Möglichkeiten für die Tourismus- und Verkehrsträgerindustrie bieten, sich nicht alles von den Digitalgiganten bieten zu lassen und dagegen rechtlich vorzugehen, wenn dies rechtlich und betriebswirtschaftlich sachdienlich erscheint.

15.5 Neue Ryanair-Gepäckrichtlinien

Die irische Fluggesellschaft Ryanair führte am 1.11.2018 „neue Gepäckrichtlinien" ein.[472] Hiernach dürfen Kunden ohne Priority Boarding lediglich ein „kleines Handgepäckstück (kostenlos) mit an Bord nehmen"[473]. Ein zweites (Hand-)Gepäckstück bis 10 kg, das früher umsonst mit an Bord genommen werden durfte, muss nach den neuen Richtlinien kostenpflichtig gegen eine Gebühr zwischen EUR 8,- bis EUR 10,- aufgegeben werden. Passt das eine „kleine Handgepäcksstück" (Maximalmaße 40 X 20 X 25 cm) nicht in die Gepäckeinrichtung, so ist auch dafür ein Zuschlag von EUR 25,- zu zahlen.

Ursprünglich sollten die neuen Gepäckrichtlinien rückwirkend für bereits gebuchte Flüge gelten.[474] Diese Bestimmung dürfte gegen das Verbot kurzfristiger Preiserhöhungen in AGB verstoßen haben. Außerdem verletzte die rückwirkende Regelung das für Zusatzkosten bei Flugpreisangaben geltende Transparenzgebot „am Beginn eines jeden Buchungsvorgangs". Dies folgt aus Art. 23 Abs. 1 Satz 4 Halbs. 1 Verordnung (EG) Nr. 1008/2008 des Europäischen Parlaments und des Rates vom 24. September 2008 über gemeinsame Vorschriften für die Durchführung von Luftverkehrsdiensten in der Gemeinschaft (Neufassung)[475]. Auf B2B-Ebene wären insoweit Abmahnungen, z. B. durch Verbraucherschutzverbände, in Betracht gekommen. Dies dürfte wohl auch der Grund sein, warum Ryanair die rückwirkende Geltung der Richtlinien aufhob.

Was genau unter einem „kleinen Handgepäckstück" zu verstehen ist, wird über die Maximalmaße 40 X 20 X 25 cm näher konkretisiert; allerdings fehlt eine Gewichtsangabe. Die fehlende Gewichtsangabe dürfte ebenfalls gegen das oben erwähnte Transparenzgebot verstoßen. So verlangt Art. 23 Abs. 1 Satz 4 Halbs. 1 VO (EG) Nr. 1008/2008, dass fakultative Zusatzkosten „auf klare, transparente und eindeutige Art und Weise am Beginn jedes Buchungsvorgangs mitgeteilt" werden.

Ob die „neuen Gepäckrichtlinien" wettbewerbsrechtlich angreifbar sind, dürfte sehr fraglich sein. Grundsätzlich ist ein Unternehmen berechtigt, seine Geschäftsbedingungen zu ändern und dies gegenüber den Kunden mit entsprechenden Vorlaufzeiten zu kommunizieren.

Praxistipp | **Altkunden und Preiserhöhungen**

Bei bereits abgeschlossenen Verträgen mit Altkunden ist darauf zu achten, dass kurzfristige Preiserhöhungen in AGB gemäß § 309 Nr. 1 BGB „innerhalb von vier Monaten nach Vertragsschluss" unzulässig sind. Insoweit ist es praktikabel, ein einheitliches Preiserhöhungsdatum vier Monate in der Zukunft festzulegen. Der Altkundenstamm sollte dann z. B. einmal jährlich über Preiserhöhungen zum Beginn des Folgejahres (1. Januar) Ende August des laufenden Jahres informiert werden.

15.6 Datenschutz

Die Umsetzung der bereits oben[476] erwähnten DSGVO ist derzeit in aller Munde und bedeutet einen Verwaltungsmehraufwand für Unternehmen in der Tourismus- und Verkehrsträgerindustrie. Hier sind die Unternehmen gefordert gewesen, innerbetriebliche Organsiation und Datenschutzmanagement – z. B. im Hinblick auf Datentschutzerklärungen und Informationspflichten – an die DSGVO bis zum 25.5.2018 anzupassen. Denn bei Nichtbeachtung der DSGVO drohen empfindliche Sanktionen (Schadensersatz und Bußgeld). Gerade kleinere Unternehmen sollten sich durch die Masse der DSGVO-Regulierungen nicht entmutigen lassen. Insoweit haben sich kompakte DSGVO-Ratgeber mit „Sofortmaßnahmen-Paket" als praxistauglich erwiesen.[477]

❋ Kurzrepetitorium

- Bestpreisklauseln können weit oder eng formuliert sein. Bislang galten Bestpreisklauseln als wettbewerbswidrig. Hier ist aber wohl eine Änderung der Rechtsprechung zu erwarten.
- Das BKartA übt in Deutschland u. a. die Wettbewerbsaufsicht für die Industriesektoren Touristik und Verkehr aus. Die Wettbewerbsaufsicht erfolgt über die „vier Säulen“ Fusionskontrolle, Kartellverbot, Missbrauchsaufsicht und die Prüfung der Vergabe öffentlicher Aufträge. Maßgebliche gesetzliche Grundlagen sind u. a. das GWB und UWG.
- Kundenbindungsprogramme, wie z. B. Miles & More, sind grundsätzlich erlaubt. Etwaige Bonusleistungen des jeweiligen Kundenbindungsprogramms müssen für den Kunden transparent und nachvollziehbar sein.
- Die Preiserhöhung der Lufthansa Tickets um 25–30 % nach der Insolvenz von Air Berlin rechtfertigte nicht die Einleitung eines Missbrauchsverfahrens, weil konsequente Fusionskontrolle den raschen Markteintritt von easyJet ermöglichte. Im Anschluss fielen die Preise auf den entsprechenden Strecken wieder umgehend.
- Seit Mitte März 2017 hat das BKartA Sektoruntersuchungen zu Vergleichsportalen aus den Bereichen Reise, Versicherungen, Finanzdienstleistungen, Telekommunikation und Energie eingeleitet, um deren Geschäftsmodelle verstehen und wettbewerbsrechtlich beurteilen zu können.
- Nach der DSGVO hatten die Unternehmen bis zum 25.5.2018 ihre innerbetriebliche Organisation und ihr Datenschutzmanagement – z. B. im Hinblick auf Datentschutzerklärungen und Informationspflichten – an die gesetzlichen Vorgaben anzupassen.

✻ Wissenscheck zur Prüfungsvorbereitung

1. Was versteht man unter einer weiten, was unter einer engen Bestpreisklausel?
2. Erklären Sie, warum Bestpreisklauseln kartellrechtlich bedenklich sein könnten.
3. Welche Schlussfolgerungen ergeben sich aus der kartell- und AGB-rechtlichen Beurteilung von Bestpreisklauslen für Buchungsportale und Hotellerie?
4. Benennen Sie die vier Säulen der Wettbewerbsaufsicht durch das BKartA.
5. Inwieweit können Kundenbindungssysteme, wie z. B. Miles & More, wettbewerbsrechtlich problematisch sein?
6. Wie hat das Bundeskartellamt die Preiserhöhungen bei der Lufthansa von 25–30 % nach der Air Berlin-Insolvenz beurteilt?
7. Inwieweit können die Geschäftsmodelle von Digitalgiganten wie Facebook, Google und Amazon wettbewerbsrechtlich bedenklich sein?
8. Warum bedeutet die DSGVO einen Verwaltungsmehraufwand für die Tourismus- und Verkehrsträgerbranche?

❋ Quellen zur Vertiefung des Lernstoffes

I. Literatur für Studium und Praxis

1. fvw (Hrsg.) (o. J.): Wie Deutschlands Wettbewerbshüter Andreas Mundt die Digitalgiganten in den Griff bekommen will. In: *fvw* 6 vom 16.3.2018, 20–23. Online abrufbar unter *https://www.bundeskartellamt.de/SharedDocs/Publikation/DE/Interviews/2018/180316_FVW_Magazin.pdf;jsessionid=9B67F5CFAE5D2B7063D93DA89A6CC58F.2_cid371?__blob=publicationFile&v=2* (abgerufen am 27.3.2019).
2. Steinrötter, Björn (2017): Alles neu macht der Mai 2018? Der Reisemarkt unter dem Regime der DSGVO. Ein Beitrag zur Sensibilisierung der Touristikunternehmen im Bereich des Datenschutzes. *RRa* 6/2017, 266–274.
3. Bundeskartellamt (o. J.): Lufthansa-Tickets nach Air Berlin Insolvenz um 25–30 % teurer – „Preisanstieg rechtfertigt nicht die Einleitung eines Missbrauchsverfahrens". Pressemitteilung vom 29.5.2018. Online abrufbar unter *https://www.bundeskartellamt.de/SharedDocs/Meldung/DE/Pressemitteilungen/2018/29_05_2018_Lufthansa.html* (abgerufen am 27.3.2019).

II. Aktuelle Rechtsprechung für Studium und Praxis

1. beck-aktuell Nachrichten (Hrsg.) (o. J.): Mitteilung zur mündlichen Verhandlung des OLG Düsseldorf vom 8. Februar 2017 (Bestpreisklauseln von booking.com). Redaktion beck-aktuell. Verlag C. H. BECK. 9. Februar 2017 (dpa). Online abrufbar unter *https://rsw.beck.de/aktuell/meldung/olg-duesseldorf-hegt-zweifel-am-verbot-der-bestpreisklauseln-von-bookingcom* (abgerufen am 27.3.2019).
2. LG Köln, Urteil vom 16. Februar 2017 – 88 O (Kart) 17/16 – Bestpreisklauseln und VertikalGVO. Online abrufbar unter *https://www.telemedicus.info/urteile/Kartellrecht/1736-LG-Koeln-Az-88-O-Kart-1716-Bestpreisklauseln-sind-nach-der-Vertikal-GVO-freistellungsfaehig.html* (abgerufen am 27.3.2019).
3. BGH, Urteil vom 28.10.2014 – X ZR 79/13 – Zulässigkeit der Kündigung des Miles & More-Programms. Online abrufbar unter *http://juris.bundesgerichtshof.de/cgi-*

bin/rechtsprechung/document.py?Gericht=bgh&Art=en&nr=69920&pos =0&anz=1
(abgerufen am 27.3.2019).

Glossar [deutsch/englisch]

Deutsch	Englisch
Abbau von Handelshemmnissen	reduction of restrictions on trade
Abflugort	place of departure
Abgabe zweier inhalts-/deckungsgleicher Willenserklärungen	making of two congruent declarations of intent
abgetreten	assigned
Abhilfeverlangen	request for remedial measures
Ablehnung des Antrages verbunden mit einem neuen Antrag	refusal of offer in conjunction with a new offer
Abwanderung hochqualifizierter Gelehrter	brain drain
Agenturvertrag	agency agreement
Aktiengesellschaft (AG)	stock corporation
Aktiengesetz (AktG)	Stock Corporation Act
aktivlegitimiert	capacity to act as claimant in a lawsuit
Alleinstellungsmerkmal	Unique Feature, Unique Selling Point (USP)
Allgemeine Bedingungen für Reiserücktrittskostenversicherungen 2002/2018 (ARBV 2002/2018)	General Terms and Conditions for Travel Cancellation until the Departure 2002/2018
Allgemeine Beförderungsbedingungen (ABB) Flugpassage	General Terms and Conditions of Carriage, General Terms and Conditions for Flight Passages
Allgemeine Geschäftsbedingungen (AGB)	General Terms and Conditions, G's and T's
Allgemeine Geschäftsbedingungen für den Hotelaufnahmevertrag (AGB-Hotel 2009)	General Terms and Conditions regarding hotel lodging agreements
Allgemeine Reisebedingungen	General Terms and Conditions (G's and T's) for Travelling

Allgemeine Reisebedingungen des Deutschen Reiseverbandes (ARB-DRV)	G's and T's of the German Travel Association
Allgemeine Unfallversicherungs-Bedingungen (AUB 2014)	General Accident Insurance Conditions 2014
Allgemeiner Teil der Versicherungsbedingungen für die Reiseversicherung 2008 (AT-Reise 2008)	General Terms and Conditions for Travelling 2008
Allgemeines Abkommen über den Handel mit Dienstleistungen	General Agreement on Trade in Services (GATS)
allgemeines Kündigungsrecht	general right to termination
allgemeines Lebensrisiko	general risk of life
allgemeines Verwaltungsrecht	general administrative law
Allgemeines Zoll- und Handelsabkommen	General Agreement on Tariffs and Trade (GATT)
Allotmentverträge	allotment agreements
Amtsgericht	local court, lower regional court
Anmeldehaftung	applicant's liability
andere touristische Leistung	other tourist service
Annahme	adoption, acceptance
Anspruchsgrundlage	legal basis for claim
Antrag	offer, offering
Anwendungsbereich des Bürgerlichen Gesetzbuches	scope of application of the German Civil Code
Anzahlung im Voraus	partial payment in advance
Arbeitsaufwand	workload
Arbeitserlaubnis	work permit
Arbeitsgerichtsgesetz (ArbGG)	Labour Court Procedures Code
Arbeitsrecht	labour law
Arbeitnehmerfreizügigkeit	free movement of workers
Art, Dauer und Intensität des Reisemangels	type, duration and intensity of travel deficit
auf Anfrage	on request
Aufenthaltsrecht	residency rights, rights of residence

Aufforderung zur Abgabe eines Angebots	invitatio ad offerendum
ausdrücklich hervorgehobene und gesondert unterzeichnete Haftungserklärung	explicitly highlighted and separately signed declaration of liability
ausdrückliche Vermittlererklärung	explicit agency declaration
Auslastungsrisiko	capacity risk
Auslegung	interpretation, construction
Ausschlussfrist	cut-off period
außergerichtlicher Vergleich	out-of-court-settlement
außergerichtliches Schlichtungsverfahren	out-of-court-arbitration process
außergewöhnliche Umstände	exceptional circumstances
außerordentliche Kündigung	extraordinary termination
Baukasten	piecemeal packaging
Bausteinreise	module-based package travel, component-based package travel
Beförderung von Personen und/oder Gepäck	transportation of persons and/or luggage
Beförderungsrecht	Transportation Law
Beförderungsrecht bezogen auf Bahn	Railway Law
Beherbergungsrecht	Accommodation Law
Beförderungsrecht bezogen auf Bus	Motor Bus Transportation Law
Beförderungsrecht bezogen auf Schiff	Marine and Shipping Law
Beförderungsvertrag	transport contract
Bedandlungen in einem Kurort/ Kurzentrum	treatments at a health resort
Beherbergungseinrichtung	lodging facility, accommodation facility
Beherbergungsgewerbe	accommodation industry, hotel industry
Beherbergungsvertrag	accommodation contract, accommodation agreement, lodging agreement

Beihilferecht	EU State aid rule
Beklagte	defendant(s)
Berufung	appeal on question of fact and law
Beschlüsse	decisions
Besondere Bedingungen für die Reise-Rücktrittskosten-Versicherung (VB-Reiserücktritt 2008)	Specific Conditions for Travel Cancellation until the Departure Date
Besondere Reiseversicherungsbedingungen	Specific Terms and Conditions of Travelling
Besondere Versicherungsbedingungen für die Reiseabbruchversicherung (VB-Reiseabbruch 2008)	Specific Conditions for Travel Cancellation during the Booked Holiday Period
Besondere Versicherungsbedingungen für die Reisegepäckversicherung (VB-Reisegepäck 2008)	Specific Luggage Insurance Conditions
Besonderes (Wirtschafts-)Verwaltungsrecht	specific (commercial) administrative law
Besonderes Näheverhältnis	relationship of proximity
bestimmte Rechtsbegriffe	specific legal terms
Bestimmung von Reisemängeln dem Grunde nach	qualification of travel deficits
Bestimmungsort	destination point
Bestpreisklausel	‚best price' clause
Beteiligte	parties
Betriebsgenehmigungen	operating licenses
Betriebsreisen	business trips
Betriebsunfall	operational accident
Beweislast	burden of proof
Beweislastumkehr zugunsten des Reisenden	burden of proof reversal for the benefit of the traveller
Beweissicherung	securing of evidence, preservation of evidence
BGB-Informationspflichten-Verordnung (BGB-InfoV)	BGB-Ordinance on Information Duties

Bildungs- und Wissenschafts-tourismus	educational and research tourism
Binnenmarkt	internal market, common market
Billigkeitsrecht	equity law
Binnenschifffahrtsgesetz (BinSchG)	Inland Water Transportation Act
Binnentourismus	domestic tourism
Buchung	booking
Buchungsbestätigung	booking confirmation
Bürgerliches Gesetzbuch (BGB)	German Civil Code
Bürgerliches Recht	civil law
Bundesfinanzhof (BFH)	Federal Fiscal Court
Bundeskartellamt	German Federal Cartel Office
Bundesverfassungsgericht (BVerfG)	Federal Constitutional Court
Bundesverwaltungsgericht (BVerwG)	Federal Administrative Court
Charakter der Reise	type of journey, character of journey
Datenschutz-Grundverordnung	General Data Protection Regulation
Deutsche Institution für Schiedsge-richtsbarkeit (DIS)	German Institution of Arbitration
Dienstleister	service provider
Dienstleistungen	services
Digesten	Digest
Diploma/Reisepapiere	travel diploma
Dritte	third parties
Durchgriffshaftung	piercing of the corporate veil
dynamische Bünde-lung/dynamisches Buchen (von reiseleistungen in Echtzeit	dynamic packaging
Ebene der Gleichordnung	same level, horizontal level
Eigengeschäft	self-commitment
Eigenkapital	equity capital
Ein- und Ausfuhrzölle	customs and excise duties
Einbeziehung	incorporation

eine über lange Zeit geübte Praxis	as evidence of a general practice accepted as law, consuetudo
Einführungsgesetz zum Bürgerlichen Gesetzbuch (EGBGB)	Introductory Code to the German Civil Code
eingebrachte Sachen des Gastes	things taken by the guest into the hotel/apartment
eingetragene Genossenschaft (e. G.)	registered cooperative
eingetragener Verein (e. V.)	registered society
Einzelfall	individual case
Einzelvertrag mit Überweisungspolice	individual contract with prepayment insurance policy
Eisenbahnbundesamt (EBA)	Federal Railway Authority
Eisenbahngesetz (EBG)	Railway Act
Eisenbahn-Verkehrsordnung (EVO)	Railway Traffic Regulations
Empfehlungen	recommendations
Entschädigung	compensation
Erbringer von Reiseleistungen	travel/tourist service provider, provider of travel/tourist services
Erfolgsbilanz	track record, business case
Erfüllungsgehilfe(n)	assistant(s) employed by the debtor in the performance of his obligation, vicarious agents
Erheblichkeitsschwelle	relevant threshold
Ermächtigungsgrundlage	legal authorization
Europäische Union	European Union (EU)
Europäische Wirtschafts- und Interessenvereinigung (EWIV)	European Economic Interest Grouping (EEIG)
Europäischer Gerichtshof (EuGH)	European Court of Justice (ECJ)
EU-Sekundärrecht	Secondary EU law
Fallrecht	case law
Familienreise	family trip
Fehlen zugesicherter Eigenschaften	lack of warranted characteristics, guaranteed quality
Fehler mit Nutzungsbeeinträchtigung	deficits giving rise to impairment of use

Fernkommunikationsmittel	means of distance communication
fiktive Minderungsquote	fictitious travel price reduction quota
formfrei	formless, without having to observe a particular form
Flugbeförderungsrecht	Aviation Law
flugbetriebsbedingte Gefahren	flight-related dangers
Fortbestehungsprognose	going concern forecast
freie Berufe	free professions
freie Reisevermittler	free retailers/travel agencies
freier Dienstleistungsverkehr	free movement of services
freier Kapital- und Zahlungsverkehr	free movement of capital and payments
freier Personenverkehr	free movement of persons
freier Warenverkehr	free movement of goods
Freizeichnungen	liability disclaimers
Freizügigkeit	freedom of movement
Fremdkapital	debt capital
für den Reisenden erkennbare Art und Weise	in a way transparent to the travel customer
Fusionskontrolle	merger control
Gastschulaufenthalte	temporary school stays (abroad)
Garantievertrag	guarantee agreement
Gaststättenerlaubnis	restaurant licence
Gaststättengesetz	Restaurants' Licence Act, Licencing Act
Gaststättengewerbe	hospitality industry
Gaststättenrecht	restaurants' licence law
Gastwirt	landlord
Gastwirtshaftung	inkeeper's liability
Gegenbeweis	counter-evidence, proof of the contrary
Gegenleistung	consideration
gegenseitiger Vertrag	synallagmatic contract

geistiges Eigentum	Intellectual Property (IP)
Geldzahlungsanspruch	claim to cash payment
Geltungsbereich des Bürgerlichen Gesetzbuches	area of application of the German Civil Code
gemeines Recht	common law
gemeinsamer Markt	common market
gemischte Finanzierung	mixed financing
Generalklauseln	general clauses
Genossenschaft	Cooperative
geographischer Rechtsraum	geographic jurisdiction
Gericht	court
gerichtliches Mahnverfahren	judicial dunning proceedings
Gerichtsprozess	lawsuit
Gesamtbild des Betriebes	overall picture of the business
Gesamtheit von mindestens zwei verschiedenen Arten von Reiseleistungen für den Zweck derselben Reise	a combination of at least two different types of travel services for the purpose of the same trip
Geschäfts- und/oder Privatkunden/Fluggäste	business and/or private clients/airline passengers
Geschäftsbeziehungen zwischen Unternehmen zu Mitarbeitern	Business-to-Employee, B2E
Geschäftsbeziehungen zwischen Unternehmen zu Unternehmen	Business-to-Business, B2B
Geschäftsbeziehungen zwischen Unternehmen zu Verbrauchern	Business-to-consumer, B2C
Geschäftsbeziehungen zwischen Unternehmen zur öffentlichen Verwaltung	Business-to-Administration, B2A
Geschäftsbesorgungsvertrag	agency agreement, business management contract
Geschäftsengel	business angels
Geschäftsplan	Business Plan, Business Case
Geschäftsreisen	business trips
geschriebenes primäres EU-Recht	written primary EU-law

Gesellschaft	corporation, company
Gesellschaft bürgerlichen Rechts (GbR)	partnership organised under the German Civil Code
Gesellschaft mit beschränkter Haftung (GmbH)	limited liability company
Gesellschaftsrecht	company law
Gesellschaftsvertrag	articles of association
Gesetz betreffend Gesellschaft mit beschränkter Haftung	Limited Liability Company Act
Gesetz gegen den unlauteren Wettbewerb (UWG)	Act against Unfair Competition
Gesetz gegen Wettbewerbsbeschränkungen (GWB)	Act against Restraints of Competition
Gesetze	laws, statutes
Gesetzesmaterialien	statutory materials
gesetzlich (reguliertes) Gewerbe	regulated trade
gesetzliche Haftung	statutory liability
Gewährleistungsrechte	representations, warranties
Gewerbeamt	Trade Office
Gewerbeanmeldung	trade registration
Gewerbeordnung	Industrial Code
Gewerberecht	industrial law
gewerblicher Gastwirt	commercial landlord
gewerblicher Gelegenheitsverkehr	commercial charter (flight) companies
Gewohnheitsrecht	customary law
gewöhnlicher Aufenthalt	habitual residence
Globaltourismus	global tourism
Grad der Nutzungsbeeinträchtigung	degree of impairment of use
Gründungs- und Kostenaufwand	formation and organizational costs
Gruppenreise	group tours, group trips
Günstigkeitsprinzip	benefit principle, principle whereby the claimant has the burden of proof for the facts underpinning his legal claim, benefit-of-the-doubt-principle

Gutachtenstil	form and writing style of a legal opinion
Gutscheine	vouchers
Haftpflichtgesetz (HPflG)	Liability Act
Haftung des Gastwirtes	landlord's liability
Haftungsausschluss	exemption from liability
Haftungsausschlüsse dem Grunde nach	exclusions of liabilities on the merits
Haftungsbefreiungsklauseln	waiver of liability clauses
Haftungsbeschränkungen	limitations of liabilities
Handelsbrauch	commercial custom, commercial practice
Handelsgesetzbuch	Commercial Code
Handelskriege	trade wars
Handelsmakler	commercial broker
Handelsrecht	commercial law
Handeslvertreter	sales agent, commercial agent
Handelsvertreterrecht	law on commercial agents
Handelszölle auf bestimmte Importgüter	tariff duties on certain imports
Hauptleistungspflicht	main contractual duty
(Haupt-)Reisezweck	main purpose of travelling
Herkunfts- und/oder Destinationsland	country of origin and/or destination country
herrschende Rechtsprechung	prevailing case law
höchstpersönliche Schadensersatzansprüche	personal claims for damages
höhere Gewalt	force majeure, act of god
Hotellerie	hospitality
Humanismus	humanism
implementiert	implemented
in fremdem Namen	acting in a third party's name
Individualreise	individual travel(ling)
Individualreiserecht	individual travel law

Informationspflicht(en)	duty/duties of information
Informationsverordnung zum VVG (VVG-InfoV)	Legal Ordinance on VVG-Related Information
Inländerbehandlungsgrundsatz	Recognition Principle
inländischer Gerichtsstand	domestic venue of jurisdiction
Insolvenz	insolvency
Insolvenzrecht	insolvency law
Insolvenzschutz	insolvency protection
international	international
internationale Gastschulaufenthalte	international guest school attendance
internationale Handelskammer	International Chamber of Commerce (ICC)
internationale Handelsklauseln	International Commercial Terms
internationale Organisation	international organization
Internationale Organisation für Normung	International Organization for Standardization (ISO)
Internationaler Schiedsgerichtshof	International Court of Arbitration
Internationaler Währungsfonds	International Monetary Fund (IMF)
Internationales Privatrecht (IPR)	Private International Law (PIL)
ius gentium	law of peoples
juristische Personen	legal entities
Kantinen	canteens
Kapitalbeteiligungsgesellschaften	Private Equity Companies
Kapitalgeber	investors
Kapitalgesellschaft	incorporated company
Kartellrecht	cartel law, antitrust law
Kartellverbot	prohibition of cartels, ban on cartels
Kaufmann, Kauffrau	merchant, businessman, businesswoman
Kausalität	causality
Kavaliere	gentlemen
Klageschrift	statement of claim, writ

Klassenfahrt	school trip
kleinstes gemeinsames Vielfaches	smallest common denominator
Kollektivverträge	collective agreements
Kollisionsrecht	conflict of laws
Kommanditgesellschaft (KG)	private limited partnership
Kommanditgesellschaft auf Aktien (KGaA)	partnership limited by shares
konkrete Stornoentschädigung	specific cancellation fee
Kontingentverträge	allocation agreements
Körperschaften	corporations
Kündigung wegen höherer Gewalt	cancellation due to force majeure
Kundenbindungsprogramme	loyalty programmes
Kündigung wegen Mangels	termination of contract for deficits
Kur	trip to undergo medical treatment
Landgericht	district court, (higher) regional court, county court
Lebensmittelrecht	food law
Leistung	performance
Leistung an Erfüllung statt	performance in lieu of fulfillment
Leistungserfolg	performance, success
Leistungspunkte	Credit Points
Leistungsstörungen	impairments of performance
Leistungsträger	service provider
lex mercatoria	lex mercatoria
Liberalisierung des internationalen Dienstleistungsverkehrs	liberalisation of international trade services
Luftbeförderungsrecht	air transportation law
Luftbeförderungsvertrag	contract for air transport
Luftverkehrsgesetz (LuftVG)	Air Traffic Act
Mängelprotokoll	list of travel deficits
Marktmissbrauchsaufsicht	abuse of a dominant position control
Mediationsverfahren	mediation
Meistbegünstigungsgrundsatz	Most-Favoured-Nation Treatment Principle (MFNT)

Miet,- Dienst-, Kauf- und Verwahrungsvertragsrecht	contract law regarding tenancy, service, purchase and deposit
Mietrecht	tenancy law
Minderung des Reisepreises	reduction of travel price
Minderung des Zimmerpreises	reduction of room price
Minderungsanspruch	claim to reduction
Missbrauchsaufsicht	abuse control
mit oder ohne Verpflegung	with or without board
Mitwirkungspflicht, Mitwirkungsobliegenheit	obligation to co-operate
multilateral	multilateral
mündlich	orally
Näheverhältnis	proximate relationship
nationales Bundesrecht	federal law
nationales Recht	national law
natürliche Person	natural person
Naturrecht	divine law, law of nature
Nebenpflichten	ancillary duties
nicht abgelehnt	persistent objector
nicht einklagbare gesetzliche Obliegenheit	non-actionable statutory obligation
nicht streitiger Weg	non-contentious approach
Nichtbenutzung	no show
Nichteignung für den vertraglich vorausgesetzten oder gewöhnlichen Nutzen	disqualification for the contractually provided benefit or for ordinary use
nichteheliche Lebensgemeinschaft	non-marital partnership
Nichterscheinen zur Abreise	no show
Niederlassungsfreiheit	freedom of establishment
Nichtleistung oder Leistung mit „unangemessener Verspätung“	non-performance or performance with undue delay
Niederlassung in Deutschland	branch office in Germany
Obhutspflichten	duties of care
objektives Recht	objective law

Offene Handelsgesellschaft (OHG)	general partnership
Öffentlicher Personennahverkehr (ÖPNV)	public transportation
öffentliches Recht	public law
öffentlich-rechtlich	subject to public law
öffentlich-rechtliche Ermächtigungsgrundlage	basis of authorization under public law
ohne Stornoentschädigung	without cancellation fee
ökonomische Betätigungen und/oder Leistungen	economic actions and/or performances
Optionsverträge	option agreements
Organisation eines geregelten Schulbesuchs	organization of regular school attendance
Organisationspflichten	duties of organization
Pandekten	Pandects
Partnerschaftsgesellschaft (PartG)	limited liability partnership
passivlegitimiert	capacity to be defendant in a lawsuit
Pauschalreisen	package travel, package holidays, package tours, packages
(Pauschal-)Reiseaktivitäten	package travel activities
Pauschal- und Individualreise	Package tour and individual tour
Pauschalreisevertragsrecht	Packages Contract Law
Pauschalreiserichtlinie	Package Travel Directive
Personalitätsprinzip	personality principle
Personenbeförderungsgesetz (PBefG)	Passengers Transportation Act
Personengesellschaften	partnerships
Personenschäden	personal injuries
Pflichten	duties, obligations
plurilateral	plurilateral
positive Vertragsverletzung	positive violation of a contractual duty
positives (Gesetzes-)Recht	positive law
Präsidentschaftserklärung	Presidential Order

Präzedenzfälle	precedent cases
Preisänderungen	price changes
Prinzip der freien Rechtswahl	free choice of law principle
private Gastgeber	private hosts, private landlords
Privatrecht	private law
privatrechtliche Anspruchs-grundlage	basis for claim under private law
privat-rechtlicher Vertragspartner	contractual partner under private law
Privatsphäre	private sphere
Produktinformationsblatt (PIB)	product information leaflet
Produzenten der Reiseleistungen	producer of travel services
Prozessrecht	procedural law
qualitative und/oder quantitative Abweichung der Ist- von der Soll-beschaffenheit	deviation of actual quality and/or quantity from warranted quality standard(s) and/or quantity
Querschnittsrecht	cross-sectional law
Ratifikation	ratification
Recht	law, right
Recht des Staates, in dem die (unbewegliche) Mietsache belegen ist	a tenancy of immovable property shall be governed by the law of the country where the property is situated
rechtlich und wirtschaftlich selbstständiges Unternehmen	a legally and economically separate entity
rechtlicher Schwerpunkt	legal emphasis, legal focus
Rechtsbegriffe	legal terms
Rechtsbeziehungen	legal relationships
Rechtsfähigkeit	legal capacity
Rechtsgrundverweisung	referal not merely to the legal consequence but also to the legal grounds in another legal provision
Rechtsquellen	sources of law
rechtswirksam	legally binding
regelmäßige Verjährungsfrist	general statutory period of limitation

Reichskammergericht	Supreme Court of the Holy Roman Empire of the German Nation
Reiseabbruchversicherungen	insurances regarding travel cancellation during the booked holiday period
Reisebestätigung	travel confirmation
Reisebüro	travel agency
Reisecharakter	journey character
Reisefreiheit	travel freedom
Reisegepäckversicherungen	travel luggage insurances
Reisegutschein	travel voucher
Reisekönigtum	travel kings
Reisekrankenversicherung	travel health insurances
Reiseleistung	travel service
Reiseleistungen eines Dritten	a third party's travel services
Reisemängel	travel deficiencies, travel deficits
Reise(ver)mittler	travel agency, retailer of travel services and other tourism services; retailer of packages combined by an organizer
Reisevermittlung	retailing of packages combined by an organizer
Reisender	traveller
Reisepreis	price for package tour
Reiserecht	travel law
Reiserücktransportkosten-versicherung	return transport cost insurance
Reiserücktrittsversicherung	insurances regarding travel cancellation until the departure date
Reiseunfallversicherung	travel accident insurances
Reiseveranstalter	organiser, tour operator
Reisevermittler Reisevermittlung	retailer, travel tour intermediary, travel agent retailing of packages combined by an organiser

Reisevermittlungsrecht	law on retailers of travel and other tourism services
Reiseversicherungsrecht	travel insurance law
Reisevertrag	travel contract
Reisewarnungen	travel warnings
Reservierungsverträge	hotel reservation agreements
Restzahlung des Reisepreises vor Reiseantritt	outstanding payment of package tour price before travel departure
Revision	appeal on points of law
Rezeption	reception
Richterrecht	case law, law developed by the courts
Richtlinie (RL)	Directive(s) (Dir)
Richtlinie 90/314/EWG des Rates vom 13.6.1990 über Pauschalreisen	Council Directive 90/314/EEC of 13 June 1990 on package travel, package holidays and package tours
Richtlinie (EU) 2015/2302 des Europäischen Parlaments und des Rates vom 25. November 2015, über Pauschalreisen und verbundene Reiseleistungen, [...]	Directive (EU) 2015/2302 of the European Parliament and of the Council of 25 November 2015 on package travel and linked travel arrangements, [...]
Risikosphäre des Reiseveranstalters	risk sphere of the tour operator
römisches Recht	Roman law
Rücktritt vor Reisebeginn	cancellation before departure date
Rücktrittsfrist	rescission deadline
Rücktrittsvorbehalt	rescission proviso
Schadensersatz wegen Nichterfüllung	damages for non-performance
Schadensersatzansprüche aus unerlaubter Handlung	claims for damages based on tort (delict)
Schadensersatzansprüche für nutzlos aufgewendete Urlaubszeit (immaterieller Schaden)	damages for holiday time passed in vain, moral prejudice
Schätzung entsprechender Reisepreisminderungen der Höhe nach	evaluation of travel price reduction
Schengener Abkommen	Schengen Acquis

Schiedsklausel	arbitration clause
Schiedsstelle, Schiedsgericht	arbitration tribunal
Schiedsverfahren	arbitration
Schiedsregeln der Internationalen Handelskammer	ICC Arbitration Rules
Schlüsselgewalt	agency implied in fact
schriftlich	in writing, written form
Seidenstraße	silk route
Selbstabhilfe	self-remedy, self-help remedy, self-redress
Seyahatname	Book of Travels
Sicherungsschein	risk coverage certificate
Societas Cooperativa Europaea (SCE)	European Cooperative Society (ECS)
Societas Europaea (SE)	European Company
Sonderorganisation der Vereinten Nationen	United Nations Specialized Agency
Sonderprivatrecht der Kaufleute	specific private law concerning business people/entities
Sonderverjährungsfristen	special statutory periods of limitation
Sonderziehungsrechte (SZR)	Special Drawing Rights (SDR)
sonstiges Tourismusrecht	other tourism law
Sorgfalts-/Informationspflichten	duty of care, duty to furnish information
Souveränitätsrechte	sovereign rights
Sozialgerichtsgesetz (SGG)	Social Court Procedure Code
Sozialrecht	social law
spezielle Gewährleistungsvorschriften	special warranty provisions
Staatenverbund	association of states
staatliche Einrichtungen/Behörden	state authorities
Stamm-/Haftungskapital	share capital, capital stock, registered capital
stationäre Reisebüros	high street traders/travel agencies

Status des Internationalen Gerichtshofes	Statute of the International Court of Justice
Stellungnahmen	opinions
Stellvertreter der Gruppenmitglieder	agent of the group members
Steuerrecht	tax law
Stiftung	foundation, trusts
stille Gesellschaft (stG)	silent partnership
stillschweigend vereinbartes Rücktrittsrecht	implicitly agreed right to rescission
Stornierung	cancellation
Stornierungsrechte vor Abreise	cancellation rights before departure
Stornopauschale	cancellation flat rate
Strafprozessordnung (StPO)	Code of Criminal Procedure
Strafrecht	criminal law
Straßenverkehrsgesetz (StVG)	Road Traffic Act
streitiger Weg	contentious approach
Streitschlichtung bei Handelskonflikten/internationale Schiedsverfahren	international commercial arbitration
Streitwert	value in dispute
subjektives Recht	subjective law, entitlement claim
subnationales (Landes-)Recht	subnational law of the German states
subsidiär, d. h. als Hilfsquellen, Gerichtsentscheidungen und Völkerrechtslehre	judicial decisions and the teachings of the most highly qualified publicists of the various nations, as subsidiary means for the determination of rules of law
substantiierter Klagevortrag	substantiated submission of claim
supranationale Organisation	supranational organization
supranationales Recht	supranational law
Tagesreisepreis	travel price per day
Teilpauschalreise	part package tour
Teilrechtsfähigkeit	partial legal capacity
Territorialitätsprinzip	territoriality principle

Tour	tour
Tourismus	tourism
Tourismusbranche	tourism sector
Tourismusrecht	tourism law
Tourismusrecht i. e. S.	tourism law in the narrower sense
Touristik/touristisch	touristic
touristische Natur	touristic nature
touristisches Dreieck	touristic triangle
touristisches Viereck	touristic quadrangle
transnational	transnational
transnationales Handelsrecht	transnational commercial law
transnationales Recht	transnational law
Transparenzgebot	transparency requirement
Transportrecht bezogen auf Fracht-, Speditions- und Lagergeschäfte	transportation law with respect to freight, shipping and warehousing businesses
typengemischter Vertrag	mixed type of contract
Über-/Unterordnungsverhältnis	vertical relationship, relationship of subordination
Übereinkommen über den Internationalen Bahnverkehr (COTIF)	Convention concerning International Carriage by Rail
Übereinkommen über den internationalen Handel mit gefährdeten Arten freilebender Tiere und Pflanzen	Convention on International Trade in Endangered Species of Wild Fauna and Flora (CITES, WA)
Übereinkommen über handelsbezogene Aspekte der Rechte am geistigen Eigentum	Agreement on Trade-Related Aspects of Intellectual Property Rights (TRIPS)
Übereinkommen zur Vereinheitlichung bestimmter Vorschriften über die Beförderung im Internationalen Luftverkehr vom 28.05.1999 (Montrealer Übereinkommen – MÜ)	Convention for the Unification of certain rules relating to international carriage by air of 28 May 1999, Montreal Convention
übliche Provision	normal commission rate
Umfeldrisiko	surrounding risk

Umweltbeobachtungspflicht	duty to observe the environment
Unannehmlichkeiten	inconvenience
unbeschränkte Haftung des Gastwirts	landlord's unlimited liability
unbestimmte Rechtsbegriffe „unvermeidbare und außergewöhnliche Umstände" (Art. 3 Nr. 12 RL (EU) 2015/2302)	unspecific (general) legal terms ‚unavoidable and extraordinary circumstances' (Art. 3 (12) Reg (EU) 2015/2302)
nicht abgelehnt	persistent objector
unerlaubte Handlung	tort, delict
ungeschriebenes EU-Primärrecht	unwritten primary EU-law
Unmöglichkeit	impossibility of performance
Unterbringung	accommodation
Unterbringung des Gastschülers bei einer Gastfamilie	guest student's lodging with a host family
unterlassene Aufklärung über Einreisebestimmungen	failure to provide information on entry requirements
Unterkunft/Übernachtung	accommodation, lodging, overnight stay(s)
Unternehmen des Fluglinienverkehrs	flight line traffic companies
Unternehmenssanierung	company turn-around
Unternehmer	entrepreneur
Unternehmergesellschaft (UG) (haftungsbeschränkt)	enterprise company (with limited liability)
unverbindliche Konditionenempfehlungen	recommended non-binding template G's & T's
unverbindliche Musterbedingungen	non-binding template terms and conditions
Urteilsstil	form and writing of a court ruling
Vorauszahlung	advance payment
Verbandsklage der Verbraucherzentrale Bundesverband (VZBV)	representative action by the Federation of German Consumer Organizations
verbindliche Anfragebuchung	binding reservation request

verbindlicher Reservierungsvertrag	binding reservation agreement
Verbraucher	consumer
verbraucherfreundlicher Schutzzweck des Pauschalreisevertragsrechts	consumer-friendly goal of the law applying to package tour holidays
Verbraucherrisiken	consumer risks
Verbraucherschutz	consumer protection
verbundene Reiseleistung(en)	linked travel arrangement(s)
Verfallfrist	expiration deadline
Verfassungsrecht	constitutional law
Vergabe öffentlicher Aufträge	public procurement
Vergaberecht	public procurement law
Verhaltenskodex	Global Code of Ethics
Verhältnismäßigkeitsprinzip	principle of proportionality
Verjährungshemmung	suspension of the limitation period
Verkehrssicherungs-/Aufklärungspflichten	duty of care, duty to furnish information
Verkehrssicherungspflicht	violation of a duty of care to maintain safety, duties to maintain safety
Verkehrssicherungspflichten bei der Überwachung gefährlicher Anlagen	duties to maintain safety in terms of checking dangerous (sport) constructions
Verletzung von Verkehrssicherungspflichten	violation of duties of care to maintain safety, violation of duties to maintain safety
vermittelte Leistung	retailed performance
Vermittler einer verbundenen Reiseleistung	trader facilitating a linked travel arrangement
Vermittlung verbundener Reiseleistungen	trading of linked travel arrangements
vermittelte Fremdleistungen	mediated external services
Vermittlerklausel	agency provision, brokerage provision
Vermittlung	by way of agency, intermediation

Verordnung (EG) Nr. 889/2002 des Europäischen Parlaments und des Rates vom 13.05.2002 zur Änderung der Verordnung (EG) Nr. 2027/97 des Rates über die Haftung von Luftfahrtunternehmen bei Unfällen	Regulation (EC) No 889/2002 of the European Parliament and of the Council of May 13 May 2002 amending Council Regulation (EC) No 2027/97 on air carrier liability in the event of accidents
Verordnungen (VO)	Regulations (Reg)
Verrichtungsgehilfen	vicarious agents
Verschulden zugerechnet	attribution of blame, vicarious liability
verschuldensabhängige Haftung des Gastwirts für eingebrachte Sachen des Gastes	landlord's liability regardless of negligence or fault for things brought by the guest
verschuldensabhängiger Schadensersatz	damages based on negligence or fault
verschuldensunabhängige (Garantie-)Haftung für Schifffahrtsereignisse	strict liability regardless of negligence or fault, guarantee liability for ship-related incidents
verschuldungsabhängig	fault-based liability, liability requiring intentional or negligent commitment
verschuldungsunabhängige Erfolgshaftung	strict liability regardless of negligence or fault, guarantee liability
Versicherungsbedingungen	insurance terms and consitions
Versicherungsinformationsblatt (VIB)	insurance information leaflet
Versicherungspflichten	Insurance duties
Versicherungsunternehmen	insurance companies
Versicherungsverbände	insurance associations, underwriting associations
Versicherungsvermittlerverordnung (VersVermV)	Legal Ordinance on Insurance Salesmen
Versicherungsvertrag	insurance contract
Versicherungsvertragsgesetz (VVG)	Insurance Contract Act
Vertrag zulasten Dritter	contract to the detriment of a third parties
Vertrag zugunsten Dritter	contract for the benefit of a third party

Verträge über fremde Reiseleistungen	contracts referring to third party travel services or packages combined by an organiser
vertragliche Haftung	contractual liability
vertragliche Mitwirkungspflicht	contractual duty of cooperation
vertragliche Nebenpflichten	secondary contractual obligations
vertragliche Rücksichtnahmepflicht	contractual duty of considerateness
vertragliche und/oder gesetzliche Ansprüche	contractual and/or statutory claims
vertraglicher Erfüllungsanspruch	contractual claim for performance
vertragliches Abtretungsverbot	contractual prohibition of assignment
Vertragsfreiheit	freedom of contract
Vertragsschluss	conclusion of contract
Vertragsverhandlungen	contract negotiations
Vertragswidrigkeit	lack of conformity
Vertriebsgeschäft	distribution business
Verwaltungsakte (VA)	administrative decisions
Verwaltungsgerichtsordnung (VwGO)	Administrative Court Procedure Code
Verwaltungsrecht	administrative law
Verzug	default of performance
14-tägige Widerrufsfrist	right of rescission within 14 days
Visakodex	Visa Codex
Vollharmonisierung	full harmonisation
Völkergewohnheitsrecht	international custom
Völkerrecht	international law, law of nations, public international law
Völkerrechtssubjekt(e)	subject(s) to international law
völkerrechtliche Beziehungen	international relations between states
völkerrechtliche Verträge	international conventions
Volksentscheid	referendum
Vollpauschalreise	full package tour
Rechtsüberzeugung	opinio iuris

von den Kulturvölkern allgemein anerkannte Rechtsgrundsätze	the general principles of law recognized by civilized nations
Vorvertrag	precontract, letter of intent
Wahlgerichtsstand	choice of jurisdiction venue, forum shopping
Währungskorb	currency basket
Wallfahrtstourismus	pilgrimage tourism
Warschauer Abkommen (WA)	Convention for the Unification of rules relating to international carriage by air of 12 October 1929, Warsaw Convention
Weltbank	World Bank
Welthandelsorganisation	World Trade Organization (WTO)
Welthandelsrecht	World Trade Law
Welttourismusorganisation	United Nations World Tourism Organization – UNWTO
Werkvertrag	contract for work and labour
werkvertragsähnlicher Vertrag	contract similar to a contract for work and labour
Wettbewerbsaufsicht	competition control
Wettbewerbsrecht	competition law
wichtiger Grund	cause
Wiedergeburt/(Zeitalter der) Renaissance	Renaissance (Age)
zahnloser Tiger	toothless tiger
Zielgebiet	destination area
Zivilprozessordnung (ZPO)	Code of Civil Procedure
Zollrecht	customs law
Zugang	service upon recipient
zusätzliche Informationspflichten	duties regarding additional information requirements
zweiseitig	bilateral

Glossar [englisch/deutsch]

Englisch	Deutsch
a combination of at least two different types of travel services for the purpose of the same trip	eine Kombination von mindestens zwei verschiedenen Arten von Reiseleistungen für den Zweck derselben Reise
a legally and economically separate entity	ein rechtlich und wirtschaftlich selbstständiges Unternehmen
a tenancy of immovable property shall be governed by the law of the country where the property is situated	Recht des Staates, in dem die (unbewegliche) Mietsache belegen ist
a third party's travel services	Reiseleistungen eines Dritten
abuse of a dominant position control	Marktmissbrauchsaufsicht
abuse control	Missbrauchsaufsicht
accommodation	Unterbringung
accommodation contract, accommodation agreement, lodging agreement	Beherbergungsvertrag
accommodation industry, hotel industry	Beherbergungsgewerbe
accommodation law	Beförderungsrecht bezogen auf Beherbergungsrecht
accommodation, lodging, overnight stay(s)	Unterkunft / Übernachtung
Act against Unfair Competition	Gesetz gegen den unlauteren Wettbewerb (UWG)
Act against Restraints of Competition, Competition Act	Gesetz gegen Wettbewerbsbeschränkungen (GWB)
acting in a third party's name	in fremdem Namen
Administrative Court Procedure Code	Verwaltungsgerichtsordnung (VwGO)

administrative decisions	Verwaltungsakten (VA)
administrative law	Verwaltungsrecht
adoption, acceptance	Annahme
advance payment	Vorauszahlung
agency agreement	Agenturvertrag
agency agreement, business management contract	Geschäftsbesorgungsvertrag
agency implied in fact	Schlüsselgewalt
agency provision, brokerage provision	Vermittlerklausel
agent of the group members	Stellvertreter der Gruppenmitglieder
Agreement on Trade-Related Aspects of Intellectual Property Rights (TRIPS)	Übereinkommen über handelsbezogene Aspekte der Rechte am geistigen Eigentum
Air Traffic Act	Luftverkehrsgesetz (LuftVG)
air transportation law	Luftbeförderungsrecht
allocation agreements	Kontingentverträge
allotment agreements	Allotmentverträge
ancillary duties	Nebenpflichten
appeal on points of law	Revision
appeal on question of fact and law	Berufung
applicant's liability	Anmeldehaftung
arbitration	Schiedsverfahren
arbitration clause	Schiedsklausel
arbitration tribunal	Schiedsstelle, Schiedsgericht
articles of association	Gesellschaftsvertrag
as evidence of a general practice accepted as law (consuetudo)	als rechtlicher Beweis für eine über lange Zeit geübte Praxis (Gewohnheitsrecht)
assigned	abgetreten
assistant employed by the debtor in the performance of his obligation, vicarious agent	Erfüllungsgehilfe

assistants employed by the debtor in the performance of his obligation, vicarious agents	Erfüllungsgehilfen
association of states	Staatenverbund
attribution of blame, vicarious liability	Verschulden zugerechnet
aviation law	Flugbeförderungsrecht
ban on cartels	Kartellverbot
basis for claim under private law	privatrechtliche Anspruchsgrundlage
basis of authorization under public law	öffentlich-rechtliche Ermächtigungsgrundlage
benefit principle, principle whereby the claimant has the burden of proof for the facts underpinning his legal claim, benefit-of-the-doubt-principle	Günstigkeitsprinzip
BGB-Ordinance on Information Duties	BGB-Informationspflichten-Verordnung (BGB-InfoV)
‚best price' clause	Bestpreisklausel
bilateral	zweiseitig
binding reservation agreement	verbindlicher Reservierungsvertrag
binding reservation request	verbindliche Anfragebuchung
Book of Travels	Seyahatname
booking	Buchung
booking confirmation	Buchungsbestätigung
brain drain	Abwanderung hochqualifizierter Gelehrter
branch office in Germany	Niederlassung in Deutschland
burden of proof	Beweislast
burden of proof reversal for the benefit of the traveller	Beweislastumkehr zugunsten des Reisenden
business and/or private clients/airline passengers	Geschäfts- und/oder Privatkunden/Fluggäste
Business Angels	Geschäftsengel

business plan, business case	Geschäftsplan
Business-to-Administration, B2A	Geschäftsbeziehungen zwischen Unternehmen und öffentlicher Verwaltung
Business-to-Business, B2B	Geschäftsbeziehungen zwischen Unternehmen zu Unternehmen
Business-to-Consumer, B2C	Geschäftsbeziehungen zwischen Unternehmen zu Verbrauchern
Business-to-Employee, B2E	Geschäftsbeziehungen zwischen Unternehmen zu Mitarbeitern
business trips	Betriebsreisen, Geschäftsreisen
by way of agency, intermediation	Vermittlung
cancellation	Stornierung
cancellation before departure date	Rücktritt vor Reisebeginn
cancellation due to force majeure	Kündigung wegen höherer Gewalt
cancellation flat rate	Stornopauschale
cancellation rights before departure	Stornierungsrechte vor Abreise
canteens	Kantinen
capacity risk	Auslastungsrisiko
capacity to act as claimant in a lawsuit	aktivlegitimiert
capacity to be defendant in a lawsuit	passivlegitimiert
cartel law, antitrust law	Kartellrecht
case law	Fallrecht
case law, law developed by the courts	Richterrecht
caterers	Caterer
causality	Kausalität
cause	wichtiger Grund
choice of jurisdiction venue, forum shopping	Wahlgerichtsstand
Civil Code	Bürgerliches Gesetzbuch (BGB)
civil law	Bürgerliches Recht
claim to cash payment	Geldzahlungsanspruch

claim to reduction	Minderungsanspruch
claims for damages based on tort (delict)	Schadensersatzansprüche aus unerlaubter Handlung
Code of Civil Procedure	Zivilprozessordnung (ZPO)
Code of Criminal Procedure	Strafprozessordnung (StPO)
collective agreements	Kollektivverträge
commercial broker	Handelsmakler
commercial charter flight companies	gewerblicher Gelegenheitsverkehr
Commercial Code	Handelsgesetzbuch
commercial custom, commercial practice	Handelsbrauch
commercial landlord	gewerblicher Gastwirt
commercial law	Handelsrecht
common law	gemeines Recht
common market	gemeinsamer Markt
company law	Gesellschaftsrecht
company turn-around	Unternehmenssanierung
compensation	Entschädigung
competition control	Wettbewerbsaufsicht
competition law	Wettbewerbsrecht
compulsory insurance	Versicherungspflichten
Convention concerning International Carriage by Rail	Übereinkommen über den Internationalen Bahnverkehr (COTIF)
conclusion of contract	Vertragsschluss
conflict of laws	Kollisionsrecht
consideration	Gegenleistung
constitutional law	Verfassungsrecht
consumer	Verbraucher
consumer protection	Verbraucherschutz
consumer risks	Verbraucherrisiken
consumer-friendly goal of the law applying to package tour holidays	verbraucherfreundlicher Schutzzweck des Pauschalreisevertragsrechts

contentious approach	streitiger Weg
contract broking, contract procuring	vermittelt
contract for air transport	Luftbeförderungsvertrag
contract for the benefit of a third party	Vertrag zugunsten Dritter
contract for work and labour	Werkvertrag
contract laws regarding tenancy, service, purchase and deposit	Miet,- Dienst-, Kauf- und Verwahrungsvertragsrecht
contract negotiations	Vertragsverhandlungen
contracts referring to third party travel services or packages combined by an organiser	Verträge über fremde Reiseleistungen oder Pauschalreiseverträge
contract to the detriment of third parties	Vertrag zulasten Dritter
contractual and/or statutory claims	vertragliche und/oder gesetzliche Ansprüche
contractual claim for performance	vertraglicher Erfüllungsanspruch
contractual duty of considerateness	vertragliche Rücksichtnahmepflicht
contractual duty of cooperation	vertragliche Mitwirkungspflicht
contractual liability	vertragliche Haftung
contractual partner under private law	privat-rechtlicher Vertragspartner
contractual prohibition of assignment	vertragliches Abtretungsverbot
Convention for the unification of certain rules relating to international carriage by air of 28 May 1999, Montreal Convention	Übereinkommen zur Vereinheitlichung bestimmter Vorschriften über die Beförderung im Internationalen Luftverkehr vom 28.05.1999 (Montrealer Übereinkommen – MÜ)
Convention for the unification of rules relating to international carriage by air of 12 October 1929, Warsaw Convention	Warschauer Abkommen (WA)

Convention on International Trade in Endangered Species of Wild Fauna and Flora (CITES, WA)	Übereinkommen über den internationalen Handel mit gefährdeten Arten freilebender Tiere und Pflanzen
cooperative	Genossenschaft
corporation, company	Gesellschaft
corporations	Körperschaften
Council Directive 90/314/EEC of 13 June 1990 on package travel, package holidays and package tours	Richtlinie (90/314/EWG) des Rates vom 13.6.1990 über Pauschalreisen (EG-Pauschalreise-RL)
counter-evidence, proof of the contrary	Gegenbeweis
county court (also higher regional court or district court)	Landgericht
country of origin and/or destination country	Herkunfts- und/oder Destinationsland
court	Gericht
Credit Points	Leistungspunkte
criminal law	Strafrecht
cross-sectional law	Querschnittsrecht
currency basket	Währungskorb
customary law	Gewohnheitsrecht
customs and excise duties	Ein- und Ausfuhrzölle
customs law	Zollrecht
cut-off period	Ausschlussfrist
damages for holiday time passed in vain, moral prejudice	Schadensersatzansprüche für nutzlos aufgewendete Urlaubszeit (immaterieller Schaden)
damages for non-performance	Schadensersatz wegen Nichterfüllung
damages based on negligence or fault	verschuldensabhängiger Schadensersatz
debt capital	Fremdkapital
decisions	Beschlüsse
default of performance	Verzug

defendant(s)	Beklagte
deficits giving rise to impairment of use	Fehler mit Nutzungsbeeinträchtigung
degree of impairment of use	Grad der Nutzungsbeeinträchtigung
destination area	Zielgebiet
destination point	Bestimmungsort
deviation of actual quality and/or quantity from warranted quality standard(s) and/or quantity	qualitative und/oder quantitative Abweichung der Ist- von der Sollbeschaffenheit
Digest	Digesten
Directives (Dir)	Richtlinien (RL)
Directive (EU) 2015/2302 of the European Parliament and of the Council of 25 November 2015 on package travel and linked travel arrangements, [...] [see below Package Travel Directive]	Richtlinie (EU) 2015/2302 des Europäischen Parlaments und des Rates vom 25. November 2015, über Pauschalreisen und verbundene Reiseleistungen, [...] [s. u. Pauschalreiserichtlinie]
disqualification for the contractually provided benefit or for ordinary use	Nichteignung für den vertraglich vorausgesetzten oder gewöhnlichen Nutzen
district court (also higher regional court or district court)	Landgericht
distribution business	Vertriebsgeschäft
divine law, law of nature	Naturrecht
domestic tourism	Binnentourismus
domestic venue of jurisdiction	inländischer Gerichtsstand
duties of care	Obhutspflichten
failure to provide information on entry requirements	unterlassene Aufklärung über Einreisebestimmungen
duties of organization	Organisationspflichten
duties regarding additional information requirements	zusätzliche Informationspflichten
duties to maintain safety in terms of checking dangerous (sport) constructions	Verkehrssicherungspflichten bei der Überwachung gefährlicher Anlagen
duties, obligations	Pflichten

duty of care, duty to furnish information	Sorgfalts-/Informationspflichten, Verkehrssicherungs-/Aufklärungspflichten
duty/duties of information	Informationspflicht(en)
duty to observe the environment	Umweltbeobachtungspflicht
dynamic packaging	dynamische Bündelung/ dynamisches Buchen (von Reiseleistungen) in Echtzeit
economic actions and/or performances	ökonomische Betätigungen und/oder Leistungen
educational and research tourism	Bildungs- und Wissenschaftstourismus
enterprise company (with limited liability)	Unternehmergesellschaft (UG) (haftungsbeschränkt)
entrepreneur	Unternehmer
equity capital	Eigenkapital
equity law	Billigkeitsrecht
EU State aid rules	Beihilferecht
European Company	Societas Europaea (SE)
European Cooperative Society (ECS)	Societas Cooperativa Europaea (SCE)
European Court of Justice (ECJ)	Europäischer Gerichtshof (EuGH)
European Economic Interest Grouping (EEIG)	Europäische Wirtschafts- und Interessenvereinigung (EWIV)
European Union (EU)	Europäische Union
evaluation of travel price reduction	Schätzung entsprechender Reisepreisminderungen der Höhe nach
exceptional circumstances	außergewöhnliche Umstände
exclusions of liabilities on the merits	Haftungsausschlüsse dem Grunde nach
exemption from liability	Haftungsausschluss
expiration deadline	Verfallfrist
explicit agency declaration	ausdrückliche Vermittlererklärung
explicitly highlighted and separately signed declaration of liability	ausdrücklich hervorgehobene und gesondert unterzeichnete Haftungserklärung

fault-based liability, liability requiring intentional or negligent commitment	verschuldungsabhängig
Federal Administrative Court	Bundesverwaltungsgericht (BVerwG)
Federal Constitutional Court	Bundesverfassungsgericht (BVerfG)
Federal Fiscal Court	Bundesfinanzhof (BFH)
Federal Railway Authority	Eisenbahnbundesamt (EBA)
federal law	nationales Bundesrecht
fictitious travel price reduction quota	fiktive Minderungsquote
flight line traffic companies	Unternehmen des Fluglinienverkehrs
flight-related dangers	flugbetriebsbedingte Gefahren
food law	Lebensmittelrecht
force majeure, act of god	höhere Gewalt
form and writing of a court ruling	Urteilsstil
form and writing style of a legal opinion	Gutachtenstil
formation and organizational costs	Gründungs- und Kostenaufwand
formless, without having to observe a particular form	formfrei
foundation, trusts	Stiftung
free choice of law principle	Prinzip der freien Rechtswahl
free movement of capital and payments	freier Kapital- und Zahlungsverkehr
free movement of goods	freier Warenverkehr
free movement of persons	freier Personenverkehr
free movement of workers	Arbeitnehmerfreizügigkeit
free movement of services	freier Dienstleistungsverkehr
free professions	freie Berufe
freedom of contract	Vertragsfreiheit
freedom of establishment	Niederlassungsfreiheit
freedom of movement	Freizügigkeit
free retailers/travel agencies	freie Reisevermittler

full package tour	Vollpauschalreise
full harmonisation	Vollharmonisierung
G's and T's of the German Travel Association	Allgemeine Reisebedingungen des Deutschen Reiseverbandes (ARB-DRV)
General Accident Insurance Conditions	Allgemeine Unfallversicherungs-Bedingungen (AUB 2010)
general administrative law	allgemeines Verwaltungsrecht
General Agreement on Tariffs and Trade (GATT)	Allgemeines Zoll- und Handelsabkommen
General Agreement on Trade in Services (GATS)	Allgemeines Abkommen über den Handel mit Dienstleistungen
general clauses	Generalklauseln
General Data Protection Regulation	Datenschutz-Grundverordnung
general partnership	Offene Handelsgesellschaft (OHG)
general right to termination	allgemeines Kündigungsrecht
general risk of life	allgemeines Lebensrisiko
general statutory period of limitation	regelmäßige Verjährungsfrist
General Terms and Conditions (G's and T's) of Carriage	Allgemeine Beförderungsbedingungen (ABB)
General Terms and Conditions (G's and T's) for Travelling	Allgemeine Reisebedingungen
General Terms and Conditions for Travelling 2008	Allgemeiner Teil der Versicherungsbedingungen für die Reiseversicherung 2008 (AT-Reise 2008)
General Terms and Conditions for Travel Cancellation until the Departure 2002/2018	Allgemeine Bedingungen für Reiserücktrittskostenversicherungen 2002/2018 (ARBV 2002/2018)
General Terms and Conditions of Carriage, General Terms and Conditions for Flight Passages	Allgemeine Beförderungsbedingungen (ABB) Flugpassage
General Terms and Conditions regarding hotel lodging agreements	Allgemeine Geschäftsbedingungen für den Hotelaufnahmevertrag (AGB-Hotel 2009)
General Terms and Conditions, G's and T's	Allgemeine Geschäftsbedingungen (AGB)

gentlemen	Kavaliere
geographic jurisdiction	geographischer Rechtsraum
German Federal Cartel Office	Bundeskartellamt
German Institution of Arbitration	Deutsche Institution für Schiedsgerichtsbarkeit (DIS)
Global Code of Ethics	Verhaltenskodex
global tourism	Globaltourismus
going concern forecast	Fortbestehungsprognose
group tours, group trips	Gruppenreise
guarantee agreement	Garantievertrag
guest student's lodging with a host family	Unterbringung des Gastschülers bei einer Gastfamilie
habitual residence	gewöhnlicher Aufenthalt
hospitality	Hotellerie
high street traders/travel agencies	stationäre Reisebüros
hospitality industry	Gaststättengewerbe
hotel reservation agreements	Reservierungsverträge
Humanism	Humanismus
ICC Rules of Arbitration	Schiedsregeln der Internationalen Handelskammer (ICC)
impairments of performance	Leistungsstörungen
implemented	implementiert
implicitly agreed right to rescission	stillschweigend vereinbartes Rücktrittsrecht
impossibility of performance	Unmöglichkeit
in a way transparent to the travel customer	für den Reisenden erkennbare Art und Weise
in writing, written form	schriftlich
inconvenience	Unannehmlichkeiten
incorporated company	Kapitalgesellschaft
incorporation	Einbeziehung
individual case	Einzelfall
individual contract with prepayment insurance policy	Einzelvertrag mit Überweisungspolice

individual travel(ling)	Individualreise
Individual Travel Law	Individualreiserecht
Industrial Code	Gewerbeordnung
industrial law	Gewerberecht
inkeeper's liability	Gastwirtshaftung
Inland Water Transportation Act	Binnenschifffahrtsgesetz (BinSchG)
insolvency	Insolvenz
insolvency law	Insolvenzrecht
insolvency protection	Insolvenzschutz
insurance associations, underwriting associations	Versicherungsverbände
insurance companies	Versicherungsunternehmen
insurance contract	Versicherungsvertrag
Insurance Contract Act	Versicherungsvertragsgesetz (VVG)
insurance information leaflet	Versicherungsinformationsblatt (VIB)
insurance terms and consitions	Versicherungsbedingungen
insurances regarding travel cancellation during the booked holiday period	Reiseabbruchversicherungen
insurances regarding travel cancellation until the departure date	Reiserücktrittsversicherung
Intellectual Property (IP)	geistiges Eigentum
internal market	Binnenmarkt
international	international
International Chamber of Commerce – ICC	internationale Handelskammer
international commercial arbitration	Streitschlichtung bei Handelskonflikten, internationale Schiedsverfahren
International Commercial Terms	internationale Handelsklauseln
international conventions	völkerrechtliche Verträge
international custom	Völkergewohnheitsrecht
International Court of Arbitration	Internationaler Schiedsgerichtshof
international guest school attendance	internationale Gastschulaufenthalte

international law, law of nations, public international law	Völkerrecht
International Monetary Fund (IMF)	Internationaler Währungsfonds
international organization	internationale Organisation
International Organization for Standardization (ISO)	Internationale Organisation für Normung
international relations between states	völkerrechtliche Beziehungen
interpretation, construction	Auslegung
Introductory Code to the German Civil Code	Einführungsgesetz zum Bürgerlichen Gesetzbuch (EGBGB)
investors	Kapitalgeber
invitatio ad offerendum	Aufforderung zur Abgabe eines Angebots
journey character	Reisecharakter
judicial decision and the teachings of the most highly qualified publicists of the various nations, as subsidiary means for the determination of rules of law	subsidiär, d. h. als Hilfsquellen, Gerichtsentscheidungen und Völkerrechtslehre
judicial dunning proceedings	gerichtliches Mahnverfahren
Labour Court Procedures Code	Arbeitsgerichtsgesetz (ArbGG)
labour law	Arbeitsrecht
lack of conformity	Vertragswidrigkeit
lack of warranted characteristics, guaranteed quality	Fehlen zugesicherter Eigenschaften
landlord	Gastwirt
landlord's liability	Haftung des Gastwirts
landlord's liability regardless of negligence or fault for things brought by the guest	verschuldensabhängige Haftung des Gastwirts für eingebrachte Sachen des Gastes
landlord's unlimited liability	unbeschränkte Haftung des Gastwirts
law of peoples	ius gentium
law on commercial agents	Handelsvertreterrecht
law on retailers of travel and other tourism services	Reisevermittlungsrecht

law, right	Recht
laws, statutes	Gesetze
lawsuit	Gerichtsprozess
legal authorization	Ermächtigungsgrundlage
legal basis for claim	Anspruchsgrundlage
legally binding	rechtswirksam
legal capacity	Rechtsfähigkeit
legal emphasis, legal focus	rechtlicher Schwerpunkt
legal entities	juristische Person
Legal Ordinance on Insurance Salesmen	Versicherungsvermittlerverordnung (VersVermV)
Legal Ordinance on VVG-Related Information	Informationsverordnung zum VVG (VVG-InfoV)
legal relationships	Rechtsbeziehungen
legal terms	Rechtsbegriffe
lex mercatoria	lex mercatoria
Liability Act	Haftpflichtgesetz (HPflG)
liability disclaimers	Freizeichnungen
liberalisation of international trade services	Liberalisierung des internationalen Dienstleistungsverkehrs
limitations of liabilities	Haftungsbeschränkungen
limited liability company	Gesellschaft mit beschränkter Haftung (GmbH)
Limited Liability Company Act	Gesetz betreffend die Gesellschaft mit beschränkter Haftung
limited liability partnership	Partnerschaftsgesellschaft (PartG)
linked travel arrangement(s)	verbundene Reiseleistung(en)
list of travel deficits	Mängelprotokoll
lodging facility, accommodation facility	Beherbergungseinrichtung
local court (also lower regional court)	Amtsgericht
loyalty programmes	Kundenbindungsprogramme
main contractual duty	Hauptleistungspflicht

main purpose of travelling	(Haupt-)Reisezweck
making of two congruent declarations of intent	Abgabe zweier inhalts-/deckungsgleicher Willenserklärungen
marine and shipping law	Schiffsbeförderungsrecht
means of distance communication	Fernkommunikationsmittel
mediated external services	vermittelte Fremdleistungen
Mediation	Mediationsverfahren
merchant, businessman, businesswoman	Kaufmann
merger control	Fusionskontrolle
mixed financing	gemischte Finanzierung
mixed type of contract	typengemischter Vertrag
module-based package travel, component-based package travel	Bausteinreise
Most-Favoured-Nation Treatment Principle (MFNT)	Meistbegünstigungsgrundsatz
motor bus transportation law	Busbeförderungsrecht
multilateral	multilateral
national law	nationales Recht
natural person	natürliche Person
no show	Nichtbenutzung, Nichterscheinen zur Abreise
non-actionable statutory obligation	nicht einklagbare gesetzliche Obliegenheit
non-binding template terms and conditions	unverbindliche Musterbedingungen
non-contentious approach	nicht streitiger Weg
non-marital partnership	nichteheliche Lebensgemeinschaft
non-performance or performance with undue delay	Nichtleistung oder Leistung mit „unangemessener Verspätung“
normal commission rate	übliche Provision
objective law	objektives Recht
obligation to co-operate	Mitwirkungspflicht, Mitwirkungsobliegenheit
offer, offering	Antrag

on request	auf Anfrage
operational accident	Betriebsunfall
operating licenses	Betriebsgenehmigung
opinion iuris	Rechtsüberzeugung
Opinions	Stellungnahmen
option agreements	Optionsverträge
orally	mündlich
ordinary risks of life	allgemeines Lebensrisko
organization of regular school attendance	Organisation eines geregelten Schulbesuchs
organiser	Reiseveranstalter
other tourist service	andere touristische Leistung
other tourism law	sonstiges Tourismusrecht
out-of-court-settlement	außergerichtlicher Vergleich
out-of-court-arbitration process	außergerichtliches Schlichtungsverfahren
outstanding payment of package tour price before travel departure	Restzahlung des Reisepreises vor Reiseantritt
overall picture of the business	Gesamtbild des Betriebes
package tour and individual tour	Pauschal- und Individualreise
package travel, package holidays, package tours, packages	Pauschalreisen
package tour and individual travel tour	Pauschal- und Individualreise
(package) travel activities	(Pauschal-)Reiseaktivitäten
Packages Contract Law	Pauschalreisevertragsrecht
Package Travel Directive	Pauschalreiserichtlinie
Pandects	Pandekten
part package tour	Teilpauschalreise
partial legal capacity	Teilrechtsfähigkeit
partial payment in advance	Anzahlung im Voraus
parties	Beteiligte
partnership limited by shares	Kommanditgesellschaft auf Aktien (KGaA)

partnership organised under the German Civil Code	Gesellschaft bürgerlichen Rechts (GbR)
partnerships	Personengesellschaften
Passengers Transportation Act	Personenbeförderungsgesetz (PBefG)
performance	Leistung
performance in lieu of fulfilment	Leistung an Erfüllungs statt
performance, success	Leistungserfolg
persistent objector	nicht abgelehnt
personal claims for damages	höchstpersönliche Schadensersatzansprüche
personal injuries	Personenschäden
personality principle	Personalitätsprinzip
piecemeal packaging	Baukasten
piercing of the corporate veil	Durchgriffshaftung
pilgrimage tourism	Wallfahrtstourismus
place of departure	Abflugort
plurilateral	plurilateral
positive law	positives (Gesetzes-) Recht
positive violation of a contractual duty	positive Vertragsverletzung
precedent cases	Präzedenzfälle
precontract, letter of intent	Vorvertrag
Präsidentschaftseklärung	Presidential Proclamation
prevailing case law	herrschende Rechtsprechung
price changes	Preisänderungen
price for package tour	Reisepreis
principle of proportionality	Verhältnismäßigkeitsprinzip
Private Equity Companies	Kapitalbeteiligungsgesellschaften
private hosts, private landlords	private Gastgeber
Private International Law (PIL)	Internationales Privatrecht (IPR)
private law	Privatrecht
private limited partnership	Kommanditgesellschaft (KG)
private sphere	Privatsphäre

procedural law	Prozessrecht
producer of travel services	Produzenten der Reiseleistungen
product information leaflet	Produktinformationsblatt (PIB)
provider of travel/tourist services	Erbringer von Reiseleistungen
proximate relationship	Näheverhältnis
public law	öffentliches Recht
public law	öffentlich-rechtlich
public procurement	Vergabe öffentlicher Aufträge
public procurement law	Vergaberecht
public transportation	Öffentlicher Personennahverkehr (ÖPNV)
qualification of travel deficits	Bestimmung von Reisemängeln dem Grunde nach
Railway Act	Eisenbahngesetz (EBG)
railway law	Bahnbeförderungsrecht
Railway Traffic Regulations	Eisenbahn-Verkehrsordnung
Ratification	Ratifikation
reception	Rezeption
recommendations	Empfehlungen
Recognition Principle	Inländerbehandlungsgrundsatz
recommended non-binding template G's & T's	unverbindliche Konditionenempfehlungen
reduction of restrictions on trade	Abbau von Handelshemmnissen
reduction of room price	Minderung des Zimmerpreises
reduction of travel price	Minderung des Reisepreises
referal not merely to the legal consequence but also to the legal grounds in another legal provision	Rechtsgrundverweisung
referendum	Volksentscheid
refusal of offer in conjunction with a new offer	Ablehnung des Antrages verbunden mit einem neuen Antrag
registered cooperative	eingetragene Genossenschaft (e. G.)
registered society	eingetragener Verein (e. V.)
regulated trade	überwachungsbedürftiges Gewerbe

Regulation (EC) No 889/2002 of the European Parliament and of the Council of May 13 May 2002 amending Council Regulation (EC) No 2027/97 on air carrier liability in the event of accidents	Verordnung (EG) Nr. 889/2002 des Europäischen Parlaments und des Rates vom 13.05.2002 zur Änderung der Verordnung (EG) Nr. 2027/97 des Rates über die Haftung von Luftfahrtunternehmen bei Unfällen
Regulations (Reg)	Verordnungen (VO)
relationship of proximity	besonderes Näheverhältnis
relevant threshold	Erheblichkeitsschwelle
Renaissance (Age)	Wiedergeburt/(Zeitalter der) Renaissance
representations, warranties	Gewährleistungsrechte
representative action by the Federation of German Consumer Organizations	Verbandsklage der Verbraucherzentrale Bundesverband (VZBV)
request for remedial measures	Abhilfeverlangen
rescission deadline	Rücktrittsfrist
rescission proviso	Rücktrittsvorbehalt
residency rights, rights of residence	Aufenthaltsrecht
restaurant licence	Gaststättenerlaubnis
restaurants' licence law	Gaststättenrecht
Restaurants' Licence Act, Licencing Act	Gaststättengesetz
retailer of travel and other tourism services	Reise(ver-)mittler
retailing of packages combined by an organizer	Reisevermittlung
retailed performance	vermittelte Leistung
return transport cost insurance	Reiserücktransportkostenversicherung
right of rescission within 14 days	14-tägige Widerrufsfrist
risk coverage certificate	Sicherungsschein
risk sphere of the tour operator	Risikosphäre des Reiseveranstalters
Road Traffic Act	Straßenverkehrsgesetz (StVG)
Roman law	römisches Recht

sales agent, commercial agent	Handeslvertreter
same level, horizontal level	Ebene der Gleichordnung
Schengen Acquis	Schengener Abkommen
school trips	Klassenfahrt
scope of application of the German Civil Code	Anwendungsbereich des Bürgerlichen Gesetzbuches
secondary contractual obligations	vertragliche Nebenpflichten
secondary law	EU-Sekundärrecht
securing of evidence, preservation of evidence	Beweissicherung
self-commitment	Eigengeschäft
self-remedy, self-help remedy, self-redress	Selbstabhilfe
service provider	Dienstleister, Leistungsträger
service upon recipient	Zugang
services	Dienstleistungen
share capital, capital stock, registered capital	Stamm-/Haftungskapital
silent partnership	stille Gesellschaft (stG)
silk route	Seidenstraße
smallest common denominator	kleinstes gemeinsames Vielfaches
Social Court Procedure Code	Sozialgerichtsgesetz (SGG)
social law	Sozialrecht
sources of law	Rechtsquellen
sovereign rights	Souveränitätsrechte
Special Drawing Rights (SDR)	Sonderziehungsrechte (SZR)
special statutory periods of limitation	Sonderverjährungsfristen
special warranty provisions	spezielle Gewährleistungsvorschriften
specific (commercial) administrative law	Besonderes (Wirtschafts-)Verwaltungsrecht
specific cancellation fee	konkrete Stornoentschädigung
Specific Conditions for Travel Cancellation during the Booked Holiday Period	Besondere Versicherungsbedingungen für die Reiseabbruchversicherung (VB-Reiseabbruch 2008)

Specific Conditions for Travel Cancellation until the Departure Date	Besondere Bedingungen für die Reise-Rücktrittskosten-Versicherung (VB-Reiserücktritt 2008)
specific legal terms	bestimmte Rechtsbegriffe
Specific Luggage Insurance Conditions	Besondere Versicherungsbedingungen für die Reisegepäckversicherung (VB-Reisegepäck 2008)
specific private law concerning business people/entities	Sonderprivatrecht der Kaufleute
specific terms and conditions of travelling	besondere Reiseversicherungsbedingungen
state authorities	staatliche Einrichtungen/Behörden
statement of claim, writ	Klageschrift
Statute of the International Court of Justice	Status des Internationalen Gerichtshofes
statutory liability	gesetzliche Haftung
statutory materials	Gesetzesmaterialien
stock corporation	Aktiengesellschaft (AG)
Stock Corporation Act	Aktiengesetz (AktG)
strict liability regardless negligence or fault, guarantee liability in case of ship-related incidents	verschuldensunabhängige (Garantie-)Haftung bei Schifffahrtsereignissen
strict liability regardless of negligence or fault, guarantee liability	verschuldungsunabhängige Erfolgshaftung
subject to public law	öffentlich-rechtlich, nach öffentlichem Recht
subject(s) to international law	Völkerrechtssubjekt(e)
subjective law, entitlement claim	subjektives Recht
subnational law of the German States	subnationales (Landes-)Recht
substantiated submission of claim	substantiierter Klagevortrag
supranational law	supranationales Recht
supranational organization	supranationale Organisation
Supreme Court of the Holy Roman Empire of the German Nation	Reichskammergericht

surrounding risk	Umfeldrisiko
suspension of the limitation period	Verjährungshemmung
synallagmatic contract	gegenseitiger Vertrag
tariff duties on certain imports	Handelszölle auf bestimmte Produkte
tax law	Steuerrecht
template G's and T's regarding hotel lodgment agreements	Muster-AGB für den Hotelaufnahmevertrag
temporary school stays (abroad)	Gastschulaufenthalte
tenancy law	Mietrecht
termination of contract for deficits	Kündigung wegen Mangels
territoriality principle	Territorialitätsprinzip
the general principles of law recognized by civilized nations	von den Kulturvölkern allgemein anerkannte Rechtsgrundsätze
things taken by the guest into the hotel/apartment	eingebrachte Sachen des Gastes
third parties	Dritte
toothless tiger	zahnloser Tiger
tort, delict	unerlaubte Handlung
tour	Tour
tour operator, (tour) organiser	Reiseveranstalter
tourism	Tourismus
tourism law	Tourismusrecht
tourism law in the narrower sense	Tourismusrecht i. e. S.
tourism sector	Tourismusbranche
touristic	Touristik/touristisch
touristic nature	touristische Natur
touristic quadrangle	touristisches Viereck
touristic triangle	touristisches Dreieck
track record	Erfolgsbilanz
trader facilitating a linked travel arrangement	Vermittler einer verbundenen Reiseleistung
trade wars	Handelskriege
Trade Office	Gewerbeamt

trade registration	Gewerbeanmeldung
trading of linked travel arrangements	Vermittlung verbundener Reiseleistungen
transnational	transnational
transnational commercial law	transnationales Handelsrecht
transnational law	transnationales Recht
transparency requirement	Transparenzgebot
transport contract	Beförderungsvertrag
transportation law	Beförderungsrecht
transportation law with respect to freight, shipping and warehousing businesses	Transportrecht bezogen auf Fracht-, Speditions- und Lagergeschäfte
transportation of persons and/or luggage	Beförderung von Personen und/oder Gepäck
travel accident insurance	Reiseunfallversicherung
travel agency	Reisebüro
travel agency	Reisemittler
travel confirmation	Reisebestätigung
travel contract	Reisevertrag
travel deficiencies, travel deficits	Reisemängel
travel diploma	Reisepapiere/Diploma
travel freedom	Reisefreiheit
Travel Insurance Law	Reiseversicherungsrecht
travel health insurance	Reisekrankenversicherung
travel kings	Reisekönigtum
travel law	Reiserecht
travel law applying to individual travelling	Individualreiserecht
travel law applying to package tour agreements	Pauschalreisevertragsrecht
travel luggage insurances	Reisegepäckversicherungen
travel price per day	Tagesreisepreis
travel return transport insurances	Reiserücktransportversicherung
travel service	Reiseleistung

travel service provider	Erbringer von Reiseleistungen
travel tour intermediary, travel agent	Reisevermittler
travel voucher	Reisegutschein
travel warnings	Reisewarnungen
traveler	Reisender
treatments at a health resort	Behandlung in einem Kurort/Kurzentrum
trips to undergo medical treatment(s)	Kur
type of journey, character of journey	Charakter der Reise
type, duration and intensity of travel deficit	Art, Dauer und Intensität des Reisemangels
Unique Feature, Unique Selling Point (USP)	Alleinstellungsmerkmal
United Nations Specialized Agency	Sonderorganisation der Vereinten Nationen
United Nations World Tourism Organization – UNWTO	Welttourismusorganisation
World Trade Organization – WTO	Welthandelsorganisation
unspecific (general) legal terms ‚unavoidable and extraordinary circumstances' (Art. 3 (12) Reg (EU) 2015/2302)	unbestimmte Rechtsbegriffe „unvermeidbare und außergewöhnliche Umstände" (Art. 3 Nr. 12 RL (EU) 2015/2302)
unwritten primary EU-law	ungeschriebenes EU-Primärrecht
value in dispute	Streitwert
vertical relationship, relationship of subordination	Über-/Unterordnungsverhältnis
vicarious agents	Verrichtungsgehilfen
violation of a duty of care to maintain safety, duties to maintain safety	Verkehrssicherungspflicht
violation of duties of care to maintain safety, violation of duties to maintain safety	Verletzung von Verkehrssicherungspflichten
Visa Codex	Visakodex

vouchers	Gutscheine
waiver of liability clauses	Haftungsbefreiungsklauseln
with or without board	mit oder ohne Verpflegung
without cancellation fee	ohne Stornoentschädigung
work permit	Arbeitserlaubnis
workload	Arbeitsaufwand
World Bank	Weltbank
world trade law	Welthandelsrecht
World Trade Organization (WTO)	Welthandelsorganisation
written primary EU-law	geschriebenes primäres EU-Recht

Literaturverzeichnis

Die konkreten Quellennachweise sind bitte den Endnoten zu entnehmen. Wie bei juristischen Literaturverzeichnissen im deutschsprachigen Raum üblich, wird die verwendete Rechtsprechung nachfolgend Literaturverzeichnis nicht separat aufgelistet. Diese ist mit Papierfundstelle und verlinkter Online-Quelle – soweit möglich und/oder vorhanden – bitte den Endnoten zu entnehmen. Auch auf die separate Auflistung von Websites wird nachfolgend teilweise verzichtet, außer es handelt sich um Websites, an die – nach Erfahrung des Verfassers – bei der ersten Recherche aus didaktischen Gründen gedacht werden sollte.

Bayrisches Landesamt für Datenschutzaufsicht (Hrsg.) (2017): Erste Hilfe zur Datenschutzgrundverordnung für Unternehmen und Vereine. Das Sofortmaßnahmenpaket. 1. Aufl. München: C. H. Beck.

Ben Holland, Trygve/Rundshagen, Volker (2012): Tourismusrecht. 2. Aufl. Saarbrücken: Lehrbuchverlag.

Bergmann, Stefanie (2018): Das neue Reiserecht. 1. Aufl. München: C. H. Beck.

Bundeskartellamt (Hrsg.) (o. J.): Lufthansa-Tickets nach Air Berlin Insolvenz um 25–30 Prozent teurer – „Preisanstieg rechtfertigt nicht die Einleitung eines Missbrauchsverfahrens", Pressemitteilung vom 29.5.2018; online abrufbar unter *https://www.bundeskartellamt.de/SharedDocs/Meldung/DE/Pressemitteilungen/2018/29_05_2018_Lufthansa.html* (abgerufen am 6.9.2018).

Bundesministerium der Justiz und für Verbrauchersschutz (BMJV) (Hrsg.) (o. J.): Verbraucherschutz. Ausfälle, Annullierungen und Verspätungen. Online abrufbar unter *https://www.bmjv.de/DE/Verbraucherportal/UrlaubReisen/Verspaetungen/Verspaetungen_node.html* [mit Unterordnern nach Verkehrsträgern geordnet] (abgerufen am 11.9.2018).

Creifelds (2017) (Hrsg.): Rechtswörterbuch (begr. von Creifelds, Carl; hrsg. von Weber, Klaus). 22. Aufl. München: C. H. Beck.

Cunningham, Peter (1850): Handbook of London. Online abrufbar unter *http://www.victorianlondon.org/entertainment/travellersclub.htm* (abgerufen am 23.8.2018).

Deaux, Joe/Mayeda, Andrew/Olorunnipa, Toluse/Black, Jeff (2018): Trump Says Trade Wars Are 'Good, and Easy to Win'. In: *Bloomberg Politics* (1 March 2018, updated on 2 March 2018). Online abrufbar unter *https://www.bloomberg.com/news/articles/2018-03-01/trump-is-said-to-delay-decision-on-steel-and-aluminum-tariffs* (abgerufen am 23.8.2018).

Deutsche Zentrale für Tourismus e. V. (DZT) (Hrsg.) (2018a): DZT-Jahresbericht 2017. Zukunft gestalten. Reiseland Deutschland. Frankfurt am Main: www.germany.travel.

Deutsche Zentrale für Tourismus e. V. (DZT) (Hrsg.) (2018b): DTZ-Prognose 2030 für das Deutschland-Incoming. Chance für Wachstum erkennen! Frankfurt am Main: www.germany.travel.

Deutsche Zentrale für Tourismus e. V. (DZT) (2018c) (Hrsg.): Zahlen. Daten. Fakten 2017. Frankfurt am Main: www.germany.travel.

Deutscher Industrie und Handelskammerstag (DIHK) (Hrsg.) (o. J.): DIHK-Gründerreport 2017. Als pdf-Dokument online verfügbar unter *https://www.dihk.de/themenfelder/gruendung-foerderung/unternehmensgruendung/umfragen-und-prognosen/dihk-gruenderreport* (rechte Spalte „Downloads“) (abgerufen am 23.8.2018).

Digital Trends (Hrsg.) (o. J.): U.S. Court of Appeals officially reopens the Apple vs. Samsung patent case; online abrufbar unter *https://www.digitaltrends.com/mobile/apple-vs-samsung-supreme-court/* (abgerufen am 23.8.2018).

Duden (Hrsg.) (2007): Das Herkunftswörterbuch. Etymologie der deutschen Sprache. 4. Aufl. Mannheim – Zürich: Dudenverlag.

Ehlen, Tobias/Vogler, Ralf (2017): Änderungen der Pauschalreisrichtlinie im Verlauf des Rechtssetzungsverfahrens und deren Auswirkungen auf die deutsche Reiseindustrie. *ZfTW* 2017, 9(2), 357–367.

Emmerich-Fritsche, Angelika (2006): Die lex mercatoria als transnationales Handelsrecht und Weltgesellschaftsrecht. Online abrufbar unter *http://www.nwir.de/archiv/NWiR17/emmerichfritsche1121.pdf* (abgerufen am 23.8.2018).

Eufinger, Alexander/Vogler, Ralf (2017): Aus Postbus wird Flixbus – Zur Abgrenzung des relevanten Marktes im Verkehrswesen. *TranspR* 2017, (1), 16–22.

Eurostat (Hrsg.) (2017): Statistics Explained. Tourism. Online abrufbar unter *http://ec.europa.eu/eurostat/statistics-explained/index.php?title=Tourism_statistics* (abgerufen am 23.8.2018).

FAZ (Hrsg.) (2011): Fluggesellschaft American Airlines ist insolvent. Artikel aktualisiert am 29.11.2011. Quelle: dpa, dapd. Online Abrufbar unter 👆 *http://www.faz.net/aktuell/wirtschaft/unternehmen/fluggesellschaft-american-airlines-ist-insolvent-11545196.html* (abgerufen am 3.10.2018).

Finkel, Caroline (2011): The Traveller's Tales. *History Today*, November 2011, Vol. 61, Issue 11, 32–38.

Frankfurt.de (Hrsg.) (o. J.): Gewerbeanmeldung, -ummeldung, -abmeldung. Online abrufbar unter 👆 *http://www.frankfurt.de/sixcms/detail.php?id=2778&_ffmpar[_id_inhalt]=5640313* (abgerufen am 23.8.2018).

Fuchs, Wolfgang/Mundt, Jörn W./Zollondz, Hans Dieter (Hrsg.) (2008): Lexikon Tourismus. 1. Aufl. München: Oldenbourg. Zitiert: Fuchs/Mundt/Zollondz (2008), S. (Bearbeiter/in).

Führich, Ernst (2015): Reiserecht. Handbuch und Kommentar. 7. Aufl. München: C. H. Beck.

Führich, Ernst (2016): Die neue Pauschalreiserichtlinie. *NJW* 2016 (Heft 17), 1204–1209.

Führich, Ernst (2017): Das neue Pauschalreiserecht. Umsetzung der Pauschalreiserichtlinie (EU) 2015/2302 in deutsches Recht. *NJW* 2017 (Heft 41), 2945–2950.

Führich, Ernst (2018): Basiswissen Reiserecht. Grundriss des Pauschal- und Individualreiserechts. 4. Aufl. München: C. H. Beck.

Führich, Ernst/Staudinger, Ansgar (2019): Reiserecht. Handbuch des Pauschalreise-, Reisevermittlungs-, Reiseversicherungs- und Individualreiserechts. 8. Aufl. München. C. H. Beck. Zitiert: Führich/Staudinger (2019), §, Rz.

fvw (Hrsg.) (o. J.): Wie Deutschlands Wettbewerbshüter Andreas Mundt die Digitalgiganten in den Griff bekommen will. In: *fvw* 6 vom 16.3.2018, 20–23; online abrufbar unter 👆 *https://www.bundeskartellamt.de/SharedDocs/Publikation/DE/Interviews/2018/180316_FVW_Magazin.pdf;jsessionid=9B67F5CFAE5D2B7063D93DA89A6CC58F.2_cid371?__blob=publicationFile&v=2* (abgerufen am 5.9.2018).

Gropp, Lewis (2010): Zeitzeuge oder Fälscher? Ibn Battutas grosser Reisebericht aus dem 14. Jahrhundert. In: ***Deutchlandfunk*** vom 17.9.2010; online abrufbar unter 👆 *https://www.deutschlandfunk.de/zeitzeuge-oder-faelscher.700.de.html?dram:article_id=84747* (abgerufen am 5.9.2018).

Grotius, Hugo (1625): De jure belli ac pacis. Libri tres. In quibus ius naturae & Gentium: item iuris publici praecipua explicantur. Paris. In: *The French National Library*. Online abrufbar unter 👆 *http://gallica.bnf.fr/ark:/12148/btv1b86069579/f11.image.r=.langEN* (abgerufen am 23.8.2018).

Haft, Fritjof (2009): Aus der Wagschale der Justitia. 4. Aufl. München: C. H. Beck.

Harari, Yuval Noah (2014): Sapiens. A Brief History of Humankind. London: Havill Secker (Vintage).

Handelsblatt (Hrsg.) (2018): Diese Regional-Airlines gingen Pleite. Online abrufbar unter *http://www.handelsblatt.com/unternehmen/handel-konsumgueter/fluggesellschaften-diese-regional-airlines-gingen-pleite/9465872.html* (abgerufen am 23.8.2018).

Haverkamp, Alfred (2003): 12. Jahrhundert 1125–1198. In: *Gebhardt, Handbuch der deutschen Geschichte.* Band 5. 10. Aufl. Stuttgart: Klett-Cotta.

Hermann, Christian (2018): Entschädigung der Fluggäste bei „wildem Streik" – das TUIfly-Urteil des EuGH vom 17.4.2018. *RRA* 3/2018, 102–104.

Hesse, Hermann (2012): Das Glasperlenspiel. Mit einem Anhang zur Aktualität von Hesses Altwerk. 1. Aufl. Berlin: Suhrkamp.

Hoppe, Kerstin/Tonner, Klaus (2018): Die Verbandsklagetätigkeit des VZBV im Bereich des Reiserechts. *RRA* 2018, 158–162.

Hoxhold, Volkmar/Steinke, Constanze (2005): Reiserecht. 1. Aufl. Haan-Gruiten: Europa-Lehrmittel.

Ibn Battuta (Autor)/ Elger, Ralf (Übersetzer) (2010): Die Wunder des Morgenlandes: Reisen durch Afrika und Asien. C. H. Beck.

International Chamber of Commerce Germany (ICC Germany) (o. J.): Incoterms 2010. Die Klauseln im Einzelnen. Online abrufbar unter *http://www.iccgermany.de/standards-regelwerke/incoterms/* (abgerufen am 23.8.2018).

Jobbörsenverzeichnis (o. J.): Startseite > Branchen > Reisen und Tourismus. Online abrufbar unter *http://www.jobboersenverzeichnis.de/verzeichnis/jobboersen-reisen-tourismus-01.html* (abgerufen am 23.8.2018).

Kappuhne/Schreier/Herbote (KSH) (Hrsg.)/Schreier, Björn (o. J.): Pauschalreiserichtlinie – neues Reiserecht ab dem 01.07.2018. Online abrufbar unter *https://www.ksh-recht.de/news/pauschalreiserichtlinie/* (abgerufen am 21.9.2018).

Kaser, Max/Knütel, Rolf/Lohsse, Sebastian (2017): Römisches Privatrecht. 21. Aufl. München: C. H. Beck.

Koenig, Alexander (2017): Air-Berlin-Insolvenz. Was passiert mit den Meilen? In: *Manager Magazin*, 18.8.2018; online abrufbar unter: *http://www.manager-magazin.de/lifestyle/reise/air-berlin-was-passiert-mit-den-meilen-a-1163504.html* (abgerufen am 3.9.2018).

Kolba, Peter/Steurer, Mirjam (2018): Praxishandbuch Reiserecht. EU-Pauschalreiserichtlinie, Pauschalreisgesetz, Fluggastrechte-Verordnung, Montrealer Übereinkommen. 1. Aufl. Wien: Linde.

Leo (Hrsg.) (o. J.): Wörterbuch Englisch-Deutsch, Deutsch-Englisch. Online abrufbar unter *https://dict.leo.org/englisch-deutsch/* (abgerufen am 23.8.2018).

Lutz, Andreas/Schuch, Monika (2018): Existenzgründung. Was Sie wirklich wissen müssen. Die 50 wichtigsten Fragen und Antworten. 3. Aufl. Wien: Linde Verlag.

Maruhn, Jürgen (2018): Die Europäische Fluggastrechteverordnung vor amerikansichen Gerichten. *RRA* 1/2018, 15–20.

Mayer, Franz C. (2000): Grundrechtsschutz gegen europäische Rechtsakte durch das BVerfG. Zur Verfassungsmäßigkeit der Bananenmarktordnung. *EuZW* 2000, 685–689.

Messen.de (o. J.): Messen/Branche/Messen Tourismus. Online abrufbar unter *http://www.messen.de/de/1205/branchen/Tourismus.html* (abgerufen am 23.8.2018).

Moritz, Marcia (2018a): Ryanair: Sind die neuen Gepäckregeln rechtswidrig? *reisereporter* (Artikel 29.8.2018). Online abrufbar unter *http://www.reisereporter.de/artikel/5433-ryanair-sind-die-neuen-handgepaeckregeln-rechtswidrig-verbraucherschuetzer-kritisieren-neue-regelung* (abgerufen am 3.10.2018).

Moritz, Marcia (2018b): Ryanair: Verbraucherschutz kritisiert neue Gepäckregel. *reisereporter* (Artikel vom 19.9.2018). Online abrufbar unter *http://www.reisereporter.de/artikel/5737-ryanair-neue-gepaeckregeln-sind-offene-rechtsfrage-deutscher-verbraucherschutz-handgepaeck* (abgerufen am 3.10.2018).

Mundt, Jörn W. (2011) (Hrsg.): Reiseveranstaltung. Lehr- und Handbuch. 7. Aufl. München: Oldenbourg. Zitiert: Mundt/Bearbeiter/in (2011), S.

Mundt, Jörn W. (2013): Tourismus. 4. Aufl. München: Oldenbourg.

Palandt/Sprau (Hrsg.) 2018: Bürgerliches Gesetzbuch mit Nebengesetzen. 77. Aufl. München: C. H. Beck. Zitiert: Palandt/Bearbeiter/in (2018), §, Rz.

Petschenig, Michael/Skutsch, Franz (1962): Der kleine Stowasser, lateinisch-deutsches Schulwörterbuch. München: G. Freytag.

Ragotzky, Serge/Schittenhelm, Frank Andreas/Torasan, Süleyman (2018): Business Plan. Schritt für Schritt. 1. Aufl. Konstanz/München: UVK/Lucius.

RDA Internationaler Bustouristik Verband e. V. (Hrsg.) (o. J.): Fahrgastrechte im Kraftomnibusverkehr. Bearbeitet von Rechtsanwältin Bech-Schröder (Stand:

15.3.2011). Online abrufbar unter
http://www.rda.de/uploads/media/Ueberblick_Buspassagierrechte_VO__EU__Nr._181_2011_v._16.3.pdf (abgerufen am 12.9.2018).

Regionales Informationszentrum der Vereinten Nationen für Westeuropa (Hrsg.) (o. J.): Statut des Internationalen Gerichtshofs – Kapitel II: Zuständigkeit des Gerichtshofs. Online abrufbar unter
https://www.unric.org/de/voelkerrecht/86?start=2 (abgerufen am 23.8.2018).

Reinhard, Wolfgang (2001): Probleme deutscher Geschichte 1495–1806. Reichsreform und Reformation 1495–1555. In: *Gebhardt, Handbuch der deutschen Geschichte.* Band 9. 10. Aufl. Stuttgart: Klett-Cotta.

Risse, Stefanie (2018): Das neue Reiserecht 2018. Pauschalreisen – Fluggastrechte – Gastschulaufenthalte. 1. Aufl. Bonn: Deutscher Anwaltverlag.

Schmid, Ronald (Hrsg.) (2018): Fluggastrechte-Verordnung. Kommentar. München: C. H. Beck. Zitiert: Schmid/Bearbeiter/in, §, Rz.

Schmidt, Katja (2017): söp-Schlichtung Bahn: Erfahrungen, Probleme, Lösungen. *RRA* 6/2017, 274–278.

Schmidt, Michael (2018): DSGVO Kompakt. Einstieg in die EU-Datenschutz-Grundverordung für Unternehmen leicht gemacht! 1. Aufl. Leipzig: Amazon Europe.

Schumacher, Martin/Wiesinger, Manuela (2016): Finanzmanagement im Tourismus. Grundlagen und Praxis der Tourismusfinanizierung. 3. Aufl. Wien: Linde Verlag.

Seagle, William (1967): Weltgeschichte des Rechts. Eine Einführung in die Probleme und Erscheinungsformen des Rechts (Übersetzung aus dem Amerikanischen). 3. Aufl. München: C. H. Beck.

Seneca, Lucius Annaeus (62): L. ANNAEI. SENECAE EPISTULARUM MORALIUM AD LUCILIUM LIBER SEPTIMVS DECIMVS ET OCTAVVS DECIMVS. In: *The Latin Library.* Online abrufbar unter
http://www.thelatinlibrary.com/sen/seneca.ep17-18.shtml (abgerufen am 20.8.2018).

Shakespeare, William (1595/1599): Herny VI, Part II. Online abrufbar über
http://www.william-shakespeare.info/shakespeare-play-king-henry-vi-part-2.htm (abgerufen am 20.8.2018).

Sonntag, Ulf/Schrader, Rolf/Lohmann, Martin (2017): RA Reiseanalyse 2017. Erste ausgewählte Ergebnisse der 47. Reiseanalyse zur ITB 2017. FUR Forschungsgemeinschaft Urlaub und Reisen e. V. (Träger der Reiseanalyse). Online abrufbar unter
http://www.fur.de/fileadmin/user_upload/RA_2017/RA2017_Erste_Ergebnisse_DE.pdf (abgerufen am 20.8.2018).

Staudinger, Ansgar (2017): Pauschalreiserecht 2018, Brexit und Insolvenzabsicherung (Editorial). *RRa* 5/2017, 209.

Staudinger, Ansgar/Ruks, Rudi (2018): Das neue Pauschalreiserecht – Auswirkungen für Veranstalter und Vertrieb. *RRA* 1/2018, 2–14.

Steinrötter, Björn (2017): Alles neu macht der Mai 2018? Der Reisemarkt unter dem Regime der DSGVO. Ein Beitrag zur Sensibilisierung der Touristikunternehmen im Bereich des Datenschutzes. *RRa* 6/2017, 266–274.

Stolleis, Michael (Hrsg.) (2001): Juristen. Ein bibliographisches Lexikon. Von der Antike bis zum 20. Jahrhundert. 1. Aufl. München: C. H. Beck. Zitiert: Stolleis/Bearbeiter/in (2001), S.

Stürner, Wolfgang (2007): 13. Jahrhundert 1198–1273. In: *Gebhardt, Handbuch der deutschen Geschichte.* Band 6. 10. Aufl. Stuttgart: Klett-Cotta.

Teubner, Gunther (Hrsg.) (1996): Global Law without a State (Studies in Modern Law and Policy). 1. Aufl. Camberley (UK): Dartmouth Publishing. Werksynopse online abrufbar unter *https://www.amazon.de/Global-Without-Studies-Modern-Policy/dp/1855218798* (abgerufen am 20.8.2018).

Tonner, Klaus (2011): Die EU-Fluggastrechte-VO und das Montrealer Übereinkommen. *VuR* 6/2011, 203–207.

Tonner, Klaus/Bergmann, Stefanie/Blankenburg, Daniel (Hrsg.) (2018): Reiserecht. Beförderungsrecht/Hotelrecht/Reiserversicherungsrecht/Lauterkeitsrecht/Internationales Privatrecht. 1. Aufl. Baden-Baden: Nomos. Zitiert: Bearbeiter/in in: *Tonner/Bergmann/Blankenburg* (2018), §, Rz.

Tonner, Klaus/Führich, Ernst (2018): Die Nichtbeförderung eines israelischen Staatsbürgers durch eine arabische Fluggesellschaft. *RRa* 2/2018, 58–63.

Tourismus-studieren.de (o. J.): Der Wegweiser zu Deinem Studium. Online abrufbar *https://www.tourismus-studieren.de/hochschulen-finden/* (abgerufen am 20.8.2018).

Verbands-Versicherungs-Service AG (2014): Individualle Versicherungsangebote. Unterlagen prüfen lassen und Geldsparen (Artikel vom 1.7.2014). Online verfügbar unter *https://vvs-ag.com/unternehmen/aktuelles/news-details/news/individuelle-versicherungsangebote/?tx_news_pi1%5Bcontroller%5D=News&tx_news_pi1%5Baction%5D=detail&cHash=6b8e7b5dfcd063a9f4bba266e4d29fef* (abgerufen am 20.8.2018).

Walde, Alois/Hofmann, Johann Baptist (2008): Lateinisches Etymologisches Wörterbuch, Band I: A–L. 6. Aufl. Heidelberg: Universitätsverlag Winter.

Walde, Alois/Hofmann, Johann Baptist (2007): Lateinisches Etymologisches Wörterbuch, Band II: M–Z. 6. Aufl. Heidelberg: Universitätsverlag Winter.

Wert, Hal (2013): Here Fly the Falcons. *History Today*, March 2013 (Volume 63 Issue 3), 50 ff.

White House (Hrsg.) (2018a): Presidential Proclamation on Adjusting Imports of Aluminum into the United States. Issued on: March 8, 2018. Online verfügbar unter *https://www.whitehouse.gov/presidential-actions/presidential-proclamation-adjusting-imports-aluminum-united-states/* (abgerufen am 20.8.2018).

White House (Hrsg.) (2018b): Presidential Proclamation on Adjusting Imports of Steel into the United States. Issued on: March 8, 2018. Online verfügbar unter *https://www.whitehouse.gov/presidential-actions/presidential-proclamation-adjusting-imports-steel-united-states/* (abgerufen am 20.8.2018).

Wirtschaftslexikon.co (Hrsg.) (2015): Online abrufbar unter *http://www.wirtschaftslexikon.co/* (abgerufen am 20.8.2018).

Zangl, Bernhard/Zürn, Michael (Hrsg.) (2004): Verrechtlichung – Baustein für Global Governance. Reihe EINE WELT. Band 18. 1. Aufl. Bonn: J. H. W. Dietz Nachf. Werksynopse online abrufbar unter *http://dietz-verlag.de/isbn/9783801203474/Verrechtlichung-ndash-Baustein-fuer-Global-Governance* (abgerufen am 20.8.2018).

Endnoten

Arbeitsempfehlung

1 Seneca (62), CVI (106) [12], vorletzter Satz, letzter Halbs. Übersetzt bedeutet das Zitat in der Originalfassung: „Wir lernen nicht für das Leben, sondern für die Schule“ [Übers. d. Verf.]. Das „umgekehrte“, der Arbeitsempfehlung vorangesetellte Seneca-Zitat bedeutet: „Wir lernen nicht für die Schule, sondern für das Leben“ [Übers. d. Verf.].

2 *http://www.kmk.org/fileadmin/veroeffentlichungen_beschluesse/2003/2003_10_10-Laendergemeinsame-Strukturvorgaben.pdf* (abgerufen am 20.8.2018).

3 *http://www.kmk.org/fileadmin/pdf/PresseUndAktuelles/2000/module.pdf* (abgerufen am 20.8.2018). Siehe dazu insbesondere S. 4 (des über den vorgenannten Weblink abrufbaren pdf-Dokuments) unter der Überschrift „Vergabe von Leistungspunkten“ (2. Abs. Satz 2). Dort wird auf den Beschluss der Kultusministerkonferenz vom 24.10.1997 verwiesen.

4 Der vollständige Titel der PRRL 2015/2303 lautet: „Richtlinie (EU) 2015/2302 des Europäischen Parlaments und des Rates vom 25. November 2015 über Pauschalreisen und verbundene Reiseleistungen, zur Änderung der Verordnung (EG) Nr. 2006/2004 und der Richtlinie 2011/83/EU des Europäischen Parlaments und des Rates sowie zur Aufhebung der Richtlinie 90/314/EWG des Rates“ (ABl. EU Nr. L 326/1 vom 11.12.2015).

5 BGBl. I 2017 S. 2394.

LERNEINHEIT 1

6 Dieses Zitat wird Alexander von Humboldt zugeschrieben, ohne Quellenangabe zitiert nach *http://de.wikiquote.org/wiki/Alexander_von_Humboldt* (abgerufen am 20.8.2018).

7 Petschenig/Skutsch (1962), 498, l. Sp.; Walde/Hofmann (2007), 692 unter „tornus“; die Autoren übersetzen *tornus* mit „Dreheisen, Schnitzmesser, Meißel“.

8 Fuchs/Mundt/Zolldondz (2008), 691, l. Sp., letzter Abs. (Bearbeiter: Mundt).

9 Die Übersetzung mit „runden“ oder „drechseln“ ist metaphorisch, d. h. im übertragenen Sinne zu verstehen; sie wird u. a. bei Übersetzungen des Wortes *tornare* aus der Literatur der römischen Dichter *Cicero* (106 v. Chr. – 43 v. Chr.) und *Horaz* (65 v. Chr.–8 v. Chr.) verwendet; vgl. Walde/Hofmann (2007), 692 hinter „tornus“.

10 Wirtschaftslexikon.co (2015), *http://www.wirtschaftslexikon.co/d/touristik-marketing/touristik-marketing.htm* (abgerufen am 20.8.2018), Satz 1.

11 Mundt (2013), 2 (letzter Satz).

12 Die UNWTO sollte nicht mit der **Welthandelsorganisation** (→ World Trade Organization, abgekürzt „WTO“), einer internationalen Organisation mit Sitz in

Genf, verwechselt werden. Die WTO beschäftigt sich u. a. mit der Koordination internationaler Handels- und Wirtschaftsbeziehungen und hat nichts mit der UNWTO zu tun. Im September 2017 verabschiedete die UNWTO the „Framework Convention on Tourism Ethics"; online abrufbar unter *http://cf.cdn.unwto.org/sites/all/files/docpdf/frameworkconventionontourismethics-esdt101117.pdf* (abgerufen am 20.8.2018).

13 Die UNWTO ist eine finanziell und organisatorisch selbstständige internationale Organisation, die mit der UN durch völkerrechtliche Übereinkommen gemäß Art. 63 UN Charta verbunden ist und deren Zusammenarbeit mit der UN über den UN Wirtschafts- und Sozialrat koordiniert wird.

14 Fuchs/Mundt/Zollondz (2008), 691, l. Sp., letzter Abs. (Bearbeiter: Mundt).

15 Wirtschaftslexikon.co (2015), *http://www.wirtschaftslexikon.co/d/touristik-marketing/touristik-marketing.htm* (abgerufen am 20.8.2018), Satz 2.

16 Fuchs/Mundt/Zollondz (2008), 713, r. Sp., Überschrift „Touristik", Gliederungspunkt (a) (Bearbeiter: Mundt).

17 Fuchs/Mundt/Zollondz (2008), 713, r. Sp., Überschrift „Touristik", Gliederungspunkt (b) (Bearbeiter: Mundt).

18 New York 1946; in deutscher Übersetzung erschienen bei C. H. Beck unter dem Titel „Weltgeschichte des Rechts", 3. Aufl., München 1967.

19 Zit. nach Haft (2009), 3, Abs. 1, Satz 4, 2. Halbs.

20 Duden (2007), unter Eintrag „recht", Satz 1.

21 Duden (2007), unter Eintrag „recht", Satz 1.

22 Petschenig/Skutsch (1962), 286, r. Sp., unter „II. ius", Abs. 2, durch Kasten hervorgehoben.

23 Kaser/Knütel/Lohsse (2017), § 3. I. 1., Rz. 1, Satz 1 (S. 33); Walde/Hofmann (2008), 733 o. grenzen das lat. *ius* vom Recht der Sakralhandlungen (lat. *fas* oder *ius sacrum*) ab und übersetzen *ius* mit „Recht als Gesamtheit der Gesetze und Satzungen" sowie „Rechtsanspruch; Gericht".

24 Kaser/Knütel/Lohsse (2017), § 3. I. 1., Rz. 1, Satz 3, 1. Halbs. (S. 33); vgl. auch Walde/Hofmann (2008), 733 o.

25 Kaser/Knütel/Lohsse (2017), § 3. I. 1., Rz. 1, Satz 3, 2. Halbs. (S. 33); vgl. auch Walde/Hofmann (2008), 733 o.

26 Haft (2009), 3, Abs. 2. Die Auseinandersetzung mit den verschiedenen Rechtsbegriffen, insbesondere auch die Relativierung des positivistischen Rechtsbegriffs (Relativismus) nach den leidvollen Erfahrungen des Nationalsozialismus durch die nach dem berühmten Rechtsphilosophen *Gustav Radbruch* (1878–1949) benannte *Radbruch'sche* Formel, gehört zu den spannendsten rechtsphilosophischen Problemen. N.B.: *Nikomachos*, den die „Nikomachische Ethik" im Titel trägt, war wohl entweder der gleichnamige Sohn oder der Vater des *Aristoteles*.

27 Führich/Staudinger (2019), § 1 Rz. 4(2) a. E. (S. 5).

28 Aus diesem Begriff leitet sich die deutsche Übersetzung „Völkerrecht" ab, aus dem sich später eine eigene Rechtsdisziplin entwickelt hat. Maßgeblicher Aus-

löser für die Entwicklung des modernen Völkerrechts war das Werk „De jure belli ac pacis“ [„Über das Recht des Krieges und des Friedens“ – Übers. d. Verf.], Paris, 1625 (2. Aufl., Amsterdam 1631) des niederländischen Rechtsgelehrten *Hugo Grotius* (1583–1645).

29 Sog. *hostes*, d. h. Feinde [Übers. d. Verf.], später sog. *peregrini*, also Nichtbürger oder Fremde [Übers. d. Verf.].

30 Kaser/Knütel/Lohsse (2017), § 3. III., Rz. 8 ff., 12 ff. (S. 36 ff.).

31 Die fünf Säulen des Islams bestehen aus dem Glaubensbekenntnis, dem Gebet (fünfmal am Tag), dem Fasten, der sozialen Pflichtabgabe sowie der Pilgerfahrt nach Mekka.

32 Harari (2014), 188, Map 3; vgl. zum Diskussionsstand über die Authentizität des Reiseberichts Ibn Battuta (2010) in der Übersetzung von Ralf Elger, Nachwort (von Ralf Elger); Gropp (2010) in: *Deutschlandfunk* vom 17.9.2010, online abrufbar unter *https://www.deutschlandfunk.de/zeitzeuge-oder-faelscher.700.de.html?dram:article_id=84747* (abgerufen am 5.9.2018).

33 Vgl. zu den Pfalzen und zum Reisekönigtum Haverkamp (2003), 88, 122, 178, 206 ff.; Stürner (2007), 196 ff.

34 Unter seinem weltlichen Namen bekannt als *Rodrigo Borgia*.

35 Vgl. zu Papst *Alexander VI.* die Ausführungen von Reinhard (2001), 227, 230.

36 Vgl. dazu die Synopsen der Werkaussagen von Teubner (1996) und Zangl/Zürn (2004).

37 Emmerich-Fritsche (2006), I., Satz 2 (S. 1).

38 Leo (o. J.), *https://dict.leo.org/englisch-deutsch/v%C3%B6lkerrecht* (abgerufen am 20.8.2018).

39 Emmerich-Fritsche (2006), III., Satz 1 (S. 3) m. w. Nachw.

40 Emmerich-Fritsche (2006), II., letzter Satz, 2. Halbs. (S. 3) m. w. Nachw.

41 ICC Germany (o. J.).

42 Der Begriff leitet sich vom lat. Wort *digerere*, d. h. „ordnen, sammeln“ (Kaser/Knütel/Lohsse (2017), § 1., Rz. 20, Satz 2, 2. Halbs. (S. 7)) ab.

43 Der Begriff leitet sich vom gr. Wort *pandektai*, d. h. Allumfassendes oder „alles enthaltende Bücher“ (Kaser/Knütel/Lohsse (2017), § 1., Rz. 20, Satz 2, 2. Halbs. (S. 7)), ab.

44 Der Begriff geht auf das lat. Wort *digesta*, d. h. Geordnetes [Übers. d. Verf.], zurück.

45 Daraus leitet sich die Bezeichnung *Glossatoren* für diese Rechtsgelehrten ab. Berühmte Glossatoren waren – in chronologischer Reihenfolge – u. a. *Irnerius* (–nach 1125), *Azo* (–1220) und *Accursius* (um 1185–1263). Die vorgenannten Gelehrten fassten die überlieferten Glossen zur *Glossa ordinaria*, dem Standardkommentar des römischen Zivilrechts, zusammen. Ende des 13. sowie im 14. Jh. wurde die Arbeit der Glossatoren durch die sog. *Postglossatoren* fortgeführt. Zu ihnen zählen – in chronologischer Reihenfolge – u a. *Cinus de Sighibuldis* (1270–1336/37), *Bartolus de Saxoferrato* (1313/14–1357) sowie *Baldus de Ubaldis* (1327–1400). Die spät-mittelalterliche Rezeption des römischen Rechts durch

die Glossatoren und Postglossatoren wurde zur Basis des kontinentaleuropäischen Zivilrechts. Vgl. zu den genannten Glossatoren und Postglossatoren deren Kurzbiographien bei Stolleis/Weimar (2001), 325 ff., 53 f., 18 f., 133 f., 67 f. sowie 58 f. m. w. Nachw.

46 Vgl. Kaser/Knütel/Lohsse (2017), § 1., Rz. 29, Satz 5, 1. Halbs. (S. 10).

47 Zit. nach Kaser/Knütel/Lohsse (2017), § 1., Rz. 29, Satz 4, 2. Halbs. (S. 10).

48 Dessen hat man sich offensichtlich im Rahmen des Bologna-Prozesses zur Schaffung eines einheitlichen Europäischen Hochschulraumes bis zum Jahr 2010 besonnen; auf Grundlage der in Bologna unterzeichneten, völkerrechtlich nicht bindenden Erklärung beschlossen 29 europäischen Bildungsminister die Vereinheitlichung und gegenseitige Anerkennung der akademischen Abschlüsse *Bachelor*, *Master* und *Doctor* in den Vertragsstaaten.

49 Als erste Vertreter des Humanismus sind insbesondere die italienischen Dichter *Dante Alighieri* (1265–1321), *Francesco Petrarca* (1304–1374) sowie *Giovanni Boccacio* (1313–1375) zu nennen; erste Vertreter nördlich der Alpen waren u. a. *Nikolaus von Kues* (1401–1464), besser bekannt unter seinem lateinischen Namen *Nicolaus Cusanus*, sowie *Erasmus (Desiderius) von Rotterdam* (ca. 1465–1536).

50 Vgl. z. B. den Dreißigjährigen Krieg (1618–1648), der große Teile Mitteleuropas verwüstete und der Millionen von Menschen das Leben kostete, besungen u. a. in der *Mutter Courage* von *Berthold Brecht* (1898–1956).

51 Vgl. z. B. die Handelsimperien der Florentiner Familie der *Medici* oder des schwäbischen Geschlechts der *Fugger*.

52 Vgl. Finkel (2011), 32 ff.

53 Cunningham (1850) [Übers. d. Verf.].

54 Mundt/Mundt (2011), 1, Satz 1, 1. Halbs.

55 Mundt/Mundt (2011), 1, Satz 2, 1. Halbs.

56 Mundt/Mundt (2011), 1, Satz 4.

57 Benannt nach deren Erfinder, *Ferdinand Graf von Zeppelin* (1838–1917).

58 Vgl. weiterführend die historische Darstellung bei Mundt (2011), 1 ff., 7 ff.

59 Vgl. den tabellarischen Überblick (Synopse) über die Entwicklung des Reisevertragsrechts von Hoxhold/Steinke (2005), 17 f.

60 Vgl. z. B. FAZ (2011) zum Insolvenzantrag der Fluggesellschaft American Airlines vom 29.11.2011. Weitere Beispiele werden z. B. im Handelsblatt (2017) aufgelistet.

61 ABl. EG Nr. L 158/59 vom 23.6.1990.

62 RL 2015/2302/EU, Erwägungsgrund 2, Satz 4.

63 ABl. EU Nr. L 326/1 vom 25.11.2015.

64 RL 2015/2302/EU, Erwägungsgrund 2, Satz 5.

65 Führich (2018), Rz. 6 (3), 2. Satz (S. 7).

66 BGBl. I 2017 S. 2394.

67 Vgl. Ehlen/Vogler (2017); Führich (2016); Staudinger/Ruks (2018).

68 Aus Gründen der Lesbarkeit werden die wörtlichen Passagen aus den gesetzlichen Vorschriften neben „…" auch durch Kursivschrift hervorgehoben.
69 Hoxhold/Steinke (2005), 15, Abs. 2, Satz 2.
70 Hoxhold/Steinke (2005), 15, Abs. 3, Sätze 1–3.
71 Führich/Staudinger (2019), § 1, Rz. 4(1), Satz 2 (S. 4).
72 Führich/Staudinger (2019), § 1, Rz. 4(2), Satz 1 (S. 5).
73 Frankfurt.de (o. J.).
74 Deutsche Zentrale für Tourismus e. V. (DZT) (2018a), (2018b) und (2018c).
75 Eurostat (2017).
76 Sonntag/Schrader/Lohmann (2017).
77 Messen.de (o. J.).
78 Jobbörsenverzeichnis (o. J.).
79 Tourismus-studieren.de (o. J.).

LERNEINHEIT 2

80 Shakespeare (1596/1599), Henry VI, Part 2, Act IV, Scene II, Line 70.
81 S. o. Lerneinheit 1.
82 Die Struktur der Lerneinheit 2 ist leicht an Holland/Rundshagen (2012), Inhaltsverzeichnis, i-iii, angelehnt.
83 Tonner (2011), 203, l. Sp. unter der Überschrift „A. Einleitung", Satz 1.
84 Tonner (2011), 203, l. Sp., Abs. 1, Satz 1, 1. Halbs.
85 Tonner (2011), 203, l. Sp., Abs. 1, Satz 1, 2. Halbs.
86 Tonner (2011), 203, 204, l. Sp., Abs. 1, Satz 3, 1. Halbs.
87 Regionales Informationszentrum der Vereinten Nationen für Westeuropa (2018).
88 z. B. der deutsch-französische Freundschaftsvertrag/Elysée-Vertrag vom 22.1.1963 zwischen Bundeskanzler *Konrad Adenauer* (1876–1967) und dem französischen Präsidenten *Charles de Gaulle* (1890–1970).
89 Plurilaterale völkerrechtliche Verträge sind dadurch gekennzeichnet, dass sie von mehr als zwei Vertragsstaaten/Völkerrechtssubjekten, aber nicht von allen möglichen Vertragsparteien unterzeichnet wurden, z. B. das am 30.9.2011 von Australien, Japan, Kanada, Marokko, Neuseeland, Singapur, Südkorea und den USA ratifizierte Anti-Piraterie-Handelsabkommen, besser bekannt unter seiner englischen Bezeichnung „Anti-Counterfeiting Trade Agreement (ACTA)". Durch das ACTA sollen internationale Standards zur Bekämpfung von Urheberrechtsverletzungen und Produktpiraterie gesetzt werden. Wegen des Eingriffs in die Privatsphäre von Internet-Nutzern ist das ACTA umstritten. Es wurde am 4.7.2012 vom EU-Parlament mit großer Mehrheit abgelehnt.
90 Multilaterale völkerrechtliche Verträge sind dadurch gekennzeichnet, dass sie von allen Vertragsparteien unterzeichnet wurden, z. B. der Zwei-Plus-Vier-Vertrag. Dieser ist auch bekannt als Vertrag über die abschließende Regelung in Bezug auf Deutschland; er wurde am 12.9.1990 in Moskau von allen Vertrags-

parteien, der Bundesrepublik Deutschland (BRD) und der Deutschen Demokratischen Republik (DDR) [Zwei] plus Frankreich, Sowjetunion, USA und UK [Vier] unterzeichnet und trat mit Hinterlegung der Ratifikationsurkunde am 15.3.1991 in Kraft.

91 Im Einzelfall ist immer zu prüfen, ob die EU eine relevante internationale Vereinbarung ratifziert hat, durch die die EU-Mitgliedstaaten *per se* gemäß Art. 216 Abs. 2 AEUV gebunden werden. Dies war – z. B. beim Internationalen Eisenbahnübereinkommen (COTIF) – bis Mitte 2011 nicht der Fall: So war bis zu diesem Zeitpunkt COTIF zwar von den EU-Mitgliedstaaten, nicht jedoch von der EU ratifiziert worden.

92 Z. B. das Allgemeine Gewaltverbot, das den Staaten einen Angriffskrieg verbietet. Das Allgemein Gewaltverbot ist in der Charta der Vereinten Nationen (Art. 2 Nr. 4) niedergelegt; es gilt völkergewohnheitsrechtlich auch über die Mitgliedschaft bei den Vereinten Nationen hinaus.

93 Dazu gehören eine Reihe von allgemein anerkannten Rechtsgrundsätzen wie z. B., dass Verträge einzuhalten sind (*pacta sunt servanda*); dass das speziellere Gesetz den allgemeineren Gesetzen vorgeht (*lex specialis derogat legi generali*); dass ein späteres Gesetz einem früheren Gesetz vorgeht (*lex posterior derogat legi priori*); dass Zuwiderhandlungen gegen früher gesetztes Verhalten die (vertragliche) (Rechts-) Unwirksamkeit dieser Zuwiderhandlungen zur Folge haben können (*venire contra factum proprium*).

94 Creifelds (2017), 1032 (Rechtsbegriff „Primat des Völkerrechts“), r. Sp., Satz 1, 2. Halbs.

95 Creifelds (2017), 1032 (Rechtsbegriff „Primat des Völkerrechts“), r. Sp., Satz 3.

96 Creifelds (2017), 1032 (Rechtsbegriff „Primat des Völkerrechts“), r. Sp., Satz 9, 2. Halbs.

97 Die deutsche Übersetzung des Global Code of Ethics ist online abrufbar unter *http://ethics.unwto.org/sites/all/files/docpdf/germany_0.pdf* (abgerufen am 21.8.2018).

98 Die WTO hat gegenwärtig (Stand: 21.8.2018) 164 Mitglieder; diese sind im wesentlichen Staaten, können jedoch auch supranationale/internationale Organisationen eigener Art (*sui generis*) sein (z. B. die EU). Die EU ist WTO-Mitglied; vgl. dazu das Übereinkommen zur Errichtung der Welthandelsorganisation (WTO) vom 15. April 1994 (ABl. EG Nr. L 336/3 vom 23.12.1994).

99 Weiterführende Weblinks, u. a. zum Vertragstext, online unter *https://www.wto.org/english/tratop_e/gatt_e/gatt_e.htm* (abgerufen am 21.8.2018).

100 Weiterführende Weblinks online unter *https://www.wto.org/english/tratop_e/serv_e/serv_e.htm* (abgerufen am 21.8.2018).

101 Weiterführende Weblinks online unter *https://www.wto.org/english/tratop_e/trips_e/trips_e.htm* (abgerufen am 21.8.2018); WTO-Vertragstexte sind online abrufbar unter

☞ *http://www.wto.org/english/docs_e/legal_e/legal_e.htm* (abgerufen am 21.8.2018).

102 Online abrufbar unter ☞ *http://www.wto.org/english/docs_e/legal_e/26-gats_02_e.htm#annats* (abgerufen am 21.8.2018).

103 Deaux/Mayeda/Olorunnipa/Black (2018).

104 White House (2018a), Ziff. 7, Satz 1.

105 White House (2018b), Ziff. 8, Satz 1.

106 RGBl. 1933 II S. 1039.

107 in Deutschland in Kraft seit dem 28.8.1963 (BGBl. II 1963 S. 1159); eine deutsche Übersetzung des völkerrechtlichen Vertragstextes ist u. a. aubrufbar unter ☞ *http://www.transportrecht.de/transportrecht_content/1145516920.pdf* (abgerufen am 21.8.2018).

108 Übereinkommen zur Vereinheitlichung bestimmter Vorschriften über die Beförderung im internationalen Luftverkehr (Übereinkommen von Montreal) vom 28. Mai 1999 (ABl. EG Nr. L 194/39 vom 18.7.2001). Eine deutsche Zusammenfassung des wesentlichen Aspekte des MÜ ist online abrufbar unter ☞ *http://eur-lex.europa.eu/legal-content/DE/TXT/?uri=LEGISSUM:l24255* (abgerufen am 21.8.2018). Gemäß Abschnitt I. Satz 1, 2. Halbs. der Bekanntmachung über das Inkrafttreten des Übereinkommens zur Vereinheitlichung bestimmter Vorschriften über die Beförderung im internationalen Luftverkehr vom 16. September 2004 ist das Montrealer Übereinkommen in Deutschland „am 28. Juni 2004 […] in Kraft getreten“ (BGBl. II 2004 S. 1371).

109 Vgl. zur Umrechnung dieser künstlichen Währung die Vierte Verordnung über den Umrechnungssatz für französische Franken bei Anwendung des Ersten Abkommens zur Vereinheitlichung des Luftprivatrechts vom 4.12.1973 (BGBl. I 1973 I S. 1815) unter dem Weblink ☞ *http://www.gesetze-im-internet.de/frumrv_4/index.html* (abgerufen am 21.8.2018). Gemäß § 1 dieser Verordnung sind für 100 französische (Poincaré-)Franken 21,40 Deutsche Mark (DM) (= ca. EUR 10,94) anzusetzen; vgl. zur Umrechnung von DM in EUR den Weblink ☞ *http://www.dm-euro-rechner.de/* (abgerufen am 21.8.2018).

110 Die deutsche Fassung der VO 889/2002/EG ist online abrufbar unter ☞ *http://eur-lex.europa.eu/LexUriServ/LexUriServ.do?uri=OJ:L:2002:140:0002:0005:DE:PDF* (abgerufen am 21.8.2018).

111 Die englische Fassung der Verordnung Nr. 889/2002 ist online abrufbar unter ☞ *http://eur-lex.europa.eu/LexUriServ/LexUriServ.do?uri=OJ:L:2002:140:0002:0005:EN:PDF* (abgerufen am 21.8.2018).

112 BGBl. I 2004 S. 550, 1027.

113 BGBl. I 2015 S. 1474.

114 Eine Liste der Mitgliedstaaten des MÜ ist online abrufbar über die Website der International Civil Aviation Organization unter *https://www.icao.int/secretariat/legal/List%20of%20Parties/Mtl99_EN.pdf* (abgerufen am 21.8.2018).

115 Eine Liste der Mitgliedstaaten des WA ist online abrufbar über die Website der International Civil Aviation Organization unter *https://www.icao.int/secretariat/legal/List%20of%20Parties/WC-HP_EN.pdf* (abgerufen am 21.8.2018).

116 Hierbei handelt es sich um eine vom IWF 1969 eingeführte künstliche (nicht an den Devisenmärkten gehandelte) Währungseinheit, die von der **Internationalen Organisation für Normung** (→ International Organization for Standardization; **ISO**), einer 1947 gegründeten Internationalen Organisation mit Sitz in Genf, den Währungscode ISO-4217-Code XDR (8. Version seit 2015) erhalten hat. Damit ist eine eindeutige Identifizierung im internationalen Zahlungsverkehr möglich. XDR ist aus einem **Währungskorb** (→ currency basket) zusammengesetzt, der alle fünf Jahre erneut festgelegt wird. Seit dem 1.10.2016 gehört diesem Währungskorb erstmalig der chinesische Remnibi (RMB) an. Vom 1.10.2016–30.9.2021 beträgt die Zusammensetzung des Währungskorbs: USD 41,73 %, EUR 30,93 %, RMB 10,92 %, JPY 8,33 %, GBP 8,09 %; siehe dazu die Weblinks *http://www.imf.org/en/news/articles/2015/09/14/01/49/pr15543* und *http://www.imf.org/en/News/Articles/2016/09/30/AM16-PR16440-IMF-Launches-New-SDR-Basket-Including-Chinese-Renminbi* (abgerufen am 21.8.2018). Der XDR-Umrechnungskurs wird (abhängig von den Wechselkursen der vorgenannten Währungen zueinander) täglich neu festgesetzt und ist online abrufbar über *www.imf.org/external/np/fin/data/rms_five.aspx* (abgerufen am 21.8.2018). Am 21.8.2018 betrug der Umrechnungskurs für 1 EUR = 0,8228 XDR sowie für 1 XDR = 1,2154 EUR.

117 Das Abkommen zur Vereinheitlichung von Regeln über die Beförderung im internationalen Luftverkehr (Warschauer Abkommen) vom 12. Oktober 1929 (RGBl 1933 II S. 1039) in der Fassung des Haager Protokolls vom 28. September 1955 (BGBl. II 1958 S. 291) ist online abrufbar unter *https://www.fti.de/fileadmin/redakteure/files/PDF/Warschauer-Abkommen-i-d-F-des-Haager-Protokolls_02.pdf* (abgerufen am 21.8.2018).

118 Das Übereinkommen wurde zunächst auf Französisch abgefasst (Vertragssprache); der französische Originaltitel lautet *Convention relative aux transports internationaux ferroviaires*, daher auch die Abkürzung COTIF.

119 Die französische Bezeichnung des Anhangs A lautet *Convention internationale concernant le transport des voyageur par chemin de fer*, daher auch die Abkürzung CIV für den Anhang A. Der Vertragstext ist dreisprachig (französisch/englisch/deutsch) online abrufbar unter *https://www.cit-rail.org/secure-media/files/documentation_de/passenger/civ/civ1999-f-d-e.pdf?cid=49559* (abgerufen am 16.9.2018).

120 BGBl. II 2002 S. 2140.

121 BGBl. II 2006 S. 827.

122 Die EU ist dem COTIV im Jahre 2011 beigetreten; vgl. dazu das entsprechende Vertragsdokument online unter *http://otif.org/fileadmin/user_upload/otif_verlinkte_files/04_recht/02_COTIF/AG_10-5_ad1_d.pdf* (abgerufen am 21.8.2018).

123 Die Liste der COTIF-Mitgliedstaaten (Stand: 28.7.2017) ist z. B. online abrufbar unter *http://otif.org/fileadmin/new/3-Reference-Text/3A-COTIF99/Prot-1999-ratifications_28_07_2017.pdf* (abgerufen am 21.8.2018) oder auch unter *http://otif.org/de/?page_id=51#1485867400446-76f2d00f-b922* (abgerufen am 21.8.2018).

124 Online abrufbar unter *http://otif.org/fileadmin/user_upload/otif_verlinkte_files/07_veroeff/03_erlaeut/04_CIV_d_Kons_Erl_Bemerkungen.pdf* (abgerufen am 21.8.2018).

125 Stand 21.8.2018.

126 Der Text der Vereinbarung ist z. B. in englischer Sprache online abrufbar unter *http://folk.uio.no/erikro/WWW/corrgr/Consol.pdf* (abgerufen am 22.8.2018); *http://www.imo.org/en/About/Conventions/ListOfConventions/Pages/Athens-Convention-relating-to-the-Carriage-of-Passengers-and-their-Luggage-by-Sea-%28PAL%29.aspx* (abgerufen am 22.8.2018).

127 ABl. EU Nr. L 8/1 vom 12.1.2012; online abrufbar z. B. unter *https://eur-lex.europa.eu/legal-content/DE/TXT/PDF/?uri=OJ:L:2012:008:FULL&from=DE* (abgerufen am 13.9.2018).

128 BGBl. II 1976 S. 1237; vgl. die Liste der Mitgliedsstaaten in chronologischer Reihenfolge ihres Beitritts unter: *http://www.cites.org/eng/disc/parties/chronolo.php* (abgerufen am 21.8.2018).

129 Hinweise zu Auskünften über Zollfragen sind online abrufbar unter *http://www.zoll.de/DE/Service/Auskuenfte/auskuenfte_node.html* (abgerufen am 21.8.2018).

130 Die amtliche Bezeichnung des Vertrages lautet „Vertrag von Lissabon zur Änderung des Vertrags über die Europäische Union und des Vertrags zur Gründung der Europäischen Gemeinschaft“, ABl. EU Nr. C 306/1 vom 17.12.2007, zuletzt bekanntgemacht durch Abdruck der konsolidierten Fassungen im ABl. EU Nr. C 202/1 vom 7.6.2016. In Deutschland musste zunächst das Bundesverfassungsgericht über die Verfassungsmäßigkeit des Zustimmungsgesetzes zum Vertrag von Lissabon entscheiden: BVerfG, Urteil des Zweiten Senats vom 30. Juni 2009 – 2 BvE 2/08 – Rn. 1–421; BVerfGE 123, 267–437; online abrufbar unter *https://www.bundesverfassungsgericht.de/SharedDocs/Entscheidungen/DE/2009/06/es20090630_2bve000208.html* (abgerufen am 21.8.2018). Erst danach unterzeichnete der damalige Bundespräsident Horst Köhler am 25.9.2009 das Zustimmungsgesetz; am gleichen Tag wurde die Ratifikationsurkunde in Rom hinterlegt und trat damit der Vertrag von Lissabon auch in Deutschland in Kraft.

131 BVerfGE 123, 267 (1. Leitsatz, Satz 1 a. E.).

132 BVerfGE 123, 267 (1. Leitsatz, Satz 2).

133 Stand 22.8.2018.

134 Haftung der EU-Mitgliedstaaten gegenüber ihren Bürgern bei nicht rechtzeitier oder inhaltlich unzureichender Umsetzung einer Richtlinie: EuGH NJW 1992, 165 – Francovich.

135 BVerfG, NJW 1974, 1697 – Solange I.

136 BVerfG, NJW 1987, 577 – Solange II.

137 BVerfG, NJW 1993, 3047 – Maastricht.

138 BVerfG, NJW 2000, 3124 – Bananenmarktordnung.

139 Vgl. Mayer (2000), 685, 688 unter Hinweis auf eben diese Einschätzung der damaligen Präsidentin des BVerfG Limbach.

140 Vgl. BVerfG, Beschluss des Zweiten Senats vom 12. September 2012 – 2 BvR 1824/12 – Rn. 1–14; BVerfGE 132, 287–294. Das BVerfG hält den Europäischen Stabilitätsmechanismus (ESM) grundsätzlich für mit dem Grundgesetz vereinbar. Es genehmigte das Zustimmungsgesetz Deutschlands zum ESM unter Auflagen (insbesondere Beachtung der seinerzeitigen Haftungshöchstgrenze Deutschlands in Höhe von EUR 190 Mrd. sowie zwingende Einbeziehung von Bundestag und Bundesrat bei Entscheidungen über die weitere Erhöhung von Haftungsgrenzen). Der Beschluss ist online abrufbar unter *http://www.bverfg.de/e/rs20120912_2bvr182412.html* (abgerufen am 21.8.2018).

141 Hier ist im Einzelfall festzustellen, ob die von der Grenzüberschreitung betroffenen Länder Vertragsstaaten sind, die das Abkommen bereits vollständig oder nur in bestimmten Teilen umgesetzt, d. h. implementiert, haben. Vgl. zur Wiedereinführung von möglichen Grenzkontrollen im Schengen-Raum – offenbar als Reaktion auf die Flüchtlingskrise – die Verordnung (EU) 2016/399 des Europäischen Parlaments und des Rates vom 9. März 2016 über einen Gemeinschaftskodex für das Überschreiten der Grenzen durch Personen (Schengener Grenzkodex), ABl. EU Nr. L 77/1 vom 23.3.2016; online abrufbar unter *http://eur-lex.europa.eu/legal-content/DE/TXT/PDF/?uri=CELEX:32016R0399* (abgerufen am 21.8.2018).

142 Verordnung (EG) Nr. 810/2009 des Europäischen Parlaments und des Rates vom 13. Juli 2009 über einen Visakodex der Gemeinschaft (Visakodex), ABl. EG Nr. L. 243/1 vom 15.09.2009; online abrufbar unter *http://eur-lex.europa.eu/legal-content/DE/TXT/?uri=OJ:L:2009:243:TOC* (abgerufen am 21.8.2018).

143 BGBl. I 2017 S. 2394.

144 i. d. F. der Neubekanntmachung vom 18. Oktober 2002 (BGBl. 2002 I S. 4197), zuletzt geändert durch Art. 5 des Dritten Gesetzes zur Änderung reiserechtlicher Vorschriften vom 17. Juli 2017 (BGBl. 2017 I S. 2394, 2408).

145 VO (EU) 2016/679 des Europäischen Parlaments und des Rates vom 27. April 2016 zum Schutz natürlicher Personen bei der Verarbeitung personenbezogener Daten, zum freien Datenverkehr und zur Aufhebung der RL 95/46/EG (Datenschutz-Grundverordnung) (ABl. EU Nr. L 119/1 vom 4.5.2016);

online abrufbar unter *http://eur-lex.europa.eu/legal-content/DE/TXT/PDF/?uri=CELEX:32016R0679&from=DE* (abgerufen am 21.8.2018).

146 Weiterführend Steinrötter (2017), 266–274.

147 Vgl. Steinrötter (2017), 266, 273.

148 Verordnung (EG) Nr. 261/2004 des Europäischen Parlaments und des Rates vom 11. Februar 2004 über eine gemeinsame Regelung für Ausgleichs- und Unterstützungsleistungen für Fluggäste im Fall der Nichtbeförderung und bei Annullierung oder großer Verspätung von Flügen und zur Aufhebung der Verordnung (EWG) Nr. 295/91 (ABl. EG Nr. L 46/1 vom 17.02.2004); online abrufbar unter *http://eur-lex.europa.eu/resource.html?uri=cellar:439cd3a7-fd3c-4da7-8bf4-b0f60600c1d6.0002.02/DOC_1&format=PDF* (abgerufen am 21.8.2018).

149 ABl. EG Nr. L 293/3 vom 31.10.2008; online abrufbar unter *http://eur-lex.europa.eu/legal-content/DE/TXT/PDF/?uri=CELEX:32008R1008&from=de* (abgerufen am 21.8.2018).

150 Verordnung (EG) Nr. 1371/2007 des Europäischen Parlaments und des Rates vom 23. Oktober 2007 über die Rechte und Pflichten der Fahrgäste im Eisenbahnverkehr (ABl. EG Nr. L 315/14 vom 3.12.2007); online abrufbar unter *http://www.beck.de/rsw/upload/Palandt/03_FahrgastrechteVO_2008.pdf* (abgerufen am 21.8.2018).

151 Verordnung (EG) Nr. 392/2009 des Europäischen Parlaments und des Rates vom 23. April 2009 über die Unfallhaftung von Beförderern auf See (ABl. EG Nr. L 131/24 vom 28.05.2009); online abrufbar unter *http://eur-lex.europa.eu/legal-content/DE/TXT/PDF/?uri=CELEX:32009R0392&from=DE* (abgerufen am 21.8.2018).

152 Verordnung (EU) Nr. 1177/2010 des Europäischen Parlaments und des Rates vom 24. November 2010 über die Fahrgastrechte im See- und Binnenschiffsverkehr und zur Änderung der Verordnung (EG) Nr. 2006/2004 (ABl. EU Nr. L 334/1 vom 17.12.2010); online abrufbar unter *http://eur-lex.europa.eu/legal-content/DE/TXT/PDF/?uri=CELEX:32010R1177&from=DE* (abgerufen am 21.8.2018).

153 Verordnung (EU) Nr. 181/2011 des Europäischen Parlaments und des Rates vom 16. Februar 2011 über die Fahrgastrechte im Kraftomnibusverkehr und zur Änderung der Verordnung (EG) Nr. 2006/2004 (ABl. EU Nr. L 55/1 vom 28.2.2011); online abrufbar unter *http://eur-lex.europa.eu/legal-content/DE/TXT/PDF/?uri=CELEX:32011R0181&from=DE* (abgerufen am 22.8.2018).

154 abgedruckt bei Führich (2018), Anhang 5 (S. 307–317).

155 Online abrufbar unter *www.tis-gdv.de/tis/bedingungen/avb/sonder/2539_2007_AT_Reisebedingungen.pdf* (abgerufen am 21.8.2018).

156 Online abrufbar unter *http://www.tis-gdv.de/tis/bedingungen/avb/sonder/Reiserue cktritt.pdf* (abgerufen am 22.8.2018).

157 Online abrufbar unter *https://www.gdv.de/resource/blob/6170/a6be254ce30fdb7a3dccab440c695f1e/03-besondere-versicherungsbedingungen-fuer-die-reiseabbruchversicherung-2008--vb-reiseabbruch-2008--data.pdf* (abgerufen am 22.8.2018).

158 Online abrufbar unter *https://view.officeapps.live.com/op/view.aspx?src=http%3A%2F%2Fwww.tis-gdv.de%2Ftis%2Fbedingungen%2Favb%2Fsonder%2F2539_2007_Reisegepaeck.doc* (abgerufen am 22.8.2018).

159 Verordnung (EG) Nr. 593/2008 des Europäischen Parlaments und des Rates vom 17. Juni 2008 über das auf vertragliche Schuldverhältnisse anzuwendende Recht (Rom I) (ABl. EG Nr. 177/6 vom 4.7.2008); online abrufbar unter *http://eur-lex.europa.eu/LexUriServ/LexUriServ.do?uri=OJ:L:2008:177:0006:0016:DE:PDF* (abgerufen am 21.8.2018).

160 ABl. EU Nr. L 199/40 vom 31.7.2007; online abrufbar unter *https://eur-lex.europa.eu/legal-content/DE/TXT/PDF/?uri=CELEX:32007R0864&from=DE* (abgerufen am 23.8.2018).

161 ABl. EU Nr. L 351/1 vom 20.12.2012; online abrufbar unter *https://eur-lex.europa.eu/legal-content/DE/TXT/PDF/?uri=CELEX:32012R1215&from=hu* (abgerufen am 23.8.2018).

162 Der Originaltext des Luganer Übereinkommens ist online abrufbar unter *https://www.admin.ch/opc/de/official-compilation/2010/5609.pdf* (abegrufen am 23.8.2018).

163 BVerwG, Urteil vom 11.07.2012 – 9 CN 1.11; online abrufbar unter *http://www.bverwg.de/110712U9CN1.11.0* (abgerufen am 20.8.2018).

164 BFH, Urteil vom 15.7.2015 – II R 32/14; online abrufbar unter *http://juris.bundesfinanzhof.de/cgi-bin/rechtsprechung/document.py?Gericht=bfh&Art=en&nr=32296* (abgerufen am 23.8.2018). Gegen das Urteil des BFH wurde Verfassungsbeschwerde eingelegt, die beim BVerfG (1 BvR 2287/15) derzeit (Stand: 23.8.2018) noch anhängig ist; online abrufbar ***https://dejure.org/dienste/vernetzung/rechtsprechung?Gericht=BVerfG&Datum=31.12.2222&Aktenzeichen=1%20BvR%202887/15*** (abgerufen am 23.8.2018).

165 S. o. Lerneinheit 1.2.3.1.

166 Informationen dazu sind online abrufbar unter *http://www.rechtspraxis.de/frankfurt.htm* (abgerufen am 23.8.2018). Die Frankfurter Tabelle zur Reisepreisminderung wurde von der 24. Zivilkammer des Landgerichts (LG) Frankfurts unter dem Vorsitzenden Richter am Landgericht (VRiLG) Prof. Dr. *Tempel* entwickelt; abgedruckt in: NJW 1985, 113 ff. sowie NJW 1994, 1639 ff.

167 von Prof. Dr. *Ernst Führich*; online abrufbar unter *http://www.reiserecht-fuehrich.de/* (abgerufen am 23.8.2018).

168 Vgl. Führich (2018), Rz. 28 (3), Satz 1 (S. 24); ders. (2018), Rz. 307 (6) Satz 1 und 2 (S. 213).

169 S. o. zur Rezeption des römischen Rechts Lerneinheit 1.2.3.2.

170 S. o. Lerneinheit 2.2.3.2.

171 Online zu finden über *http://www.bundestag.de/dokumente/drucksachen/index.html* (abgerufen am 21.8.2018).

LERNEINHEIT 3

172 zit. nach Hal (2013), 50, 53, l. Sp., 5.–7. Satz.

173 S.o. Gliederungspunkt 1.

174 DIHK (o. J.), Gründerreport 2017, S. 2, Satz 2.

175 DIHK (o. J.), Gründerreport 2017, S. 2, Satz 3.

176 Z. B. der von Lutz/Schuch (2018).

177 Z. B. Ragotzky/Schittenhelm/Torasan (2018).

178 Siehe z. B. den von der Sparkasse KölnBonn empfohlenen Gliederungsaufbau für einen Businessplan; online verfügbar unter *https://www.sparkasse.de/unsere-loesungen/firmenkunden/existenzgruendung-nachfolge/businessplan.html* (abgerufen am 23.8.2018).

179 Schumacher/Wiesinger (2016), Abschnitt 3.2.2. (S. 54). Die Ausführungen von Schumacher/Wiesinger beziehen sich auf den österreichischen Hotelleriemarkt.

180 S. o. Gliederungspunkt 1.

181 ABl. EG Nr. L 293/3 vom 31.10.2008; online abrufbar unter *http://eur-lex.europa.eu/legal-content/DE/TXT/PDF/?uri=CELEX:32008R1008&from=de* (abgerufen am 23.8.2018).

182 VG Lüneburg, Urteil vom 8.2.2012 – 5 A 132/10 – betreffend die Prüfung der Rechtmäßigkeit des Widerrufs einer Betriebsgenehmigung für ein Ballonfahrtunternehmen. Online verfügbar unter *http://www.verwaltungsgericht-lueneburg.niedersachsen.de/aktuelles/pressemitteilungen/102985.html* (abgerufen am 23.8.2018).

183 Vgl. § 15 Abs. 3 Einkommenssteuergesetz (EStG).

184 Z. B. Rechtsanwälte, Steuerberater, Architekten, Ärzte.

185 Frankfurt.de (o. J.)

186 S. o. Gliederungspunkt 2.1.2.3.

187 Steinrötter (2017), 266, 274, l. Sp. unter der Überschrift „VI. Fazit und Ausblick“, Satz 3.

188 Verbands-Versicherungs-Service AG (2014), Satz 1.

189 Ab einer Betriebsgröße von mindestens 10 Arbeitnehmern (argumentum e contrario (=Umkehrschluss) aus § 23 Abs. 1 Satz 3 Kündigungsschutzgesetz (KSchG)) ist das KSchG anwendbar. In diesem Fall ist das Kündigungsrecht des Unternehmers eingeschränkt. Die Kündigung eines Mitarbeiters bedarf u. a. ei-

nes Kündigungsgrundes und der Grundsatz der Sozialauswahl ist zu berücksichtigen.

190 BGH, Urteil vom 29. Januar 2001 – II ZR 331/00, BGHZ 146, 341 ff., 347; online abrufbar unter *https://openjur.de/u/63508.html* (abgerufen am 23.8.2018); für die Frage nach der „beschränkten Rechstsubjektivität“ [Teilrechtsfähigkeit, Anm. d. Verf.] der GbR sind bei openjur die Rz. 12, 14 ff., für die Frage nach der Insolvenzfähigkeit ist Rz. 18 relevant.

191 BGBl. I 2008 S. 2026.

192 BGH, Beschluss vom 9. Oktober 2006 – II ZR 303/05 – Rz. 3, letzter Satz; online abrufbar unter *http://juris.bundesgerichtshof.de/cgi-bin/rechtsprechung/document.py?Gericht=bgh&Art=en&nr=37857&pos=0&anz=1* (abgerufen am 23.8.2018).

193 Vgl. Digital Trends (o. J.).

LERNEINHEIT 4

194 Lat.; dt. Übersetzung: „Verträge sind einzuhalten“. Online-Beleg hierzu abrufbar unter: *http://de.wikipedia.org/wiki/Pacta_sunt_servanda* (abgerufen am 7.10.2018).

195 Vgl. zur Begriffsbildung Hesse (2012).

196 EuGH, Urteil vom 30.4.2002 (Club-Tour) – C-400/00 – zum Begriff der Pauschalreise. *RRA* 2002, 119. Online abrufbar unter *http://curia.europa.eu/juris/document/document.jsf?text=&docid=47312&pageIndex=0&doclang=DE&mode=req&dir=&occ=first&part=1* (abgerufen am 11.10.2018).

197 AG Bad Homburg, *NJW-RR* 2005, 856 zur aus dem Prospekt des Reiseveranstalters ausgewählten Hotelunterkunft. OLG Köln, *NJW-RR* 2005, 703 zum aus dem Prospekt eines Reiseveranstalters ausgewählten Ferienhaus und der selbst organisierten Anreise.

198 AG Frankfurt am Main, Urteil vom 27.10.1988, *NJW-RR* 1989, 47.

199 LG Hamburg, *NJW* 2002, 1055.

200 LG Düsseldorf, *RRA* 2010, 210 zur Buchung mit unterschiedlichen Familiennamen. BGH, Urteil vom 15.6.1989, *NJW* 1989, 2750 zu den Ansprüchen der Familienmitglieder über die „Konstruktion“ des Vertrags zugunsten Dritter nach § 328 BGB.

201 Mundt (2013), 252.

202 BGH, Urteil vom 20.6.2006 – X ZR 59/05 – zur Fälligkeit der Anzahlung von 20 % des Reisepreises nach Erhalt der schriftlichen Reisebestätigung und des Sicherungsscheins. *NJW* 2006, 3134. Online abrufbar unter *http://juris.bundesgerichtshof.de/cgi-bin/rechtsprechung/document.py?Gericht=bgh&Art=en&nr=37456&pos=0&anz=1* (abgerufen am 11.10.2018). BGH, Urteil vom 9.12.2014, *NJW-RR* 2015, 621 – Anzahlung von 20 %. BGH, Urteil vom 25.7.2017, *NJW* 2017, 3297 – zu unangemessen hohen Anzahlungen.

[203] BGH, Urteil vom 12.1.2016 – X ZR 4/15 – zur Vermittlerklausel. *RRa* 2016, 178. Online abrufbar unter *http://juris.bundesgerichtshof.de/cgi-bin/rechtsprechung/document.py?Gericht=bgh&Art=en&nr=74468&pos=0&anz=1* (abgerufen am 11.10.2018).

[204] AG Leipzig, Urteil vom 29.11.2006 – 109 C 6537/06 – zur Vertragsübertragung. *RRa* 2008, 272: Nach diesem Urteil hat der Reisende den Reiseveranstalter mindestens ein bis zwei Tage vor Reiseantritt über die gewünschte Vertragsübertragung zu informieren, damit der Reiseveranstalter die Voraussetzungen für die Vertragsübertragung prüfen und entsprechende organisatorische Maßnahmen treffen kann.

LERNEINHEIT 5

[205] Zitiert nach *http://www.wir-brauen.ch/* (abgerufen am 13.10.2018).

[206] BGH, Urteil vom 25.2.1988 – VII ZR 348/86 – zur deliktischen Haftung des Reiseveranstalters bei einem Balkonsturz. BGHZ 103, 298.

[207] BGH, Urteil vom 18.7.2006 – X ZR 142/05 – zum Umfang der Verkehrssicherungspflicht des Reiseveranstalters für eine Hotel-Wasserrutsche. *NJW* 2006, 3268. Online abrufbar unter *http://juris.bundesgerichtshof.de/cgi-bin/rechtsprechung/document.py?Gericht=bgh&Art=en&nr=37391&pos=0&anz=1* (abgerufen am 13.10.2018).

[208] Führich (2018), Rz. 132 (3) und (5) (S. 75).

[209] OLG Düsseldorf, Urteil vom 2.4.2003 – 18 U 193/02 – Hoteldiebstahl kein Reisemangel. *NJW-RR* 2003, 776. Kurzzusammenfassung abrufbar unter *https://www.kostenlose-urteile.de/OLG-Duesseldorf_18-U-19302_Diebstahl-aus-Hotelzimmer-ist-kein-Reisemangel.news8814.htm* (abgerufen am 14.10.2018).

[210] OLG München, *NJW-RR* 2002, 694.

[211] BGH, Urteil vom 15.10.2002 – X ZR 147/01 – zum Kündigungsrecht des Reisenden bei erheblicher Hurrikan-Gefahr. *NJW* 2002, 3700. Online abrufbar unter *http://juris.bundesgerichtshof.de/cgi-bin/rechtsprechung/document.py?Gericht=bgh&Art=en&nr=24396&pos=0&anz=1* (abgerufen am 15.10.2018).

[212] AG Bad Homburg, Urteil vom 30.11.2000 – 2 C 3320/00 – zur Vorverlegung der Rückflugszeit eines Charterflugs am Abreisetag um acht Stunden als bloße Unannehmlichkeit. *NJW-RR* 2002, 636.

[213] BGH, Urteil vom 10.12.2013 – X ZR 24/13 – zur Festlegung der endgültigen Flugzeiten in Reiseveranstalter-AGB. *NJW* 2014, 1168. Online abrufbar *http://juris.bundesgerichtshof.de/cgi-bin/rechtsprechung/document.py?Gericht=bgh&Art=en&nr=67191&pos=0&anz=1* (abgerufen am 14.10.2018). LG Hannover, Urteil vom 27.4.2017 – 8 S 46/16 – zur Flugzeitverlegung von über fünf Stunden. *RRa* 2017, 280. Zusammenfassung abrufbar unter *https://www.kostenlose-urteile.de/LG-Hannover_8-S-4616_Verlegung-der-Flugzeit-von-Mittagszeit-auf-den-Abend-durch-*

Reiseveranstalter-stellt-angesichts-eines-Kleinkinds-Reisemangel-dar.news25440.htm (abgerufen am 14.10.2018).

214 LG Frankfurt am Main, Urteil vom 8.8.2003, *RRa* 2003, 217. OLG Frankfurt am Main, Urteil vom 19.9.2001 – 16 U 195/00 – Ausrutschen im Poolbereich ist kein Reisemangel. *RRA* 2001, 245.

215 Führich (2018), Rz. 178.

216 BGH, Urteil vom 19.7.2016 – X ZR 123/15 – zur Obliegenheit des Reisenden, Reisemängel anzuzeigen. *NJW* 2016, 3304. Online abrufbar unter *http://juris.bundesgerichtshof.de/cgi-bin/rechtsprechung/document.py?Gericht=bgh&Art=en&nr=75981&pos=0&anz=1* (abgerufen am 15.10.2018).

217 BGH, Urteil vom 19.7.2016 – X ZR 123/15 – Leitsatz.

218 LG Frankfurt am Main am Main, *NJW-RR* 1989, 309; a. A. LG Kleve, *NJW-RR* 1995, 316.

LERNEINHEIT 6

219 Zitiert nach *https://gutezitate.com/zitat/214147* (abgerufen am 15.10.2018).

220 LG Bonn, Urteil vom 13.3.2009 – 10 O 17/09 – keine Pflicht zur Mängelanzeige bei Unmöglichkeit der Abhilfe während der Reisezeit im Falle eines beschädigten Kreuzfahrtschiffes. *RRa* 2010, 39, 41. Online abrufbar unter *http://www.justiz.nrw.de/nrwe/lgs/bonn/lg_bonn/j2009/10_O_17_09urteil20090313.html* (abgerufen am 15.10.2018).

221 S. o. Gliederungspunkt 5.2.4.

222 Abgedruckt in *NJW* 1985, 113 ff. sowie *NJW* 1994, 1639 ff.

223 Online (Stand Juli 2018) abrufbar unter *https://reiserechtfuehrich.files.wordpress.com/2018/07/kemptener-tab-7-20182.pdf* (abgerufen am 17.10.2018).

224 Führich (2018), Rz. 181, „Berechnungsschema“ a. E. (S. 100).

225 AG Duisburg, Urteil vom 6.7.2005 – 35 C 210/04 – zum Reisemangel bei durch Hurrikan verwüsteter Strandanlage. *RRa* 2005, 215. LG Frankfurt am Main, Urteil vom 6.6.2001 – 10 S 85/01 – *RRa* 2001, 77.

226 LG Frankfurt am Main, Urteil vom 8.12.2000 – 2/21 O 189/00 – Zerstörung des Privatstrandes durch Hurrikan. *NJW-RR* 2001, 1497.

227 LG Frankfurt am Main, Urteil vom 31.8.2006 – 2–24 S 281/05 – zur Beweislast bei unterlassener Mängelanzeige. *RRa* 2007, 69.

228 LG Bonn, Urteil vom 13.3.2009 – 10 O 17/09 – keine Pflicht zur Mängelanzeige bei Unmöglichkeit der Abhilfe während der Reisezeit im Falle eines beschädigten Kreuzfahrtschiffes. *RRa* 2010, 39, 41. Online abrufbar unter *http://www.justiz.nrw.de/nrwe/lgs/bonn/lg_bonn/j2009/10_O_17_09urteil20090313.html* (abgerufen am 15.10.2018).

229 S. o. Gliederungspunkt 5.2.4.

230 S. o. die Antwort auf Frage b) in Fall 6.

231 S. o. Gliederungspunkt 6.1.

232 LG Duisburg, Urteil vom 27.9.2007 – 12 S 71/07 – Reisemangel bei Fehlen der vertraglich zugesicherten Strandprommenade. *RRa* 2008, 119. Online abrufbar unter *https://openjur.de/u/124678.html* (abgerufen am 17.10.2018).

233 LG Hannover, NJW-RR 1998, 194.

234 Führich (2018), Rz. 166, Satz 4 a. E. (S. 92).

235 BGH, Urteil vom 16.1.2018 – X ZR 44/17 – zum Kündigungsrecht und zur Erstattung des Reisepreises bei Änderung einer wesentlichen Reiseleistung. *RRa* 2018, 163, Leitsatz 4, letzter Satz. Online abrufbar unter *http://juris.bundesgerichtshof.de/cgi-bin/rechtsprechung/document.py?Gericht=bgh&Art=en&nr=81276&pos=0&anz=1* (abgerufen am 24.10.2018)

236 BGH, Urteil vom 16.1.2018 – X ZR 44/17 –, Rz. 28, Satz 2.

237 BGH, Urteil vom 11.1.2005 – X ZR 118/03 – zum Entschädigungsanspruch des Reisenden bei Überbuchung. *NJW* 2005, 1047. Online abrufbar unter *http://juris.bundesgerichtshof.de/cgi-bin/rechtsprechung/document.py?Gericht=bgh&Art=en&nr=31661&pos=0&anz=1* (abgerufen am 17.10.2018).

LERNEINHEIT 7

238 Zitiert nach *https://www.aphorismen.de/zitat/154206* (abgerufen am 21.10.2018).

239 Führich (2018), Rz. 115, „Beispiel" (durch blaugrauen Balken hervorgehoben) (S. 65).

240 Siehe dazu oben Lerneinheit 2, Gliederungspunkt 2.2.3.4.

241 OLG Nürnberg, Urteil vom 20.7.1999 – 3 U 1559/99 – zur Unwirksamkeit einer Stornopauschale von 100 %. *NJW* 1999, 3128. Online abrufbar unter *https://www.webshoprecht.de/IRUrteile/Rspr1287.php* (abgerufen am 22.10.2018).

242 Führich (2018), Rz. 116, Satz 2 und 3 (S. 66 a. E.).

243 Führich (2018), Rz. 121, „Beispiele" (durch blaugrauen Balken hervorgehoben) (S. 68).

244 Aktuelle Reisewarnungen sind online abrufbar über den Weblink *http://www.auswaertiges-amt.de/DE/Laenderinformationen/01-Reisewarnungen-Liste_node.html* (abgerufen am 22.10.2018).

245 LG Bonn, Urteil vom 27.7.2003 – 5 S 76/03 – kein Rücktrittsrecht vom Pauschalreisevertrag 14 Tage nach den Terroranschlägen vom 11.9.2001. *RRa* 2003, 214.

246 BGH, Urteil vom 20.6.2006 – X ZR 59/05 – zur zulässigen Höhe der Anzahlung bei einer Pauschalreise. *NJW* 2006, 3134. Online abrufbar unter *http://juris.bundesgerichtshof.de/cgi-bin/rechtsprechung/document.py?Gericht=bgh&Art=en&nr=37456&pos=0&anz=1* (abgerufen am 24.10.2018).

247 BGBl. I 2017 S. 2420. Online abrufbar unter *https://www.bgbl.de/xaver/bgbl/start.xav?startbk=Bundesanzeiger_BGBl&bk=Bundesanzei-ger_BGBl&start=//*[@attr_id=%27bgbl117s2394.pdf%27]#__bgbl__%2F%2F*%5B%40attr_id%3D%27bgbl117s2394.pdf%27%5D__1540464184677* (abgerufen am 25.10.2018).

248 EuGH, Urteil vom 16.2.2012 – C-134/11 (HanseMerkur) – zur Zahlungsunfähigkeit des Pauschalreiseveranstalters bei betrügerischer Absicht, Rz. 26. Online abrufbar unter *http://eur-lex.europa.eu/LexUriServ/LexUriServ.do?uri=CELEX:62011CJ0134:DE:HTML* (abgerufen am 22.10.2018).

249 S. o. Gliederungspunkt 2.2.3.4.

LERNEINHEIT 8

250 Online verfügbar unter *http://www.authorama.com/essays-of-francis-bacon-19.html* (abgerufen am 7.9.2018).

251 S. o. Gliederungspunkt 2.2.3.2.

252 AG Hamburg-Altona, Urteil vom 11.4.2006 – 315 C 239/05.

253 OLG Köln, Urteil vom 3.9.2007, RRa 2008, 133.

254 LG Berlin, Urteil vom 3.6.2004, RRa 2005, 71.

255 LG Berlin, Urteil vom 19.4.2004, RRa 2005, 227.

256 OLG Köln, RRa 2008, 133.

257 LG Berlin, Urteil vom 3.6.2004, RRa 2005, 71.

258 Vgl. zur Mitwirkungspflicht des Gastschülers die Stellungnahme des Bundestages und Gegenäußerung der Bundesregierung, BT-Drucksache 14/5944, 15, 20 ff.

259 LG Berlin, RRa 2005, 227 ff.

260 Vgl. zur Offenlegung der Kalkulationsgrundlage exemplarisch AG Frankfurt am Main, RRa 2010, 43 ff.

261 OLG Köln, Urteil vom 3.9.2007, NJW-RR 2008, 364.

262 AG Frankfurt am Main, RRA 2002, 212.

263 OLG Frankfurt am Main, Urteil vom 4.6.2013, NJW-RR 2013, 1272.

264 Führich (2015), § 19, Rz. 21, Satz 1 (S. 705) m. w. Nachw.

265 Online abrufbar unter *https://soep-online.de* (abgerufen am 8.9.2018). Die söp bietet bei Bus-, Bahn, Schiff- und Flugreisen ein Schlichtungsverfahren an, sofern sich der Reisende an dem Verfahren beteiligt.

266 Online abrufbar unter *http://www.dis-arb.de/* (abgerufen am 8.9.2018).

267 S. o. Gliederungspunkt 5.2.2.

268 Online abrufbar unter *https://iccwbo.org/dispute-resolution-services/arbitration/rules-of-arbitration/* (abgerufen am 8.9.2018).

269 Online abrufbar unter *http://www.disarb.org/de/16/regeln/-id37* (abgerufen am 8.9.2018).

270 Musterschiedsklauseln der ICC sind online abrufbar unter *https://iccwbo.org/dispute-resolution-services/arbitration/arbitration-clause/* (abgerufen am 8.9.2018).

271 Online abrufbar unter *www.soep-online.de* (abgerufen am 8.9.2018).

272 Verbraucherstreitbeilegungsgesetz vom 19. Februar 2016 (BGBl. I S. 254, 1039); online abrufbar unter *https://www.gesetze-im-internet.de/vsbg/BJNR025410016.html* (abgerufen am 8.9.2018).

273 ABl. EU Nr. L 165/63 vom 18.6.2013; online abrufbar unter *https://eur-lex.europa.eu/legal-content/DE/TXT/PDF/?uri=CELEX:32013L0011&from=DE* (abgerufen am 8.9.2018).

274 ABl. EU Nr. L 165/1 vom 18.6.2013; online abrufbar unter *https://eur-lex.europa.eu/legal-content/DE/TXT/PDF/?uri=CELEX:32013R0524&from=DE* (abgerufen am 8.9.2018).

275 BGBl. I 2013 S. 1545; online abrufbar z. B. unter *www.bundesgerichtshof.de/SharedDocs/Downloads/DE/Bibliothek/Gesetzesmaterialien/17_wp/Luftverkehr_Schlichtung/bgbl.pdf;jsessionid=4D6E347D8B6924C5B61DDDFB37D897BA.1_cid294?__blob=publicationFile* (abgerufen am 8.9.2018).

276 Weiterführend Schmidt, RRa 2017, 274–278.

277 Online abrufbar unter *https://ec.europa.eu/consumers/odr/main/?event=main.home.show* (abgerufen am 8.9.2018).

278 Siehe zur „Verbandsklagetätigkeit des VZBV im Bereich des Reiserechts" Hoppe/Tonner, *RRa* 4/2018, 158–162.

LERNEINHEIT 9

279 Zitiert nach *https://www.handelsblatt.com/unternehmen/handel-konsumgueter/gerichtsurteil-ryanair-fluggaeste-duerfen-ansprueche-an-flugrechtsportale-abtreten/23111558.html?ticket=ST-2284320-ER4A2CDmatTd52dQUBFu-ap2* (abgerufen am 25.9.2018).

280 OLG Düsseldorf, RRa 2003, 211.

281 OLG Frankfurt am Main, RRa 2005, 23; LG Frankfurt am Main, RRa 1996, 51.

282 LG Frankfurt am Main, Urteil vom 10.5.2007, RRa 2007, 226.

283 BGH, NJW-RR 1993, 185.

284 Dieses Zitat wird *Albert Camus* zugeschrieben. Online abrufbar unter *http://www.quotez.net/german/albert_camus.htm* (abgerufen am 21.9.2018).

285 Stenzel und Tonner in *Tonner/Stenzel/Blankenburg* (2018), § 3, Rz. 122, Satz 1.

286 Bergmann (2018), Rz. 61, Satz 8.

287 Führich (2018), Rz. 226, Satz 2–5 (S. 132–133).

288 Führich (2018), Rz. 228, letzter Satz vor der hellblaufarbenen Box. Ders. (2018), Rz. 81.

289 Führich (2018), Rz. 229 und Rz. 230.

290 Führich (2018), Rz. 232 (2).

LERNEINHEIT 10

291 Deutsche Übersetzung, zitiert nach *https://www.aphorismen.de/zitat/4404* (abgerufen am 31.10.2018).

292 Fuchs/Mundt/Zollondz (2008), S. 563 (r. Sp.) bis S. 564 (l. Sp.) unter „Reisevermittler – (a) allgemein" (Bearbeiter: Pompl).

293 S. o. Lerneinheit 9.

294 Siehe Abb. 3 und 4.

295 BGH, Urteil vom 23.1.2014 – VII ZR 168/13 – kein Anspruch auf Handelsvertreterprovision bei Absage der Reise wegen Nichterreichens der Mindestteilnehmerzahl. *NJW* 2014, 930. Online abrufbar unter *http://juris.bundesgerichtshof.de/cgi-bin/rechtsprechung/document.py?Gericht=bgh&Art=en&nr=66775&pos=0&anz=1* (abgerufen am 1.11.2018).

296 Führich (2015), Rz. 15 (2), letzter Abs. (S. 790, die fünf Bullet-Punkte im unteren Drittel der Seite).

297 Führich (2015), § 27, Rz. 15 (3), 2. Absatz (S. 791, die sechs Bullet-Punkte).

298 EuGH, Urteil vom 1.10.1987 – C-311/85 – Flämische Reisbüros. *Slg.* 1987, 3801. Online abrufbar unter *http://curia.europa.eu/juris/showPdf.jsf;jsessionid=19D123482896A97832949FDC2FE6E42F?text=&docid=94231&pageIndex=0&doclang=DE&mode=lst&dir=&occ=first&part=1&cid=14063* (abgerufen am 1.11.2018).

299 Führich/Staudinger (2019), § 26, Rz. 1(2), Satz 4 (S. 521) m. w. Nachw.

300 BGH, Urteil vom 10.12.2013 – X ZR 24/13 – zur Bestimmung von Flugzeiten in AGB-Klauseln. *NJW* 2014, 1168. Online abrufbar unter *http://juris.bundesgerichtshof.de/cgi-bin/rechtsprechung/document.py?Gericht=bgh&Art=en&nr=67191&pos=0&anz=1* (abgerufen am 1.11.2018).

301 AG Stuttgart, NJW-RR 1992, 1252 – pflichtwidrige Buchung eines wohnsitzlosen Reisekunden und unterlassene Mitteilung über Buchungsablehnung.

302 BGH, Urteil vom 10.12.2013 – X ZR 24/13 – zur Bestimmung von Flugzeiten in AGB-Klauseln. *NJW* 2014, 1168. Online abrufbar unter *http://juris.bundesgerichtshof.de/cgi-bin/rechtsprechung/document.py?Gericht=bgh&Art=en&nr=67191&pos=0&anz=1* (abgerufen am 1.11.2018).

303 BGH, Urteil vom 25.4.2006 – X ZR 198/04 – keine Haftung des Reisebüros bei unterlassenem Hinweis auf Passzwang. *NJW* 2006, 2321. Online abrufabar unter *http://juris.bundesgerichtshof.de/cgi-bin/rechtsprechung/document.py?Gericht=bgh&Art=en&nr=36511&pos=0&anz=1* (abgerufen am 1.11.2018).

304 LG Frankfurt am Main, RRa 1998, 98 – keine Haftung des Reisevermittlers, wenn dieser vom Leistungsträger über eine kurzfristige Änderung der Abfahrtszeiten nicht informiert wurde.

305 LG Hamburg, Ra 2002, 175 – falsche Code-Nummer eingegeben; AG Baden-Baden, RRa 2000, 194 – falsches Hotel gebucht.

306 LG Konstanz, NJW-RR 1992, 691.

307 AG Königswinter, RRa 1996, 39 – falsche Reisepreisberechnung.

308 AG Stuttgart-Bad Canstatt, RRa 1996, 153.

309 OLG Hamm, NJW-RR 1994, 54; LG Frankfurt am Main, RRa 1996, 45.

310 BGH, NJW 1982, 1521 – bisher unbekannte Gefahren in Jamaica; LG Frankfurt am Main, NJW-RR 1992, 115 – bisher unbekannte Gefahren in Sri Lanka.

311 LG Frankfurt am Main, Urteil vom 29.10.2001 – 2–21 O 54/01 – keine Hinweispflicht auf Thrombosegefahr bei Langstreckenflug. *VersR* 2001, 1575. Online abrufbar *http://web.archive.org/web/20040901063740/http://www.landgericht.frankfurt-main.de/ZS_Urteil_lang(Thrombose).htm* (abgerufen am 1.11.2018).

312 LG München I, RRa 1998, 141.

313 BGH, Urteil vom 25.7.2006 – X ZR 182/05 – zur Hinweispflicht auf Reiserücktrittskosten- und Rücktransportkostenversicherung. *NJW* 2006, 3137. Online abrufbar unter *http://juris.bundesgerichtshof.de/cgi-bin/rechtsprechung/document.py?Gericht=bgh&Art=en&nr=37379&pos=0&anz=1* (abgerufen am 1.11.2018).

314 BGH, Urteil vom 25.4.2006 – X ZR 198/04 – keine Haftung des Reisebüros bei unterlassenem Hinweis auf Passzwang. *NJW* 2006, 2321. Online abrufbar unter *http://juris.bundesgerichtshof.de/cgi-bin/rechtsprechung/document.py?Gericht=bgh&Art=en&nr=36511&pos=0&anz=1* (abgerufen am 1.11.2018).

LERNEINHEIT 11

315 Zitiert nach *https://de.wiktionary.org/wiki/lieber_den_Magen_verrenkt_als_dem_Wirt_was_geschenkt* (abgerufen am 7.11.2018).

316 Fuchs in: *Fuchs/Mundt/Zollondz* (2008), 301 unter „Gastgewerbe – 1 Definition", l. Sp. (letzter Abs.) sowie r. Sp. (oberster Abs.).

317 Fuchs in: *Fuchs/Mundt/Zollondz* (2008), 301, r. Sp. (2. Abs. von oben).

318 *https://www.airbnb.de/* (abgerufen am 9.11.2018). Airbnb ist die Abkürzung für „air-bed-and-breakfast", weil die ersten Gäste der Unternehmensgründer angeblich auf Luftmatratzen (air beds) nächtigten und ihnen das Frühstück so gut gemschmeckt haben soll: *https://www.quora.com/Where-did-Airbnb-get-its-name-What-does-the-name-mean* (abgerufen am 9.11.2018).

319 BGH, Urteil vom 24.1.2007 – XII ZR 168/04 – zum Erfüllungsort für den Zahlungsanspruch beim Beherberungsvertrag. *NJW-RR* 2007, 777. Online abrufbar unter *http://juris.bundesgerichtshof.de/cgi-bin/rechtsprechung/document.py?Gericht=bgh&Art=en&nr=39005&pos=0&anz=1* (abgerufen am 9.11.2018).

320 S. o. Gliederungspunkt 4.3.

321 Landgericht Frankfurt am Main, Urteil vom 18.8.2005 – 2–01 S 52/04 – zum Zustandekommen eines Beherbergungsvertrags über ein Hotelzimmer durch eine Reservierungsbestätigung. *NJW-RR* 2006, 54. Eine Zusammenfassung des Urteils ist online abrufbar unter *https://www.kostenlose-urteile.de/LG-Frankfurt-am-Main_2-01-S-5204_Hotelzimmerreservierung-wann-ist-ein-Zimmer-verbindlich-gebucht.news3564.htm* (abgerufen am 9.11.2018).

322 Führich (2018), Rz. 309 (3), Satz 1 (S. 214–215).

323 BGH, Urteil vom 15.1.2014 – VIII ZR 111/13 – zur notwendigen rechtsgeschäftlichen Einbeziehungsvereinbarung von AGB. *NJW* 2014, 1296. Online abrufbar unter *http://juris.bundesgerichtshof.de/cgi-bin/rechtsprechung/document.py?Gericht=bgh&Art=en&sid=7c02477bf2cdb6bef4744c4a19692b07&nr=66758&pos=9&anz=18* (abgerufen am 9.11.2018).

324 *http://www.dehoga-bundesverband.de/* (abgerufen am 7.11.2018).

325 *https://www.hotellerie.de/* (abgerufen am 7.11.2018).

326 Online abrufbar unter *https://www.dehoga-shop.de/Download-Center/Dokumente-DEHOGA/Vorlagen/AGB/Allg-Geschaeftsbedingungen-fuer-den-Hotelaufnahmevertrag.html* (abgerufen am 9.11.2018).

327 Verordnung (EG) Nr. 593/2008 des Europäischen Parlaments und des Rates vom 17.6. 2008 über das auf vertragliche Schuldverhältnisse anzuwendende Recht (Rom I) (ABl. Nr. L 177/6 vom 4.7.2008, ber. ABl. Nr. L 309/87 vom 24.11.2009). Online abrufbar unter *https://eur-lex.europa.eu/legal-content/DE/TXT/PDF/?uri=CELEX:32008R0593&from=DE* (abgerufen am 9.11.2018).

328 Führich (2018), Rz. 311, Satz 1 (S. 216).

329 S. o. Gliederungspunkt 11.3.4.

330 Online abrufbar unter *https://www.klassifizierung.de/* (abgerufen am 7.11.2018).

331 BGH, Urteil vom 14.11.1990 – VIII ZR 13/90 – zur unterbliebenen Mietobjektsübergabe, nachträglichen Unmöglichkeit und zum Annahmeverzug des Mieters. *NJW-RR* 1991, 267. Online kostenlos abrufbar unter *https://www.prinz.law/urteile/bgh/VIII_ZR__13-90* (abgerufen am 9.11.2018).

332 OLG Düsseldorf, Urteil vom 2.5.1991 – 10 U 191/90 – Anspruch auf 80 % der Zimmerpreise bei Nichtinanspruchnahme von resevierten Hotelzimmern. *NJW-RR* 1991, 1143. Eine Kurzfassung des Urteils ist online abrufbar unter *https://www.kostenlose-urteile.de/OLG-Duesseldorf_10-U-19190_Ungenutzte-Hotelzimmerreservierung.news2880.htm* (abgerufen am 9.11.2018).

333 OLG Hamm, Urteil vom 4.12.1989 – 32 U 223/88 – zur Auslegung des Begriffs „Fixbuchung“ sowie zur Abgrenzung zwischen Festanmietung und Hotelreservierungsvertrag (Vorvertrag). *NJW-RR* 1990, 315. Online abrufbar unter *http://www.justiz.nrw.de/nrwe/olgs/hamm/j1989/32_U_223_88urteil19891204.html* (abgerfuen am 11.11.2018).

334 Mundt (2013), 144.

335 Vgl. die für DRV-Miglieder abrufbaren Musterverträge unter *https://www.drv.de/fachthemen/recht/mustervertraege-vorlagen.html* (abgerufen am 7.11.2018).

336 BGH, Urteil vom 24.11.1976 – VIII ZR 21/75 – zu den Handelsbräuchen bezüglich Hotelstornierungen. *NJW* 1977, 385. Online abrufbar unter *https://www.jurion.de/urteile/bgh/1976-11-24/viii-zr-21_75/* (abgerufen am 11.11.2018).

337 OLG Frankfurt am Main, Urteil vom 23.4.1986 – 17 U 155/84 – zum Handelsbrauch einer kostenlosen Stornierung fest angemieteter Zimmer. *NJW-RR* 1986, 911.

338 Führich (2018), Rz. 328 (3) Satz 2 (S. 222).

339 BGH, Urteil vom 24.11.1976 – VIII ZR 21/75 – zu den Handelsbräuchen bezüglich Hotelstornierungen. *NJW* 1977, 385. Online abrufbar unter *https://www.jurion.de/urteile/bgh/1976-11-24/viii-zr-21_75/* (abgerufen am 11.11.2018).

340 OLG Frankfurt am Main, Urteil vom 23.4.1986, NJW-RR 1986, 911.

341 Führich (2018), Rz. 328 (3) Satz 2 (S. 222).

342 *https://de.wikipedia.org/wiki/Gericht* (abgerufen am 7.11.2018), unter „Zitate", zweiter „bullet point". Es handelt sich um die deutsche Übersetzung der römischen Juristenweisheit *„Coram iudice et in alto mari sumus in manu Dei."*

LERNEINHEIT 12

343 Abrufbar unter: *http://www.dicocitations.com/citations/citation-25147.php* (abgerufen am 18.9.2018).

344 ABl. EG Nr. 140/2 vom 30.5.2002. Online abrufbar unter *https://eur-lex.europa.eu/legal-content/DE/TXT/PDF/?uri=CELEX:32002R0889&from=DE* (abgerufen am 20.9.2018).

345 Verordnung (EG) Nr. 1008/2008 des Europäischen Parlaments und des Rates vom 24. September 2008 über gemeinsame Vorschriften für die Durchführung von Luftverkehrsdiensten in der Gemeinschaft (ABl. EU Nr. L 293/3 vom 31.10.2008. Online abrufbar unter *https://eur-lex.europa.eu/legal-content/DE/TXT/PDF/?uri=CELEX:32008R1008&from=de* (abgerufen am 20.9.2018).

346 Siehe dazu oben Gliederungspunkt 2.2.3.4.

347 Abrufbar unter *http://www.iata.org/Pages/default.aspx* (abgerufen am 18.9.2018).

348 Abrufbar unter *http://www.lufthansa.com/online/portal/lh/cmn/generalinfo?nodeid=1761532&l=de* (abgerufen am 18.9.2018).

349 BGH, Urteil vom 16.2.2016 – X ZR 97/14 – Zulässigkeit der Vorauskasse. *NJW* 2016, 2404. Online abrufbar unter *http://juris.bundesgerichtshof.de/cgi-*

bin/rechtsprechung/document.py?Gericht=bgh&Art=en&nr=74590&pos=0&anz=1 (abgerufen am 18.09.2018).

350 Führich (2018), Rz. 257 (5).

351 BGH, Urteil vom 16.2.2016 – X ZR 97/14 –, Rz. 24, Satz 1.

352 BGH, Urteil vom 16.2.2016 – X ZR 97/14 –, Rz. 26, Satz 3.

353 BGH, Urteil vom 20.3.2018 – X ZR 25/17 – zulässiger Ausschluss des freien Kündigungsrechts bei Wahl eines nicht stornierbaren Flugtarifs. Online abrufbar unter *http://juris.bundesgerichtshof.de/cgi-bin/rechtsprechung/document.py?Gericht=bgh&Art=en&nr=83903&pos=0&anz=1* (abgerufen am 18.9.2018).

354 BGH, Urteil vom 20.3.2018 – X ZR 25/17 –, Leitsatz lit. c.

355 ABl. EU Nr. C 214/5 vom 15.6.2016. Online abrufbar unter *https://eur-lex.europa.eu/legal-content/DE/TXT/PDF/?uri=CELEX:52016XC0615(01)&from=DE* (abgerufen am 18.9.2018).

356 BGH, Versäumnisurteil vom 12.9.2017 – X ZR 102/16 – Leitsatz lit. a (Wet Lease). Online abrufbar unter *http://juris.bundesgerichtshof.de/cgi-bin/rechtsprechung/document.py?Gericht=bgh&Art=en&nr=81486&pos=0&anz=1* (abgerufen am 19.9.2018).

357 Online abrufbar unter *https://www.luftlinie.org/Kairo/Frankfurt* (abgerufen am 19.9.2018).

358 EuGH, Urteil vom 17.4.2018 – C-195/17 – Rechtssache TUIfly – Fluggastentschädigung bei „wildem Streik". *RRA* 3/2018, 117. Online abrufbar unter *http://curia.europa.eu/juris/document/document.jsf?text=&docid=201149&pageIndex=0&doclang=DE&mode=req&dir=&occ=first&part=1* (abgerufen am 24.9.2018). Siehe zum vorgenannten TUIfly-Urteil des EuGH den Aufsatz von Hermann, *RRA* 2018, 102–104.

EuGH, Urteil vom 4.5.2017 – C-315/15 – Rechtssache Pešková – Vogelschlag als „außergewöhnliche Umstände" i. S. d. Art. 5 Abs. 3 VO (EG) Nr. 261/2004. *NJW* 2017, 2665. Online abrufbar unter *http://curia.europa.eu/juris/document/document.jsf?text=&docid=190327&pageIndex=0&doclang=de&mode=lst&dir=&occ=first&part=1&cid=343336* (abgerufen am 18.9.2018).

BGH, Urteil vom 12.6.2014 – X ZR 121/13 – (Fluglotsenstreik als „außergewöhnliche Umstände"). *NJW* 2014, 3303. Online abrufbar unter *http://juris.bundesgerichtshof.de/cgi-bin/rechtsprechung/document.py?Gericht=bgh&Art=en&nr=68782&pos=0&anz=1* (abgerufen am 18.9.2018).

359 Online abrufbar unter *https://www.luftlinie.org/Kairo/Frankfurt* (abgerufen am 19.9.2018).

360 Zitiert nach *https://www.handelsblatt.com/unternehmen/handel-konsumgueter/gerichtsurteil-ryanair-fluggaeste-duerfen-ansprueche-an-flugrechtsportale-abtreten/23111558.html?ticket=ST-2284320-ER4A2CDmatTd52dQUBFu-ap2* (abgerufen am 25.9.2018).

361 Online abrufbar unter *https://www.lba.de/DE/ZentraleDienste/Fluggastrechte/Fluggastrechte_node.html* (abgerufen am 19.9.2018).

362 Online abrufbar unter *https://soep-online.de/rechte-flugreisende.html* (abgerufen am 19.9.2018).

363 Online abrufbar unter *https://www.flightright.de/home* (abgerufen am 19.9.2018).

364 Online abrufbar unter *https://www.euflight.de/* (abgerufen am 25.9.2018).

365 Die seinerzeitigen Höchstbeträge von 17, 1.000, 4.150 und 100.000 SZR wurden gemäß Art. 24 MÜ i. V. m. der Verordnung über die Inkraftsetzung der angepassten Haftungshöchstbeträge des Montrealer Übereinkommen vom 14. Dezember 2009 (in Deutschland) auf 19, 1.131, 4.694 und 113.100 SZR angeboben (BGBl. 2009 II S. 1258). Online abrufbar unter *http://www.bundesgerichtshof.de/SharedDocs/Downloads/DE/Bibliothek/Gesetzesmaterialien/17_wp/Harmonisierung/bgbl2091258.pdf?__blob=publicationFi* (abgerufen am 20.9.2018).

366 Umrechnungskurs am 20.9.2018

367 OLG Frankfurt am Main, Urteil vom 16.4.2014 – 16 U 170/13 –. *NJW-RR* 2014, 824. Online abrufbar unter *https://openjur.de/u/688488.html* (abgerufen am 20.9.2018).

368 BGH, Urteil vom 20.11.2017 – X ZR 30/15 –. *NJW* 2018, 861.

369 Umrechnungskurs am 20.9.2018.

370 Umrechnungskurs am 20.9.2018.

371 EuGH, Urteil vom 12.4.2018 – C-258/16 – (Rechtssache Finnair – Formerfordernisse der schriftlichen Schadensanzeige an den Luftfrachtführer nach Art. 31 MÜ). Online abrufbar unter *http://curia.europa.eu/juris/document/document.jsf?text=&docid=200964&pageIndex=0&doclang=DE&mode=lst&dir=&occ=first&part=1&cid=146716* (abgerufen am 20.9.2018).

372 Umrechnungskurs am 20.9.2018.

373 LG Frankfurt am Main, Urteil vom 6.2.2012. *RRa* 2012, 125.

374 EuGH, Urteil vom 19.11.2009 – 402/07 und 432/07 – (Rechtssache Sturgeon – relevante Ankunftsverspätung ab mindestens drei Stunden), Rz. 73, Leitsatz 2. Online abrufbar unter *http://curia.europa.eu/juris/document/document.jsf;jsessionid=9ea7d2dc30d80c24f487b4dc4d8ebddd9b5131d9e8d0.e34KaxiLc3qMb40Rch0SaxyPaxn0?text=&docid=73703&pageIndex=0&doclang=de&mode=lst&dir=&occ=first&part=1&cid=800713* (abgerufen am 20.9.2018).

375 Umrechnungskurs am 20.9.2018.

376 Umrechnungskurs am 20.9.2018.

LERNEINHEIT 13

377 Online abrufbar unter *https://www.zitate-online.de/literaturzitate/allgemein/212/die-welt-ist-ein-buch-wer-nie-reist-sieht.html* (abgerufen am 10.9.2018).

378 Online abrufbar unter *www.gesetze-im-internet.de/pbefg/* (abgerufen am 11.9.2018).

379 Online abrufbar unter *http://www.gesetze-im-internet.de/bokraft_1975/index.html* (abgerufen am 11.9.2018).

380 ABl. Nr. C 286/85 vom 22.9.2018. Online abrufbar unter *https://eur-lex.europa.eu/legal-content/DE/TXT/?qid=1536700686151&uri=CELEX:51997AP0233* (abgerufen am 11.9.2018).

381 ABl. EG Nr. L 268/10 vom 3.10.1998. Online abrufbar unter *http://publications.europa.eu/resource/cellar/a4e7c699-ed8c-4991-b867-847266336224.0004.01/DOC_1* (abgerufen am 12.9.2018).

382 LG Frankfurt am Main, Urteil vom 13.3.2015 – 2–24/O 192/14 – zur Unzulässigkeit von Beförderungsbedingungen bei Fernbusunternehmen. *RRa* 2015, 203. Online abrufbar unter *https://www.verbraucherzentrale.nrw/urteilsdatenbank/reise-mobilitaet/zahlreiche-klauseln-eines-fernbusunternehmens-die-vor-allem-haftungsausschluesse-oder-beschraenkungen-vorsehen-bzw-dazu-fuehren-sind-unwirksam-14045* (abgerufen am 11.9.2018).

383 vom 27. Februar 1970 (BGBl. I S. 230), die zuletzt durch Artikel 1 der Verordnung vom 21. Mai 2015 (BGBl. I S. 782) geändert worden ist. Online abrufbar unter *https://www.gesetze-im-internet.de/befbedv/BefBedV.pdf* (abgerufen am 11.9.2018).

384 Online abrufbar unter *http://www.rda.de/uploads/media/Ueberblick_Buspassagierrechte_VO__EU__Nr._181_2011_v._16.3.pdf* (abgerufen am 12.9.2018).

385 Online abrufbar *https://www.eba.bund.de/DE/Themen/Fahrgastrechte/fahrgastrechte_node.html;jsessionid=7D943062E784113B073E22B2896CE3AF.live21304* (abgerufen am 12.9.2018).

386 Online abrufbar unter *https://www.eba.bund.de/SharedDocs/Downloads/DE/Fahrgastrechte/Beschwerdeformular_Bus.pdf?__blob=publicationFile&v=9* (abgerufen am 12.9.2018).

387 Weiterführend Schmidt, RRa 2017, 274–278.

388 ABl. EU Nr. L 8/1 vom 12.1.2012. Online abrufbar z. B. unter *https://eur-lex.europa.eu/legal-content/DE/TXT/PDF/?uri=OJ:L:2012:008:FULL&from=DE* (abgerufen am 13.9.2018).

389 ABl. EU Nr. L 131/24 vom 28.5.2009. Online abrufbar unter *https://eur-lex.europa.eu/legal-content/DE/TXT/PDF/?uri=CELEX:32009R0392&from=DE* (abgerufen am 14.9.2018).

390 Online abrufbar unter *http://www.gesetze-im-internet.de/eu-fahrgrschg/EU-FahrgRSchG.pdf* (abgerufen am 13.9.2018).

391 Dies entspricht (Stand: 13.9.2018) EUR 299.188,01.

392 Dies entspricht (Stand: 13.9.2018) EUR 478.188,01.

393 Dies entspricht (Stand: 13.9.2018) EUR 2.962,69.

394 Dies entspricht (Stand: 13.9.2018) EUR 15.204,61.

395 LG Frankfurt am Main, Urteil vom 22.2.2002, RRa 2002, 210.

396 Dies entspricht (Stand: 13.9.2018) EUR 4.041,82.

397 Dies entspricht (Stand: 13.9.2018) EUR 396,06.

398 Dies entspricht (Stand: 13.9.2018) EUR 178,83.

399 Gesetz zur Einführung eines Anspruchs auf Hinterbliebenengelds vom 17. Juli 2017 (BGBl. 2017 I S. 2421). Online abrufbar unter *https://www.bgbl.de/xaver/bgbl/text.xav?SID=&tf=xaver.component.Text_0&tocf=&qmf=&hlf=xaver.component.Hitlist_0&bk=bgbl&start=%2F%2F*%5B%40node_id%3D'264914'%5D&skin=pdf&tlevel=-2&nohist=1* (abgerufen am 14.9.2018).

400 LG Frankfurt am Main, Urteil vom 8.8.2011, RRa 2012, 51

401 *https://soep-online.de/rechte-schiffsreisende.html* (abgerufen am 14.9.2018).

402 Dies entspricht (Stand: 13.9.2018) EUR 2.962,69.

403 Gesetz zur Einführung eines Anspruchs auf Hinterbliebenenentgeld vom 17. Juli 2017 (BGBl. 2017 I S. 2421). Online abrufbar unter *https://www.bgbl.de/xaver/bgbl/text.xav?SID=&tf=xaver.component.Text_0&tocf=&qmf=&hlf=xaver.component.Hitlist_0&bk=bgbl&start=%2F%2F*%5B%40node_id%3D'264914'%5D&skin=pdf&tlevel=-2&nohist=1* (abgerufen am 13.9.2018).

404 Online abrufbar unter *https://soep-online.de/rechte-schiffsreisende.html* (abgerufen am 17.9.2018).

405 Eisenbahn-Verkehrsordnung in der Fassung der Bekanntmachung vom 20. April 1999 (BGBl. I S. 782), die zuletzt durch Artikel 19 des Gesetzes vom 19. Februar 2016 (BGBl. I S. 254) geändert worden ist. Online abrufbar unter *https://www.gesetze-im-internet.de/evo/BJNR206630938.html* (abgerufen am 16.9.2018).

406 Online abrufbar unter *https://eur-lex.europa.eu/legal-content/DE/TXT/?uri=celex%3A32007R1371* (abgerufen am 16.9.2018).

407 Dies entspricht (Stand: 16.9.2018) EUR 210.552,10.

408 ABl. Nr. L 143/70 vom 27.6.1995. Zuletzt geändert durch die Richtlinie 2004/49/EG des Europäischen Parlaments und des Rates (ABl. Nr. L 164/44 vom 30.4.2004).

409 EuGH, Urteil vom 22.11.2012 – C 136/11 – Rechtssache Westbahn. Online abrufbar unter *http://curia.europa.eu/juris/document/document.jsf?text=&docid=130245&pageI*

ndex=0&doclang=DE&mode=req&dir=&occ=first&part=1 (abgerufen am 17.9.2018).

410 EuGH, Urteil vom 26.9.2013 – C 507/11 – Rechtssache ÖBB, Rz. 67 Nr. 2 (Tenor). Online abrufbar unter *http://curia.europa.eu/juris/document/document.jsf?text=&docid=142215&pageIndex=0&doclang=DE&mode=req&dir=&occ=first&part=1* (abgerufen am 10.9.2018).

411 Führich (2018), Rz. 298 (9) und (10) (S. 199–200).

412 Online abrufbar unter *https://ec.europa.eu/transparency/regdoc/rep/1/2017/DE/COM-2017-548-F1-DE-MAIN-PART-1.PDF* (abgerufen am 16.9.2018) und *https://eur-lex.europa.eu/legal-content/DE/HIS/?uri=CELEX%3A52017PC0548* (abgerufen am 16.9.2018).

413 EuGH, Urteil vom 26.9.2013 – C 507/11 –, Rz. 67 Nr. 2 (Tenor). Online abrufbar unter *http://curia.europa.eu/juris/document/document.jsf?text=&docid=142215&pageIndex=0&doclang=DE&mode=req&dir=&occ=first&part=1* (abgerufen am 10.9.2018).

414 Online abrufbar unter *https://soep-online.de/rechte-bahnreisende.html* (abgerufen am 17.9.2018).

LERNEINHEIT 14

415 Online abrufbar unter *https://www.welt.de/welt_print/article1239780/Die-Versicherung-ist-ein-Lotto-in-dem-man-nur-gewinnt-wenn-man-Pech-hat.html* (abgerufen am 14.11.2018).

416 Online abrufbar unter *https://openjur.de/u/164895.html* (abgerufen am 14.11.2018).

417 Online abrufbar unter *https://www.gdv.de/resource/blob/6156/7a243038f6aec74b4d094ab5c92f5c06/01-allgemeiner-teil-der-versicherungsbedingungen-fuer-die-reiseversicherung-2008--at-reise-2008--data.pdf* (abgerufen am 14.11.2018).

418 Online abrufbar unter *https://www.gdv.de/resource/blob/6038/e5f9b4437fee83ead6c9a8b2fb00b33e/02-besondere-versicherungsbedingungen-fuer-die-reiseruecktrittkostenversicherung-2008--vb-reiseruecktritt-2008--data.pdf* (abgerufen am 14.11.2018).

419 Eine Kurzzusammenfassung des Urteils ist online abrufbar unter *https://www.kostenlose-urteile.de/AG-Muenchen_242-C-1629411_Kosten-fuer-Rueckflug-muessen-bei-Reisepause-nicht-zwingend-erstattet-werden.news13035.htm* (abgerufen am 14.11.2018).

420 Online abrufbar unter *https://www.gdv.de/resource/blob/6156/7a243038f6aec74b4d094ab5c92f5c06/01-allgemeiner-teil-der-versicherungsbedingungen-fuer-die-reiseversicherung-2008--at-reise-2008--data.pdf* (abgerufen am 14.11.2018).

421 Online abrufbar unter https://www.gdv.de/resource/blob/6038/e5f9b4437fee83ead6c9a8b2fb00b33e/02-besondere-versicherungsbedingungen-fuer-die-reiseruecktrittkostenversicherung-2008--vb-reiseruecktritt-2008--data.pdf (abgerufen am 14.11.2018).

422 Online abrufbar unter https://www.gdv.de/resource/blob/6170/a6be254ce30fdb7a3dccab440c695f1e/03-besondere-versicherungsbedingungen-fuer-die-reiseabbruchversicherung-2008--vb-reiseabbruch-2008--data.pdf (abgerufen am 14.11.2018).

423 *NJW* 2009, 1147. Online abrufbar unter http://juris.bundesgerichtshof.de/cgi-bin/rechtsprechung/document.py?Gericht=bgh&Art=en&nr=46810&pos=0&anz=1 (abgerufen am 14.11.2018).

424 Online abrufbar unter https://www.gdv.de/resource/blob/6156/7a243038f6aec74b4d094ab5c92f5c06/01-allgemeiner-teil-der-versicherungsbedingungen-fuer-die-reiseversicherung-2008--at-reise-2008--data.pdf (abgerufen am 14.11.2018).

425 Online abrufbar unter https://www.gdv.de/resource/blob/5888/c695563eb2c0bc2277e60e3cec596395/04-besondere-versicherungsbedingungen-fuer-die-reisegepaeckversicherung-2008--vb-reisegepaeck-2008--data.pdf (abgerufen am 14.11.2018).

426 *RRa* 2008, 148. Eine Kurzzusammenfassung des Urteils [hier wird unter dem gleichen Az. als Datum der 16.5.2008 genannt] ist online abrufbar unter https://www.kostenlose-urteile.de/LG-Muenchen-I_6-S-2096006_Versicherung-muss-wegen-verweigertem-Krankenruecktransport-aus-dem-Ausland-2000-EUR-Schmerzensgeld-zahlen.news5127.htm (abgerufen am 14.11.2018).

427 LG München I, Urteil vom 9.11.2007 – 6 S 20960/06 – zum Schmerzensgeld bei verweigertem Krankenrücktransport. *RRA*, 148, 149, l. Sp., Satz 2 bis 7. Auslassungen sind durch „[...]" hervorgehoben und Erklärungen des Verf. in eckige Klammern gesetzt.

428 Das am 23.2.2018 in Kraft getretene Gesetz zur Umsetzung der RL (EU) 2016/97 des Europäischen Parlaments und des Rates vom 20. Januar 2016 über Versicherungsvertrieb und zur Änderungs weiterer Gesetze vom 20. Juli 2017 (BGBl. I 2017 S. 2789); online abrufbar unter https://www.bgbl.de/xaver/bgbl/start.xav?startbk=Bundesanzeiger_BGBl&start=//*[@attr_id='bgbl117s2789.pdf']#__bgbl__%2F%2F*%5B%40attr_id%3D%27bgbl117s2789.pdf%27%5D__1542221463150 (abgerufen am 14.11.2018). RL (EU) 2016/97 des Europäischen Parlaments und des Rates vom 20. Januar 2016 über Versicherungsvertrieb (ABl. EU Nr. L 26/19 vom 2.2.2016). Online abrufbar unter https://eur-lex.europa.eu/legal-content/DE/TXT/PDF/?uri=CELEX:32016L0097&from=DE (abgerufen am 14.11.2018).

429 Im Gegensatz zur Allgemeingültigkeit, z. B. von Gesetzen, die gegenüber jedermann (*inter omnes*) Rechtswirksamkeit entfalten.

430 Online abrufbar unter *https://www.gdv.de/resource/blob/6156/7a243038f6aec74b4d094ab5c92f5c06/01-allgemeiner-teil-der-versicherungsbedingungen-fuer-die-reiseversicherung-2008--at-reise-2008--data.pdf* (abgerufen am 14.11.2018).

431 Online abrufbar unter *https://www.gdv.de/resource/blob/6210/0152de4a0fd6d2d3e2a23638f4b1cff7/05-allgemeine-versicherungsbedingungen-fuer-die-reiseruecktrittskostenversicherung-2002-2008--abrv-2002-2008--data.pdf* (abgerufen am 15.11.2018).

432 Online abrufbar unter *https://www.gdv.de/resource/blob/6038/e5f9b4437fee83ead6c9a8b2fb00b33e/02-besondere-versicherungsbedingungen-fuer-die-reiseruecktrittkostenversicherung-2008--vb-reiseruecktritt-2008--data.pdf* (abgerufen am 14.11.2018).

433 Online abrufbar unter *https://www.gdv.de/resource/blob/6170/a6be254ce30fdb7a3dccab440c695f1e/03-besondere-versicherungsbedingungen-fuer-die-reiseabbruchversicherung-2008--vb-reiseabbruch-2008--data.pdf* (abgerufen am 14.11.2018).

434 Online abrufbar unter *https://www.gdv.de/resource/blob/5888/c695563eb2c0bc2277e60e3cec596395/04-besondere-versicherungsbedingungen-fuer-die-reisegepaeckversicherung-2008--vb-reisegepaeck-2008--data.pdf* (abgerufen am 14.11.2018).

435 Online abrufbar unter *https://www.gdv.de/resource/blob/6252/952c52d93fc486c4970a8c33e2ea0d1e/01-allgemeine-unfallversicherungsbedingungen--aub-2014--data.pdf* (abgerufen am 14.11.2018).

436 BGH, Urteil vom 25.7.2006 – X ZR 182/05 – keine Hinweispflicht des Reisebüros auf Reiseabbruchversicherung. *NJW* 2006, 3137. Online abrufbar unter *http://juris.bundesgerichtshof.de/cgi-bin/rechtsprechung/document.py?Gericht=bgh&Art=en&nr=37379&pos=0&anz=1* (abgerufen am 14.11.2018).

437 Siehe die umfassende Auflistung von „unerwartet schweren Erkrankungen“ bei Führich/Staudinger (2019), § 31, Rz. 17 (S. 634-635).

438 Führich/Staudinger (2019), § 31, Rz. 18, 16. Spiegelstrich (S. 636).

439 Siehe die umfassende Auflistung von schweren Erkrankungen, die als „nicht unerwartet“ gelten, bei Führich/Staudinger (2019), § 31 Rz. 18 (S. 636-638).

440 lat; dt. Übersetzung [des Verf.] = Nehme Dich vor den Versicherungen in Acht (in Anlehnung an das bekannte lateinische Zitat „Cave canem“ = Achtung vor dem Hund).

441 S. o. Fall 14, Antwort auf Frage a).

442 Führich/Staudinger (2019), § 31, Rz. 18, 16. Spiegelstrich (S. 636).

443 LG München I, Urteil vom 5.2.2003 – 15 S 4319/02 – zum Begriff der „schweren unerwarteten Erkrankung“. *VersR* 2003, 1530 (Leitsatz). Eine Kurzzusammenfassung des Urteils ist online abrufbar unter

http://rsw.beck.de/rsw/images/news/ivh_12_2003.pdf#page=9 (abgerufen am 15.11.2018).

444 Führich/Staudinger (2019), § 33, Rz. 69 (2) (S. 692) m. w. Nachw.

445 Führich/Staudinger (2019), § 33, Rz. 45 (S. 678–679) mit einer Rechtsprechungsübersicht zur groben Fahrlässigkeit bei gestohlenem „wertvollen Reisegepäck".

446 BGH, Urteil vom 17.3.1999 – IV ZR 89/98 – zur Auslegung von Risikoausschlussklausen in Allgemeinen Versicherungsbedingungen, Rz. 10. *VersR* 1999, 748. Online abrufbar unter *https://www.jurion.de/urteile/bgh/1999-03-17/iv-zr-89_98/* (abgerufen am 15.11.2018).

447 Online abrufbar unter *https://www.gdv.de/resource/blob/6252/952c52d93fc486c4970a8c33e2ea0d1e/01-allgemeine-unfallversicherungsbedingungen--aub-2014--data.pdf* (abgerufen am 15.11.2018).

448 LG München I, Urteil vom 9.11.2017 – 6 S 20960/06 – zum Schmerzensgeldanspruch bei verweigertem Krankenrücktransport. *RRa* 2008, 148, 149, l. Sp., Abs. 3 (vor den Entscheidungsgründen). Eine Kurzzusammenfassung des Urteils [hier wird unter dem gleichen Az. als Datum der 16.5.2008 genannt] ist online abrufbar unter *https://www.kostenlose-urteile.de/LG-Muenchen-I_6-S-2096006_Versicherung-muss-wegen-verweigertem-Krankenruecktransport-aus-dem-Ausland-2000-EUR-Schmerzensgeld-zahlen.news5127.htm* (abgerufen am 15.11.2018).

449 Online abrufbar unter *http://app.olg-ce.niedersachsen.de/cms/page/schmerzensgeld.php?sort=betrag/* (abgerufen am 15.11.2018).

LERNEINHEIT 15

450 zitiert nach *https://www.kh-pflug.de/business-zitat* (abgerufen am 6.9.2018), 1. Zitat.

451 Pressemitteilung des Bundeskartellamts vom 20.12.2013, Abs. 3, Satz 1, 2. Halbs.; online abrufbar unter *https://www.bundeskartellamt.de/SharedDocs/Meldung/DE/Pressemitteilungen/2013/20_12_2013_HRS.html* (abgerufen am 6.9.2018).

452 Pressemitteilung des Bundeskartellamts vom 20.12.2013, Abs. 3, Satz 2; online abrufbar unter *https://www.bundeskartellamt.de/SharedDocs/Meldung/DE/Pressemitteilungen/2013/20_12_2013_HRS.html* (abgerufen am 6.9.2018).

453 Beschluss des Bundeskartellamts vom 20. Dezember 2013 – B9–66/10 –; online abrufbar unter *https://www.bundeskartellamt.de/SharedDocs/Entscheidung/DE/Entscheidungen/Kartellverbot/2013/B9-66-10.pdf?__blob=publicationFile&v=2* (abgerufen am 6.9.2018).

454 Pressemitteilung des Bundeskartellamts vom 20.12.2013, Abs. 1, Satz 1, 2. Halbs.; online abrufbar unter *https://www.bundeskartellamt.de/SharedDocs/Meldung/DE/Pressemitteilungen/2013/20_12_2013_HRS.html* (abgerufen am 6.9.2018).

455 Pressemitteilung des Bundeskartellamts vom 20.12.2013, Abs. 1, Satz 1, 2. Halbs.; online abrufbar unter *https://www.bundeskartellamt.de/SharedDocs/Meldung/DE/Pressemitteilungen/2013/20_12_2013_HRS.html* (abgerufen am 6.9.2018).

456 OLG Düsseldorf, Beschluss vom 9. Januar 2015 – VI – Kart 1/14 (V), openJur 2015, 3739; online abrufbar unter *https://openjur.de/u/759111.html* (abgerufen am 6.9.2018).

457 Bundeskartellamt, Fallbericht vom 9. März 2016 zur Entscheidung vom 22. Dezember 2015 – B9–121/13 –, S. 1, Abs. 2; online abrufbar unter *https://www.bundeskartellamt.de/SharedDocs/Entscheidung/DE/Fallberichte/Kartellverbot/2016/B9-121-13-korrigiert.pdf?__blob=publicationFile&v=3* (abgerufen am 6.9.2018).

458 Bundeskartellamt, Beschluss vom 22. Dezember 2015 – B9–121/13 –; online abrufbar unter *https://www.bundeskartellamt.de/SharedDocs/Entscheidung/DE/Entscheidungen/Kartellverbot/2015/B9-121-13.pdf?__blob=publicationFile&v=4* (abgerufen am 6.9.2018).

459 Bundeskartellamt, Fallbericht vom 9. März 2016 zur Entscheidung vom 22. Dezember 2015, Az. B9-121/13, S. 1, Abs. 3; online abrufbar unter *https://www.bundeskartellamt.de/SharedDocs/Entscheidung/DE/Fallberichte/Kartellverbot/2016/B9-121-13-korrigiert.pdf?__blob=publicationFile&v=3* (abgerufen am 6.9.2018).

460 OLG Düsseldof, Beschluss vom 4. Mai 2016 – VI-Kart 1/16 (V) –; online abrufbar unter *http://www.justiz.nrw.de/nrwe/olgs/duesseldorf/j2016/VI_Kart_1_16_V_Beschluss_20160504.html* (abgerufen am 6.9.2018).

461 Redaktion beck-aktuell, Verlag C.H.BECK, 9. Februar 2017 (dpa), Mitteilung zur mündlichenden Verhandlung des OLG Düsseldorf vom 8. Februar 2017; online abrufbar unter *https://rsw.beck.de/aktuell/meldung/olg-duesseldorf-hegt-zweifel-am-verbot-der-bestpreisklauseln-von-bookingcom* (abgerufen am 6.9.2018).

462 Verordnung (EU) Nr. 330/2010 der Kommission vom 20. April 2010 über die Anwendung von Artikel 101 Absatz 3 des Vertrags über die Arbeitsweise der Europäischen Union auf Gruppen von vertikalen Vereinbarungen und abgestimmten Verhaltensweisen, ABl. EU Nr. L 102/1 vom 23.4.2010; online abrufbar unter *https://eur-lex.europa.eu/LexUriServ/LexUriServ.do?uri=OJ:L:2010:102:0001:0007:DE:PDF* (abgerufen am 6.9.2018).

463 LG Köln, Urteil vom 16. Februar 2017 – 88 O (Kart) 17/16 –; online abrufbar unter *https://www.telemedicus.info/urteile/Kartellrecht/1736-LG-Koeln-Az-88-O-Kart-1716-Bestpreisklauseln-sind-nach-der-Vertikal-GVO-freistellungsfaehig.html* (abgerufen am 6.9.2018).

464 Redaktion beck-aktuell, Verlag C.H.BECK, 9. Februar 2017 (dpa), Mitteilung zur mündlichenden Verhandlung des OLG Düsseldorf vom 8. Februar 2017, Abs. 3; online abrufbar unter *https://rsw.beck.de/aktuell/meldung/olg-duesseldorf-hegt-zweifel-am-verbot-der-bestpreisklauseln-von-bookingcom* (abgerufen am 6.9.2018).

465 Führich/Staudinger (2019), § 29, Rz. 58, Satz 1 (S. 576) m. w. Nachw.

466 OLG Köln, Urteil vom 8.1.2013, Az. 15 U 45/12; online abrufbar unter *http://www.justiz.nrw.de/nrwe/olgs/koeln/j2013/15_U_45_12_Urteil_20130108.html* (abgerufen am 6.9.2018).

467 BGH, Urteil vom 28.10.2014 – X ZR 79/13 –, vorangestellter Leitsatz (S. 1); online abrufbar unter *http://juris.bundesgerichtshof.de/cgi-bin/rechtsprechung/document.py?Gericht=bgh&Art=en&nr=69920&pos=0&anz=1* (abgerufen am 6.9.2018).

468 International Air Transport Association [Anm. d. Verf.].

469 Koenig (2017), unter der Überschrift „Szenario 4“, Sätze 1 und 2.

470 Bundeskartellamt, Pressemitteilung vom 29.5.2018, Abs. 2, Sätze 1-6 sowie vorletzter Abs.; online abrufbar unter *https://www.bundeskartellamt.de/SharedDocs/Meldung/DE/Pressemitteilungen/2018/29_05_2018_Lufthansa.html* (abgerufen am 6.9.2018).

471 fwv 6 vom 16.3.2018, 20, 22, r. Sp., Abs. 2, Sätze 3 und 5.

472 Online abrufbar unter *https://www.ryanair.com/de/de/nutzliche-infos/service-center/haufige-fragen/-Gepack#0-0* (abgerufen am 3.10.2018).

473 Neue Gepäckrichtlinine (gültig ab 1. November 2018). 3. Spiegelstrich unter der Überschrift „Inwieweit unterscheiden sich diese von den bisherigen Gepäckbestimmungen?“ Online abrufbar unter *https://www.ryanair.com/de/de/nutzliche-infos/service-center/haufige-fragen/-Gepack#0-0* (abgerufen am 3.10.2018).

474 Moritz (2018a) und (2018b).

475 ABl. EU Nr. L 293/3 vom 31.10.2008. Online abrufbar unter *https://eur-lex.europa.eu/legal-content/DE/TXT/PDF/?uri=CELEX:32008R1008&from=DE* (abgerufen am 3.10.2018).

476 Gliederungspunkt 2.1.2.3.

477 Bayrisches Landesamt für Datenschutzaufsicht (2017); Schmidt (2018).

Stichwortverzeichnis

A

B

C

D

E

F

G